ÉTUDES
SUR LA
POÉSIE LATINE
I

A LA MÊME LIBRAIRIE

Études sur les tragiques grecs; 3ᵉ édition. Trois parties qui se vendent séparément :

Études sur Eschyle. 1 vol.	3 fr. 50
Études sur Sophocle. 1 vol.	3 fr. 50
Études sur Euripide. 2 vol.	7 fr. »

Typographie Lahure, rue de Fleurus, 9, à Paris.

ÉTUDES

SUR LA

POÉSIE LATINE

PAR M. PATIN

Secrétaire perpétuel de l'Académie française
Doyen de la Faculté des lettres de Paris

TOME PREMIER

DEUXIÈME ÉDITION

PARIS
LIBRAIRIE HACHETTE ET Cie
79, BOULEVARD SAINT-GERMAIN, 79

1875

Droits de propriété et de traduction réservés

PRÉFACE

Je ressemble, dans ces volumes, sous un titre commun, des morceaux qui se rattachent diversement au cours professé par moi, pendant de longues années, dès 1832, à la Faculté des lettres de Paris. Les uns sont des discours d'ouverture où j'ai cru devoir, de temps à autre, présenter des vues d'ensemble sur le sujet spécial de mes leçons, l'histoire de la poésie latine[1]. Dans les autres, extraits, surtout du *Journal des savants*, à la rédaction duquel j'ai l'honneur d'être attaché depuis 1838, j'ai repris, avec quelque détail, toute la première partie de cette histoire, celle qui conduit la poésie latine jusqu'aux ouvriers principaux de sa perfection, aux

1. Plusieurs de ces discours ont déjà paru réunis dans des *Mélanges de littérature ancienne et moderne*, publiés par moi en 1840, librairie Hachette, 1 vol. in-8°.

promoteurs de ce qu'on appelle le siècle d'Auguste, Lucrèce et Catulle.

Peut-être publierai-je quelque jour sur ces deux grands poëtes, sur leur illustre successeur, Virgile, des travaux ébauchés par l'enseignement et pour l'achèvement desquels le loisir m'a toujours manqué. Je serais heureux aussi qu'il me fût donné de compléter par des *études* nouvelles, dont les matériaux ne me manquent pas assurément, ce que j'ai donné sur Horace[1], l'un des poëtes auxquels j'ai été le plus souvent ramené et j'ai dû le plus m'arrêter. Je me borne, pour le moment, dans le présent recueil, à une exposition générale de la marche suivie par la poésie latine pendant toute la durée de son développement ; à un tableau particulier des longs et laborieux mais non stériles efforts par lesquels l'ont tirée de sa barbarie primitive, et préparée pour les génies plus heureux de l'époque classique, les premiers disciples romains de la poésie grecque.

Ce curieux travail dont, à peu d'exceptions près, tous les monuments ont péri, on en pourra suivre ici la trace dans un assez grand nombre de fragments choisis parmi les plus significatifs, les plus caractéristiques et reproduits non-seulement par des traductions, mais dans leur texte même. Quand il s'agit d'une antiquité si rude encore, la traduction et le texte se viennent mutuellement en aide. L'une donne bien le sens et le mouvement

---

1. *Œuvres d'Horace*, trad. nouvelle, avec le texte en regard, précédée et suivie d'études biographiques et littéraires, librairie de Charpentier, 1860, 2 vol. in-18.

des paroles ; mais leur physionomie, inévitablement altérée par le mensonge involontaire d'une élégance plus moderne, c'est à l'autre de la leur restituer.

De la division de ce livre en deux parties dont la seconde développe ce que la première a sommairement indiqué ; de la réunion en un même corps d'ouvrage de pièces écrites en divers temps, et quelquefois, comme il arrive d'ordinaire et ne peut manquer d'arriver, avec des idées un peu différentes sur les mêmes choses, devaient résulter certaines redites, certaines contradictions, qu'on n'a pas cru devoir effacer à grand'peine, et pour lesquelles on réclame l'indulgence du lecteur. Ces variations elles-mêmes pourront avoir pour lui quelque chose d'instructif. Il y verra qu'il y a dans l'histoire littéraire, comme dans toute autre histoire, des erreurs longtemps reçues, accréditées, qu'on répète de confiance, jusqu'au moment où une étude plus personnelle et plus attentive des faits force d'y renoncer.

C'est ainsi, pour en donner un exemple, que, comme la plupart des critiques, peu favorables en général à l'ancienne tragédie latine, j'en avais d'abord tenu assez peu de compte, et qu'ensuite, quand j'y ai insisté davantage, frappé de sa longue durée, de son action puissante, pendant près de deux siècles, sur le public romain, des mérites dramatiques dont ses fragments, si pleins quelquefois d'éclat et d'énergie, conservent la trace et qu'admirait un juge tel que Cicéron, considérant d'ailleurs tout ce qu'a dû lui faire perdre dans l'estime des générations nouvelles le progrès de la langue qui en vieillissait, en abrogeait les formes, j'ai été amené à me ranger du côté de ses rares panégyristes, et à lui attribuer moi-même une part considérable dans le travail poétique du premier âge des lettres latines. C'est par cette tragédie, surtout, que la fable grecque, enseignée à tous, comme dans une école publique, est devenue la forme préférée de l'imagination romaine. C'est à elle, à ses efforts pour atteindre à l'expression dramatique des Grecs, et même, dans son émulation indiscrète, pour la surpasser en élévation et en énergie, que Rome a dû, en grande partie, le progrès, l'enrichissement continu de sa langue poétique.

A ce mouvement a présidé Ennius, non-seulement dans la tragédie, où ont marché sur sa trace et continué sa tâche de dignes successeurs, un Pacuvius, un Attius, mais encore dans l'épopée, par son poëme national des *Annales*, le point de départ de productions du même genre, à la fois épiques et historiques. Dans ce qui reste de l'œuvre du second Homère, comme on l'appelait, et comme lui-même s'était appelé, il y a certainement un grand intérêt à faire la part et de l'imitation homérique, et de l'inspiration originale d'un soldat, d'un citoyen de Rome, élevant à la gloire, à la grandeur de sa patrie un monument qu'admirera Lucrèce et dont se souviendra encore Virgile.

Il n'est pas moins intéressant de rapprocher des pièces, heureusement venues jusqu'à nous, de Plaute et de Térence, ce qui a pu se conserver de tant d'autres comédies de toutes sortes produites avec succès sur la même scène par leurs contemporains ou leurs successeurs, par un Névius ou un Afranius, par Pomponius, par Labérius et Publius Syrus ; de voir avec quelle industrie tous ces disciples, à divers degrés, ces imitateurs plus ou moins libres de la comédie grecque, soit qu'ils lui conservent son costume, soit qu'ils osent l'habiller de la toge, ou l'affubler des masques de l'atellane et du mime, savent l'adapter à l'expression des mœurs romaines ; de suivre enfin ces peintures dans leur passage de la comédie latine qui s'épuise, malgré ses nombreux renouvellements, à un genre nouveau d'invention romaine, ou à peu près romaine, à la satire de Lucilius, aux *Ménippées* de Varron, ces éloquents et spirituels, mais encore rudes antécédents des discours moraux d'Horace.

C'est à Virgile et à Horace, c'est à Lucrèce et à Catulle, aux âges littéraires dont ils sont les principaux représentants, celui de César, celui d'Auguste, que conduisent, qu'aboutissent les deux séries de morceaux dont se compose ce recueil. Ce qui a suivi y est indiqué seulement d'une manière générale, n'ayant guère trouvé place que par voie de rapprochement dans des leçons particulièrement consacrées à l'étude des grands modèles. Je finis, nul n'a lieu de le regretter, et moi moins que personne, où commencent, dans l'histoire de la poésie latine, deux de mes collègues, au goût, au talent desquels il m'est agréable de rendre ici un juste hommage : l'éminent critique à qui nous devons, depuis bien des années déjà, de si judicieuses et si piquantes études sur les poëtes latins de la décadence[1] ; l'aimable et élégant écrivain qui, traitant plus récemment des moralistes de l'Empire romain, est revenu si heureusement sur la personne et sur les œuvres de Perse et de Juvénal[2].

Un autre hommage par lequel j'ai été heureux de conclure ces *Études* s'adresse au très-regretté Doyen dont j'occupe la place dans la Faculté des lettres de Paris, après y avoir pu mettre à profit, pendant trente-cinq ans de professorat, ses exemples, ses conseils, les encouragements de son amitié. L'un des volumes de son *Cicéron*[3], que recommandent le plus l'étendue et la sûreté de son savoir, la sagacité de sa critique, son talent d'écrivain, m'a servi de point de départ pour un dernier chapitre où devait être marquée la part qui revient au grand orateur dans le long et pénible achèvement de la langue et de l'art des vers chez les Romains, dans l'éducation, pour ainsi dire, de leur imagination poétique.

---

1. *Études de mœurs et de critique sur les poëtes latins de la décadence*, par D. Nisard, 1834, 2 vol. in-8° : ouvrage reproduit, avec d'importants changements, en 1849 et en 1868.
2. *Les moralistes sous l'Empire romain, philosophes et poëtes*, par C. **Martha**, 1865, 1 vol in-8°; ouvrage couronné par l'Académie française en 1865, et réimprimé en 1866. Fort récemment, M. Martha, se transportant à une autre époque de la littérature latine, a publié sur un de ses plus grands monuments un travail aussi remarquable par la sagacité et la justesse de la pensée que par l'élégance du style et qui ne sera pas moins favorablement accueilli du public, comme livre, qu'il ne l'a été, comme mémoire, de l'Académie des sciences morales et politiques : *Le poëme de Lucrèce, morale, religion, science*, 1869, 1 vol. in-8°.
3. *Œuvres complètes de M. T. Cicéron*, publiées en français avec le texte en regard, par J. V. Le Clerc, 1821, 30 vol. in-8°; 1827, 35 vol. in-12.

Je n'ai rien de plus à dire sur ce recueil, ne voulant pas répéter une fois encore ce qui s'y trouve abondamment et peut-être surabondamment exposé. Je me borne en finissant à lui souhaiter le bienveillant accueil accordé, pendant ma longue carrière de professeur, aux leçons dont il émane.

ÉTUDES
SUR LA
POÉSIE LATINE

PREMIÈRE PARTIE
DISCOURS SUR L'HISTOIRE GÉNÉRALE DE LA POÉSIE LATINE

I

DE L'ENSEIGNEMENT HISTORIQUE DE LA LITTÉRATURE
ET EN PARTICULIER DE LA POÉSIE LATINE

(Cours de 1832-1833, leçon d'ouverture)

Messieurs,

Lorsque après de longs délais qu'a exigés de moi ma mauvaise santé, très-souffrant encore, et plein d'une juste défiance en mes forces, je viens pourtant prendre possession de cette chaire, je pense ainsi que vous aux dons précieux de l'étude et de la nature qu'y apportait mon prédécesseur et que je ne puis vous rendre. Une expérience personnelle, un usage facile et heureux des formes de la poésie latine, avait préparé, destiné M. Lemaire à en interpréter les plus parfaits modèles, et il lui avait été donné de les lire avec une chaleur d'enthousiasme, une voix pleine et sonore qui toutes seules étaient déjà un commentaire. Cet enseignement trop tôt interrompu, au gré de tant de disciples assidus, de tant d'amis qui aimaient à grossir leurs rangs, je ne me flatte point de le reproduire dans sa science, et dans son éclat; j'ai voulu même éviter de le rappeler trop vivement à vos souvenirs et aux miens, en revenant d'abord sur ces chefs-d'œuvre du siècle d'Auguste qui en étaient le texte le plus ordinaire. J'ai cru mieux faire pour tous de chercher dans un âge moins parfait, au berceau même des lettres romaines, chez ces poëtes qui les premiers assouplirent aux inventions et aux rhythmes de la Grèce leur imagination encore novice, leur idiome encore grossier, une matière moins fréquemment, mais surtout moins habilement, moins complétement traitée.

Une autre considération me portait d'ailleurs à commencer par ces origines, par ces premiers développements de la poésie latine. Ce changement de sujet se liait à un changement de méthode qu'il me paraissait à propos d'introduire dans ce cours, en le rendant, d'après l'esprit de la critique actuelle, de dogmatique qu'il était, plus particulièrement historique. Ces deux mots par lesquels je résume d'avance ma pensée, ont peut-être besoin de quelque explication.

Qu'est-ce, pour ce qui nous concerne, pour la littérature, que l'enseignement dogmatique? C'est celui qui prend pour point de départ les lois mêmes du beau, de quelque manière qu'on en ait d'ailleurs obtenu la connaissance, soit *à priori*, philosophiquement, par l'étude de la nature humaine, le modèle, l'ouvrier, le juge des œuvres de l'art; soit *à posteriori*, expérimentalement, par l'analyse de ces œuvres elles-mêmes et des procédés qui les ont produites; soit enfin, ce qui est plus raisonnable et plus ordinaire, en mêlant les deux méthodes et en les complétant, en les corrigeant l'une par l'autre. En possession donc, de quelque manière que ce soit, des lois du beau, l'enseignement dogmatique de la littérature a pour caractère d'y appliquer les productions de l'esprit, et selon qu'elles y sont jugées plus ou moins conformes, de les approuver, ou de les condamner.

Je ne fais point le procès à ce genre d'enseignement : ce serait méconnaître ce que la spéculation philosophique, et l'observation critique, qui sont ses bases premières, lui donnent de généralité, de simplicité, de grandeur même; l'autorité et le respect que doivent lui concilier tant de grands rhéteurs anciens et modernes, qui, jusqu'à nous, en ont été les représentants. Mais enfin, comme beaucoup d'excellentes choses, il a vieilli, il s'est usé par le cours du temps; il est devenu, et ne pouvait manquer de devenir à la longue, vague, arbitraire, incomplet; il a cessé de suffire à la curiosité des esprits. Voilà bien des accusations que vous me permettrez de justifier en quelques mots.

Et d'abord, il est devenu vague et incomplet : vous pouvez vous en convaincre par votre propre expérience. Il n'est personne de vous qui n'ait perdu quelque temps et gagné quelque ennui à la lecture de ces livres de rhétorique et de poétique, qui se recommencent tous les ans, et se remplacent incessamment les uns les autres, sans rencontrer jamais leurs derniers successeurs. Vous vous êtes peut-être étonnés, en lisant ces livres, que les préceptes qu'ils renferment, et qui ont pour eux l'antiquité et le consentement universel, portassent cependant assez peu de conviction dans vos esprits, qu'ils ne vous parussent le plus souvent qu'une législation conventionnelle, gratuite, sans raison nécessaire, sans utilité pratique. Vous en jugeriez différemment, si, laissant là toutes ces copies sans valeur, vous remontiez aux excellents originaux d'où elles sont provenues, à ces grands monuments de la critique, sur lesquels vit, depuis des siècles, sans les comprendre et souvent sans les connaître, le menu peuple des rhéteurs. Là tant de préceptes, aujourd'hui morts, vous paraîtraient reprendre vie ; là vous leur trouveriez un sens et une portée; c'est que là seulement ils se présenteraient à vous accompagnés de ce qui les fonde, de ce qui les justifie, de ce qui les légitime, de leur raison philosophique et critique. En voulez-vous un exemple? Je prends le premier qui se présente dans les livres dont il s'agit. Nous lisons partout qu'il y a trois genres d'éloquence, le genre délibératif, le genre judiciaire, et le genre démonstratif; et chaque fois que nous le lisons, il nous vient des doutes sur la justesse de cette division. D'abord ce qu'elle distingue n'est-il pas souvent confondu? n'y a-t-il rien, par exemple, de démonstratif, c'est-à-dire qui emporte la louange ou le blâme, soit dans le genre délibératif, soit dans le genre judiciaire? Ensuite, cette division n'est-elle pas prise à des sources un peu diverses, tantôt de la destination des œuvres oratoires pour telle ou telle tribune, pour les assemblées politiques ou les corps judiciaires, tantôt de la nature même des idées qui composent le discours, comme dans le genre démonstratif, dont le caractère est uniquement de louer ou de blâmer? Enfin cette division, complète pour les anciens, l'est-elle également pour nous, et peut-on, par exemple, y faire entrer, sans quelque violence, l'éloquence religieuse, qui a paru depuis elle dans le monde, qui n'a certainement rien de judiciaire, qui n'est entièrement ni délibérative ni démonstrative, mais qui est un peu l'un et l'autre. Ces objections, et d'autres qu'on y pourrait joindre, ne paraissent pas sans force contre la division qui nous occupe, tant qu'on ignore sur quel fondement réel repose cette division. Or, c'est ce qu'on demanderait vainement à la plupart des rhétoriques. Il faudrait remonter jusqu'à celle d'Aristote, où l'on apprendrait[1] que ce partage de l'éloquence en trois genres correspond précisément au partage des grands objets de la pensée; le bon ou l'utile, voilà la matière du genre délibératif; le vrai ou le juste, voilà la matière du genre judiciaire; le beau et son contraire, voilà la matière du genre démonstratif. Quelle lumière inattendue, quel intérêt nouveau répand cette explication d'un rhéteur philosophe, sur un des préceptes les plus vieux et les plus usés de la rhétorique! Il en serait de même pour tous, si on faisait sur tous le même travail. Toujours on arriverait à retrou-

---

1. Aristot., *Rhét.*, I, III.

ver dans l'antiquité leurs titres qu'ils ont perdus. Car, à force d'être répétés, de passer de bouche en bouche, des maîtres aux disciples, ils ont fini par n'être plus entendus ni des uns ni des autres, par perdre leur sens, par devenir de purs mots. Il est arrivé d'eux comme de ces langues sacrées dont la signification s'oublie, mais dont on répète encore longtemps les formules consacrées, sans beaucoup d'intelligence, et surtout sans beaucoup de foi; comme de ces monnaies, dont l'empreinte s'efface par l'usage, dont le poids s'altère, dont le titre devient douteux, qui conservent leur cours cependant, qu'on reçoit et qu'on passe, non sans quelque répugnance, mais enfin comme le signe d'une valeur réelle.

L'enseignement dogmatique ne devient pas seulement vague et arbitraire, mais encore incomplet. Cela n'est pas moins évident. Sur quoi repose-t-il en effet? Sur la spéculation philosophique et sur l'observation critique. Mais l'une ne fait que calculer des probabilités, l'autre que recueillir des expériences : or, tous les calculs de probabilités, tous les recueils d'expériences possibles n'enchaînent point l'avenir; l'avenir garde toujours en réserve quelque accident imprévu du génie qui déconcerte les prévisions de la critique. Boileau, qu'on dit si timide, recommande de chercher ces accidents heureux; il voudrait enseigner par quel art un esprit vigoureux,

> Trop resserré par l'art, sort des règles prescrites,
> Et de l'art même apprend à franchir ses limites.

Les limites de l'art peuvent donc être quelquefois reculées; il faut donc quelquefois refaire la carte de l'art, comme on refait, après les voyages de découvertes, les traités de géographie.

Enfin cet enseignement, convaincu, à ce qu'il semble, de devenir vague, arbitraire, incomplet, cesse, avons-nous dit, de suffire à la curiosité des esprits. En effet, absolu de sa nature, il n'envisage les œuvres littéraires que sous un seul point de vue, dans leur rapport avec les lois du beau.

Mais d'abord, par cela même, il réduit à un bien petit nombre les productions dignes d'intérêt; car il en est bien peu où les lois du beau aient trouvé une exacte, une complète application; le reste ne compte pas, ou ne compte que pour quelque heureuse rencontre, ou bien encore pour cette instruction négative qui se tire de l'exemple des fautes : à peu près comme les écueils qui enseignent la bonne route. Mais ensuite, est-ce donc seulement parce qu'ils s'accordent avec les lois du beau, que nous intéressent, nous attachent les ouvrages de l'art, même ceux de l'ordre le plus élevé? Non, sans doute : c'est encore parce qu'ils sont dans une relation intime avec l'esprit qui les a conçus, avec les circonstances qui les ont fait naître, avec la patrie et le temps de leur auteur, avec les mœurs, les institutions, les événements qui ont influé sur sa pensée, et dont sa pensée à son tour est devenue l'expression. On voit comment à la suite de l'enseignement dogmatique arrive, pour suppléer à ce qui lui manque nécessairement, l'enseignement historique, dans un temps surtout comme le nôtre, où le spectacle de tant d'événements a tourné vers l'histoire toute notre curiosité; où la critique est devenue une des formes de l'enseignement historique; où elle nous a fait lire le passé, écrit en toutes sortes de caractères, dans toutes les œuvres de la pensée, dans toutes les productions de l'art, architecture, sculpture, peinture, musique même : car dernièrement, pour citer un exemple, profane peut-être en ce lieu, mais très-frappant, dans un de ces divertissements qui amusent les loisirs de l'hiver, le seizième siècle, après tant de récits divers qui nous l'ont fait connaître, ne nous a-t-il pas été raconté d'une manière bien inattendue, et avec bien du charme, par qui? par ses musiciens?

Si donc, en de telles circonstances littéraires, je parais délaisser un peu les voies de l'enseignement dogmatique heureusement suivies par mon prédécesseur; si je m'engage de préférence dans celles de l'enseignement historique; si je ne me borne pas à expliquer et à commenter tel ou tel grand poëte latin; mais si j'entreprends de suivre d'âge en âge les destinées de la poésie latine elle-même, je ne fais rien que ne m'impose une sorte de nécessité, rien que n'exige la révolution qui s'est opérée de nos jours dans la critique et l'enseignement. Que si j'avais besoin de quelque autorité pour me justifier, j'en trouverais une tout à côté de moi, dans un cours analogue et pour ainsi dire parallèle à celui-ci : dans le cours où le savant et judicieux doyen de cette faculté[1] achève en ce moment son excellente histoire de la prose latine. Mon ambition serait entièrement satisfaite, si les leçons que je commence aujourd'hui pouvaient paraître un utile complément des siennes, si on les jugeait dignes de remplir la lacune nécessaire que la spécialité de son enseignement l'a obligé d'y laisser.

Je ne me dissimule pas que, historiquement du moins, le sujet que je traite offre moins d'intérêt. C'est dans sa prose, bien plus que dans sa poésie, qu'il a été donné au peuple romain d'exprimer, de traduire son originalité. Il fut longtemps exclusivement agriculteur et guerrier ; longtemps il n'eut d'autre souci, d'autre occupation, que de vivre et de se défendre. Il lui fallut en outre travailler laborieusement à se constituer au milieu des dissensions intestines et toujours renaissantes du peuple et du sénat, des pauvres et des riches. Sa politique n'imagina rien de mieux, pour parer aux dangers du dehors et du dedans, que d'occuper l'activité inquiète et turbulente des esprits à la guerre, à la conquête. Cette politique eut le succès que l'on sait : Rome se fonda, se maintint, s'agrandit, s'étendit sur le monde, y établit la plus vaste domination qui fut jamais ; elle se régit et régit ses conquêtes par des lois qui lui ont survécu, qui sont devenues après sa chute le code des nations policées, qui règnent encore aujourd'hui scientifiquement dans la plupart des législations. Cela posé, que doit-il y avoir surtout d'original dans la littérature romaine ? Ce qui a eu quelque rapport avec ces grandes choses que Rome a faites : l'éloquence qui les a préparées, l'histoire qui les a racontées, la philosophie qui a fortifié les âmes, les lois qui ont

---

1. M. Le Clerc.

réglé les intérêts. Et cependant, et législateurs, et philosophes, et historiens, et orateurs, tous, après s'être d'eux-mêmes mis à l'œuvre, ont été docilement à l'école de la Grèce. Toutefois, ils ont marqué leur œuvre d'un cachet vraiment romain, d'un caractère de force, de dignité, de grandeur, tout à fait en rapport avec la sévérité de la république et la majesté de l'empire.

L'histoire de la poésie latine est un peu différente. D'abord, c'est assez tard que les Romains se sont occupés de poésie, et on pourrait presque dire qu'ils ne s'en sont pas avisés seuls. Ils avaient bien autre chose à faire. Nous le disions tout à l'heure, il leur fallait vivre, se constituer, se défendre, conquérir le monde. C'est lorsqu'ils eurent fort avancé cette tâche, soumis l'Italie, abaissé Carthage, pris possession de la Grèce, qu'ils trouvèrent la poésie dans leur butin, pour ainsi dire, avec ces statues que Mummius faisait si soigneusement, si brutalement emballer. Transportée, transplantée à Rome, la poésie y fleurit sous l'influence d'un luxe et d'un loisir tout nouveaux pour les Romains. Horace nous le dit :

> Serus enim græcis admovit acumina chartis
> Et post punica bella, quietus, quærere cœpit
> Quid Sophocles et Thespis et Eschylus utile ferrent[1].

Il se fit alors une révolution singulière, mais qui n'est pas la seule de ce genre dans l'histoire du monde. La civilisation du peuple vaincu subjugua les vainqueurs; les arts de la Grèce prirent possession du farouche, du sauvage Latium :

> Græcia capta ferum victorem cepit et artes
> Intulit agresti Latio...[2].

Rome avait fait de la Grèce une province romaine : par une compensation inattendue, les lettres romaines, la poésie latine, devinrent des provinces de l'imagination grecque.

---

1. *Epist.*, II, 1, 161. — 2. *Epist.*, II, 1, 156.

Et, en effet, sous les Scipions, sous César, sous Auguste, sous tous ces promoteurs, ces protecteurs des lettres, que firent les poëtes romains, même dans les sujets romains? Rien autre chose qu'imiter les Grecs. Cela dura ainsi jusqu'au temps de la décadence, où parut dans la poésie quelque chose de plus nouveau, de plus original. Triste originalité, bien chèrement achetée! au prix de la tyrannie des Césars, de la bassesse du sénat, de la misère et de la corruption du peuple, de cette dégradation du goût qui suit la perte de la liberté et des mœurs, de tout ce qui émut et fit éclater en accents irréguliers, mais énergiques et hardis, la patriotique, la vertueuse indignation de Lucain, de Perse, de Juvénal. Je vous expose tout cela bien rapidement, bien incomplétement; assez, toutefois, pour vous faire apercevoir les limites du sujet sur lequel j'appelle votre attention, ce qui peut lui manquer d'intérêt national et historique.

Mais ce qu'il perd d'un côté, il le regagne de l'autre. Par cela même que la poésie latine est en grande partie d'imitation, il devient nécessaire de la comparer à son modèle, la poésie grecque. De là un parallèle plein d'intérêt, qui doit porter non-seulement sur les compositions que rapprochent l'identité des sujets et l'évidence des emprunts, mais sur le développement général, sur les caractères principaux des deux poésies. La première partie de ce parallèle reviendra sans cesse dans la suite de ce cours; anticipons un peu sur la seconde, et indiquons-en d'avance quelques traits.

La poésie grecque a suivi dans son développement une marche pour ainsi dire nécessaire. J'entends par là que les divers genres de poésie s'y sont produits tour à tour, en leur rang, en leur place, à l'époque où les appelaient le besoin de la société et la disposition des esprits. D'abord, comme partout, excepté peut-être à Rome, les vers y ont de très-loin devancé la prose, la poésie l'éloquence. La mesure du vers suppléait au défaut de l'écriture et gravait dans la mémoire le souvenir des choses passées. En même temps, l'imagination poétique les revêtait, les décorait de tous les embellissements qu'y ajoutent d'ordinaire, à ces époques reculées et primitives, l'incertitude des traditions, les mensonges intéressés de la politique, la vanité complaisante des familles, des tribus, des nations, enfin, et pardessus tout, le goût du merveilleux. Ainsi se forma d'elle-même, ainsi naquit spontanément chez les Grecs la poésie épique qui donna sa forme, son mètre, son langage particulier, son tour conteur, à tout ce qui se produisait alors, notamment à la poésie didactique et à la poésie religieuse. Hésiode fut un conteur comme Homère, seulement il conta autre chose, les procédés de l'expérience des premiers âges. Ce furent aussi des conteurs que les auteurs de ces hymnes qui nous sont parvenus sous le nom d'Homère, et où, pour toute prière, on trouve la légende fabuleuse des Dieux. Le progrès de la civilisation amena un double changement. D'une part, le merveilleux se retirant, devant des causes plus immédiates et plus réelles, de deux mondes à la fois, de celui des phénomènes sensibles, et de celui des événements humains, la poésie épique céda insensiblement la place à l'histoire, son héritière directe, et au lieu d'Homère on eut Hérodote, qui est encore presque un poëte. D'un autre côté, la poésie didactique, après avoir continué quelque temps à peu près comme elle avait commencé chez Hésiode dans les ouvrages des gnomiques, Solon, Théognis, Phocylide, Pythagore, participa elle-même à l'avancement des connaissances, et celles-ci longtemps isolées et sans lien, venant enfin à se rapprocher, à se coordonner, elle offrit, non plus des recueils de préceptes, mais des expositions de systèmes : de là tous ces poëmes sur la nature, comme celui de Lucrèce, περὶ φύσεως, de Xénophane, de Parménide, d'Empédocle qui furent les prédécesseurs des philosophes, ainsi que les poëtes épiques avaient été les prédécesseurs des historiens. Mais déjà la vive imagination des Grecs avait produit une nouvelle forme de poésie, forme multiple qui répondait à tous les élans de la pensée, quel qu'en fût l'objet, la religion, la patrie, la liberté, la gloire, les combats, les jeux, les plaisirs, l'amour et la haine, la joie et la tristesse, la forme lyrique, en un mot, si diversement, si richement représentée par les Tyrtée, les Stésichore, les Simonide, les Archiloque, les Alcée, les Sapho, les Anacréon, les Pindare. Ce n'est pas tout : un de ces accidents qui ne manquent guère à la maturité des choses pour les faire éclore, rapprocha dans une même composition les deux seuls genres que l'on connût encore, le genre épique et le genre lyrique, et de leur réunion fit jaillir, avec le dialogue, la forme dramatique. Le drame parut, et comme il concentrait en soi toutes les émotions que l'art avait jusqu'alors excitées, qu'il y ajoutait des émotions nouvelles et plus vives, qu'il s'adressait par elles, avec une puissance jusqu'alors inconnue, au peuple tout entier, convoqué à ses spectacles, il s'empara seul, à l'exclusion des autres genres, désormais abandonnés, de l'imagination des Grecs. Son règne toutefois fut court. Les trois générations de poëtes tragiques, représentées par les noms fameux d'Eschyle, de Sophocle et d'Euripide, furent contemporaines, et peu d'années leur suffirent pour épuiser tout ce que les antiques annales de la Grèce leur offraient d'affections et de combinaisons tragiques. La comédie dura plus longtemps, mais elle avait commencé plus tard, et elle s'était renouvelée. Née parmi les excès de la démocratie, elle y avait participé, et avait été, entre les mains d'Aristophane, une satire politique et personnelle, de forme toute fantastique. Plus tard, quand fut venu le temps de la répression, elle n'offrit plus dans les compositions de Ménandre et de Philémon, qu'une satire générale et morale, non plus fantastique dans sa forme, mais visant au contraire à l'expression de la réalité. Malheureusement ce qu'il lui était permis de peindre dans cette réalité était si peu de chose qu'elle l'eut bientôt épuisé, et quand elle eut tout dit, le rôle de la poésie grecque elle-même parut terminé. Dès lors elle ne fit plus que se ressouvenir d'elle-même, que s'imiter, se copier, remonter par le pastiche vers son passé, vers son origine. C'est à cette époque que se rapportent les hymnes mythologiques et homériques de Callimaque. Dans cette voie rétrograde, où elle s'engageait, la poésie grecque fut encore assez heureuse pour rencontrer la simplicité bucolique de Théocrite, et l'élégance descriptive d'Aratus. Ici reparaît le poëme didactique comme la ressource dernière de la poésie, ou plutôt de la versification grecque. On n'avait plus qu'elle en effet, et on ne savait qu'en faire. Faute de mieux, on l'appliquait aux découvertes de la science, aux procédés des arts : Aratus versifiait la sphère, Nicandre la médecine et même un peu la pharmacie. Du reste, l'instruction n'était plus comme autrefois le but du poëme didactique, ce n'était qu'un prétexte, qu'une occasion pour étaler toutes les ressources de l'art des vers. L'agrément était la grande, l'unique affaire, et parmi les ornements qui pouvaient y conduire, la description. Ainsi sortit du poëme didactique, insensiblement, nécessairement le poëme descriptif, qui se montra chez Oppien, avec beaucoup moins d'esprit et de talent, il est vrai, tel à peu près que nous l'avons vu chez Delille. Qu'avait encore à faire la poésie grecque? Rien autre chose qu'abdiquer. C'est ce qu'elle fit en passant à la prose dans ces romans, qui brillent encore de quelque délicatesse étudiée sous la plume d'Héliodore, de Longus, de Lucius, mais qui ne furent pour la plupart que des productions médiocres, insipides, quelquefois licencieuses, par lesquelles la Grèce esclave amusait sa servitude, et cherchait à distraire la vieillesse dissolue et féroce de ses maîtres, la vieillesse de l'empire.

Tel fut le développement de la poésie grecque, développement nécessaire, où, comme les acteurs d'une pièce bien faite, les divers genres de poésie ne paraissent sur la scène et n'en disparaissent qu'amenés et renvoyés par de bonnes raisons. Ce n'est pas tout à fait ainsi que s'est développée la poésie latine.

Celle-ci fut en quelque sorte improvisée par l'imitation. Elle se modela sur une poésie toute faite, qu'elle entreprit de reproduire en entier, indistinctement, épopée, drame, poëme didactique. Un seul genre se fit attendre, le genre lyrique : et pourquoi? Parce que, là, l'imitation offrait plus de difficultés. L'oreille des Romains qui ne s'était déshabituée qu'avec peine de l'antique, de l'affreux vers saturnien, *horridus ille defluxit numerus Saturnius*[1], qui ne s'était pas accoutumée sans peine à l'iambe, à l'hexamètre des Grecs, eut besoin de temps pour se faire au mécanisme varié et savant de tous ces mètres lyriques dont les modèles lui arrivaient en foule de la Grèce. Son éducation fut, en cela, bien tardive et bien longue, puisque, sous Auguste, Horace put se vanter de l'avoir faite. Mais enfin, de tous ces genres que Rome imitait à la fois, ou presque à la fois, quel est celui où elle réussit le mieux? Le genre didactique. Pourquoi encore? Parce que c'est celui qui dépend le moins des influences locales, qui peut le plus aisément se transporter d'une littérature dans une autre. Et cependant, voyez la différence. Chez les Grecs, le poëme didactique lui-même avait eu une histoire; il avait compté trois époques diverses, correspondant à trois états différents de la société, poëmes gnomiques, poëmes philosophiques, poëmes descriptifs. Cet ordre fut interverti, renversé chez les Romains, qui imitèrent d'abord Aratus, ensuite Empédocle, et enfin Hésiode. Il est vrai qu'entre ces imitations il s'établit un autre ordre. De Cicéron à Lucrèce, et de Lucrèce à Virgile, il y eut progrès constant pour l'art et le talent poétique.

Une grande preuve que, dans le développement de la poésie latine, presque tout fut arbitraire et fortuit, c'est que certains genres n'y furent certainement point appelés par le besoin et le penchant des esprits, bien au contraire; c'est que, malgré la persévérance du talent et la bonne volonté du public, ces genres ne parvinrent point à s'établir. On comprend que je veux parler de la poésie dramatique, dont le mauvais succès à Rome a été assez souvent expliqué. Il faut en dire quelque chose.

Et d'abord, quant à la tragédie, les Romains jouaient dans le monde une tragédie qui devait leur laisser peu d'intérêt de reste pour toutes ces catastrophes empruntées à une autre histoire, à une autre littérature, que leur offrait l'imitation. En outre, ils ne furent jamais très-capables des émotions du pathétique, qui sont l'âme de la tragédie. Au

---

1. Hor., *Epist.*, II, I, 157.

contraire, ils se piquaient d'une sorte de mépris stoïque de la douleur. Voilà pourquoi Cicéron, admirateur des Grecs, qui les cite souvent, qui les traduit avec éloquence, blâme dans ses Tusculanes, et fort mal à propos, ce qu'il appelle les lamentations des héros grecs. Un peuple qui accourait en foule aux combats des gladiateurs, qui battait des mains à la fierté de leur chute, à la constance, à l'intrépidité de leur dernier soupir et de leur dernier regard, ce peuple noblement féroce devait demander sur la scène tragique des espèces de gladiateurs moraux, insultant à la douleur et la provoquant. Sénèque les servit en cela selon leur goût dans ces compositions qui nous sont parvenues sous son nom et avec le titre de tragédies, mais qui probablement ne sont pas toutes de lui, et qui paraissent avoir été faites pour l'école bien plus que pour le théâtre.

Quant à la comédie, on sait assez qu'elle ne jouissait pas à Rome de la même liberté qu'à Athènes, où déjà elle avait fini par n'être plus trop libre. La satire personnelle et politique n'aurait pas été du goût de l'ombrageuse aristocratie romaine, et il y parut bien quand Névius, pour quelques plaisanteries contre les Scipions, fut déporté en Afrique, où il finit misérablement. La satire morale était elle-même très-restreinte. Des lois sévères protégeaient à Rome, contre ses atteintes, la paix du foyer domestique. A peine pouvait-elle toucher aux mœurs romaines, et encore ne le faisait-elle guère qu'en se mettant à couvert, contre la censure et la répression, sous le costume grec. Comment s'étonner que la comédie latine ait pris si peu de développement et fourni une si courte carrière?

Mais il y a de l'existence précaire qu'eurent toujours à Rome la tragédie et la comédie une raison plus générale. Pour qu'un peuple puisse prendre plaisir aux représentations dramatiques, il ne suffit pas qu'on le rassemble dans la même enceinte; il faut encore qu'il soit réuni par quelque communauté de mœurs, d'idées, de culture intellectuelle, d'habitudes littéraires. C'est ce qui s'était vu à Athènes, et qui ne se vit point à Rome. Les hautes classes de la société romaine s'étaient éprises en effet des beautés du théâtre grec et elles avaient entrepris de se les approprier avec toutes les autres productions de l'art des Grecs : mais le peuple proprement dit resta toujours étranger et indifférent à ces délicatesses de goût, à ces tentatives littéraires, complétement aristocratiques. Transportez-vous par la pensée dans le théâtre romain : vous y voyez d'abord les sénateurs, puis les chevaliers, et enfin, comme dans les vers de Rousseau, le *vil peuple assis aux derniers rangs*, qui ne sait rien de Sophocle ni de Ménandre, qui ne s'en soucie guère, à qui il faut des jouissances grossières comme lui, des costumes, des décorations, du spectacle, des combats de bêtes féroces, des luttes d'athlètes, des danses de corde. C'est pour de tels plaisirs qu'on désertait les charmantes pièces de Térence, comme il s'en plaint lui-même :

>   Quum primum eam agere cœpi, pugilum gloria,
>   Funambuli eodem accedens exspectatio,
>   Comitum conventus, studium, clamor mulierum
>   Fecere, ut ante tempus exirem foras.
>   . . . . Refero denuo ;
>   Primo actu placeo, quum interea rumor venit,
>   Datum iri gladiatores; populus convolat;
>   Tumultuantur, clamant, pugnant de loco ;
>   Ego interea meum non potui tutari locum[1].

Nous voilà jetés bien loin de ce que nous savons de l'art dramatique à Athènes : là, c'était pour le peuple, pour le peuple tout entier qu'étaient faites la tragédie et la comédie; chacun y trouvait sa part d'attendrissement ou de gaieté. Bien plus, dans cette démocratie, la souveraineté du peuple s'exerçait sur les productions de la scène, par une juridiction littéraire : le suffrage de la foule y couronnait les poëtes. Or, je ne pense pas qu'à Rome les voix de la populace aient été plus comptées au théâtre que dans les comices. Horace nous raconte qu'une comédienne effrontée, Arbuscula, sifflée par le peuple, en appelait aux chevaliers, et Horace fait comme elle :

>   Nam satis est equitem mihi plaudere, ut audax,

---

1. *Hecyr.*, Prol.

Contemptis aliis, explosa Arbuscula dixit [1].

Voyez encore quand l'auteur de l'Art poétique recueille les suffrages pour ou contre les poëtes, il tient compte des sénateurs, il tient compte des chevaliers :

Centuriæ seniorum agitant expertia frugis :
Celsi prætereunt austera poemata Rhamnes [2].

Et le peuple? Il n'en est pas question. Une autre fois il blâme la grossièreté du langage, dont s'offensent avec raison tous les gens comme il faut :

Offenduntur enim quibus est equus et pater et res.

Et le peuple? Il n'a rien de tout cela. Son opinion ne compte pas :

Nec, si quid fricti ciceris probat et nucis emptor,
Æquis accipiunt animis donantve coronâ [3].

Quel mépris aristocratique pour ce dernier rang, ce *Paradis* de l'amphithéâtre romain! Aristophane traitait avec plus de révérence les *mangeurs de noix* d'Athènes, lorsqu'il s'excusait de ne plus leur en jeter, comme ses devanciers, et de ne chercher à les prendre que par les grâces, le charme de sa poésie.

Il y a dans Horace de ce public grossier auquel on jetait indiscrètement les plus délicates beautés de la Melpomène et de la Thalie grecques, un tableau que je veux citer en entier : d'abord, parce qu'il est charmant, plein d'esprit et de poésie, et qu'il pourra délasser de toutes ces dissertations; ensuite, parce qu'il ne faut pas que cette première leçon de poésie latine se passe absolument sans vers latins.

Mais voici qui décourage, qui rebute le poëte le plus confiant. Cette partie du public, la plus nombreuse, mais non pas

1. *Sat*, I, IX, 76. — 2. *De Art. poet.*, 342. — 3. *Ibid.*, 2 8.

la meilleure et la plus honorable, cette foule ignorante et stupide, toute prête à en venir aux mains pour peu que les chevaliers ne soient pas de son avis, s'avise parfois, au milieu de la pièce, de demander un ours ou des lutteurs. Car tel est le goût de la populace, que dis-je? des chevaliers eux-mêmes : déjà le plaisir a fui de leurs oreilles pour passer à leurs yeux errants et amusés de vains spectacles. Quatre heures et plus la toile demeurera baissée, tandis que défileront sur la scène cavaliers et fantassins, escadrons et bataillons. Puis vient, menée en triomphe et les mains liées derrière le dos, la fortune des rois vaincus; puis des chars qui se hâtent, des litières, des fourgons, des vaisseaux; nos conquêtes figurées en ivoire; Corinthe elle-même captive ! Oh ! Combien rirait Démocrite, s'il était encore de ce monde, de voir l'animal à double nature, panthère et chameau tout ensemble, ou bien l'éléphant blanc, fixer seuls les regards de la foule. Les spectateurs l'attacheraient plus que le spectacle et, mieux que les comédiens, lui donneraient la comédie. Pour nos poëtes, il lui semblerait qu'ils font des contes à un âne sourd. Quelle voix en effet assez puissante pour surmonter le bruit dont retentissent nos théâtres. Non, les bois du Gargan, les flots de la mer de Toscane, ne mugissent pas avec plus de fureur que le public de nos jeux, devant ces richesses lointaines, ces produits d'un art étranger, dont l'acteur se montre paré, et qui, dès son entrée sur la scène, font de toutes parts battre des mains. « Quoi ! qu'a-t-il dit ? — Rien encore.— Et qu'applaudit-on donc ? — Sa robe teinte, aux **fabriques de Tarente, de la couleur des violettes.** »

> Sæpe etiam audacem fugat hoc terretque poetam,
> Quod numero plures, virtute et honore minores,
> Indocti stolidique et depugnare parati,
> Si discordet eques, media inter carmina poscunt
> Aut ursum aut pugiles; his nam plebecula gaudet.
> Verum equitis quoque jam migravit ab aure voluptas
> Omnis ad incertos oculos et gaudia vana.
> Quattuor aut plures aulæa premuntur in horas,
> Dum fugiunt equitum turmæ peditumque catervæ;
> Mox trahitur manibus regum fortuna retortis;
> Esseda festinant, pilenta, petorrita, naves,
> Captivum portatur ebur, captiva Corinthus.
> Si foret in terris, rideret Democritus, seu
> Diversum confusa genus panthera camelo,
> Sive elephas albus vulgi converteret ora;
> Spectaret populum ludis attentius ipsis,
> Ut sibi præbentem mimo spectacula plura;
> Scriptores autem narrare putaret asello
> Fabellam surdo. Nam quæ pervincere voces

> Evaluere sonum, referunt quem nostra theatra?
> Garganum mugire putes nemus aut mare Tuscum,
> Tanto cum strepitu ludi spectantur et artes,
> Divitiæque peregrinæ, quibus oblitus actor
> Cum stetit in scena, concurrit dextera lævæ.
> « Dixit adhuc aliquid ? — Nil sane. — Quid placet ergo?
> — Lana Tarentino violas imitata veneno[1]. »

Ce morceau ne doit laisser aucun doute sur la question qui nous occupe : il est bien évident qu'un tel public n'était pas mûr pour les nobles plaisirs du théâtre ; que l'introduction de la tragédie et de la comédie à Rome fut un caprice de l'aristocratie, une méprise de l'imitation. C'est une preuve bien frappante, je le répète, que dans le développement de la poésie latine ne s'est pas rencontré ce caractère de nécessité qui nous a tout à l'heure paru si remarquable dans le développement de la poésie grecque.

Si nous passons aux caractères principaux des deux poésies, nous y remarquerons des différences non moins notables, en dépit de l'imitation ou plutôt à cause d'elle.

La poésie grecque, originale, primitive, empruntée directement, immédiatement à la nature elle-même, avait dû à cette origine une vivacité, une vérité d'accent que l'on sent bien, mais qu'on ne peut définir, et qu'on s'accorde assez généralement à désigner par le mot de naïveté. La poésie grecque avait donc été essentiellement naïve : or, ce caractère, elle ne pouvait le transmettre à la poésie latine, car il n'est pas de ceux qui s'imitent, qui se traduisent ; il faudrait pour cela un calcul, un effort qui le détruiraient infailliblement. La naïveté n'existe précisément qu'à la condition de s'ignorer : qu'elle ait conscience d'elle-même, et elle s'altère, elle périt. En outre, comment la naïveté qui est, pour les nations comme pour les individus, une qualité de jeunesse et même d'enfance, aurait-elle pu convenir à la maturité de Rome, qui, au début de son premier poète, en 514, comptait déjà cinq siècles de vie militaire et politique, de Rome qui connaissait l'éloquence et avait goûté de la philosophie. Il arriva donc naturellement, né-

[1]. *Epist.*, II, 1, 182.

cessairement que la poésie, en passant de la Grèce à Rome, changea quelque peu de caractère ; qu'elle devint plus réfléchie, plus sérieuse, plus grave ; qu'elle prit même quelque chose de cette mélancolie qui suit l'expérience des choses humaines et tous ses mécomptes ; qu'elle fut par son esprit, comme elle l'était par sa date, presque contemporaine de cette religion nouvelle qui devait bientôt désabuser le monde païen des illusions de la vie sensible dont il était trop épris, et lui enseigner, lui révéler la misère, la vanité des choses d'ici-bas. Ici, je dois corriger en quelque chose ce que j'ai dit dans un sens trop absolu. Sans doute la poésie latine est toute imitée, mais, au sein même de l'imitation, elle a développé des qualités qui lui sont propres et font son originalité. J'ai déjà eu occasion de le dire dans cette chaire, et je m'appuyais sur l'opinion du professeur illustre [1] que j'avais l'honneur d'y suppléer, l'imitation et l'originalité ne s'excluent pas toujours, comme on le pense communément ; le génie, le talent peuvent s'inspirer des œuvres de l'art non moins que de celles de la nature ; quelle que soit la cause qui l'éveille, qui l'excite, qui le pousse dans la carrière, il y reste maître de sa voie et de son allure. La poésie latine en offre des preuves irrécusables. Car on ne prétendra pas, sérieusement du moins, que Virgile, par exemple, ne soit autre chose qu'Homère, qu'Homère un peu affaibli. Sans doute c'est Homère qui l'a suscité ; sans doute il a beaucoup emprunté à Homère : mais il ne lui a rien pris qu'il n'ait rendu absolument nouveau. C'est le nuage qui reçoit la lumière du soleil et la renvoie avec les couleurs de l'Iris,

Mille trahens varios adverso sole colores.

Un écrivain célèbre de notre temps [2] a dit avec ce tour pittoresque qu'il donne à sa pensée et à son style, fort spirituellement, mais aussi fort dédaigneusement, que Virgile *est la lune d'Homère.* Eh bien ! j'accepte cette expression,

1. M. Villemain. — 2. M. V. Hugo.

et l'interprétant favorablement, j'y trouve une image juste de cette tristesse aimable que Virgile, imitateur d'Homère, a substituée dans ses vers à l'éclatante sérénité de la poésie homérique.

Plus nous comparerons la poésie latine et la poésie grecque, plus nous remarquerons de ces différences qui ne permettent pas de les confondre. Ainsi la poésie grecque avait été en général simple, aisée, familière; la poésie latine fut de préférence polie, élégante et noble. Cela tenait à des causes que j'ai déjà indiquées, mais en outre aux dispositions différentes que les deux peuples apportaient à la culture des lettres, à la diversité de leurs institutions et de leurs mœurs. Chez les Grecs, une grande sensibilité d'organes, une grande vivacité d'imagination, sépara de bonne heure et toujours et profondément les vers et la prose : mais en même temps l'égalité démocratique et une certaine communauté de culture intellectuelle y rapprochèrent la langue poétique et la langue oratoire du langage ordinaire. Chez les Romains des causes tout opposées produisirent des résultats non moins contraires. Là l'éloquence et la poésie furent toujours assez voisines l'une de l'autre, mais toutes deux étaient en même temps fort distinctes de la façon habituelle de parler. C'est qu'à Rome une certaine aristocratie de littérature correspondait à l'aristocratie du rang; c'est que l'éloquence et la poésie y étaient patriciennes, équestres, très-peu plébéiennes. De là cette urbanité romaine, dont l'élégance et la noblesse soutenues remplaçaient les grâces familières de l'atticisme grec, qui alla toujours s'épurant, s'élevant, jusqu'au terme inévitable de cette progression, l'appauvrissement et la froideur, comme cela s'est depuis vu chez nous, et de la même manière, et par les mêmes causes.

Ici se découvre une face nouvelle de notre sujet. Ce n'est pas seulement avec la poésie grecque qu'il convient de comparer la poésie latine, mais avec la poésie française, comme elle imitatrice, comme elle originale dans l'imitation, et dont l'histoire a suivi à peu près le même cours.

Nous avons eu sur les Romains l'avantage de posséder de

bonne heure une poésie qui nous appartenait en propre, qui était l'expression de notre caractère national, vive, enjouée, folâtre, mais peu capable de sérieux ; qui, trahie par la bassesse du langage, s'interdisait les grands sujets, et les laissait à une langue, alors spéciale pour la haute éloquence, la haute poésie, le latin. Vint le seizième siècle, où une école de jeunes érudits, dont plusieurs n'étaient pas dépourvus de talent poétique, entreprit de nous donner cette poésie sérieuse et élevée qui nous manquait, et le tenta par l'imitation, empruntant aux anciens, et particulièrement aux Grecs, leurs mots, leurs tours, leurs images, leurs idées, leurs sujets, leurs genres, tout enfin. Cette tentative manqua, faute de génie et de goût; mais il en resta quelque chose, les matériaux parmi lesquels choisirent Malherbe et ses disciples, pour composer la langue poétique qui devait prévaloir au dix-septième siècle. Quelque chose d'à peu près semblable s'était passé à Rome, lorsqu'elle débutait dans les lettres. Là aussi il y avait eu importation de la poésie grecque, importation violente, indiscrète, dont témoignent et la bigarrure gréco-latine des vers de ce temps, et le reproche qu'adresse Horace entre autres à Lucilius :

> At magnum fecit quod verbis græca latinis
> Miscuit[1].

C'est la *muse* de Ronsard *parlant, en français, grec et latin*. Toutefois, avec le temps, les deux langues, si durement rapprochées, se fondirent en une seule, celle que parlèrent et Horace lui-même, et Virgile, et tous les grands poëtes du siècle d'Auguste.

Sous Auguste et sous Louis XIV, il y eut un travail à peu près pareil pour arriver à plus de correction, de pureté, d'élégance, d'harmonie, de noblesse, toutes choses qu'on avait sans doute rencontrées auparavant, mais dont la continuité était encore inconnue. Horace et Boileau,

---

1. *Sat.*, I, x, 20.

maîtres dans un art tout nouveau qu'ils fondèrent par leurs exemples et par leurs préceptes, accoutumèrent leurs contemporains à écrire plus lentement, plus difficilement, d'une façon plus sévère et plus châtiée, à tendre sans cesse par un travail opiniâtre vers le seul but qui soit digne de l'art, la perfection.

Mais il n'y a pas de réforme qui s'opère sans résistance. La vieille poésie conserva longtemps des admirateurs retardataires et opiniâtres, contre lesquels eurent à batailler Horace et Perse à Rome, à Paris Malherbe et Boileau. Ensuite, comme la perfection est voisine de l'épuisement, on ne tarda point à regretter la liberté féconde de l'ancien langage, et Sénèque exprima là-dessus les mêmes regrets et les mêmes vœux que chez nous La Bruyère et Fénelon. Enfin, à diverses époques qu'il serait trop long d'indiquer ici en détail, il y eut chez les Romains, contre les plus beaux temps de leur littérature, en faveur d'âges moins favorisés, de ces réactions, de ces retours dont il ne serait pas difficile de retrouver dans notre histoire littéraire la ressemblance et le renouvellement.

Vous le voyez, Messieurs, nous ne pourrons guère parler de poésie latine sans être amenés à nous occuper en même temps de poésie grecque, de poésie française; et cette double perspective que j'ai voulu vous ouvrir d'avance, agrandira beaucoup notre horizon. C'est une raison de plus pour limiter la matière des leçons de cette année, et pour les restreindre prudemment au sujet que j'ai annoncé, et que j'aurai même quelque peine à traiter complétement, à l'histoire du premier âge de la poésie latine.

Par cette expression, un peu générale et un peu vague, il faut entendre deux époques distinctes. L'une, qu'on appelle barbare, comprend les cinq premiers siècles de Rome, siècles très-remplis pour la guerre, pour la politique, pour la législation, mais tout à fait vides pour la littérature, où nous ne rencontrerons que quelques fragments informes qui appartiennent plutôt à l'histoire de la langue primitive des Romains qu'à leur histoire poétique, qui ne nous fourniront que des renseignements bien incertains et bien obscurs sur les premiers efforts de Rome s'élevant d'elle-même et par ses seules ressources à la poésie. L'autre époque commence après la première guerre punique, terminée l'an 512 de Rome; elle s'ouvre deux ans après, en 514, par un drame de Livius Andronicus : elle comprend plusieurs générations de poëtes, tous disciples des Grecs, quelques-uns Grecs eux-mêmes, qui ont mis leur industrie et leur gloire à naturaliser chez les Romains, et dans la langue latine, la poésie grecque.

Je conduis cette époque jusqu'aux temps de Catulle et de Lucrèce, bien qu'il soit d'usage de comprendre ces deux poëtes dans le siècle d'Auguste. Mais d'abord les dates s'y refusent, car ils sont de la République et non de l'Empire, contemporains de Marius et de Sylla, de Cicéron et de César, et non pas d'Auguste; ensuite, malgré la beauté de leurs vers, ils retiennent encore un peu trop de l'ancienne rudesse, de l'ancienne négligence latine, de cette imitation indiscrète et inhabile qui ne savait pas régler ses emprunts et en effacer la trace, pour qu'on doive les ranger parmi ces poëtes qui par l'unité de la langue poétique, non plus gréco-latine comme auparavant, mais simplement latine, par la perfection du goût et le fini du travail, ont commencé une époque véritablement nouvelle. Catulle et Lucrèce nous font pressentir le siècle d'Auguste; ils nous y amènent par une transition presque insensible; mais ce siècle ne commence réellement qu'à Virgile et à Horace. Le terme que nous cherchons se place donc de lui-même au temps où naquirent Virgile et Horace, où moururent Catulle et Lucrèce, de l'année 684 à l'année 702; ce qui portera à deux cents ans environ la durée de la seconde époque dont nous aurons à nous occuper. Nous pourrions indiquer une date plus précise, si nous adoptions le calcul chronologique, qui fait mourir Lucrèce le jour même de la naissance de Virgile; de telle sorte, dit un commentateur anglais, qui peut-être n'a établi ce calcul, peu exact, que dans l'intérêt de la spirituelle conclusion qu'il en voulait tirer, de telle sorte qu'un pythagoricien pourrait penser que l'âme de Lucrèce est venue animer le corps de Virgile, et que dans ce passage la poésie latine est arrivée naturellement à sa perfection [1].

Le sujet que je viens d'annoncer sommairement, offre certainement beaucoup d'intérêt ; il faut évaluer ce que doit à Rome et ce que doit à la Grèce cette poésie appelée à occuper une si grande place dans l'histoire de l'esprit humain ; il faut restituer, d'après les souvenirs incertains de l'histoire et des fragments peu nombreux et peu étendus, des poëtes dont le nom est resté fameux, et qu'on aimerait à connaître davantage, les Ennius, les Pacuvius, les Attius, les Lucilius et bien d'autres ; enfin il faut apprécier, d'après des compositions plus entières, des mérites d'un ordre supérieur, dont la gloire a été plus grande et plus durable, la verve comique de Plaute, le naturel et la grâce de Térence ; l'élégance encore un peu grecque, mais déjà virgilienne, déjà horatienne, de Catulle, dans les différents genres épiques ou lyriques, badins ou sérieux, où il a promené son talent ; l'éloquence pathétique, et quelquefois sublime de Lucrèce, l'un des plus grands poëtes, le plus grand poëte peut-être que Rome ait produit ; de ce désolant consolateur de la misère humaine, qui l'exprime avec tant d'énergie, et qui avec une si entraînante conviction, digne d'une philosophie meilleure, lui offre l'unique et triste remède de la résignation, de la foi au néant ; de ce peintre merveilleux de la nature sensible, qui, avant de la briser, de la dissoudre en atomes, d'après la doctrine d'Épicure, en a conservé dans son esprit toutes ces ravissantes images qu'il a jetées en foule dans ses vers. Avec une telle matière, Messieurs, il serait assurément facile de vous intéresser, pour quelqu'un qui apporterait à cette étude, et à cet enseignement, des dispositions plus favorables que celles où je me trouve. Ce qui me rassure un peu contre

---

[1]. « Vix absoluto opere moritur, eo ipso die quo natus est Virgilius, et aliquis Pythagoreus credat Lucretii animam in Maronis corpus transiisse, ibique, longo usu et multo studio exercitatam, poetam perfectissimum evasisse. » Creech n'est point d'accord avec Donat qui, dans sa *Vie de Virgile*, chap. II, dit que Virgile, âgé de quinze ans, prit la robe virile le jour même de la mort de Lucrèce.

moi-même, c'est le souvenir de la bienveillance que depuis deux ans je suis accoutumé à rencontrer dans cette enceinte : c'est encore que le cours qui m'est confié est un cours d'explication autant que d'exposition; que ces poëtes dont je dois vous parler, il faudra aussi vous les lire, et que leur parole suppléera de reste tout ce qui pourra, tout ce qui devra manquer à celle de leur interprète.

II

SUR L'UTILITÉ DES ÉTUDES CLASSIQUES

(Cours de 1833-1834, leçon d'ouverture)

FRAGMENT

Messieurs,

En reprenant avec vous le cours de ces études sur la littérature et plus particulièrement la poésie latine, j'éprouve, comme vous peut-être, le besoin de leur demander compte de leur utilité. On la conteste aujourd'hui si généralement, si complaisamment, avec tant de conviction et d'assurance, qu'en vérité le zèle des disciples ne peut manquer d'en être affaibli, la foi des maîtres ébranlée, qu'ils doivent être tentés, lorsqu'ils se retrouvent, de rechercher d'abord si en effet ils ne viennent pas perdre leur temps ou faire perdre le temps d'autrui à quelque occupation tout à fait inutile.

L'utilité, Messieurs, c'est un grand mot assurément, qui toutefois, comme les autres mots de la langue, n'a de valeur réelle que selon le sens plus ou moins juste qu'on y attache. Or, je ne crains pas de le dire, et je n'aurai pas de peine à le démontrer, les détracteurs des études classiques l'interprètent d'une manière bien étroite et bien fausse, et qui, avec les meilleures intentions du monde à notre égard, pour notre plus grand progrès intellectuel, nous conduirait tout droit à la barbarie.

Qu'entendons-nous dire tous les jours? Qu'on ne doit étudier dans son jeune âge que ce qu'on aura quelque occasion de mettre en pratique dans un âge plus mûr; qu'ainsi la connaissance des langues et des littératures de l'antiquité n'étant guère de quelque usage que pour certaines professions qu'on appelle savantes, il convient d'en réserver exclusivement l'étude à ceux qui se destinent à ces professions. Ce raisonnement n'est que trop concluant, car, à l'insu de ses auteurs et contre leur volonté, il atteint par ses conséquences rigoureuses, il embrasse dans ses prohibitions à peu près toutes les connaissances qui forment le cercle de l'enseignement ou qu'on s'applique aujourd'hui à y faire entrer.

Ainsi, par exemple, est-il bien utile à la plupart des hommes, pour s'acquitter convenablement de leurs devoirs, comme membres de la famille et de la cité, de connaître l'histoire des Grecs et des Romains? Pas plus, assurément, que leur langue et leur littérature. Retranchons donc de l'éducation, sans hésiter, l'histoire ancienne. Mais pourquoi épargnerions-nous l'histoire moderne? Le nombre est bien petit de ceux auxquels elle adresse réellement des leçons, et plus petit encore le nombre de ceux qui en profitent. Ne faisons donc pas les choses à moitié, et avec l'histoire ancienne retranchons l'histoire moderne elle-même, toute espèce d'histoire. Il y a quelque avantage à connaître un peu le lieu qu'on habite, mais cet avantage s'arrête à des limites fort étroites; au delà qu'importe de savoir quelle est la figure de la terre, quelles sont ses divisions naturelles et politiques, quelle est sa constitution géologique et physique, quelle est la variété de ses climats et de ses productions, la diversité des mœurs et des institutions de ses habitants. La géographie, à ce qu'il semble, doit suivre le sort de l'histoire. A plus forte raison jugera-t-on qu'il n'est pas indispensable de connaître dans quel rapport est notre planète avec les autres corps célestes, quelle est la structure et l'ordre général du monde, comment s'opèrent les grands phénomènes de la nature, comment se composent et se décomposent toutes les substances, quelle est l'organisation de tous les êtres qui peuplent la création. Cosmographie, physique, chimie, histoire naturelle, voilà bien des sciences dont nous pouvons dégrever l'éducation. Est-ce tout? Non. Il reste encore la connaissance de nous-mêmes, le γνῶθι σεαυτόν si recommandé par la sagesse antique. Mais c'est encore là une grande inutilité. Toutes les fonctions de la vie animale s'accomplissent en nous sans que nous sachions comment, et surtout sans que nous ayons besoin de le savoir, et quant à la partie immatérielle de notre être, à notre esprit, il n'a pas besoin non plus de se connaître pour agir; dans ses jugements, dans ses raisonnements il est guidé par une logique naturelle qui vaut toutes les règles du syllogisme; pour discerner le bien du mal, pour juger du mérite et du démérite des actions, il a la conscience plus sûre, plus infaillible que tous les préceptes des moralistes.

Concluons que la philosophie elle-même, la physiologie, avec toutes les sciences que je viens d'énumérer et toutes celles qui s'y rattachent, utiles à certaines conditions, à certaines professions spéciales, ne sont pour le grand nombre que des curiosités, et comme telles n'ont point de place nécessaire dans un enseignement fondé sur la base étroite de l'utilité pratique.

Ce système, n'en soyons pas trop fiers, il est déjà un peu vieux. Ainsi pensait, exactement, selon Voltaire, le bel esprit que consultèrent sur l'éducation de leur fils le père et la mère de Jeannot, devenu marquis de la Jeannotière :

.... Monsieur voulait que son fils apprît le latin, Madame ne le voulait pas. Ils prirent pour arbitre un auteur qui était célèbre alors par des ouvrages agréables. Il fut prié à dîner. Le maître de la maison commença par lui dire : « Monsieur, comme vous savez le latin et que vous êtes un homme de la cour....— Moi, Monsieur, du latin ! je n'en sais pas un mot, répondit le bel esprit, et bien m'en a pris: il est clair qu'on parle beaucoup mieux sa langue quand on ne partage pas son application entre elle et des langues étrangères. Voyez toutes nos dames, elles ont l'esprit plus agréable que les hommes; leurs lettres sont écrites avec cent fois plus de grâce; elles n'ont sur nous cette supériorité que parce qu'elles ne savent pas le latin. — Eh bien ! n'avais-je pas raison ? dit Madame. Je veux que mon fils soit un homme d'esprit, qu'il réussisse dans le monde, et vous voyez bien que s'il savait le latin il serait perdu. Joue-t-on, s'il vous plaît, la comédie et l'opéra en latin? Plaide-t-on en latin, quand on a un procès ?... » Monsieur, ébloui de ces raisons, passa condamnation, et il fut conclu que le jeune marquis ne perdrait point son temps à connaître Cicéron, Horace et Virgile. « Mais qu'apprendra-t-il donc ? car encore faut-il qu'il sache quelque chose; ne pourrait-on pas lui montrer un peu de géographie ? — A quoi cela lui servirait-il ? répondit le gouverneur. Quand Monsieur le marquis ira dans ses terres, les postillons ne sauront-ils pas les chemins ? ils ne l'égareront certainement pas. On n'a pas besoin d'un quart de cercle pour voyager, et on va très-commodément de Paris en Auvergne, sans qu'il soit besoin de savoir sous quelle latitude on se trouve. — Vous avez raison, répliqua le père; mais j'ai entendu parler d'une belle science qu'on appelle, je crois, l'astronomie. — Quelle pitié ! repartit le gouverneur; se conduit-on par les astres dans ce monde ? et faudra-t-il que Monsieur le marquis se tue à calculer une éclipse, quand il la trouve à point nommé dans l'almanach, qui lui enseigne de plus les fêtes mobiles, l'âge de la lune et celui de toutes les princesses de l'Europe. » Madame fut de l'avis du gouverneur. Le petit marquis était au comble de la joie ; le père était très-indécis... « Je m'imagine pourtant, dit la mère, qu'il ne serait pas mal qu'il sût un peu d'histoire. — Hélas ! Madame, à quoi cela est-il bon ? répondit-il ; il n'y a certainement d'agréable et d'utile que l'histoire du jour. Toutes les histoires anciennes, comme le disait un de nos beaux esprits, ne sont que des fables convenues; et pour les modernes, c'est un chaos qu'on ne peut débrouiller. Qu'importe à Monsieur votre fils que Charlemagne ait institué douze pairs de France, et que son successeur ait été bègue. — Rien n'est mieux dit, s'écria le gouverneur; on étouffe l'esprit des enfants sous un amas de connaissances inutiles : mais de toutes les sciences, la plus absurde à mon avis et celle qui est la plus capable d'étouffer toute espèce de génie, c'est la géométrie. Cette science ridicule a pour objet des surfaces, des lignes et des points qui n'existent pas dans la nature. On fait passer en esprit cent mille lignes courbes entre un cercle et une ligne droite qui le touche, quoique dans la réalité on n'y puisse pas passer un fétu. La géométrie, en vérité, n'est qu'une mauvaise plaisanterie. » Monsieur et Madame n'entendaient pas trop ce que le gouverneur voulait dire; mais ils furent entièrement de son avis....

J'abrége, bien à regret, ne voulant pas abuser par trop de la citation, cette excellente scène où Voltaire se raille avec tant d'esprit et de sens des *utilitaires* de son temps, et passant de charmants détails je me transporte au dénoûment.

.... Enfin, après avoir examiné le fort et le faible des sciences, il fut décidé que Monsieur le marquis apprendrait à danser [1].

Nous sommes trop graves aujourd'hui pour arriver à une telle conclusion. Mais celle à laquelle conduit invinciblement la logique de l'utilité pratique, c'est qu'il n'y a d'enseignement véritablement utile au grand nombre que celui qui apprend à lire, écrire et compter, l'enseignement primaire du premier degré.

On me dira que je prête à mes adversaires des conséquences qu'ils n'avouent point; mais ne suffit-il point que le principe dont ils s'appuient les contienne pour que j'aie le droit de les en tirer, afin de ruiner par elles le principe lui-même. Ils ne les avouent pas! je le crois bien : le pourraient-ils sans révolter en eux un certain bon sens vulgaire, qui leur crie comme à nous, qu'au-dessus de cette utilité matérielle et vraiment misérable à laquelle il leur plaît de tout rapporter, il en est une autre, d'un autre ordre, dont ils ne parlent pas, et par laquelle se rétablit à l'instant ce qu'ils pensaient détruire.

Tout n'est pas dit pour l'homme, lorsqu'il est une fois quitte des charges de la vie domestique et de la vie civile, des obligations de la profession qu'il tient de son choix et plus souvent du hasard. Tous les devoirs de cette sorte accomplis, il lui en reste d'autres envers lui-même, au premier rang desquels se place celui de cultiver par tous les moyens qui sont à sa portée l'intelligence qui lui a été départie, intelligence que Dieu a faite et n'a pas faite en vain, capable de connaître et de sentir, avide également et du vrai et du beau, à laquelle on ne peut, on ne doit refu-

---

1. *Jeannot et Colin.*

ser ni l'un ni l'autre. Or, c'est précisément, c'est surtout à cette culture générale de l'intelligence, à part toute vue intéressée d'utilité pratique, qu'est utile l'éducation, avec cette variété de connaissances qu'elle comprend; sans excepter, ce qui nous intéresse plus particulièrement, la connaissance des langues et des littératures de l'antiquité, de l'éloquence et de la poésie des Grecs et des Romains.

Qui voudrait, à moins de se résigner à vivre ici-bas en étranger, ignorer complétement et son être et la nature, et ce globe et les races diverses, les générations successives de ses habitants? Or, parmi les objets qu'embrasse une curiosité si légitime et si nécessaire, et que nous énumérions tout à l'heure, on comprendra sans doute les sentiments et les idées qui, en divers lieux, à diverses époques, ont occupé l'âme humaine, et se sont traduits dans les monuments des arts et de la pensée; on comprendra ces monuments des sciences qui sont les matériaux et le complément de l'histoire.

Mais ce n'est pas seulement parce qu'elles satisfont au besoin que nous avons de connaître la vérité, que nous intéressent ou ont droit de nous intéresser ces études; c'est encore parce qu'elles répondent au sentiment qui nous emporte à la poursuite du beau, sentiment inquiet de sa nature, qui ne se repose pas volontiers dans les productions contemporaines et compatriotes, qui aime à s'expatrier, à se dépayser, pour le temps comme pour l'espace, à parcourir toutes les formes que l'art peut revêtir, depuis les plus récentes jusqu'aux plus anciennes, jusqu'à Shakespeare, jusqu'à Homère, ces deux points de départ de l'imagination humaine.

De tels besoins de l'esprit ne sont point à coup sûr une illusion, et ce qui y satisfait ne peut sans une légèreté singulière être traité d'inutile.

Mais voici une utilité, une utilité vraiment pratique, dont on ne tient point assez de compte quand on déprécie les études classiques. Par la lutte qu'elles établissent entre nos langues modernes et les langues de l'antiquité, qui en diffèrent si complétement pour la forme et pour l'esprit, par le commerce où elles nous font vivre avec les plus rares intelligences qui aient honoré l'humanité, elles sont éminemment propres à donner à l'esprit de la rectitude, de l'étendue, de la sagacité, de la force, de l'élévation. Sans doute on n'en retire pas des connaissances positives, applicables à l'instant même dans les diverses carrières de la vie sociale; non, mais on y forme l'instrument avec lequel s'acquièrent ces connaissances, avec lequel s'opèrent tous les travaux de la pensée; elles sont par là une merveilleuse préparation aux éducations spéciales qui nous attendent tous en entrant dans le monde. Ainsi l'entendaient nos pères, dont nous sommes trop portés aujourd'hui à suspecter le sens commun, lorsque, par un excès blâmable sans doute, ils faisaient de l'antiquité l'objet unique de l'enseignement. Ne les imitons pas dans cette prédilection exclusive; mais aussi, par un autre excès, ne rejetons pas légèrement ce qui durant des siècles a doté notre pays d'une si grande quantité d'hommes distingués en tout genre, que ce que nous pouvons espérer de mieux de la perfection de nos systèmes et de nos méthodes d'éducation, c'est d'égaler un jour cette fécondité, cette richesse de résultats.

Je borne ici ces réflexions. Je n'ai voulu que témoigner, en ce qui me concerne, comme chargé dans cette Faculté de l'enseignement d'une partie des lettres latines, que je ne me sens nullement touché de ces déclamations banales dont on poursuit aujourd'hui nos études classiques. Au contraire, c'est avec une pleine et entière confiance que je reviens m'asseoir dans cette chaire, et si j'y apporte quelque trouble, il vient uniquement de la crainte bien naturelle de ne pas répondre, comme je le voudrais, à l'intérêt du sujet dont j'ai à vous entretenir.

Il y a peu de jours que, parcourant l'Italie, en partie dans le dessein de me rendre moins indigne de vous parler de l'antiquité latine, ce sujet, l'histoire des différents âges de la poésie des Romains, m'apparaissait dans sa variété et sa grandeur, comme empreint sur ces monuments de toute date et de tout caractère qu'enferme l'enceinte de Rome, et dont un grand poëte de notre temps a peint si fidèlement, si éloquemment l'imposante et sublime confusion :

> Au pied de ces collines
> Où Rome sort du sein de ses propres ruines,
> L'œil voit dans ce chaos, confusément épars,
> D'antiques monuments, de modernes remparts,
> Des théâtres croulants, dont les frontons superbes
> Dorment dans la poussière ou rampent sous les herbes,
> Les palais des héros par les ronces couverts,
> Des dieux couchés au seuil de leurs temples déserts,
> L'obélisque éternel ombrageant la chaumière,
> La colonne portant une image étrangère,
> L'herbe dans le Forum, les fleurs dans les tombeaux,
> Et ces vieux Panthéons peuplés de dieux nouveaux;
> Tandis que, s'élevant de distance en distance,
> Un faible bruit de vie interrompt ce silence[1].

Ces églises catholiques bâties par une religion nouvelle, par un art nouveau, avec les magnifiques débris des temples du paganisme, me figuraient la poésie latine des modernes, où un art industrieux a de même assemblé des lambeaux empruntés aux poëmes de l'antiquité, mais à laquelle cependant n'ont pas toujours manqué l'inspiration et la vie.

Ces autels construits sans art par les martyrs dans les catacombes m'offraient une image de la poésie chrétienne des premiers temps, rude et grossière aussi, mais où une foi naïve a quelquefois triomphé de l'imperfection de la forme.

Venaient ensuite frapper mes regards les monuments des divers âges de l'empire, avec ces alternatives communes à la poésie de cette époque, d'un goût épuisé qui fait effort pour renaître, et d'une barbarie progressive, qui suit la décadence des institutions et des mœurs, la ruine de l'État, et finit par tout envahir.

Quelques morceaux plus achevés me paraissaient contemporains par le goût comme par la date de la poésie des

---

1. A. de Lamartine, *Méditations poétiques*, Méd. XVe: *la Foi*.

siècles d'Auguste et de César. Mais ils étaient déjà bien rares, bien dégradés, bien mutilés, et je pensais en les contemplant que les poëtes de cet âge ne s'étaient pas trompés lorsqu'ils promettaient à leurs vers une existence plus durable que celle du marbre et de l'airain.

Par delà toutes ces couches du passé, successivement amoncelées dans Rome, il n'y a plus, pour la poésie comme pour l'art, que des décombres informes, *etiam periere ruinæ;* décombres précieux toutefois, décombres vénérables, qu'une pieuse curiosité s'est de tout temps obstinée à fouiller et à reconstruire. C'est ce que nous avons fait l'année dernière et ce que nous continuerons de faire cette année, jusqu'à ce que nous rencontrions des monuments plus entiers, dont nous puissions avec plus de certitude étudier les proportions et les beautés primitives.

. . . .
. . . .

III

HISTOIRE ABRÉGÉE DE LA POÉSIE LATINE DEPUIS SON ORIGINE
JUSQU'AU SIÈCLE D'AUGUSTE

(Cours de 1835-1836, leçon d'ouverture)

Messieurs,

Ceux d'entre vous qui ont quelque connaissance, quelque habitude de ce cours, savent que je me suis proposé d'y retracer une histoire complète de la poésie latine. Ils comprennent la nécessité où je me trouve, de marquer de temps en temps le point précis auquel j'ai conduit cette histoire, et ainsi de revenir sur bien des choses qui ne peuvent être nouvelles pour tout le monde. J'éviterais soigneusement ces répétitions, si je songeais davantage à l'amusement de mes auditeurs, aux intérêts de mon amour-propre. Mais, ne me proposant que d'être utile, je les recherche au contraire, comme un moyen de donner plus de suite et d'ensemble à mon enseignement, de le rendre, s'il m'est possible, plus profitable : seul genre de succès auquel il me soit permis, auquel il soit dans mon caractère et dans mes devoir de prétendre.

Cette histoire, que j'ai entreprise et que je n'ai pas encore fort avancée, peut se partager en deux époques principales, susceptibles elles-mêmes de subdivision. Dans l'une, la poésie latine s'avance assez péniblement vers la perfection qu'il lui est donné d'atteindre; dans l'autre, après s'y être arrêtée quelque temps, elle s'en éloigne progressivement et arrive, par le mauvais goût, à un état assez voisin de sa barbarie primitive. La seconde de ces deux époques, qui se compose de ce qu'on appelle le siècle d'Auguste et des siècles de décadence qui l'ont suivi, est encore trop loin de nous pour que nous ayons à nous en occuper; la première, qui comprend tout ce qui a précédé le siècle d'Auguste, a été jusqu'à présent, et continuera d'être encore cette année l'objet spécial, l'objet unique de notre attention. Je vais en exposer le tableau, marquant rapidement les traits que j'en ai déjà exprimés, insistant davantage sur ceux qu'il me reste à y ajouter. Cette leçon sera tout ensemble un résumé et une annonce; elle fera la double part du passé et de l'avenir.

L'histoire de la poésie latine offre d'abord à l'attention de la critique cinq cents années durant lesquelles Rome se fonde, se constitue, s'agrandit, étend sa puissance jusqu'aux limites de l'Italie, mais, parmi toutes les occupations que lui donnent les travaux du labourage, les soins contentieux de l'usure, les luttes du forum et du sénat, la guerre, la conquête, reste sans loisir et même sans goût pour les lettres. Cependant la poésie est si naturelle, si nécessaire à l'homme en général et aux sociétés elles-mêmes, qu'il serait bien extraordinaire qu'une cité agricole, religieuse et guerrière comme l'était Rome, eût vécu cinq cents années sans être tentée de confier au langage des vers l'expression de ses sentiments publics. Aussi peut-on, en cherchant bien, retrouver dans ces cinq premiers siècles quelques ébauches de poésie satirique et dramatique, de poésie didactique, de poésie lyrique, de poésie épique : ébauches bien informes sans doute, car l'inspiration poétique n'avait alors pour interprètes qu'une imagination sèche et pauvre, comme celle d'hommes tout pratiques, dont la pensée se terminait à l'utile et au nécessaire, une langue grossière et rude, un mètre qui n'était pas un mètre, qui avait besoin, pour le devenir, d'être refondu par Névius dans quelque moule de la Grèce. Ne méprisons pas trop toutefois cette vieille, cette antique poésie, ou du moins ces débris qui en portent témoignage. Montesquieu a dit à propos des monuments de Tarquin, encore subsistants après tant de siècles, que l'on commençait déjà à bâtir la ville éternelle. Eh bien! ces oracles que la politique dictait aux dieux et leur dictait en vers, ces lois rédigées, non pas en vers, mais avec une sorte de mesure qui les faisait appeler du nom de *carmen*, ces tables triomphales attachées aux murailles des temples par les généraux vainqueurs, ces épitaphes qui devaient perpétuer sur le marbre des tombeaux le souvenir de la gloire et de la vertu, avaient déjà, dans leur expression roide et dure, quelque chose de conforme à l'âpreté des vieilles mœurs de Rome, à l'austérité de ses vertus républicaines, à la force de sa domination, à la grandeur future de son empire.

On a regretté que Rome n'ait pas d'elle-même, et par ses seuls efforts, enrichi, assoupli son imagination, poli sa langue, développé, multiplié les formes de sa poésie. Mais, vraiment, au peu de progrès qu'elle avait faits en tout cela dans les cinq premiers siècles de son existence, il est permis de penser qu'elle ne pouvait se tirer toute seule, et sans assistance étrangère, de l'étroite ornière où elle cheminait. Si, dans sa détresse littéraire, comme dans ses nécessités politiques, elle eût consulté les oracles, ils lui eussent probablement répondu, ainsi qu'autrefois à Énée :

Via prima salutis,
Quod minime reris, Graia pandetur ab urbe[1].

Rome, sans le savoir, était en effet fatalement dévouée à l'imitation de la Grèce; elle avait avec la Grèce d'antiques, d'obscurs rapports d'origine, de culte, de langue; la Grèce était tout près d'elle, presque à ses portes, prête à la conquérir par l'intelligence comme à en être conquise par les

1. Virg., *Æn.*, VI, 96.

armes, de même que la barbarie romaine était prête aussi et à vaincre et à être vaincue dans ce conflit, aussitôt que les accidents de la politique et de la guerre l'auraient amené.

Ils ne se font pas attendre : les armes romaines sont appelées par Pyrrhus dans l'Italie méridionale, la Grande-Grèce; par les Carthaginois, dans la Sicile, autre province de l'imagination grecque; bientôt elles se porteront dans la Grèce elle-même. Alors arrive ce qui est toujours arrivé entre des peuples de civilisations inégales. Rome, victorieuse et barbare, est éblouie de la politesse, nouvelle pour elle, des vaincus; elle entreprend, malgré la résistance des vieilles mœurs, des vieilles maximes d'État, de se l'approprier; deux siècles de son histoire, le sixième et le septième, sont employés à la fusion du génie romain avec le génie grec, fusion difficile et lente, qui n'est complète qu'au temps d'Auguste, dans les vers de Virgile et d'Horace.

Les premiers qui y travaillèrent, c'étaient des Grecs, pour la plupart, chargés d'élever les enfants de leurs vainqueurs, et qui faisaient en même temps l'éducation de la nation elle-même, reformant, recréant sur les modèles de leur patrie, sa langue, sa versification, sa littérature, faisant œuvre de grammairiens en même temps qu'œuvre de poëtes. Tels furent Livius Andronicus, Névius, Ennius : Ennius surtout, qu'on a pu appeler l'Homère de Rome, non qu'il soit resté de lui, comme de l'autre, des monuments impérissables, mais parce qu'il a établi les fondements sur lesquels devait bâtir, après lui, l'imagination; parce qu'il a laissé les matériaux de ses constructions, une langue poétique, des formes métriques; parce que surtout, comme Névius, et plus que lui, il a fait éclater dans ses vers imités une inspiration originale, toute patriotique, toute romaine, qui devait être féconde, qui devait produire la poésie latine.

Les destinées de la poésie grecque étaient accomplies lorsque la poésie latine se mit à l'imiter : de là une imitation qui porta sur tous les modèles à la fois, sans distinction de caractères, de formes ni de dates ; qui s'exerça, sans vocation spéciale, dans tous les genres indifféremment. Cela devait être ainsi d'abord, mais ne pouvait durer longtemps. Il y a toujours dans chaque époque littéraire un genre qui domine à l'exclusion des autres ; là, non plus qu'ailleurs, le trône ne se peut partager. Chez les Grecs, il avait premièrement été occupé par la poésie épique, et la poésie didactique, qu'alors on n'en séparait pas ; puis était venue la poésie lyrique ; puis l'héritière de toutes deux, la poésie dramatique, et d'abord la tragédie, un peu plus tard la comédie. Chez les Romains, le théâtre, fondé par un docte caprice de l'aristocratie, et bientôt adopté par le peuple dans l'intérêt de son plaisir, s'empara tout de suite de la faveur publique, et la garda pendant près de deux siècles. Tout le sixième, une bonne partie du septième, sont exclusivement dramatiques ; dès le temps d'Ennius, tous les autres genres s'étaient tus pour laisser parler la tragédie et la comédie. C'est que lorsqu'elles ont la parole, les autres genres ne la peuvent prendre, tant leur voix est puissante ; il faut que cette voix faiblisse et meure, pour qu'ils se hasardent à se faire entendre de nouveau.

Une objection que l'on fait quelquefois contre l'authenticité des vieilles annales du peuple romain, c'est que la royauté, qui n'a pas duré à Rome moins de deux cent quarante ans, est représentée dans leurs récits par la succession de sept rois seulement, ce qui est bien peu selon le calcul des probabilités de la vie humaine. L'histoire de la tragédie latine présente une singularité de ce genre : elle se résume dans trois noms, que le temps a rendus vénérables, ceux d'Ennius, de Pacuvius, d'Attius, dont les longues vies et les nombreux ouvrages remplissent une période de plus de cent années, depuis le temps du premier Africain jusqu'au temps de Sylla, et peut-être plus loin encore. Là est la tragédie latine tout entière ; plus tard elle n'est plus, ou est autre chose ; elle a quitté la scène ; elle a changé de caractère ; elle est devenue une sorte de passe-temps littéraire destiné aux plaisirs de la récitation publique ou de la lecture solitaire, une déclamation poétique, philosophique, politique, et cela peut-être déjà chez les Varius et les Ovide, à plus forte raison chez les Senèque, où c'est une bien vaine prétention d'aller chercher la tragédie latine, qui depuis longtemps n'existait plus que de nom. Cette tragédie, au temps de sa véritable existence, ne se pressa pas de choisir ses sujets dans l'histoire du pays, et même elle ne le fit jamais que par exception et fort rarement. C'est que de tels sujets, interdits pour la plupart par la raison d'État, n'avaient pas encore assez de ce lointain qui plaît à l'imagination. Elle préféra les fables grecques, qui étaient d'ailleurs pour elle, par suite de la communauté des croyances religieuses, comme des souvenirs nationaux. Ces fables, elle ne les traita pas d'original ; elle se contenta d'imiter les pièces que les Grecs en avaient tirées, commençant par celles qui étaient le plus à sa portée, celles d'Euripide, plus voisines par la date, plus séduisantes par leurs beautés, plus accessibles par leurs défauts, plus en rapport avec l'esprit philosophique introduit de bonne heure à Rome. D'Euripide elle passa à Sophocle ; de Sophocle elle remonta jusqu'à Eschyle ; puis elle redescendit à des tragiques d'ordre inférieur, et enfin en vint à mêler les modèles par une sorte d'éclectisme littéraire qui fut le dernier terme de son originalité. Son imitation n'était point servile : à tout instant elle laissait paraître la préoccupation des mœurs locales et contemporaines; elle abusait même de la liberté au point de remplacer l'élégance du modèle par de la rudesse, sa simplicité, sa naïveté par de l'emphase et des grands mots. Mais elle avait en même temps des mérites qui lui étaient propres : de la franchise et de la noblesse chez Ennius, de l'énergie chez Pacuvius, de l'élévation et de l'éclat chez Attius. Telle qu'elle était, avec ses défauts, ses beautés, elle plaisait, et beaucoup, quoi qu'on en ait dit, au public pour qui elle était faite. Cicéron témoigne, à chaque page, de ce goût qu'il partageait ; et tous les autres souvenirs de l'histoire et de la critique nous attestent que cette tragédie laissa derrière elle une longue trace, alors même qu'elle eut disparu de la scène, que les plaisirs des yeux eurent prévalu sur ceux des

oreilles, que les magnificences du spectacle eurent étouffé
l'art dramatique, et d'abord la tragédie :

> Jam migravit ab aure voluptas
> Omnis ad incertos oculos et gaudia vana [1].

Cette tragédie n'en a pas moins péri tout entière; à peine
s'il en est resté quelques débris insignifiants, d'incomplets
et d'obscurs souvenirs. Elle était attachée à la destinée
d'une langue de transition, qui devait s'effacer, s'abolir,
lorsque, du rapprochement d'abord si artificiel, si forcé et
si dur du grec et du latin, serait résultée, après bien des
années et des efforts, l'unité de la langue latine. La haute
poésie ne devait dater à Rome que des vers de Lucrèce ;
tout ce qui avait précédé, et particulièrement la tragédie,
n'était qu'un travail préparatoire, fait pour disparaître
comme la charpente d'un échafaudage quand le bâtiment est
achevé. Il n'en fut pas de même pour la comédie, dont les
essais hâtifs furent des monuments durables. Moins étrangère,
moins importée à Rome que la tragédie, elle y avait
d'antiques, de profondes racines, d'une part dans les essais
latins, étrusques, campaniens, des poésies Fescennines, des
Satires, des Atellanes; de l'autre, dans le langage ordinaire,
sur lequel vint se greffer, s'enter si heureusement le
style dérobé aux comiques grecs.

> Exiit ad cœlum ramis felicibus arbos,
> Miraturque novas frondes et non sua poma [2].

Du reste l'histoire de la comédie des Romains est à peu
près celle de leur tragédie : pareille imitation des modèles
grecs, et de même des plus voisins, des plus récents, de
ceux de la nouvelle et de la moyenne comédie. La satire
personnelle et politique de l'ancienne comédie n'eût pas été
soufferte. Il en coûta cher à Névius pour l'avoir essayée,
et ses successeurs durent se réduire prudemment à une
censure générale. Les modèles épuisés, même mélange

---

1. Hor., *Epist.*, II, 1, 187. — 2. Virg., *Georg.*, II, 81.

éclectique de plusieurs dans une seule composition. Térence est en cela tout à fait conforme à Attius.

Les mœurs que peignait cette comédie, étaient, comme les pièces elles-mêmes, empruntées à la Grèce, toujours par des raisons d'ordre public et de police, mais encore par une raison d'art, comme l'on dit aujourd'hui. Venues de si loin, elles paraissaient, grâce à la distance et au voyage, plus poétiques. Ainsi l'éloignement merveilleux des fables mythologiques les avait fait prévaloir sur l'histoire trop récente du pays dans la tragédie.

Toutefois ces mœurs grecques n'étaient pas si exclusivement grecques qu'elles ne fussent en même temps un peu romaines ; quelque différence qu'il y eût entre la Grèce et Rome, le fond de l'ordre social était à peu près le même pour l'une et pour l'autre : la séparation absolue de la vie politique et civile et de la vie privée, l'état d'infériorité, de dépendance, de séquestration des femmes, les ennuis du foyer domestique qui en étaient la suite, les distractions illégitimes que le vice allait chercher au dehors près d'une prostitution effrontée, l'assistance que lui prêtait dans ses désordres l'esclavage, et que par esprit de représailles il lui faisait payer si cher, ces plaies de la civilisation antique que le christianisme est venu guérir, ce sujet si profondément triste d'une comédie si gaie en apparence, tout cela n'était pas plus grec que romain. Ajoutez que les comiques latins oublient à tout instant, et volontairement, qu'ils portent le *pallium :* le titre de la pièce, le nom des personnages, sont grecs comme aussi l'action; mais les détails des mœurs et du langage sont bien souvent romains. Cette comédie s'approche même avec quelque liberté de ces limites où commence la satire politique et que Névius n'avait point passées impunément; elle pourrait quelquefois dire à des spectateurs si ombrageux qui cependant ne se défient point d'elle, et rient de ses saillies :

Quid rides ? Mutato nomine, de te
Fabula narratur [1].

1. Hor., *Sat.*, I, i, 69.

Le tableau de ces mœurs gréco-romaines est bien diversement retracé par Plaute et par Térence, qui nous représentent la *Fabula palliata*, et nous la font connaître, non pas seulement par des fragments sans valeur comme Cécilius, mais par des ouvrages entiers, des monuments véritables, qu'il est loisible d'étudier, qui s'expliquent d'eux-mêmes sans hypothèses, sans conjectures.

Plaute, c'est le poëte populaire, qui veut plaire à tous, qui fait la part de tous, qui a au besoin, pour l'aristocratie, de graves pensées, de délicates paroles, une élégance exquise même dans les emportements de sa licencieuse gaieté; pour la populace, au contraire, force lazzis et quolibets; pour la masse du public, de l'observation, du comique; qui fait au vice une rude guerre, l'exposant tout nu sur la scène, sans pitié et sans vergogne, à la risée des spectateurs, le faisant expirer en moraliste impitoyable sous les coups redoublés d'un sanglant ridicule.

Térence, c'est le poëte de la bonne compagnie, du beau monde; aimé des premiers rangs qu'il fait sourire, déserté de la foule dont il ne tient guère à provoquer la grosse gaieté, il ne peint que des vices aimables, d'intéressants désordres; il se complaît surtout dans la peinture naïvement élégante des affections les plus générales, les plus universelles du cœur humain, de celles qui résultent pour l'homme de la différence des sexes, de la diversité des âges, des rapports de famille. Le tableau des quatre âges, dans Horace, est comme une analyse du théâtre de Térence. Pour Plaute, je l'appellerais volontiers le Juvénal de Rome républicaine.

Voilà où nous en sommes : voilà en abrégé toute la suite de faits et d'idées par laquelle nous avons passé, obligés à tout instant de nous engager dans des études longues et variées, qui ont pu retarder notre marche, mais qui l'ont assurée, et dont je ne crois pas avoir à m'excuser.

Il nous a fallu rassembler tout ce que l'on sait sur la littérature originale et barbare des cinq premiers siècles de Rome. Il nous a fallu rechercher tout ce qui s'est conservé de la littérature, moitié grecque, moitié romaine, improvisée au commencement du sixième siècle par le labeur ou le talent de Livius Andronicus, de Névius, d'Ennius. Nous avons étudié à fond cette vieille tragédie que Rome dut à Ennius et à ses disciples, Pacuvius et Attius ; nous l'avons, autant que possible, restituée d'après ses modèles grecs ; et, pour apprécier son importance relative dans l'histoire de la littérature latine, nous avons suivi jusqu'au bout les destinées du genre, et cherché à comprendre comment il a péri par les progrès mêmes de la représentation scénique. Passant de là à la comédie, après nous être quelque temps arrêtés à ses origines italiennes et grecques, à la tentative presque aristophanique de Névius, tentative si malheureuse et si tôt abandonnée, nous avons examiné une à une, analysé, expliqué, commenté, éclairé par des recherches historiques et des rapprochements littéraires, les vingt compositions qui nous restent de Plaute, les six que nous avons de Térence. Avec Térence finit le sixième siècle de Rome et commence le septième, dont l'histoire poétique doit être le sujet particulier du cours que nous ouvrons aujourd'hui.

Nous aurons d'abord à nous enquérir des comiques latins, rivaux ou successeurs de Plaute et de Térence ; nous aurons à suivre les diverses révolutions par lesquelles passa la comédie, avant d'aller s'ensevelir à son tour dans le honteux triomphe des pantomimes.

Attius avait reproduit sur la scène tragique avec un grand succès l'ancien Brutus, le fondateur de la république, et l'on ne peut douter que si on en eût laissé le temps à la tragédie, elle ne se fût consacrée tout entière à célébrer les grands événements, les grands hommes de l'histoire nationale. La comédie vécut assez pour négliger un peu les mœurs grecques ou semi-grecques, et essayer des mœurs purement romaines : une époque arriva où de *palliata* qu'elle était, elle devint *togata*. Dans ce nouveau genre, s'illustrèrent Titinius, Atta et Afranius, loués par les anciens presque à l'égal de Plaute et de Térence, et pour des mérites semblables. Quintilien n'excepte des éloges qu'il accorde au dernier que l'excessive licence des tableaux où il se complaisait, *mores suos fassus*, dit-il. Peut-être eût-il dit avec plus de justice *publicos mores*, car Rome était déjà bien corrompue.

Un peu plus tard, sous Sylla, la comédie se renouvela par le rajeunissement des Atellanes. On sait que les Atellanes étaient des pièces assez semblables à la *comedia dell' arte* des modernes italiens. On y produisait des personnages originaires de la Campanie, personnages de convention, toujours les mêmes, mais toujours placés dans de nouvelles situations bouffonnes : on y parlait un certain jargon, un certain patois différent du langage de la ville, et emprunté, ajoutent quelques auteurs, bien que la chose soit douteuse, à la langue des Osques : on y jouait non pas la grande ville, mais la petite, les municipes, les campagnes, la province comme nous dirions. Le plan seul était arrêté d'avance; les développements étaient abandonnés à l'inspiration soudaine, à la libre improvisation d'acteurs qui n'étaient pas des comédiens de profession, mais simplement des amateurs. Cela changea sous Sylla : on écrivit les Atellanes et en vers comme la comédie; il est de plus très-probable qu'elle passa bientôt dans le domaine des histrions. Pomponius, de Bologne, fut probablement l'auteur de cette révolution. Autrement, pourquoi Velléius-Paterculus l'eût-il qualifié d'inventeur? *novitate inventi a se operis commendabilis*. Il s'illustra par ses Atellanes ainsi que son contemporain Novius, et plus tard Mummius. Sylla aimait et protégeait ce genre d'ouvrages : il s'y exerçait même, à ce qu'on croit. Ce tyran dissolu, qui mêlait les orgies aux proscriptions, et, couvert du sang le plus illustre de Rome, s'égayait avec des courtisanes et des bouffons, se trouva l'esprit assez libre pour composer des Atellanes, s'il faut traduire par ce mot les σατυρικὰς κωμῳδίας dont parle Athénée.

Au temps de César, nouveau changement : à la *Fabula togata*, aux Atellanes succédèrent les Mimes. Les Mimes, c'étaient d'abord certains acteurs qui délassaient du spectacle par des intermèdes bouffons, moitié gestes, moitié paroles, dans lesquels ils s'égayaient avec beaucoup de licence et quelquefois d'obscénité aux dépens des ridicules de la société romaine. On en vint à composer pour ces acteurs de petites pièces qui de leur nom s'appelèrent Mimes. C'était un genre bien bas, bien terre-à-terre, comme l'indique le nom de ses interprètes scéniques, *planipedes*. De grands personnages cependant, de grands hommes même, César par exemple, en faisaient leurs délices. Des hommes d'une naissance distinguée comme Labérius et Mattius, ou seulement de grand talent, comme Publius Syrus, ne dédaignaient pas de s'y consacrer. Il se relevait par des plaisanteries qui s'attaquaient aux plus hautes fortunes, avec une hardiesse d'allusion avidement saisie et secondée du public. Le théâtre éclatait en applaudissements quand un des personnages de Labérius, par la voix de Labérius lui-même, s'écriait à la face du tout-puissant dictateur : *Porro, Quirites, libertatem perdimus*. D'autres fois c'étaient des maximes au sens profond, au tour grave, qui, jaillissant tout à coup du milieu des grossièretés et des bouffonneries, ramenaient au sérieux cette mobile assemblée. Publius Syrus excellait par ses sentences, dont beaucoup nous sont parvenues avec les éloges de Sénèque, qui les juge dignes du cothurne. Labérius se distinguait surtout par la vivacité de ses saillies. Nous aurons à raconter, d'après un intéressant chapitre de Macrobe, la lutte où un caprice de César engagea ces deux hommes distingués, la noble douleur de Labérius, forcé de monter sur la scène pour y jouer ses mimes, et d'y avilir par le métier d'histrion sa vieillesse honorable et son rang de chevalier : nous lirons les vers où il a si admirablement déploré et vengé son affront, et qui comptent parmi les plus précieux restes de la poésie latine.

Ainsi finissait à Rome le théâtre. C'était comme aujourd'hui chez nous. Plus de grands ouvrages, plus de tragédies, de comédies proprement dites ; seulement, en leur place, des pièces à spectacle qui s'adressaient aux grossières émotions des sens, ou bien de petites compositions sans importance, où l'on pouvait cependant encore montrer, en se jouant, du talent et de l'esprit, l'équivalent de notre mélodrame, de nos vaudevilles, de nos proverbes. Mais ces proverbes de l'antiquité latine étaient écrits par Labérius et par Syrus; mais Rome avait, pour la dédommager de la décadence de son théâtre, les vers de Lucrèce et de Catulle, et bientôt de Virgile et d'Horace. Nous serions heureux, sans faire tort à personne, de pouvoir compter sur un pareil dédommagement.

Du moment où la poésie dramatique perdit à Rome de son importance, l'importance des autres genres s'en augmenta. Cela s'était vu chez les Grecs, cela s'est vu partout depuis ; c'est comme une des lois de la philosophie de l'histoire littéraire. Aussi est-ce bien moins par les productions de son théâtre dégénéré que se distingue le septième siècle de Rome, que par le réveil de genres longtemps négligés et sacrifiés à l'intérêt exclusif des compositions du théâtre.

Il ne faudrait pas juger de la fécondité poétique de cet âge par le peu qui nous est parvenu de sa poésie. Ce serait en avoir une très-fausse idée. On faisait beaucoup de vers alors, et même tout le monde en faisait. Cette métromanie universelle, dont se plaint Horace, n'avait pas commencé de son temps ; elle était contemporaine de César, de Sylla même. Les préjugés du vieux temps étaient déjà bien loin ; écrire, versifier, ce n'était plus déroger. Les vers, dans le siècle précédent, le sixième, avaient été le métier, le gagne-pain d'hommes de rien, hommes de talent toutefois, esclaves, affranchis, clients, étrangers, qu'on appelait dédaigneusement des scribes. Vers le commencement du septième siècle, Scipion et Lélius se cachaient encore pour aider Térence. Bientôt on ne se cacha plus; au contraire, on se montra; on fit du talent poétique une affaire de vanité, vanité innocente et satisfaite à peu de frais, car l'exercice avait rendu la médiocrité en ce genre chose facile et commune. On se mit donc généralement à faire des vers, sans distinction de rang, plébéiens, chevaliers, sénateurs même, savants et ignorants, comme dit Horace. C'était pour la jeunesse un exercice d'école ; pour l'âge mûr le délassement des affaires ; la consolation des ennuis de l'âge pour la vieillesse. On s'y livrait sans grande prétention littéraire, et aussi sans beaucoup de sévérité morale ; car, dans un temps si dissolu et si malheureux, on ne se faisait point scrupule de se distraire par quelques vers licencieux des misères de l'existence. De là un grand nombre de pièces, de tous sujets, de tous caractères, de toutes formes, dont les anciens étaient eux-mêmes embarrassés de comprendre par un titre général l'infinie diversité, qu'ils appelaient *poematia*, *epigrammata*, *idyllia*, *eclogæ*, mais presque toutes cependant satiriques ou érotiques, et quelquefois pis. De là une anthologie où nous rencontrons des noms bien graves, des noms que l'histoire dispute à la littérature, ceux de Lutatius Catulus, d'Hortensius, de Cicéron, de Varron, d'Asinius Pollion, de César, de Licinius Calvus, l'ami et de rival de Catulle, de Catulle enfin qui brille parmi ces amateurs d'une gloire toute littéraire, et qui les efface dans ce genre, celui de notre poésie fugitive, par un singulier caractère de facilité, d'élégance et de grâce.

Catulle, malgré sa paresse et son aversion pour les grands ouvrages, appliqua cependant son talent à des compositions de plus d'étendue et d'un ordre plus relevé. Ainsi avant lui avait fait Lucrèce, et avant Lucrèce Cicéron, et avant Cicéron Lucilius. Passons en revue, dans l'ordre des dates, ces chefs du mouvement poétique de cet âge, et avec eux ce *nobile vulgus* qu'ils entraînèrent à leur suite, les divers genres auxquels ils donnèrent une si heureuse impulsion.

Après Térence se présente presque aussitôt Lucilius, qui semble hériter de la comédie latine, faisant comme elle dans ses satires une critique générale des mœurs de son temps; il hérite également de l'ancienne comédie athénienne à laquelle il emprunte la censure individuelle des personnes. Censure est le mot propre. C'était un censeur que Lucilius, censeur littéraire, comme Caton avait été un censeur politique. Il était digne de se consacrer à ce ministère, car ses mœurs étaient pures, irréprochables; il pouvait le faire sans trop de risques, car il était de famille patricienne, ami des plus grands personnages de l'État, de Scipion entre autres, dont il a raconté la vie. La loi des Douze Tables contre le libelle, comme diraient les Anglais, cette loi qui avait arrêté les hardiesses de Névius, ne regardait pas un homme de sa sorte. Il fit donc de la satire, mais non pas le premier; Ennius, Pacuvius en avaient fait avant lui, et à peu près de la même manière, seulement avec moins de talent et de succès. Il y mit beaucoup de gaieté, d'esprit, de verve poétique. Horace, qui ne lui est point favorable, vante fort l'âpre saumure de sa plaisanterie; il est vrai qu'il le reprend en même temps de sa composition expéditive et au pied levé, de sa facilité bourbeuse; je cherche à traduire ses expressions. Horace ne lui pardonnait guère d'avoir conservé jusque dans le siècle d'Auguste des admirateurs persévérants, qui quelquefois le lui préféraient; Boileau, ce semble, fut moins sévère, moins partial, à l'égard de Regnier. Nous devrons rechercher curieusement, dans ce qui reste des trente satires de Lucilius, de précieux monuments et des vieilles mœurs romaines et de la vieille poésie latine. Après lui, nous rencontrerons dans la même carrière Varron, surnommé Atacinus, qui s'y distingua peu à ce que nous dit encore Horace, l'historien naturel de la satire romaine.

> Hoc erat, experto frustra Varrone Atacino,
> Atque quibusdam aliis, melius quod scribere possem [1].

Nous y rencontrerons aussi l'autre Varron, M. Terentius Varro, le fameux polygraphe latin, qui créa et renouvela avec succès, sous le nom de Satire Ménippée, un genre mixte, mêlé de vers de différentes mesures, même de prose et de vers, tel que le traitèrent après lui Sénèque et Julien, et chez nous les auteurs de notre immortelle Ménippée.

Un genre qui devra surtout attirer notre attention, parce qu'il a occupé une grande place dans ce siècle, c'est celui de la poésie didactique. Il y avait à cette époque des poëmes didactiques dont la littérature elle-même était le sujet, grande preuve du progrès qu'avait fait à Rome l'esprit littéraire. Ainsi Porcius Licinius composa un poëme intitulé *De poetis*, dont quelques vers nous sont restés; ainsi

---

1. Hor., *Sat.*, I, x, 46.

Cicéron, dans un autre poëme, sous le titre de *Limon*, λειμών qui veut dire prairie, jardin, donna un recueil de portraits, dont quelques-uns étaient des portraits de poëtes. Nous avons celui de Térence, auquel il semble que César ait voulu répondre dans les vers si connus où il refuse à Térence la force comique.

Mais le sujet favori de la poésie didactique, à cette époque, c'étaient les sciences astronomiques, physiques, géographiques; c'était surtout la philosophie. Varron d'Atax avait rédigé une cosmographie, ou une chorographie, on ne sait, une description du monde ou de la terre, en vers assez obscurs et assez pénibles à ce qu'on croit, et à ce qu'on peut croire d'après l'échantillon qui s'en est conservé. Cicéron fut plus heureux dans sa traduction des *Phénomènes* d'Aratus, ouvrage de sa jeunesse, qu'il compléta dans ses vieux ans par la version des *Pronostics* du même poëte. Ces productions alexandrines jouissaient alors d'une grande faveur, qu'elles justifiaient moins par l'originalité de la composition que par l'artificielle élégance du langage. L'ouvrage de Cicéron n'était pas non plus sans mérite. Ses vers *sort durs d'accord*, mais ils ne manquent ni de force, ni d'éclat; ils ne méritent pas surtout le mépris qu'on leur a depuis prodigué. Cicéron, nous dit Plutarque, était alors le premier poëte comme le premier orateur de Rome. Mais il ne devait pas longtemps garder ce rang. Déjà était né, déjà s'élevait dans Rome, déjà étudiait, pensait, écrivait, celui qui devait l'effacer, plus que cela, le rendre ridicule par le contraste, l'auteur de l'admirable, de l'immortel poëme *De la Nature*.

La philosophie était à Rome contemporaine de la poésie; toutes deux y étaient arrivées ensemble, et même la poésie avait servi d'introductrice à sa compagne. Le vieil Ennius avait enseigné en vers les doctrines pythagoriciennes d'Épicharme. Lucrèce, à son exemple, professa, en vers aussi, la philosophie d'Épicure. Parmi tous ces systèmes qui, de leur terre natale, s'en venaient chercher fortune à Rome, deux surtout avaient prévalu par leur utilité pratique, systèmes bien divers, mais dont on tirait cependant le même parti dans l'application. En ce siècle malheureux, le stoïcisme apprenait à résister à la tyrannie par la puissance inviolable de l'âme, et l'épicuréisme offrait aux opprimés l'asile également inviolable du néant. Lucrèce traitait donc un sujet d'un intérêt tout présent, tout actuel, mais, on l'a dit souvent, bien rebelle à la poésie. Que faire de cette physique obscure et souvent absurde, de ce scepticisme, de ce nihilisme désolants, de cette morale sèche et aride, comme son principe, le néant? Lucrèce cependant sut réchauffer cette matière ingrate par sa vive sympathie pour les maux de l'humanité, sa confiance dans les remèdes qu'il leur apportait, l'ardeur de sa conviction, de son prosélytisme, surtout par une imagination merveilleuse et toute-puissante, à laquelle il était donné d'animer tout ce qu'elle touchait, jusqu'à cette poussière métaphysique dont Épicure avait construit son univers. A l'apparition de cet ouvrage extraordinaire, sans doute un cri d'admiration révéla aux Romains que la haute poésie qu'ils cherchaient depuis tant d'années était enfin trouvée. Lucrèce effaça pour jamais, frappa de mort tout ce qui l'avait précédé en ce genre; il suscita tout ce qui vint après lui. C'est sous son patronage que se place modestement Virgile dans ces vers si connus :

> Felix qui potuit rerum cognoscere causas....
> Fortunatus et ille deos qui novit agrestes [1].

Cet inventaire, que je fais, si fort à la hâte, des richesses en partie perdues de la poésie latine au septième siècle de Rome, ne sera complet que lorsque j'y aurai compris les poëmes historiques et épiques. Je me sers à dessein de ces expressions pour désigner deux sortes d'ouvrages, de genres analogues et cependant distincts : les premiers qui empruntaient leurs sujets à l'histoire, à l'histoire nationale et même contemporaine; les seconds qui les demandaient encore à l'antique mythologie. Ainsi, d'une part, Hostius, vers le commencement de ce siècle, à ce qu'on peut croire, traitait en vers le sujet assez ingrat de la guerre d'Istrie; Furius d'Antium, comme on l'a conjec-

1. *Georg.*, II, 490.

turé, celui de la guerre des Cimbres; Furius Bibaculus, Varron d'Atax, Q. Cicéron, aidé par son frère, et d'autres encore, des épisodes de la guerre des Gaules que la fortune de César avait mis à la mode parmi les poëtes de ce temps; Cicéron, qui n'admirait que lui ou ce qui se rapportait à lui, les exploits de son compatriote Marius, les actes de son propre consulat et les douleurs de son exil. Je ne parle pas des *Annales* si méprisées par Catulle[1], où le méchant poëte qu'il désigne par le pseudonyme transparent de Volusius[2] avait si malencontreusement parodié le vieil Ennius. Tandis qu'on versifiait ainsi l'histoire, faute de savoir encore l'écrire en prose, on ne négligeait point la mythologie. Varron d'Atax, dont nous rencontrons partout, sinon les ouvrages, du moins le nom, traduisait en vers, sous le titre de *Jason*, avec assez de succès, les Argonautiques d'Apollonius de Rhodes. Mattius, l'auteur de mimes, traduisait mieux que cela l'Iliade, et donnait ainsi un pendant à cette vieille Odyssée de Livius Andronicus qu'on lisait encore malgré son expression surannée, que, du temps d'Horace qui nous le dit, Orbilius dictait encore à ses écoliers. Un ami de Catulle, Helvius Cinna, consacrait neuf années de sa vie à polir, c'est-à-dire à gâter, à rendre sèche, froide, obscure, sa petite épopée de *Smyrna*, le même personnage mythologique qui nous est plus connu sous le nom de Myrrha : par ce labeur extraordinaire, mais si peu encourageant, il donnait lieu au conseil proverbial qu'Horace a répété dans son *nonum prematur in annum*. Plus heureux que son ami, Catulle, par qui il faut encore finir, donnait dans ses *Noces de Thétis et de Pélée* un modèle achevé de style épique; il y prêtait à la douleur d'Ariane une expression pathétique et élégante, que Virgile pouvait bien imiter, mais non pas peut-être surpasser.

Voilà fort en abrégé, autant qu'il est possible de l'exposer dans une sorte de programme et de table des matières,

1. *Carm.* xxxvi; xciv, 6.
2. Tanusius Geminus. *Voy.* L. Schwab, *Quæstion. Catull.*, 1862, p. 279.

le tableau complet de la poésie latine au septième siècle de Rome; voilà quels genres on cultiva à cette époque, quels poëtes s'y distinguèrent; voilà aussi le plan que nous devrons suivre dans une étude plus étendue, plus variée, plus riche qu'on ne croirait d'abord : car au premier coup d'œil on n'aperçoit dans tout ce siècle que trois poëtes, Lucilius, Lucrèce et Catulle, et vous venez de voir cependant de quelle cour assez nombreuse, assez brillante, s'entouraient ces rois de la pensée poétique de leur temps.

J'aurai à vous montrer comment, par un travail universel, par un progrès continu, la langue se polit, s'épura, perdit entièrement sa rudesse latine, sa bigarrure latino-grecque; comment le mètre devint de jour en jour plus régulier, plus harmonieux, plus flexible, plus varié; comment se forma l'instrument des Virgile et des Horace, des Ovide et des Tibulle. Je devrai surtout marquer l'origine de cet esprit nouveau qui depuis anima, dans des œuvres presque toutes imitées, les poëtes du siècle d'Auguste, de ces grâces qu'on ne sait comment définir, tendres, sérieuses, mélancoliques, qui font surtout leur charme et leur véritable originalité. La poésie latine, au sixième siècle de Rome, poésie de traduction, d'imitation, n'avait montré que l'imagination nécessaire pour reproduire avec talent les idées et les sentiments d'autrui; elle n'avait rien eu d'intime ni de profond; elle avait été tout extérieure, si l'on veut bien me passer ce mot que je n'aime pas, mais qui résume ma pensée. Au septième siècle, plus facile et plus libre, elle commença à exprimer des affections plus personnelles, quelques-unes bien frivoles et bien licencieuses, qui n'étaient que trop de leur temps, mais d'autres aussi plus graves, telles que pouvaient les suggérer les enseignements de la philosophie, et le spectacle plus instructif encore des événements dans un siècle de discordes civiles et de révolutions. Certainement lorsque Lucrèce, témoin impuissant des fureurs sanguinaires de Marius et de Sylla, des luttes impies et parricides, comme dit Cicéron, de César et de Pompée, de la ruine des institutions publiques et du déclin de la liberté, se réfugie dans ce qu'il appelle le temple élevé, serein, inaccessible aux orages mortels, de la Sagesse :

> Edita doctrina sapientum templa serena;

lorsque de cet asile sublime il abaisse ses regards vers la terre, et contemple de loin les agitations des hommes, si vainement fourvoyés dans toutes les routes de la vie, qui s'y consument en de si stériles efforts, pourquoi? pour parvenir enfin à ce *qu'on cesse d'aimer sitôt qu'on en jouit*, dit Corneille, à ce triste comble de la fortune et de la puissance :

> Despicere unde queas alios passimque videre
> Errare, atque viam palantes quærere vitæ,
> Certare ingenio, contendere nobilitate,
> Noctes atque dies niti præstante labore,
> Ad summas emergere opes rerumque potiri;

lorsqu'à la vue de ce misérable triomphe de l'ambition il se récrie plein de pitié sur notre aveuglement et notre folie, sur le déplorable emploi de ce peu de jours qu'il nous est donné de vivre :

> O miseras hominum mentes, o pectora cæca!
> Qualibus in tenebris vitæ, quantisque periclis,
> Degitur hoc ævi, quodcumque est.... [1];

lorsque Lucrèce écrit ces vers sublimes, on sent bien qu'il y a là une poésie toute nouvelle, nouvelle non-seulement par la perfection de la forme que Virgile n'a guère surpassée, mais par l'accent, par l'inspiration, par une sorte de pathétique philosophique, qu'on ne connaissait point encore, presque contemporain de cette religion qui allait venir pour arracher le monde ancien à ses frivoles pensées, l'appeler à la contemplation des misères de la condition mortelle, à la recherche du secret de notre destinée.

---

1. *De Natur. rer.*, II, 1, sqq.

Je ne croirais pas, Messieurs, avoir perdu mon temps, si, dans les leçons de cette année, je parvenais à vous faire assister à cet enfantement d'une poésie qui a marqué une des plus brillantes époques de l'intelligence humaine. C'est une entreprise difficile, sans doute, et qui a droit d'effrayer ma faiblesse : mais je serais bien malheureux si je manquais tout à fait à l'intérêt de mon sujet, et j'ai assez éprouvé que votre bienveillance ne manquera point à mes efforts.

IV

LA POÉSIE LATINE AU TEMPS DE CÉSAR ET D'AUGUSTE

(Cours de 1836-1837, leçon d'ouverture)

Messieurs,

Je n'ai pu tenir, l'année dernière, toutes les promesses de mon programme, achever, comme je me le proposais, comme je m'y étais engagé, l'histoire de la poésie latine au septième siècle de Rome. L'étude attentive, consciencieuse, j'ose dise, que j'ai faite d'un sujet en apparence assez restreint, en a progressivement reculé les limites, et à la fin le temps m'a manqué pour les atteindre.

Il m'a fallu suivre assez longuement, à travers toute la durée de cet âge, les transformations diverses de la comédie de Plaute et de Térence, émancipée tout à coup, affranchie de sa réserve politique, par le déréglement effronté des mœurs, par le progrès de la licence démocratique, par le besoin de la nouveauté, et devenant dans la *Fabula togata* de Titinius, d'Atta, d'Afranius, dans les Atellanes de Pomponius et de Novius, dans les Mimes de Labérius et de Publius Syrus, de grecque qu'elle était, ou d'à peu près grecque, tout à fait latine.

Il m'a fallu rechercher assez péniblement, parmi des débris, les traces de quelques genres, ramenés à cette même époque par le déclin de l'art dramatique qu'envahissait, qu'étouffait le spectacle : de la poésie satirique, qui vint en aide à la comédie, et qui renouvelée, recréée par l'âpre et vigoureux génie de Lucilius, offrit dans ses peintures hardies, dont la perte est si regrettable, le contraste qu'offrait aussi la société contemporaine, de l'antique austérité romaine et de la corruption précoce, venue de Grèce et d'Asie; de la poésie didactique, cette ressource des littératures qui finissent par l'épuisement, comme aussi de celles qui se forment par l'imitation, cette production toujours un peu factice qui enchantait alors l'ignorance romaine par la nouveauté, poétique encore pour elle, des connaissances géographiques, physiques, astronomiques, philosophiques surtout.

Ici j'ai trouvé sur mon chemin, non plus une ruine, mais un monument entier, imposant, magnifique, l'un des plus beaux et certainement le plus original qui soit resté de la poésie latine, le poëme *De la Nature* de Lucrèce. J'ai dû m'arrêter longtemps à une production de cet ordre, m'enquérir avec curiosité de ses origines philosophiques et littéraires, de ses antécédents grecs et romains, de ses analogues modernes, l'étudier dans son ensemble, dans ses détails : étude instructive, intéressante, dans laquelle je ne me reproche point de m'être trop complu, mais difficile, mais longue, et qui n'a pu finir qu'avec le cours lui-même.

Et pourtant j'étais encore assez loin du terme que je m'étais proposé. Je n'avais rien dit de tant d'essais épiques inspirés par les traditions de l'antique mythologie grecque ou par les souvenirs plus ou moins récents, quelquefois contemporains, de la gloire romaine, et qui frayèrent de loin la voie aux auteurs des *Métamorphoses*, de l'*Énéide*, de la *Pharsale*. Je n'avais rien dit de cette poésie, que je ne sais comment désigner, poésie de toute forme et de toute main, où se consignaient jour par jour, heure par heure, dans une anthologie toujours croissante, les impressions, les sentiments, les idées, les saillies du moment, et de laquelle devaient bientôt sortir, avec une inspiration plus vive, un dessein plus suivi, plus d'efforts et de travail, l'ode d'Horace, l'élégie de Tibulle.

Pour le dire en moins de mots, il me restait à achever ce que j'avais commencé, en parlant de Lucile et de Lucrèce, une sorte d'introduction à l'histoire poétique du siècle d'Auguste, une sorte de généalogie de ses principaux chefs-d'œuvre ; car il y a une généalogie pour les chefs-d'œuvre : les grands écrivains, qui laissent après eux une descendance trop souvent médiocre et dégénérée, ont aussi leurs ancêtres dont il faut tenir compte, et qui les ont faits en partie ce qu'ils sont.

Voilà, Messieurs, un arriéré dont je me reconnais, en commençant, débiteur, et dont je dois avant tout songer à m'acquitter.

Les auteurs, aujourd'hui bien oubliés, bien ignorés pour la plupart, de tant d'ouvrages perdus dont il faudra pourtant s'occuper un peu, nous les trouverons presque tous nommés dans les vers d'un de leurs plus illustres contemporains, du grand poëte Catulle. Ces genres, dans lesquels ils se sont assez vainement exercés, pour leur gloire future du moins, c'est encore Catulle qui nous en offrira les modèles. Ce petit recueil de Catulle sera pour nous à lui tout seul l'expression complète de la poésie des dernières années du septième siècle de Rome, où se préparaient, où commençaient ensemble, par Catulle et par César, qui ne s'entendaient guère, qui ne savaient pas travailler à une œuvre commune, avec l'empire, la poésie de l'empire, celle qui devait consacrer l'usurpation d'Octave, celle à laquelle Auguste devait attacher son nom.

Vous lisez dans quelques histoires littéraires peu exactes que Catulle est venu avant Lucrèce. Les dates disent le contraire, et quand elles ne le diraient pas, les vers mêmes des deux poëtes suffiraient pour nous l'apprendre. Visiblement Lucrèce est plus voisin que Catulle de Lucilius; il conserve beaucoup plus qu'il ne faudrait, même pour ce temps, de sa composition précipitée et négligente, de sa manière diffuse, redondante, prosaïque, bourbeuse, comme dit Horace ; son œuvre est une improvisation de génie, qui a tous les mérites, fort éclatants, quelquefois fort achevés, mais aussi tous les défauts de l'improvisation. Pour Catulle, il n'improvise pas, bien au contraire ; il pèse les mots, et même il les compte ; il choisit, il ordonne, il dessine ; il a déjà, dans sa composition et dans son style, ces formes arrêtées et précises, cette touche fine et discrète, cette force contenue qui se modère elle-même, qui s'atténue à dessein, qui se voile sous les grâces de l'urbanité, *urbani parcentis viribus atque extenuantis eas consulto* [1] ; tous ces caractères enfin qui doivent distinguer les poëtes de l'âge suivant. Catulle, qui écrit sous la république et en républicain, peu favorable à la dictature, moins encore au dictateur, Catulle est déjà, par la manière et par le goût, un poëte du siècle d'Auguste.

Ici chacun me fait une objection que je me hâte de me faire moi-même. Ce portrait de Catulle pourrait être aussi bien celui de Térence, qui écrivait à Rome près d'un siècle avant Catulle. D'où vient cela ? Je l'ai dit plus d'une fois : de ce qu'à Rome, comme ailleurs, comme chez nous particulièrement, il y a eu deux poésies : la poésie familière, indigène, nationale, dont les essais originaux se sont mêlés sans peine à l'imitation des modèles grecs, et ont atteint tout d'abord à une perfection prématurée ; la poésie sérieuse, toute d'emprunt, toute factice, qui ne se naturalisa pas aussi facilement ni aussi vite, à laquelle il fallut bien des efforts et des années pour regagner l'avance de sa rivale. Térence, ce pur, cet élégant, ce gracieux Térence, est pourtant le contemporain du rude Pacuvius, du rude Lucilius, représentants alors, et illustres représentants de la poésie sérieuse. Il faudra que cette poésie passe par Attius et par Lucrèce, pour arriver enfin, au bout de près de cent années, chez Catulle, à ces formes qu'elle doit revêtir dans les productions de la grande époque des lettres romaines, du siècle d'Auguste.

Le siècle d'Auguste ! voilà un mot que je répète, que je

---

1. Hor., *Sat.*, I, x, 13.

dois répéter bien souvent, et sur le sens, sur la valeur duquel il faut d'abord nous entendre. Il n'y avait rien dans l'âge qu'on appelle ainsi d'absolument nouveau. En politique, c'était la consécration légale d'un état de la société romaine déjà bien ancien, qui durait depuis les démêlés de Marius et de Sylla, depuis le temps où la puissance disproportionnée de quelques citoyens plus forts que les lois avait rendu la liberté impossible et fait de la république un mensonge. En littérature, ou du moins en poésie, je ne dois pas vous parler d'autre chose, c'était la maturité de ce qui croissait à Rome depuis longtemps déjà, avec lenteur, avec effort, sous la double influence des exemples étrangers et du génie national, la maturité de l'imagination, du goût, de la langue poétique, de l'art de versifier des Romains. Cette maturité qui n'a manqué à aucune littérature, que nous avons connue aussi, qui s'est produite chez nous absolument comme chez les Romains, est quelquefois pressentie, devancée par quelques génies heureux, par des Catulle, des Lucrèce même. Il y a dans l'année des jours intermédiaires qui ne sont déjà plus l'hiver, qui ne sont pas encore le printemps, et où certaines plantes, sentant, on le croirait, l'approche de la tiède saison, se couvrent prématurément, imprudemment, comme disent les poëtes, de fleurs et de feuillage. Eh bien ! c'est ainsi que fleurit, que verdit, dans les vers de Lucrèce et de Catulle, la poésie de Virgile et d'Horace. Ils ne sont cependant encore ni Horace ni Virgile; pour qu'Horace et Virgile fussent possibles, il fallait, ce qui avait eu lieu, que pendant deux siècles, par un travail continu, universel, se fussent bien établies à Rome toutes ces fables d'origine grecque, destinées à devenir non-seulement le sujet de la plupart des productions, mais l'expression convenue de toutes les pensées; il fallait que se fussent mêlées, confondues dans l'unité d'une même langue, ce qui n'est pas plus facile ni plus prompt pour une langue que pour un peuple, toutes ces races diverses d'expressions, de tours, d'idiotismes; il fallait qu'on eût approfondi, enfoncé comme dit Montaigne, la signification des mots, fixé leurs acceptions, démêlé leurs nuances, trouvé les convenances et les analogies du langage, les délicatesses du goût; il fallait qu'on eût assoupli, rompu par l'exercice, à la mesure, à l'harmonie, l'oreille si longtemps rebelle des Romains. Tout cela fut bien long à faire, et se trouva fait précisément au moment où se dénouait le long drame de la guerre civile, tout juste à point pour servir de décoration, d'instrument, de ressort politique à cette monarchie cachée sous des formes républicaines qui allait remplacer la république.

La prise de possession par le pouvoir absolu d'une littérature arrivée à son plus haut point de perfection, et par conséquent de crédit et d'autorité, se fit tout naturellement, sans qu'il paraisse que la condition des poëtes ait plus changé que ne faisait la nature même de la poésie. Seulement, comme tout le reste, elle fut reconnue, régularisée, constituée; elle sembla prendre place parmi les établissements de l'empire. Esclaves, affranchis, clients, pendant des siècles, de l'aristocratie, il faut bien avouer cette position dépendante, subalterne, qu'ils ont plus d'une fois ennoblie par la dignité du caractère et du talent, conquérant à force d'estime l'amitié de leurs illustres patrons, les payant magnifiquement, à leur manière, d'une protection viagère, par une gloire qui devait être éternelle; ainsi placés donc dans la société romaine, les poëtes romains passèrent sans peine du patronage, que vous savez, des Livius Salinator, des Fulvius Nobilior, des Scipions, des Lélius, des Lucullus, des Memmius, des Manlius, de tant d'autres, à ce qui était absolument la même chose, au patronage de Pollion, de Messala, au patronage de Mécène surtout, de qui Auguste les reçut, par les soins duquel cet habile politique les fit travailler à la réhabilitation morale de son autorité, à la popularité de ses actes, à l'éclat présent, à la gloire future de son règne. Cette protection des lettres, qui avait été au temps de la république, pour quelques patriciens d'élite, un goût, une distraction, l'emploi de nobles loisirs, l'ornement d'une haute fortune, quelquefois l'innocente prétention de la vanité, sembla prendre chez Mécène le caractère d'un ministère officiel ; Mécène parut avoir mission, non pas seulement pour soutenir et encourager les talents, mais pour les recruter, les enrôler, les discipliner, leur donner le mot d'ordre de cette espèce de département de l'esprit public dont il était le chef, et dont le siége était cette table hypocritement hospitalière, qu'Auguste, qui s'y pourvoyait de panégyristes, appelait, dans sa correspondance confidentielle, d'un mot bien dur, *parasitica mensa.* Il est vraiment curieux de voir comment, sous le gouvernement d'Auguste et l'administration de Mécène, la littérature arrive en peu de temps à s'organiser, à faire corps, à former une société à part au sein de la société, un État dans l'État, ce qu'on a appelé depuis, mais ailleurs, la république des lettres, république alors bien monarchique, avec l'autre, toute dans la main de l'empereur. La littérature, ce n'est plus, comme auparavant, un petit nombre de vocations individuelles, éparses, isolées, sans aucun lien commun, nées fortuitement de la conscience du talent ou des inspirations du besoin ; ce n'est plus ce succès passager, fugitif, borné, à l'exception de ce qui regardait le théâtre, aux suffrages de l'amitié, à la circulation restreinte de quelques rares copies. La littérature, c'est désormais tout autre chose. Il y a, en dehors de la foule des écrivains amateurs, tout un peuple d'écrivains dont les lettres sont la profession avouée ; il y a des ateliers de copies où se multiplient les exemplaires de leurs œuvres ; il y a des libraires qui les répandent à Rome, en Italie, dans les provinces, en Afrique, par exemple, à Utique, où s'expédiaient, vous le savez, les productions de rebut ; il y a des bibliothèques publiques pour les recueillir, les conserver, les offrir, longtemps encore après qu'on les aura oubliées, à la curiosité des érudits et à l'industrie des plagiaires ; il y a des lectures d'apparat où l'on s'essaye en toute sûreté devant un auditoire choisi, avant de se risquer au grand jour de la vraie publicité ; il y a des concours où le pouvoir lui-même s'occupe de distribuer les rangs et les récompenses. Telle est, sous Auguste et sous Mécène, la constitution de la littérature romaine.

L'établissement de ces lectures privées, de ces concours publics, offre certains rapports de ressemblance assez piquants avec ce qui s'est passé chez nous au temps de l'institution de notre Académie française.

Vous savez comment, dans les premières années du dix-septième siècle, l'idée vint à quelques hommes d'esprit qui cultivaient les lettres ou seulement qui les aimaient, de se réunir, à certains jours de la semaine, tantôt chez l'un, tantôt chez l'autre, pour se communiquer leurs productions, pour échanger leurs idées sur la langue, sur le style, sur le goût, sur l'éloquence, la poésie, les arts, pour goûter en commun, selon la belle expression de Pellisson, leur historien, « les plaisirs de la société des esprits et de la vie raisonnable ». Vous savez aussi comment Richelieu, averti de ces réunions, imagina de les transformer, par un coup de sa puissance, en une assemblée permanente, régulière, relevant de l'autorité publique, chargée par elle de représenter le mouvement de la littérature, et même de le diriger dans l'intérêt du bon goût, et aussi, bien entendu, de la politique et de la gloire du ministre. Eh bien! il semble qu'il se soit passé à Rome, vers l'époque qui nous occupe, quelque chose d'à peu près pareil.

Valère Maxime raconte[1] que quand César, soit le dictateur, soit plutôt quelque membre plus ancien de la même famille, César Strabon par exemple, comme son illustre parent, mais pas autant que lui, homme de guerre, homme d'État, et quelque peu aussi homme de lettres, que quand César donc se présentait au collège des poëtes, *in collegium poetarum*, le vieil Attius, fier de ses lauriers tragiques, ne croyait pas devoir se lever pour lui faire honneur, disant que s'il lui cédait en dignité, il le surpassait en génie, et que là ce n'était pas d'images, mais d'ouvrages qu'on disputait : *quia ibi voluminum non imaginum certamina exercebantur*. Ce collége des poëtes, dont je ne sache pas qu'un autre que Valère Maxime ait parlé, dont on peut rapporter l'existence à l'époque de Sylla, dans lequel les

---

1. *Fact. et Dict. memorabil.*, III, vii, 2.

poëtes se réunissaient sans doute pour se lire leurs vers et les soumettre à la critique de leurs confrères, n'est pas sans ressemblance avec les réunions volontaires d'hommes de lettres qui précédèrent l'Académie, et auxquels le *prudent* Conrart prêta d'abord sa maison.

D'une autre part, Horace et ses scoliastes[1] nous apprennent qu'Auguste, ayant érigé sur le mont Palatin un temple à Apollon, fit placer dans cet édifice ou dans ses dépendances une bibliothèque destinée surtout à recevoir les productions contemporaines les plus remarquables, et les bustes couronnés de lierre de leurs auteurs; qu'il voulut que l'honneur d'être admis dans cette espèce de Panthéon littéraire fût disputé par les poëtes devant cinq juges, en tête desquels siégeait un homme dont Horace a vanté le discernement, jadis, selon Cicéron, censeur du théâtre de la république, aujourd'hui commissaire impérial pour les affaires de goût, Spurius Mæcius Tarpa. Au-dessus de ce président, il y en avait un autre, l'empereur, ou du moins sa statue, inaugurée dans cette bibliothèque, dans cette cour poétique, sous le costume et avec les attributs d'Apollon. C'est là une espèce de théocratie littéraire qui n'est pas sans analogie avec les vues qui dirigèrent dans l'établissement de l'Académie française son fondateur et premier protecteur, le grand cardinal. On en retrouve une image sensible dans la médaille qui, en 1672, célébra l'installation de cette compagnie littéraire au Louvre même, par les ordres de Louis XIV, et qui portait pour légende ces mots empruntés au souvenir de l'Académie d'Auguste : APOLLO PALATINUS.

Comme Richelieu, comme Louis XIV, comme Napoléon, comme tous ceux qui ont gouverné les hommes par des lois absolues, Auguste avait compris qu'ils ont besoin d'être consolés de la perte de la liberté, et que le seul dédommagement, si c'en est un suffisant, qu'on puisse leur offrir, c'est la gloire des armes et celle des arts. Ce fut une des pensées de son règne, de ne leur ménager ni

---

1. *Sat.* I, x, 38; *Epist.*, II, ii, 94, etc.

l'une ni l'autre, au contraire, d'en distraire, d'en amuser sans cesse leur orgueil national.

A cette vue d'ordre public se mêlèrent des vues plus personnelles. Auguste se souvenait trop d'Octave pour ne pas être perpétuellement occupé du soin de le faire oublier aux autres. Pour cela, il ne s'adressa pas à l'histoire, qui n'oublie pas, et qu'il punit quelquefois en despote de son trop de mémoire, mais à la poésie, plus traitable, qui se permet avec moins de scrupule les officieuses réticences, les complaisants mensonges du panégyrique et de l'apothéose. Elle se chargea docilement, trop docilement peut-être, d'aider sa politique à tromper l'avenir et, s'il se pouvait, le présent, et s'aidant de quelques beaux dehors vrais ou feints, de montrer dans le triumvir ambitieux, perfide, cruel, dans le proscripteur parricide, dans le soldat timide de Philippes et d'Actium, dans le père débauché de l'impudique Julie, dans le parodiste sacrilége des fêtes de l'Olympe, le réparateur des guerres civiles, le vengeur des affronts de Crassus, le rempart de l'empire agrandi par ses armes, le soutien de sa puissance et de sa gloire, le restaurateur des lois, des mœurs, de la religion, le premier des humains, plus qu'un homme, un héros, un demi-dieu, une sorte de médiateur placé par le dogme du droit divin de ce temps-là entre la terre et le ciel, pour gouverner les hommes sous l'autorité de Jupiter.

> Gentis humanæ pater atque custos,
> Orte Saturno, tibi cura magni
> Cæsaris fatis data ; tu secundo
> Cæsare regnes.
>
> Te minor latum reget æquus orbem [1].

Quoique tout ne fût pas mensonge dans ce portrait, c'était cependant une tâche fort délicate que de le faire accepter aux Romains comme l'expression de la vérité : aussi Auguste, Suétone nous l'apprend, se méfiait-il beaucoup, et avec raison, de la maladresse des mauvais poëtes. Il les

---

1. Hor., *Od.*, I, xii, 50.

surveillait de sa présence assidue à leurs lectures, pour contenir les indiscrétions de leur zèle ; il recommandait aux préteurs de ne pas souffrir que son nom fût trop prodigué, trop usé, trop terni dans les concours des poëtes, *ne paterentur nomen suum commissionibus obsolefieri* [1]. Auguste n'eût pas plus que Louis XIV laissé traiter cette question célèbre : « Laquelle des vertus du roi mérite la préférence? »

Le sort, favorable à tous ses desseins, lui fit rencontrer, non pas dans ces cercles lettrés qu'il avait établis, parmi les beaux esprits ou ceux qui se prétendaient tels, dans le tumulte de ces voix sonores qui résonnaient sans fin au temple d'Apollon, *certantia judice Tarpa*, mais à l'écart, loin de la foule, loin du bruit, loin de ces luttes qu'ils dédaignaient, cachés dans l'obscurité d'une retraite champêtre ou d'un petit emploi à la ville, deux admirables panégyristes. C'étaient des hommes modérés dans leurs désirs, sans autre ambition qu'un loisir honnête pour le consacrer à l'amitié et aux muses; des hommes qui n'avaient pas cherché la faveur, que la faveur, au contraire, était venue trouver, qu'elle n'avait pas gagnés sans peine, ni surtout gagnés tout entiers; des hommes qui, à l'esprit le plus délicat, au génie le plus pur et le plus élevé, joignaient la droiture, la candeur de l'âme, et dont les louanges aussi, apprêtées par le goût mieux que par l'art des courtisans, flattaient encore par je ne sais quel parfum de sincérité; oui, de sincérité; je ne retire pas ce mot. Je sais tout ce qu'on a dit et tout ce qu'on peut dire de la tyrannie d'Auguste, de la servilité de Virgile et d'Horace. C'est là un lieu commun déclamatoire, qu'on a quelquefois traité avec esprit, avec éloquence même, mais qu'il ne faut plus renouveler, car nous ne sommes plus au temps de la déclamation, mais de l'appréciation impartiale des faits. Il est moins usé aujourd'hui, et aussi plus raisonnable, de reconnaître que le gouvernement d'un seul, que le pouvoir souverain d'Auguste était à cette malheureuse époque la

---

1. Suet., *Aug.*, 89.

condition nécessaire de l'ordre au dedans, de la puissance et de la grandeur au dehors; que c'était sagesse et même justice de faire grâce des excès du passé, et aussi un peu des vices secrets du présent, à une administration qui se montrait après tout, on ne peut le nier, douce, habile, tutélaire, glorieuse; que se consacrer, dévouer son génie à la populariser, à la rendre respectable et chère pour les peuples dont elle était l'unique ressource et le dernier asile, c'était une tâche permise à la reconnaissance, à l'amitié, et que pouvait accepter sans honte le patriotisme de l'empire, qui n'était pas et ne pouvait pas être celui de la république. Et cependant la liberté est si nécessaire à l'art que, lorsque nous lisons tous ces éloges, tantôt si ingénieux, si délicats, d'un tour si aisé et si libre, même en flattant, tantôt d'une expression si magnifique, si pleine de la grandeur de l'État, habilement mêlée avec celle du prince qui le représente et le personnifie, nous ne pouvons, au milieu de notre admiration, nous défendre de regretter ce qu'il y a encore là de commandé, d'officiel. Mais tel était le sort de la poésie latine, condamnée à subir un double joug à la fois, joug littéraire, joug politique, celui de la perfection des Grecs, ses inévitables modèles, celui de la faveur d'Auguste, son inévitable protecteur.

Un asile lui resta, où elle put se conserver libre et originale, l'expression des sentiments intimes du cœur. Là, et là seulement, elle fut vraiment elle-même, l'écho mélancolique des ennuis de ce siècle qui succombait à la fatigue de l'anarchie, au besoin et au dégoût de la servitude, à l'horreur du crime, à la satiété du luxe et des plaisirs, qui cherchait d'impuissants remèdes à son malaise dans l'ivresse des passions, dans l'égoïste et élégante insouciance de la vie épicurienne, ou plus sagement, plus rarement dans la paix des champs et de la médiocrité, dans l'innocence d'une condition privée, d'une existence cachée. De là toutes ces inspirations que vous connaissez, élégiaques, morales, bucoliques, les plus spontanées, les plus naïves, les plus vraies de la poésie de cette époque, celles qui lui donnent proprement sa physionomie à part, et font son originalité.

Voilà, en aussi peu de mots qu'il m'a été possible, tels qu'ils se découvrent à moi à une première vue, les principaux caractères littéraires, politiques, moraux, de la poésie du siècle d'Auguste, et aussi de cette époque où elle se prépara sous le gouvernement de César. Avant de les étudier chez Ovide, chez Properce, chez Tibulle, chez Horace, chez Virgile, et aussi, autant que possible, chez ces poëtes, leurs contemporains, dont ils ont obscurci la gloire et presque effacé les noms, nous les trouverons déjà presque tous chez le poëte des dernières années de la république, chez Catulle. Il n'a pas, il est vrai, l'obséquieuse souplesse de ses successeurs, bien qu'après tout celui qui, coupable de tant d'épigrammes sanglantes contre César, se laissa paisiblement amnistier par un dîner du dictateur, eût bien pu, tout comme un autre, s'il eût vécu, devenir le familier, le commensal de Mécène. Cela s'est vu quelquefois. Pour tout le reste, il leur est conforme; il a tout d'eux, jusqu'à.... cela surprend chez un homme d'un caractère si frivole, d'une vie si dissipée, si dissolue, où les vers même étaient encore des débauches..., jusqu'à leurs grâces sérieuses, leur tristesse aimable, leur mélancolie. Mais Villon, le vieux poëte de nos vieux carrefours, a bien pu un jour surprendre son grivois auditoire de ce mélancolique refrain : « Mais où sont les neiges d'antan? » Pourquoi des pensées de ce genre ne seraient-elles pas venues à un Catulle, dans ces moments de douloureux réveil qui suivent le lourd sommeil des voluptés, en un temps où tout les inspirait, temps de mécomptes de toute espèce, sans foi d'aucune sorte, politique, religieuse, morale, où tout semblait trompeur et vain, jusqu'à ce plaisir grossier dans lequel on se plongeait pour s'étourdir; où l'on sentait ses jours s'écouler sans dignité, sans bonheur, sans espoir de retour, sans autre avenir que le néant; où germait déjà, pour bientôt éclore, au sein de ces misères dont elle apportait le remède, la morale du christianisme. Ah! dans un temps pareil, était-il donc si étonnant que des idées graves, sérieuses, tristes même, pussent traverser l'esprit, se faire jour dans les vers même du voluptueux, du folâtre, du frivole Catulle?

Écoutez-le badiner sur la mort d'un oiseau cher à sa maîtresse, et tout à coup s'écrier :

Malheur à vous, méchantes ténèbres de l'enfer qui dévorez tout ce qui est beau !

> At vobis male sit, malæ tenebræ
> Orci, quæ omnia bella devoratis ![1]

Quel chemin a fait tout à coup l'imagination du poëte pour arriver, en un vers, de son futile sujet à ce pressentiment sinistre qui lui révèle que sa Lesbie, si belle, si jeune, si vivante, qui semble devoir être immortelle comme l'amour qu'elle inspire, peut lui être ravie tout à coup et pour toujours? Ainsi Dante nous raconte dans sa Vie nouvelle comme il lui vint à la pensée que Béatrix pouvait mourir.

Et dans cette autre pièce, si célèbre, où il demande, en amant fort difficile à contenter, tant de marques de tendresse, quel triste encouragement au plaisir, quel amer assaisonnement de la volupté !

Les jours finissent, mais ils peuvent revenir. Et nous, quand une fois a fini notre courte journée, nous n'avons plus que le sommeil d'une éternelle, d'une seule nuit.

> Soles occidere, et redire possunt :
> Nobis, quum semel occidit brevis lux,
> Nox est perpetua una dormienda [2].

Je vous ai traduit bien littéralement, bien grossièrement, ces admirables vers. Mais j'ai un dédommagement à vous offrir, j'en ai même plusieurs, parmi lesquels vous choisirez :

> La lune est coutumière
> De naître tous les mois:

---

1. *Carm.*, III, 13. — 2. *Ibid*, V, 3. Cf. Horat., *Od.*, IV, vii, 13.

> Mais quand notre lumière
> Est éteinte une fois,
> Sans nos yeux réveiller
> Faut longtemps sommeiller.

De qui sont ces vieux vers d'une harmonie, d'une élégance si catullienne? De Ronsard.

En voulez-vous d'une autre plume, de la plume correcte, énergique, mais un peu roide, de Malherbe?

> Tel qu'un soir on voit le soleil
> Se jeter aux bras du sommeil,
> Tel au matin il sort de l'onde :
> Les affaires de l'homme ont un autre destin.
> Après qu'il est parti du monde
> La nuit qui lui survient n'a jamais de matin.

C'est maintenant le tour du facile et élégant Pellisson :

> Le soleil se couche et se lève,
> Sa première course s'achève,
> Et bientôt une autre la suit.
> Mais quand la fière destinée
> Finit notre courte journée,
> Ce n'est plus qu'une longue nuit.

De Pellisson jusqu'à nous, que d'imitations encore! Ne craignez pas que je me pique d'être complet et de vous les citer toutes. Mais je demande grâce pour les deux suivantes. La première je l'ai trouvée, sans nom d'auteur, elle est, je crois, de Sarrasin, parmi les excellentes notes dont M. Naudet a enrichi le Catulle de Doering, dans la collection de mon prédécesseur, M. Lemaire :

> L'inutile vieillesse au tombeau nous appelle,
> Et quand notre nuit vient, elle vient éternelle.

L'autre imitation est d'un de mes anciens amis, de mes anciens camarades, dont l'École normale, que ses talents et son caractère honoraient, regrettera longtemps la perte prématurée, de Charles Loyson :

> Le soleil fuit pour reparaître encore,

Son char emporte et ramène les jours.
Pour les humains point de seconde aurore ;
Quand vient la nuit, c'est, hélas ! pour toujours.

Toutes ces imitations, cette espèce de concours ouvert sur quelques mots de Catulle, témoignent assez de la difficulté de les rendre, et du prix infini que les esprits délicats y ont toujours attaché.

Une autre citation du même genre, pour établir la même thèse ; ce sera la dernière : c'est ici une leçon de poésie latine, il faut bien y souffrir quelques vers latins.

Catulle, vous le savez, n'est pas dans l'habitude de chercher beaucoup ses sujets ; il a pour cela trop d'insouciance et de paresse. Ce sont ses sujets qui lui viennent d'eux-mêmes. Les petits accidents de la vie ordinaire, les petites rencontres qui l'arrêtent en son chemin, tout lui fournit, tout l'inspire, tout le fait chanter et rêver, et jamais pour bien longtemps. Un jour donc, je me figure que la chose s'est ainsi passée, un jour qu'il se promenait dans sa belle presqu'île de Sirmione, la plus belle des presqu'îles selon lui, sur les bords de ce beau lac qu'a chanté depuis Virgile : *Fluctibus et fremitu assurgens Benace marino,* le lac de Garda, il arrive jusqu'à la carcasse d'un vieux navire échoué, pourrissant sur le sable. C'est peut-être, se dit-il, celui-là même qui le porta plus d'une fois sur des bords lointains, qui, descendant le Mincius, entrant dans l'Éridan, arrivant par cette voie à la mer Adriatique, le conduisit deux fois en Asie, tantôt à la suite de son avare patron, le préteur Memmius, tantôt allant offrir un sacrifice funèbre aux mânes de son frère mort sur le rivage de Troie.

Je recompose comme je peux le rêve de son imagination qui l'amène à retracer l'histoire de ce navire, aujourd'hui si délabré, jadis plus brillant, ou plutôt de la lui faire raconter à lui-même, car avec la toute-puissance de son art il lui donne la parole. L'antique Argo d'ailleurs avait bien parlé.

Je n'ai pas l'intention de commenter en détail cette pièce, qui en vaudrait cependant bien la peine. Mon but est d'en marquer l'intention morale et non d'y relever, comme je le pourrais à chaque vers, la régularité du mètre, l'ïambe pur, l'élégante propriété des expressions et leur habile arrangement, l'audace contenue des images, l'artifice ingénieux de la composition. Il suffira, pour ce que je me propose, d'une simple lecture et d'une traduction telle qu'elle, à peu près littérale.

Ce navire que vous voyez, ô étrangers, fut, dit-il lui-même, en son temps, le plus agile des navires. Point d'esquif nageant au sein des flots qu'il ne passât dans sa course rapide, à la rame, à la voile, comme il lui fallait voler.

> Phaselus ille, quem videtis, hospites,
> Ait fuisse navium celerrimus,
> Neque ullius natantis impetum trabis
> Nequisse præterire, sive palmulis
> Opus foret volare, sive linteo.

Il faut des preuves, les voici : ce sont les voyages de ce navire, de mers en mers, de rivages en rivages, que nous fait rapidement repasser le poëte par une de ces énumérations géographiques qu'aimaient les anciens, pour qui la géographie était chose nouvelle.

Qui prétendrait le contraire ? Les rivages de la menaçante Adriatique, les îles Cyclades, l'illustre Rhodes, la sauvage Thrace, la Propontide, les bords redoutés de l'Euxin ?

> Et hoc negat minacis Adriatici
> Negare litus, insulasve Cycladas,
> Rhodumve nobilem, horridamve Thraciam,
> Propontida, trucemve Ponticum sinum.

Voilà le navire ramené à sa terre natale, dans ces lieux « où, sur les sommets du Cytore, il fit jadis murmurer, parler ses mouvants panaches. »

Je vous donne une traduction bien timide de la hardie et heureuse incohérence de figures que le poëte affecte dans ces beaux vers :

> Ubi iste, post Phaselus, antea fuit
> Comata sylva : nam Cytorio in jugo
> Loquente sæpe sibilum edidit coma.

Les anciens étaient moins bons marins que nous; mais ils étaient plus voisins que nous de l'origine de la navigation, plus frappés que nous ne pouvons l'être de ce que cet art a de merveilleux et de poétique. Dans le vaisseau ils voyaient toujours l'arbre qui avait osé se risquer sur les flots, dans l'arbre le vaisseau futur : de là de perpétuelles métamorphoses, dont je pourrais rapporter ici bien des exemples, mais sans qu'aucune égalât en vivacité, en éclat, celle que vient de retracer Catulle.

Qu'on me permette un épisode. Delille se souvenait-il de son Catulle quand, dans sa vieillesse, assis près du feu, non loin d'ici, au Collége de France, il amusait sa fantaisie poétique des destinées de cette bûche, de cet arbre déchu, qu'il entendait brûler dans son âtre ?

> Quelles mains l'ont planté ? quel sol fut sa patrie ?
> Sur les monts escarpés bravait-il l'aquilon ?
> Bordait-il le ruisseau, parait-il le vallon ?
> Peut-être il embellit la colline que j'aime,
> Peut-être sous son ombre ai-je rêvé moi-même.
> Tout à coup je l'anime : à son front verdoyant
> Je rends de ses rameaux le panache ondoyant,
> Ses guirlandes de fleurs, ses touffes de feuillage,
> Et les tendres secrets que voila son ombrage [1].

Ces vers charmants ne paraîtront point déplacés près des vers de Catulle. Mais laissons les rêveries du coin du feu pour revenir aux rêveries des bords du lac. Le poëte va remettre en mer son navire, et, par une adroite redite, le ramener où il l'a pris. Suivons-le de nouveau, mais un peu plus vite; il faut arriver.

Noble ville du Pont, Amastris, et toi, mont Cytore, couronné de buis, c'est vous que mon navire atteste : rendez témoignage à des choses qui vous sont bien connues : dites si ce n'est pas sur ces sommets que de tout temps vécut sa race ; si ce n'est pas dans ces eaux que pour la première fois il trempa sa rame ; si ce n'est pas d'ici qu'à travers tant de mers difficiles il ramena son maître. Indifférent au vent, qu'il soufflât de droite ou de gauche, ou que son souffle favorable entrât de front dans sa

---

1. *Les trois Règnes*, ch. I.

voile, jamais il n'adressa de vœux aux divinités du rivage, dans la longue course qui l'a conduit des mers les plus lointaines jusqu'au bassin de ce lac limpide.

> Amastri Pontica, et Cytore buxifer,
> Tibi hæc fuisse et esse cognotissima
> Ait Phaselus : ultima ex origine
> Tuo stetisse dicit in cacumine,
> Tuo imbuisse palmulas in æquore,
> Et inde tot per impotentia freta
> Herum tulisse ; læva, sive dextera
> Vocaret aura, sive utrumque Juppiter
> Simul secundus incidisset in pedem ;
> Neque ulla vota litoralibus Diis
> Sibi esse facta, quum veniret a mare
> Novissimo hunc ad usque limpidum lacum.

Pourquoi vous ai-je lu tous ves vers, que vous me reprocherez peut-être de vous avoir allongés et gâtés ? Uniquement pour cette espèce de dénoûment sur lequel je voulais attirer votre attention :

> Mais tout cela, c'était jadis. Aujourd'hui il se repose, il vieillit à l'écart, et se consacre à toi, Castor, et à toi aussi, frère de Castor.

> Sed hæc prius fuere : nunc recondita
> Senet quiete, seque dedicat tibi,
> Gemelle Castor et gemelle Castoris [1].

Quel charme dans ces simples paroles : *Sed hæc prius fuere*, dans ce trait subit, attendrissant, mélancolique, qui nous emporte loin du sujet, à la considération plus générale des vicissitudes de ce monde, où tout vieillit, tout finit comme le navire émérite !

Cette pièce délicieuse, qui me paraît répondre si bien, au moins par son intention secrète, aux tristes préoccupations de la pensée des Romains à cette époque, a cependant été soupçonnée, non sans raison, d'être d'origine grecque. Le même soupçon peut s'étendre à beaucoup de pièces du même recueil, à beaucoup de productions du même âge et

---

1. *Carm.*, IV.

de tous les âges de la littérature romaine. Je devrai donc souvent, comme par le passé, m'attacher à faire dans ces leçons la double part de l'imitation grecque et de l'originalité latine. J'aurai à vous exposer les procédés divers de cette imitation, qui tantôt vieillit, par les agréments d'un art plus avancé, la naïveté trop nue d'Homère, tantôt au contraire rajeunit, par plus de simplicité et de naturel, l'élégance trop raffinée des Alexandrins. J'aurai à vous montrer comment, sous l'influence des mœurs locales, des accidents de la vie contemporaine, cette poésie, en grande partie d'emprunt, se maintient cependant originale et romaine. Je tâcherai de la replacer au milieu des circonstances qui l'ont produite et doivent l'expliquer; de faire revivre autour de ses auteurs cette société pour laquelle ils travaillaient, et dont on les isole trop souvent. Il me semble en effet qu'on est trop porté à envisager ces chefs-d'œuvre antiques d'une manière tout abstraite, comme s'ils ne tenaient à rien, qu'ils fussent tombés du ciel, qu'ils n'eussent ni date ni patrie. Je m'attacherai à leur rendre l'un et l'autre, et avec cela je conserve peu d'espoir de parvenir à ranimer une matière glacée par une longue admiration, décriée par des rancunes qui datent du collége. Je suis loin cependant de croire une telle étude épuisée; je crois qu'elle prête à des recherches, qu'elle provoque à des questions qui ont leur intérêt même aujourd'hui, et c'est sur cet intérêt que je compte, que j'ai besoin de compter, pour espérer de revoir quelquefois sur ces bancs, où ils ne dédaignent pas de venir s'asseoir, ces fidèles et persévérants amis de l'antiquité, qui tiennent assez au texte pour ne pas se laisser décourager par le commentaire.

V

DU RENOUVELLEMENT DE LA POÉSIE LATINE PAR LUCRÈCE ET PAR CATULLE.

(Cours de 1858-1859, leçon d'ouverture[1])

Messieurs,

Ramené par l'ordre qui régit nos études aux commencements de la poésie latine, à ses lents et difficiles développements depuis son origine jusqu'au siècle d'Auguste, j'ai choisi pour sujet particulier de nos entretiens, pendant la présente année, la fin seulement, la conclusion de cette première époque, ce qui a précédé immédiatement, préparé, amené, annoncé la perfection de l'âge suivant; j'ai choisi les œuvres contemporaines, de forme bien diverse, mais d'influence également puissante et décisive, de Lucrèce et de Catulle.

Il leur a été donné, en effet, à l'un et à l'autre, de dégager l'imagination romaine des liens qui depuis des siècles la retenaient captive et arrêtaient son essor, de la rendre capable de produire, par un suprême effort, Virgile et Horace.

C'est au spectacle de cet avénement subit, éclatant, défi-

---

1. J'interromps ici la suite chronologique de ces leçons d'ouverture par quelques discours sous les n°[s] V, VI, VII, où, à d'autres époques, j'ai dû revenir sur la poésie latine au temps de César, et particulièrement sur Lucrèce et sur Catulle.

nitif de la poésie latine que je vous appelle et que je voudrais dès aujourd'hui vous rendre attentifs.

La poésie, si naturelle à l'homme, paraît de bonne heure dans les sociétés humaines; mais il faut bien du temps pour qu'elle arrive à se traduire, à s'exprimer dans des monuments capables de durée. L'histoire de la littérature grecque le prouve et bien plus encore l'histoire de la littérature latine. Horace a dit :

Avant Agamemnon ont vécu bien des chefs valeureux; mais pour eux point de larmes, de souvenir; sur tous pèse une longue nuit, parce qu'il leur a manqué les louanges d'un chantre inspiré.

> Vixere fortes ante Agamemnona
> Multi ; sed omnes illacrimabiles
> Urgentur ignotique longa
> Nocte, carent quia vate sacro [1].

C'était dire implicitement, comme la critique moderne, qu'avant Homère il a fallu une longue suite de poëtes pour former la langue, le mètre, le style, le ton de l'épopée, pour amasser la matière de l'Iliade et de l'Odyssée.

C'est par un travail de cette sorte que se sont produites successivement chez les Grecs, à d'assez longs intervalles, les formes des autres genres, de la poésie lyrique d'abord, plus tard de la poésie dramatique, de la tragédie, de la comédie; qu'on a passé de l'antique Olen à Pindare, de Thespis à Eschyle, de Susarion à Aristophane et à Ménandre.

Si les choses ont suivi ce cours chez un peuple, comme le peuple grec, d'un génie si prompt, si facile, si naturellement porté vers les arts de l'esprit, pouvait-il en être autrement chez les Romains, ce peuple tout pratique, exclusivement occupé, pendant cinq siècles entiers, de labourage, d'affaires contentieuses, de débats politiques, d'expéditions et de conquêtes, auquel les accidents de la guerre révélèrent à la fin la poésie trouvée par lui, pour ainsi dire, dans le butin de ses armées victorieuses?

1. Hor., *Od.* IV, ix, 25.

Ces farouches vainqueurs, la Grèce soumise les soumit à son tour.

> Græcia capta ferum victorem cepit... [1]

Des Grecs devenus Romains leur expliquèrent, leur traduisirent les chefs-d'œuvre de la poésie grecque, leur apprirent à les goûter dans de libres imitations où ne manquait pas toujours l'intérêt national : ils faisaient à la fois l'éducation et d'un public aux organes encore grossiers, à la sensibilité encore engourdie, tout à fait neuf pour les jouissances de la pensée, et celle d'une langue novice elle-même, sans harmonie, sans souplesse, rebelle au mouvement de l'imagination et à l'expression du sentiment.

Cette éducation dura bien longtemps, puisqu'elle n'était pas achevée quand parurent les deux poëtes dont nous aurons à nous occuper et que ce furent eux précisément qui l'achevèrent.

L'histoire de ce qui les a précédés paraît considérable quand on dénombre curieusement les poëtes et les œuvres; c'est peu de chose quand on ne tient compte que des monuments laissés par toute cette littérature. Ils se réduisent à quelques comédies de Plaute et de Térence, qu'une élégance hâtive a sauvées seules du naufrage où l'imperfection d'une langue destinée à vieillir, à s'abolir, a précipité tout le reste : tout, la satire elle-même, cette héritière de la comédie, qui, reprenant plus librement sa tâche, avait osé s'attaquer avec une gaieté vengeresse, par des traits singulièrement énergiques et spirituels, à la corruption naissante de l'austère république; la tragédie, qui, émancipée peu à peu de la discipline des Grecs, s'était enhardie à porter sur la scène les grands faits de l'histoire du pays, *domestica facta*[2]; l'épopée, qui avait déroulé dans de majestueuses *Annales* le cours glorieux des destinées de Rome.

Et certes, les représentants, les interprètes de cette satire, de cette tragédie, de cette épopée, un Lucilius, un

---

1. Hor.; *Epist.* II, I, 156. — 2. Id. *De arte poet.*, 287.

Attius et un Pacuvius, un Ennius, n'avaient pas été sans quelque génie; ils avaient étonné, ravi les contemporains; mais que pouvaient leurs vers contre ce progrès naturel qui rendant l'oreille plus difficile, le goût plus délicat, créant à l'esprit des besoins nouveaux, devait inévitablement conduire à l'abandon, au mépris de formes poétiques désormais surannées ?

Ces vieux vers n'avaient pas encore perdu tout leur charme quand Cicéron, avec une sorte de patriotisme littéraire, se plaisait à les encadrer dans la prose de ses traités oratoires et philosophiques: cadre dangereux qui, par le voisinage d'une élégance et d'un éclat incomparables, en faisait ressortir la rudesse, la vétusté, en décelait la rouille. Les vers même de Cicéron, composés sur ce modèle et qui lui restaient encore trop conformes, ces vers, par des mérites nouveaux de versification et de style, mettaient en lumière ce qui manquait maintenant aux anciens poëtes pour contenter l'oreille et l'esprit, pour s'emparer de l'imagination et du cœur.

Une révolution dans la poésie était imminente; mais il ne suffisait pas pour l'accomplir du mouvement général de la langue et du goût; il fallait encore cette secousse heureuse que donne à l'art, en de telles conjonctures, un génie puissant et une grande œuvre. C'est alors que vint, comme à l'heure marquée, Lucrèce avec le poëme *De la Nature*.

Dans cette production extraordinaire, l'enthousiasme du poëte pour un système qui lui semblait rendre compte de l'origine, de l'histoire, des destinées du monde et de l'humanité, sa sympathie profonde pour la misère humaine à laquelle la doctrine de son maître avait apporté, pensait-il, d'efficaces remèdes, le sentiment exquis des beautés naturelles dont il mêlait les images avec ses explications scientifiques, toutes ces causes d'inspiration réunies développèrent des mérites poétiques dont nulle production antérieure n'avait pu donner une idée. C'étaient des formes d'argumentation vives et pressantes, des emportements sublimes, des accents pathétiques, un riche et éblouissant coloris. De là dans la poésie latine, soulevée elle-même, emportée par l'essor du poëte, un mouvement, une grandeur, une passion, un éclat, une élégance, une harmonie, qu'elle n'avait point encore connus, et qui, on peut le dire, la renouvelèrent.

C'était au milieu des discordes sanglantes où s'abîmait, s'anéantissait l'ancienne constitution de l'État, que Lucrèce, étranger, bien que chevalier, à la vie publique, retiré tout entier, en épicurien conséquent, dans la quiétude d'une condition privée, préparait en silence, avec son grand poëme, cette révolution littéraire. Il ne devait point la voir; une mort prématurée et tragique allait même faire tomber de ses mains son œuvre encore imparfaite. Mais, et c'est là la première et peut-être la plus douce récompense, c'est la consolation du génie, dans le labeur de ses créations, l'auteur du poëme *De la Nature* eut le sentiment de la nouveauté et de la hardiesse de son entreprise, du charme, de la beauté suprême dont il revêtait les conceptions philosophiques les plus subtiles, les plus arides même, du progrès enfin qui s'accomplissait par lui dans les lettres, dans la poésie de son pays.

En quels vers admirables, premier et éclatant témoignage de ce progrès, ne parle-t-il pas des hauteurs sereines d'où il contemple les agitations du monde, du calme inspirateur de sa retraite, de l'ardeur de ses nuits studieuses, de son propre ravissement à l'aspect du monde poétique qu'il voit éclore sous sa main, remplaçant par les sensibles beautés de l'art la chimère du monde abstrait rêvé par Épicure!

Écoutez dans ce passage[1] que je choisis parmi tant d'autres qu'il me serait facile de rassembler, ce qu'il en dit à Memmius, le disciple de sa philosophie, le confident de ses vers; disciple peu convaincu : les maximes épicuriennes de son ami ne le sauvèrent pas des tourments, des dangers, des catastrophes de l'ambition; confident peut-être un peu dédaigneux : nous savons qu'il était trop prévenu en faveur des lettres grecques pour reconnaître de lui-même, pour

---

1. *De Nat. rer.*, I, 920, sqq.; cf. IV, 1, sqq.

adopter avant le public, avant la postérité, le génie d'un poëte latin.

..... Poursuivons : d'autres vérités me restent à te dévoiler. Je n'ignore pas quelle en est l'obscurité, mais d'un coup de son thyrse a frappé mon cœur transporté le grand espoir de la gloire; il m'a pénétré du doux amour des Muses : ainsi animé, fortifié, je parcours dans le domaine des Piérides des lieux écartés, où nul pied encore n'a imprimé sa trace; j'aime à m'approcher de sources vierges et à m'y abreuver; j'aime à cueillir des fleurs nouvelles et à en former pour mon front une couronne dont jamais les Muses n'aient ombragé le front d'aucun mortel. D'abord j'enseigne de grandes choses et travaille à dégager les âmes des liens étroits de la superstition; ensuite, sur un sujet obscur, je compose des vers brillants de clarté, où tout s'empreint par mon art de l'agrément des Muses. Les médecins, lorsqu'ils présentent aux enfants et veulent leur faire accepter la noire absinthe, commencent par enduire les bords du vase d'un miel doré et plein de douceur, pour que l'imprévoyance de leur âge les trompe, que, par leurs lèvres abusées, pénètre la potion amère, que leur erreur les préserve et qu'ils reviennent à la santé. Ainsi moi-même, sachant bien que ces doctrines sont peu attrayantes pour quiconque y est nouveau, que le vulgaire les redoute et s'en détourne, j'ai voulu te les exposer dans le doux langage des Muses, les imprégner, pour ainsi dire, de leur miel, heureux si par mes vers je pouvais te tenir attentif au spectacle de la nature et de ses combinaisons.

> Nunc age, quod superest, cognosce et clarius audi :
> Nec me animi fallit, quam sint obscura; sed acri
> Percussit thyrso laudis spes magna meum cor,
> Et simul incussit suavem mi in pectus amorem
> Musarum : quo nunc instinctus, mente vigenti
> Avia Pieridum peragro loca, nullius ante
> Trita solo : juvat integros accedere fontes,
> Atque haurire; juvatque novos decerpere flores,
> Insignemque meo capiti petere inde coronam,
> Unde prius nulli velarint tempora Musæ.
> Primum quod magnis doceo de rebus, et arctis
> Religionum animum nodis exsolvere pergo :
> Deinde quod obscura de re tam lucida pango
> Carmina, Musæo contingens cuncta lepore :
> Id quoque enim non ab nulla ratione videtur;
> Sed, veluti pueris absinthia tetra medentes
> Quom dare conantur, prius oras, pocula circum,
> ontingunt mellis dulci flavoque liquore,

> Ut puerorum ætas improvida ludificetur
> Labrorum tenus; interea perpotet amarum
> Absinthi laticem, deceptaque non capiatur,
> Sed potius, tali facto recreata, valescat :
> Sic ego nunc, quoniam hæc ratio plerumque videtur
> Tristior esse, quibus non est tractata, retroque
> Volgus abhorret ab hac; volui tibi suaviloquenti
> Carmine Pierio rationem exponere nostram,
> Et quasi Musæo dulci contingere melle;
> Si tibi forte animum tali ratione tenere
> Versibus in nostris possem, dum perspicis omnem
> Naturam rerum, qua constet comta figura.

Qui nous fera assister à l'apparition du poëme *De la Nature*, aux transports de surprise et d'admiration dont il dut être salué ? Ce seront des vers encore, les vers d'un poëte resté inconnu aux modernes et dont nous pouvons par conséquent nous figurer à notre gré, d'après les vraisemblances, la situation et les sentiments.

Il est donc, on nous permettra de le supposer, à Athènes, où il fait partie de cette colonie de jeunes Romains qui allaient y achever, comme dans une sorte d'Université, leur éducation, admirateurs de ses arts, spectateurs de ses solennités, auditeurs empressés et curieux de ses rhéteurs, de ses philosophes; fréquentant l'Académie, le Lycée, le Portique et même aussi le Jardin d'Épicure : c'est le cas de notre poëte. Bien que la philosophie l'attire, elle ne lui fait pas négliger la poésie; il a même promis des vers à un de ses condisciples, d'un rang, d'un esprit distingué, en qui déjà on se plaît à voir, malgré son âge, malgré les incertitudes, les obscurités de l'avenir, en ce temps de guerres civiles, un des grands hommes des temps qui se préparent, M. Valerius Messala. Mais quel genre choisir? quel modèle suivre? car notre jeune poëte en est encore à l'imitation. Est-ce aux exemples de Lucrèce ou bien à ceux de Catulle qu'il convient de s'attacher? Il serait bien tenté d'une grande composition philosophique, scientifique à la façon du poëme *De la Nature;* mais, toutes réflexions faites, il se restreint modestement à une petite épopée du genre de celles que *Les noces de Thétis et de Pélée* ont récemment mises en crédit. Voilà ce qui est développé avec esprit, avec grâce, avec imagination, avec un tour tout poétique, dans un prologue de quelque étendue, où ni Lucrèce ni Catulle ne sont nommés, mais où ils sont souvent imités, rappelés, et que l'on peut regarder particulièrement comme un intéressant témoignage du grand succès obtenu à son apparition par le poëme *De la Nature*.

Bien que diversement tourmenté par l'amour de la gloire et désabusé des vains prix que donne un vulgaire trompeur, je respire maintenant, dans le Jardin d'Athènes, les doux parfums qu'il exhale; je m'ensevelis sous les verts ombrages de la Sagesse qui y fleurit...; bien que ma muse, appelée vers des goûts nouveaux, s'apprêtant à d'autres efforts, s'élance d'un essor hardi vers les astres du ciel, osant suivre sur la colline un sentier peu fréquenté, je ne veux pas cependant retirer du métier cet ouvrage commencé pour un ami, où je souhaiterais que mes Muses trouvassent le repos qui leur est dû, la fin de leur aimable travail...

Oh! si la Sagesse m'admettait dans la demeure élevée où habitent ensemble les quatre héritiers de Socrate; si, de là, je pouvais contempler au loin, sur la surface de la terre, les égarements des hommes, mépriser l'humilité des soucis qui les troublent, je ne t'adresserais pas un hommage si peu digne de toi; non, sans doute, bien qu'il puisse m'être permis de m'amuser quelquefois à ces jeux, de renfermer dans leur mesure harmonieuse quelques vers légers.

Je formerais, si je l'ose dire, un vaste tissu semblable à celui que l'on promène dans la ville d'Érechthée, quand on offre à la chaste Minerve les vœux qui lui sont dus; quand reviennent, le lustre achevé, les tardives Quinquatries; quand, remplaçant par un plus doux murmure le souffle de l'Eurus, Zéphyre pousse sur la pente des rues le char sacré qu'entraîne son poids.

Heureux jour! s'écrie-t-on, heureuse année! heureux ceux qui ont pu voir et cette année et ce jour! Donc sur le voile de la déesse est brodée toute la suite de ses exploits; la pourpre y peint d'une couleur sanglante ses victoires sur les géants; on y voit, tombant sous la lance d'or, ce Typhon qui combla par les rochers de l'Ossa l'intervalle des airs, doubla par les sommets du Pélion la hauteur de l'Olympe.

Tel est le voile qu'à l'époque solennelle on porte vers le temple de la déesse, et c'est ainsi, docte jeune homme, qu'entre l'astre éclatant du jour et ce char pâlissant que promène la lune par un ciel azuré, j'aimerais à te mêler, dans mes ta-

84 DU RENOUVELLEMENT DE LA POÉSIE LATINE

bleaux, au grand spectacle de la nature. Ton nom poétiquement uni à celui de la sagesse, mes pages toujours vivantes ne cesseraient d'en parler à la vieillesse des âges

Mais, puisque je ne fais que de naître à de telles spéculations, que je commence seulement à y exercer mes forces mal assurées, permets, en attendant, que, selon mon pouvoir, ces vers, premier essai, première occupation de mes jeunes années, te soient offerts ; accepte ce faible produit de mes veilles laborieuses, cet humble prélude des chants que je dois à tes hauts faits.

> Etsi me vario jactatum laudis amore [1]
> Irritaque expertum fallacis præmia vulgi,
> Cecropius suaves exspirans hortulus auras
> Florentis viridi Sophiæ complectitur umbra....
> Longe aliud studium atque alios adcincta labores,
> Altius ad magni suspendit sidera mundi,
> Et placitum paucis ausa est ascendere collem :
> Non tamen absistam cœptum detexere munus,
> In quo jure meas utinam requiescere Musas,
> Et leviter blandum liceat deponere morem....
> Si me jam summa Sapientia pangeret arce,
> Quatuor antiquis quæ hæredibus est data consors;
> Unde hominum errores longe lateque per orbem
> Despicere, atque humiles possem contemnere curas [2] :
> Non ego te talem venerarer munere tali;
> Non equidem; quamvis interdum ludere nobis,
> Et gracilem molli liceat pede claudere versum.
> Sed magno intexens, si fas est dicere, peplo,
> Qualis Erechtheis olim portatur Athenis,
> Debita quum castæ solvuntur vota Minervæ,
> Tardaque confecto redeunt Quinquatria lustro,
> Quum levis alterno Zephyrus concrebuit Euro,
> Et prono gravidum provexit pondere currum [3].
> Felix ille dies, felix et dicitur annus;
> Felices, qui talem annum videre, diemque.
> Ergo Palladiæ texuntur in ordine pugnæ;
> Magna Giganteis ornantur pepla tropæis;
> Horrida sanguineo pinguntur prœlia cocco;
> Additur aurata dejectus cuspide Typho,
> Qui prius, Ossæis consternens æthera saxis,
> Emathio celsum duplicabat vertice Olympum.
> Tale Deæ velum solemni in tempore portant.

1. Cf. Catull., *Carm.*, LXV, 1.
2. Cf. Lucret. *De Nat. rer.* II, 7, sqq.
3. Cf. Catull. *Carm.*, LXIV, 9, 10.

Tali te vellem, juvenum doctissime, ritu,
Purpureos inter soles et candida lunæ
Sidera, cæruleis orbem pulsantia bigis,
Naturæ rerum magnis intexere chartis ;
Æternum Sophiæ conjunctum carmine nomen
Nostra tuum senibus loqueretur pagina seclis[1].
Sed quoniam ad tantas nunc primum nascimur artes,
Nunc primum teneros firmamus robore nervos ;
Hæc tamen interea, quæ possumus, in quibus ævi
Prima rudimenta et primos exegimus annos,
Adcipe dona, meo multum vigilata labore,
Et præmissa tuis non magna exordia rebus.

Ce morceau est le commencement d'un poëme intitulé *Ciris*, qui s'est trouvé dans les manuscrits de Virgile, qui a passé de là dans ses éditions, mais qu'on a, non sans raison, revendiqué pour d'autres, par exemple, pour Cornélius Gallus. Quoi qu'on en doive croire, les sentiments d'admiration et d'émulation à l'égard du poëme *De la Nature*, dont vous venez d'entendre l'expression passionnée, étaient bien ceux de Virgile. Nulle destinée littéraire, assurément, ne devait faire envie à l'auteur des *Bucoliques* et des *Géorgiques*, à l'auteur de l'*Énéide*. Et cependant il n'est aucun de ces ouvrages où il n'ait comme consigné le regret de n'avoir pu, lui aussi, ainsi que Lucrèce, élever un grand monument poétique à la nature et à la science.

Puissent, dit-il, les Muses, qui me sont douces avant toutes choses, les Muses à qui je sacrifie le cœur atteint d'un grand amour, m'accueillir avec bonté ! Qu'elles m'enseignent les routes des astres dans les cieux ; d'où viennent les défaillances, les obscurcissements du soleil et de la lune ; ce qui fait trembler la terre ; par quelle force secrète les mers se gonflent, rompent leurs digues et rentrent ensuite dans leurs limites ; pourquoi les soleils d'hiver sont si pressés de se plonger dans l'Océan, ou quel obstacle retarde pendant l'été le retour des nuits. Mais si mon sang refroidi près de mon cœur m'interdit d'approcher de ces secrets de la nature, qu'au moins les champs me plaisent et ces eaux qui arrosent les vallées ! Les fleuves, les forêts, que je les aime obscurément ! Où sont-elles ces belles campagnes, et le Sperchius, et le Taygète, où les vierges de

---

1. Cf. Catull. *Carm.*, LXVIII, 46 ; LXXVIII, 10.

Laconie célèbrent les saintes orgies? Oh! qui me transportera dans les frais vallons de l'Hémus, qui m'ensevelira dans l'ombre des rameaux épais? Heureux celui à qui fut donné de connaître les causes de toutes choses ; qui a mis sous ses pieds toutes les craintes, les menaces de l'inexorable destin, le bruit de l'Achéron avare ! Heureux aussi celui qui connaît les divinités champêtres, Pan, Silvain, les Nymphes, ces aimables sœurs !

Ainsi s'exprimait Virgile dans ses *Géorgiques*[1], en vers délicieux que je ne vous redis pas, et que chacun sans doute se répète intérieurement. L'énumération de ces grands phénomènes de la nature qu'il eût voulu chanter à son tour, expliquer comme Lucrèce en philosophe et en poëte, ne manque pas, je l'ai dit, à ses autres ouvrages. Dans l'*Énéide*[2], un chantre inspiré, Iopas, en occupe, pendant une fête, la cour de Didon et ses hôtes troyens. Dans les *Bucoliques*[3], Silène en charme l'oreille des pasteurs et des nymphes ; bien plus, la nature elle-même, qui semble écouter et applaudir. Il n'est pas interdit de voir un hommage à Lucrèce dans les beaux vers où Virgile représente se jouant en cadence, tandis que chante Silène, les Faunes et les bêtes sauvages ; les chênes à la dure écorce balançant leurs cimes touffues ; où il s'écrie que le rocher du Parnasse n'est pas autant réjoui par Phébus, que le Rhodope et l'Ismare n'admirent pas autant Orphée.

> Tum vero in numerum Faunosque ferasque videres
> Ludere ; tum rigidas motare cacumina quercus.
> Nec tantum Phœbo gaudet Parnassia rupes;
> Nec tantum Rhodope mirantur et Ismarus Orphea.

Et, véritablement, n'est-ce pas Lucrèce lui-même que l'on entend dans ce début cosmologique par lequel Silène prélude aux fables sans nombre qui vont former le tissu de ses chants? Peut-on y méconnaître un sublime sommaire de l'espèce d'épopée philosophique racontée dans le cinquième livre du poëme *De la Nature?*

Il disait comment, dans le vide immense, s'étaient rassemblées les semences et de la terre, et de l'air, et de la mer, et

---

1. *Georg.* II, 475. — 2. *Æneid.*, I, 744. — 3. *Bucol.*, VI, 26.

du fluide igné ; comment de ces premiers principes était résulté le commencement de toutes choses, et même la tendre enfance, la croissance de notre globe, affermissant le sol à sa surface, en séparant, pour les enfermer dans le bassin des mers, les eaux de Nérée, se produisant sous mille formes diverses : il disait la terre s'étonnant à l'éclat nouveau du soleil, les pluies tombant des nues qui s'élèvent, les forêts montant vers le ciel, et errant sur des montagnes inconnues quelques rares animaux.

> Namque canebat, uti magnum per inane coacta
> Semina terrarumque, animæque, marisque fuissent,
> Et liquidi simul ignis ; ut his exordia primis
> Omnia, et ipse tener mundi concreverit orbis :
> Tum durare solum et discludere Nerea ponto
> Cœperit et rerum paulatim sumere formas :
> Jamque novum terræ stupeant lucescere solem,
> Altius atque cadant submotis nubibus imbres ;
> Incipiant silvæ quum primum surgere, quumque
> Rara per ignotos errent animalia montes.

La divine poésie de Lucrèce avait passé avec tous ses caractères, bien heureusement accrus, à Virgile. A la merveille d'une telle transmission du génie poétique avait même ajouté une circonstance fortuite, souvent rappelée. Le jour où Rome avait perdu Lucrèce, Virgile, prenant la robe virile, semblait lui avoir été montré comme le successeur, le continuateur du grand poëte, celui qui, recueillant l'héritage entier de son art, devait le porter plus loin encore, l'amener à sa dernière perfection.

Le rapport de filiation, de généalogie littéraire que je m'applique à marquer ne paraîtra point hasardé à ceux qui auront fait des deux poëtes une étude attentive. Que de choses, en effet, leur sont communes, avec cette diversité qui devait résulter, chez l'un et chez l'autre, du tour particulier et original de leur génie, de la variété des sujets et des occasions, des progrès continus de la langue, de la versification et du goût : expressions, tours, coupes de vers, mouvements, images, vivacité, vérité descriptive, traits de sentiment ! Oui, cette sensibilité même, qui anime et passionne toute la nature, cette sensibilité qu'on est tenté d'appeler virgilienne, tant elle semble appartenir en propre au génie de Virgile, Lucrèce, avant Virgile, l'avait possédée. Il ne la lui a pas transmise sans doute, car elle ne se transmet pas, c'est un don naturel et non un produit de l'éducation, de l'imitation, une qualité acquise; mais on ne peut douter que ses exemples n'en aient développé le germe dans l'âme tendre, dans l'imagination émue, dans l'accent touché, pénétrant, pathétique de son glorieux disciple.

Je veux vous le montrer par un rapprochement, et, pour qu'il s'offre à vous avec plus d'autorité, je ferai parler à ma place un illustre professeur de poésie latine, qui, dans le dernier siècle, l'enseignait avec éclat, ici près, au Collége de France, et depuis, vers le commencement de ce siècle, il y a maintenant cinquante ans, lorsque cette Faculté fut instituée, a décoré quelque temps de son nom la chaire d'où je vous parle. Ce professeur, très-naturellement, très-légitimement partial pour Virgile, dont il avait admirablement traduit les *Géorgiques*, ne l'a pas séparé de Lucrèce, dans le quatrième livre de son Homme des champs, sorte d'art poétique à l'usage des poëtes descriptifs, où il leur recommande surtout, prenant ses exemples dans l'antiquité, d'animer la description par le sentiment.

> Et toi, Virgile, et toi, trop éloquent Lucrèce,
> Aux mœurs des animaux que votre art intéresse !
> Avec le laboureur je détèle en pleurant
> Le taureau qui gémit sur son frère expirant.
> Les chefs d'un grand troupeau se déclarent la guerre ;
> Au bruit dont leurs débats font retentir la terre,
> Mon œil épouvanté ne voit plus deux taureaux ;
> Ce sont deux souverains, ce sont deux fiers rivaux,
> Armés pour un empire, armés pour une Hélène,
> Brûlant d'ambition, enflammés par la haine :
> Tous deux, le front baissé, s'entrechoquent ; tous deux,
> De leur large fanon battant leur cou nerveux,
> Mugissent de douleur, d'amour et de vengeance :
> Le vaste Olympe en gronde, et la foule en silence
> Attend, intéressée à ces sanglants assauts,
> A qui doit demeurer l'empire des troupeaux.

Vous reconnaissez là, reproduits une fois de plus, avec une grande souplesse de talent, par le traducteur des *Géorgiques*, quelques-uns des plus beaux traits de ce chef-d'œuvre. Dans ce qui suit, Delille leur donne pour pendant quelque chose de non moins beau et de caractère tout à fait analogue, qu'il emprunte au poëme *De la Nature*[1].

> Voulez-vous un tableau d'un plus doux caractère?
> Regardez la génisse, inconsolable mère :
> Hélas ! elle a perdu le fruit de ses amours !
> De la noire forêt parcourant les détours,
> Ses longs mugissements en vain le redemandent;
> A ses cris, que les monts, que les rochers lui rendent,
> Lui seul ne répond point; l'ombre, les frais ruisseaux,
> Roulant sur des cailloux leurs diligentes eaux,
> La saussaie encore fraîche et de pluie arrosée,
> L'herbe où tremblent encore les gouttes de rosée,
> Rien ne la touche plus : elle va mille fois
> Et du bois à l'étable, et de l'étable au bois,
> S'en éloigne, plaintive, y revient éplorée,
> Et s'en retourne enfin seule et désespérée.

Mais, bien mieux encore que ce brillant commentaire, les vers de Lucrèce vous montreront à quel point, pour ce qui regarde la sensibilité, l'expression du sentiment, Lucrèce est voisin de Virgile; combien quelquefois il lui est identique :

> At mater virides saltus orbata peragrans,
> Linquit humi pedibus vestigia pressa bisulcis,
> Omnia convisens oculis loca, si queat usquam
> Conspicere amissum fetum: completque querelis
> Frondiferum nemus, adsistens, et crebra revisit
> Ad stabulum, desiderio perfixa juvenci :
> Nec teneræ salices, atque herbæ rore vigentes,
> Fluminaque alta queunt, summis labentia ripis,
> Oblectare animum, subitamque avortere curam :
> Nec vitulorum aliæ species per pabula læta
> Derivare queunt animum, curamque levare :
> Usque adeo quiddam proprium notumque requirit.

Que de beautés dans ce morceau, et de beautés touchantes, à la manière de Virgile, pressentie, pour ainsi dire, par notre poëte ! La belle imitation que je vous ai lue ne les a pas toutes conservées; vous l'avez sans doute re-

---

1. *De Nat. rer.*, II, 352, sqq.

marqué, et vous accepterez, comme supplément, les vers, plus voisins du texte, de l'habile traducteur de Lucrèce, M. de Pongerville.

> Quand d'un jeune taureau frappé sur les autels
> Le sang bouillonne et fume aux pieds des immortels,
> Celle qui l'enfanta, qui déjà n'est plus mère,
> S'échappe, fuit, parcourt la forêt solitaire,
> Promène lentement son regard éperdu,
> Réclame à chaque objet le fils qu'elle a perdu :
> Les torrents, les rochers, nul lieu ne l'intimide.
> Elle imprime ses pas sur la campagne humide ;
> Soudain elle s'arrête, et son cri douloureux,
> Lugubre, retentit dans les bois ténébreux :
> Souvent elle retourne à l'étable déserte,
> Semble l'interroger, lui raconter sa perte ;
> Le fleuve accoutumé, l'herbe épaisse, les fleurs,
> Rien ne parle à ses goûts, ne distrait ses douleurs.
> . . . .

Horace n'a pas moins dû que Virgile à Lucrèce. Le souvenir toujours présent du poëme *De la Nature* se montre chez lui, à tout instant, par des emprunts de détail dont il n'a pas toujours pris le soin d'effacer la trace, auxquels même quelquefois il a conservé l'apparence d'une allusion, d'une citation. On lui a reproché de n'avoir nulle part nommé Lucrèce dans ces pièces où se rencontrent, comme dans une histoire littéraire, les noms de presque tous les poëtes célèbres dont Rome pouvait s'honorer. Mais, de même que Virgile l'a fait nommer par ses lecteurs, lorsqu'il a dit (je vous ai tout à l'heure traduit le passage) :

> Felix qui potuit rerum cognoscere causas
> Atque metus omnes et inexorabile fatum
> Subjecit pedibus, strepitumque Acheronis avari[1],

de même Horace l'a désigné comme son maître dès ses premières productions. C'est dans son *Voyage à Brindes*, à l'occasion d'une merveille absurde rencontrée sur son

---

1. *Georg.*, II, 490.

chemin et qu'il lui répugne d'attribuer aux dieux, aux dieux d'Épicure particulièrement, sans action sur ce monde, et, dans leur profonde quiétude, indifférents à ce qui s'y passe.

Le Juif Apella le croira s'il veut, dit-il, mais non pas moi. Je sais trop bien, on me l'a appris, que les dieux passent leur temps au sein d'un continuel repos [1].

On me l'a appris ne peut s'entendre que de Lucrèce dont il répète textuellement [2] les paroles :

Credat Judæus Apella,
Non ego; namque Deos didici securum agere ævum.

Ce qui suit n'est plus de Lucrèce, mais d'Horace lui-même, qui commente gaiement, comme il convient dans une pièce enjouée, la théologie du poëme *De la Nature*.

Je sais trop bien que, s'il se produit dans l'ordre de la nature quelque merveille, les dieux ne prennent pas la peine de nous l'envoyer de cet étage élevé du ciel où ils habitent.

Nec si quid miri faciat natura, Deos id
Tristes ex alto cœli demittere tecto.

Plus tard Horace, ramené par le spectacle de certains phénomènes sensibles, de certaines révolutions politiques, à de meilleures idées sur les dieux, a renié cette théologie trop voisine de l'athéisme, la traitant de folle sagesse :

Insanientis dum sapientiæ
Consultus erro..... [3]

Il semble aussi que quelques-unes de ses odes contiennent le désaveu de ce qu'il avait affirmé ailleurs, d'après l'éloquent interprète d'Épicure, sur la nature mortelle de l'âme et la vanité des craintes ou des espérances qui regardent une autre vie :

1. Hor. *Sat.*, I, v. 100 sqq. — 2. *De Nat. rer.*, V, 83; VI, 53.
3. Hor., *Od.*, I, xxxiv, 2.

> Quam pœne furvæ regna Proserpinæ
> Et judicantem vidimus Æacum,
> Sedesque discretas piorum... [1]

Mais si Horace n'est pas toujours demeuré ferme, on peut l'en féliciter, dans sa foi à de si tristes et si désolantes doctrines, il n'en a pas été de même à l'égard de certains principes de morale pratique, honneur de la philosophie épicurienne, que lui avait aussi enseignés Lucrèce, dont il a fait la règle constante de sa conduite, l'inspiration la plus habituelle de son génie. Comme Lucrèce et à son exemple, il n'a cessé de recommander sur tous les tons, dans ses *odes*, dans ses *satires*, dans ses *épîtres*, avec la conviction la plus persuasive et le charme le plus attirant, la modération des désirs, l'emploi de l'heure présente, la jouissance paisible et discrète des biens naturels, la recherche de l'honnête, voie assurée vers le bonheur. C'est un grand honneur pour le poëme *De la Nature* qu'il soit permis de voir dans quelques morceaux de cet ouvrage le point de départ de ces piquantes peintures du cœur et de la vie, de ces aimables enseignements moraux, qui font du recueil d'Horace le livre le plus universellement, le plus constamment lu, le moins vieilli, le plus moderne de l'antiquité.

N'est-ce pas Horace qu'on croit entendre par avance dans ce portrait plus d'une fois renouvelé par lui d'un riche ennuyé qui s'agite sans pouvoir se fuir [2] ?

Souvent s'en va dehors, quittant son vaste palais, un homme qui s'ennuie d'être à la maison, et bientôt le voilà qui rentre, car il s'est aperçu que dehors il ne se trouvait pas mieux. Il court, poussant ses chevaux, pour se rendre à sa villa en toute hâte, comme s'il s'agissait de porter secours à un bâtiment en flammes, et puis il bâille aussitôt qu'il en a touché le seuil ; il se retire pour dormir d'un lourd sommeil dans lequel il cherche l'oubli, ou bien encore il s'empresse de regagner et de revoir la ville.

Mais comme nous l'avons tout à l'heure éprouvé au su-

---

1. Hor., *Od.* II, xiii, 21. — 2. *De Nat. rer.*, III, 1073.

jet de Virgile, les vers mêmes de Lucrèce rendront bien plus sensible l'analogie que je cherche à marquer entre les deux poëtes. Permettez-moi donc encore cette citation textuelle :

> Exit sæpe foras magnis ex ædibus ille
> Esse domi quem pertæsum est, subitoque reventat;
> Quippe foris nihilo melius qui sentiat esse.
> Currit agens mannos ad villam præcipitanter,
> Auxilium tectis quasi ferre ardentibus instans:
> Oscitat extemplo, tetigit quom limina villæ ;
> Aut abit in somnum gravis, atque oblivia quærit;
> Aut etiam properans urbem petit, atque revisit.

Citons encore un exemple[1] de ces développements moraux du poëme *De la Nature* qui ont ouvert la voie aux *satires* et surtout aux *épîtres* d'Horace.

Pour qui gouverne sa vie d'après les vrais principes, c'est une grande richesse que de savoir vivre content de peu. De ce peu, en effet, jamais il n'y a disette. Mais les hommes ont voulu être illustres et puissants, pour que leur fortune reposât sur une base inébranlable et qu'ils pussent achever de vivre au sein de l'opulence et du repos. Vaine pensée! leurs luttes pour arriver au faîte des honneurs ont rendu bien dangereuse la route de la vie ; et, de ce faite même, l'envie quelquefois, comme par un coup de foudre, les précipite dédaigneusement dans le noir Tartare. Oh! qu'il vaudrait bien mieux se borner paisiblement à obéir que de vouloir toujours ranger les choses sous son empire et tenir le sceptre. Laissez-les donc lutter vainement, s'épuisant en efforts, se couvrant d'une sueur de sang, dans l'étroit sentier de l'ambition, puisque c'est sur ces hauteurs, sur ces sommets qui dépassent tout le reste, que se rassemblent, pareils aux vapeurs de la foudre, les traits de l'envie. Ce sont hommes dont les jugements sont d'emprunt, qui désirent et poursuivent sur la foi d'autrui, non d'après leur sentiment propre. Il en est ainsi maintenant, il en sera ainsi demain, mais pas plus qu'auparavant.

> Quod si quis vera vitam ratione gubernat,
> Divitiæ grandes homini sunt, vivere parce
> Æquo animo; neque enim est unquam penuria parvi.
> At claros homines voluerunt se atque potentes,

---

1. *De Nat. rer.*, V. 1116.

Ut fundamento stabili fortuna maneret,
Et placidam possent opulenti degere vitam :
Nequidquam ; quoniam ad summum succedere honorem
Certantes, iter infestum fecere viaï.
Et tamen e summo, quasi fulmen, dejicit ictos
Invidia interdum contemptim in Tartara tetra :
Ut satius multo jam sit parere quietum,
Quam regere imperio res velle et regna tenere.
Proinde sine, incassum defessi, sanguine sudent,
Angustum per iter luctantes ambitionis ;
Invidia quoniam, ceu fulmine, summa vaporant
Plerumque, et quæ sunt aliis magis edita cumque :
Quandoquidem sapiunt alieno ex ore, petuntque
Res ex auditis potius, quam sensibus ipsis :
Nec magis id nunc est, nec erit mox, quam fuit ante

Lucrèce, avec tout son génie, suffisait-il à l'entier perfectionnement de la poésie latine ? Non sans doute. Malgré la noblesse, la grâce, l'élégance, l'harmonie toutes nouvelles dont il lui a apporté le modèle, il gardait encore trop de traces de l'antique rudesse. Il avait, au jugement des deux Cicérons, premiers appréciateurs de son œuvre encore inédite, bien des éclairs de génie, mais c'étaient des éclairs qui quelquefois s'éteignaient dans la nuit ; il avait, selon les mêmes juges, beaucoup d'art[1], mais c'était un art quelquefois inhabile à restreindre le luxe d'une verve surabondante, à choisir, à disposer, à répartir également la lumière, à se garder des redites, de la diffusion, du désordre, de l'obscurité. Un brillant et judicieux interprète des anciens que je citais tout à l'heure, Delille, a spirituellement caractérisé les trop nombreuses et trop graves imperfections par lesquelles étaient encore déparées les beautés si neuves de la poésie de Lucrèce. « Si l'on pouvait, a-t-il dit[2], définir par des comparaisons, je trouverais l'image de cette poésie riche et vigoureuse, mais souvent âpre et incorrecte, dans ce lion que Milton nous représente, dans son sublime tableau de la création, moitié formé, moitié informe, d'un côté se débattant contre la terre, qui le retient

---

1. « Lucretii poemata, ut scribis, ita sunt : multis luminibus ingenii, multæ tamen artis. » (Cic. ad Quint. fratr. II, 11.)
2. *Les trois Règnes,* Discours préliminaire.

encore, de l'autre présentant déjà au grand jour ses yeux pleins de feu et le visage auguste du roi des animaux. » Ainsi donc, après tout ce qu'avait fait Lucrèce pour l'avancement de la poésie latine, elle avait encore à acquérir la correction, la pureté, la précision absolues, continues de la forme. Ce dernier progrès, elle le dut, dans le même temps, à un poëte de nature bien différente.

Lucrèce, occupé de graves spéculations, où l'ensemble des choses est compris, applique constamment toutes les forces de son esprit à les traduire dans une œuvre aux vastes proportions, à l'imposante ordonnance, dont la grandeur réponde à celle de son sujet.

Catulle dépense au jour le jour son talent poétique en petites compositions de toutes sortes, folâtres, tendres, sérieuses quelquefois, où se réfléchissent, comme dans un miroir changeant, les accidents, les passions d'une vie de plaisir, d'amour et d'étude.

Lucrèce, dans le mouvement impétueux d'inspiration et philosophique et poétique qui l'emporte, rencontre bien souvent le beau absolu, mais sans y persister, revenant à tout moment aux négligences, aux formes prolixes et rudes de l'ancienne poésie.

Catulle a le sentiment de la perfection nécessaire aux œuvres de l'art; il la cherche, il la poursuit, il s'impose quelquefois, tout paresseux qu'il est, l'effort continu nécessaire pour l'atteindre. Sa paresse ne lui interdit que les grands sujets, *les longs ouvrages*, qui lui *font peur*, comme à La Fontaine; elle lui permet, dans des productions le plus souvent légères et de peu d'étendue, un travail patient, curieux, qui fera de ses moindres caprices, selon sa belle expression, des monuments.

Il parlait, il est vrai, d'un autre, mais non sans retour sur lui-même, lorsqu'il disait au poëte Cinna:

Parva mei mihi sunt magni monumenta...[1]

Les petits monuments de mon ami j'en fais grand cas.

1. *Carm.*, XCV, 9.

Horace, vous vous en souvenez, traitait ses ouvrages de bagatelles ; mais il s'y mettait tout entier :

Nescio quid meditans nugarum, totus in illis [1].

et puis venait le jour où, avec la conscience de leur beauté achevée, de leur durée future, il y voyait des monuments plus durables que l'airain :

Exegi monumentum ære perennius [2].

Ainsi, avant Horace, avait fait Catulle. Écoutez en quels termes, mêlés d'humilité et de quelque orgueil, il dédie son recueil à Cornélius Népos :

A qui offrir ce joli petit livre, tout nouveau, tout frais poli par la pierre-ponce ? A toi, Cornélius, qui faisais profession de regarder comme quelque chose mes bagatelles, alors même que seul en Italie tu osais développer toute la suite des âges dans trois ouvrages bien doctes, par Jupiter! et de grand labeur. Accepte donc mon petit livre, si peu qu'il vaille, et puisse la Vierge ma patronne (Minerve) le faire durer plus d'un siècle !

> Quoi dono lepidum novum libellum,
> Arida modo pumice expolitum ?
> Corneli, tibi : namque tu solebas
> Meas esse aliquid putare nugas,
> Jam tum, quum ausus es unus Italorum
> Omne ævum tribus explicare chartis,
> Doctis, Juppiter ! et laboriosis.
> Quare habe tibi, quidquid hoc libelli est,
> Qualecumque : quod, ô patrona Virgo,
> Plus uno maneat perenne seclo !

Ces orgueilleux témoignages, permis aux poëtes qui sentent leur force et la valeur de leurs œuvres, mais à ceux-là seulement, Catulle ne se les épargne pas. Il compte sur ses vers pour immortaliser le nom de Manlius.

Je ne puis taire, ô Muses, en quelle circonstance et par

---

1. *Sat.*, I, viii, 2. — 2. *Od.*, III, xxx, 1.

quels bons offices Manlius m'est venu en aide. Je ne veux pas que les siècles l'oublient, que le temps qui s'enfuit l'ensevelisse dans ses ténèbres. Je vous le dirai donc; répétez-le à la foule des hommes : faites que toujours leur en parle cette page vieillie......: qu'il soit, après sa mort, connu de jour en jour davantage ; que l'araignée ne couvre point de sa toile légère le nom abandonné de Manlius !

> Non possum reticere, deæ, qua Manlius in re
> Juverit, aut quantis juverit officiis ;
> Ne fugiens seclis obliviscentibus ætas
> Illius hoc cæca nocte tegat studium.
> Sed dicam vobis ; vos poro dicite multis
> Millibus et facite hæc charta loquatur anus.
> . . . .
> Notescatque magis mortuus, atque magis.
> Ne tenuem texens sublimis aranea telam
> Deserto in Manli nomine opus faciat [1].

Ailleurs c'est un ennemi, Gallus, dont ses vers immortaliseront l'infamie : tous les siècles le connaîtront; ce qu'il est, la renommée vieillissante ne cessera de le dire :

> Te omnia sæcla
> Noscent et qui sis fama loquetur anus [2].

Un de nos grands poëtes, celui qui après la brillante anarchie du seizième siècle est venu à la fin réparer la langue et régler souverainement l'art des vers, a osé dire, plein de confiance dans la solidité inaltérable que son talent, aidé d'un travail opiniâtre, donnait à ses vers :

> Ce que Malherbe écrit dure éternellement.

Catulle, que caractérisent surtout la facilité et la grâce, est assurément peu semblable au sévère Malherbe ; toutefois, dans une situation à peu près pareille, puisqu'il préparait, lui aussi, qu'il ouvrait, par des œuvres d'une perfection encore inconnue à Rome, une ère poétique nouvelle, il s'est cru en droit, et l'était en effet, de tenir, vous venez de l'entendre, le même langage. Ses exemples consommèrent la révolution littéraire dont je cherche à esquisser l'histoire.

---

1. *Carm.*, LXVIII, 41, sqq.; cf., 151. — 2. *Ibid.* LXXVIII, 9.

Après lui, il ne fut plus permis de s'abandonner à une facilité négligée. Cela ne veut pas dire que cette négligence rop facile ne reparut point. Les mauvaises habitudes de composition et de style ne cèdent point si vite la place à de meilleures. Chez nous, la réforme de Malherbe n'a point été tellement efficace qu'il n'y ait eu lieu pour Boileau à une nouvelle réforme, que Boileau n'ait eu à enseigner, même à Racine, à faire difficilement des vers faciles. De même, à Rome, Horace eut à reprendre l'enseignement donné par Catulle, mais il n'avait pas été perdu pour Horace lui-même, non plus que pour Virgile.

Cet enseignement, je suis loin de prétendre, car il ne faut rien outrer, qu'il ait été complet. Catulle a eu sa part des défauts dont il a corrigé la poésie latine. La critique peut reprendre çà et là, dans son recueil, de vieux mots, de vieux tours, des négligences, des duretés, quelque bigarrure de grec et de latin, certaines constructions peu nettes, peut-être aussi certains plans peu arrêtés. Mais à considérer les choses, comme cela est juste, dans leur généralité, il reste vrai qu'il a fixé la langue poétique. La précision et l'harmonie, qu'elle a dues à ses exemples, n'avaient été jusque-là qu'un heureux accident et sont devenues par lui le produit volontaire d'un art qui se connaît, qui a conscience de ce qu'il doit et de ce qu'il peut, d'un art maître et sûr de lui-même.

Une obligation particulière que lui a la poésie latine, c'est de l'avoir amenée à une prosodie plus exacte, à une versification plus riche. Il s'est appliqué à dérober aux Grecs la variété de leurs mètres. On compte dans son recueil, qui n'est pas complet, jusqu'à quatorze espèces de vers, dont un assez grand nombre datent de lui. C'est de lui que les ont reçues ses successeurs, qui ne s'en sont pas toujours assez souvenus. Quand ils se vantaient d'être à Rome les premiers introducteurs de la poésie lyrique, de la poésie élégiaque, de relever directement d'Archiloque, d'Alcée, de Sapho, de Callimaque, de Philétas, ils oubliaient qu'avant eux un industrieux élève de l'art des Grecs, Catulle, avait monté et touché savamment la lyre latine.

Il en avait tiré bien des accords divers, chantant sur tous les tons, essayant de tous les genres, devançant Virgile dans l'épopée, Horace dans l'ode, Properce, Tibulle, Ovide dans l'élégie amoureuse, Martial dans l'épigramme et ce que nous appelons la poésie légère.

Mais ce qui est son plus grand honneur, c'est d'avoir atteint, dans l'expression du sentiment, avant les grands poëtes qu'il préparait, qu'il annonçait, à une vérité d'accent, à une simplicité passionnée, à un charme pénétrant, qui ne pouvaient guère être surpassés.

Ce petit volume de Catulle, ce *lepidus libellus*, ainsi qu'il l'appelait, vous vous en souvenez, est dans sa variété, dans sa richesse poétique, comme la préface du siècle d'Auguste.

C'est aussi le caractère que je voudrais surtout donner à ce cours où Catulle doit occuper, avec Lucrèce, une si grande place. Je voudrais, par le rapprochement de leurs œuvres avec ce qui les avait précédées et ce qui les a suivies, vous faire saisir par quel progrès continu, d'abord bien lent, et à la fin bien rapide, s'est formé l'ensemble de mérites littéraires dont a pu disposer librement le génie propre de Virgile et d'Horace. La tâche est difficile, mais j'y serai aidé par les textes mêmes que je devrai remettre sous vos yeux et qui portent avec eux leur meilleur commentaire. Ai-je besoin d'ajouter que j'ose compter encore, comme je 'ai toujours fait, pour soutenir mon zèle, sur le concours de votre bienveillant intérêt?

VI

LUCRÈCE ET CATULLE

(Cours de 1864-1865, leçon d'ouverture)

Messieurs,

J'ai choisi pour le sujet du cours de cette année la poésie latine au temps de César, et je ne cacherai pas que ce qui m'a déterminé à ce choix, c'est surtout le désir d'insister de nouveau sur l'étude de Lucrèce.

Les premières leçons du cours précédent avaient été consacrées à de longs prolégomènes qui conduisaient au poëme *De la Nature* par diverses voies: d'abord par l'histoire de la poésie didactique antérieurement à Lucrèce; puis par une autre histoire encore, celle de la philosophie d'Épicure, et particulièrement de son introduction, de son établissement à Rome, de son action sur les opinions, sur les mœurs, sur la littérature des Romains.

De là j'avais passé à des considérations sur le caractère peu poétique, antipoétique même de cette philosophie; sur ce qui avait permis à Lucrèce d'en tirer, avec un succès si inattendu, non un chef-d'œuvre de poésie, car la perfection y manque, mais, malgré son imperfection, une véritable merveille de l'art.

J'avais dû chercher à distinguer, à définir les éléments

du génie de Lucrèce, ce qui a fait de lui un poëte si éloquent, si sublime même : sa profonde conviction philosophique; sa sympathie si vive pour les misères de la condition humaine, auxquelles il lui semblait que la philosophie dont il s'est rendu l'interprète apportait un remède assuré; la puissance, la richesse singulière d'une imagination capable de tout animer, de prêter aux notions les plus abstraites, comme a dit Boileau,

..... Un corps, une âme, un esprit, un visage ;

cet art, enfin, qui n'a appartenu à personne autant qu'à lui de soutenir à la fois, sans jamais sacrifier l'un à l'autre, le rôle du philosophe et celui du poëte, de mêler intimement, si intimement que l'analyse a peine à décomposer ce mélange, le raisonnement, l'argumentation du philosophe et le mouvement passionné, l'expression pittoresque qui appartiennent au poëte.

J'avais dû faire remarquer que Lucrèce, si riche de son propre fonds, ne négligeait cependant pas de s'aider de richesses étrangères, et que dans ce poëme même, dirigé contre la religion officielle, il introduisait encore sous forme de symboles, d'allégories, ces fables, ces récits mythologiques, contre lesquels était dirigé tout l'effort de son raisonnement et de sa poésie.

J'avais fait, dans le génie si original de Lucrèce, la part de l'imitation. Car les génies originaux eux-mêmes ne s'interdisent pas l'imitation. Si originaux qu'ils soient, ils ont des antécédents, des points de départ auxquels il est intéressant et utile de remonter. Je m'étais appliqué à marquer les rapports de Lucrèce avec ceux qu'on peut appeler ses maîtres, et qu'il appelle lui-même de ce nom, chez les Grecs avec Empédocle, chez les Romains avec Ennius; car, vous le savez, l'auteur des *Annales* était aussi l'auteur de l'*Épicharme*, antécédent lointain du *De Natura rerum*.

Une inspiration plus prochaine dont j'avais dû également tenir compte, c'est l'amitié, l'affection de Lucrèce pour Memmius, à qui ses enseignements étaient adressés, et à qui, s'ils eussent été plus écoutés, ils eussent pu épargner bien des peines morales, bien des disgrâces politiques. J'avais dû retracer la vie de Memmius, qui nous est fort connue et est fort curieuse à connaître; celle de Lucrèce, sur laquelle on a moins de détails, m'attachant à trouver dans ses vers ce qui peut donner de la vraisemblance aux quelques circonstances qu'on en raconte. La biographie du poëte m'avait conduit à l'histoire de son œuvre; j'avais passé en revue tous les hommages, tous les jugements dont le poëme *De la Nature* a été l'objet chez les anciens et chez les modernes, et, à dater de la Renaissance, tous les travaux auxquels ce grand monument de l'antiquité a donné lieu, éditions, commentaires, traductions, imitations, réfutations; enfin, à ce propos, j'avais appelé l'attention de mes auditeurs sur deux productions de grand intérêt : l'une, un poëme, ou plutôt une ébauche de poëme latin, intitulé : *De principiis cogitandi*, ouvrage dans lequel l'illustre poëte anglais Grey, avec une rare élégance de style, une vive et brillante imagination, avait entrepris de faire pour la philosophie de Locke ce que Lucrèce avait fait pour la philosophie d'Épicure; l'autre, ce poëme si célèbre où le cardinal de Polignac, en vers souvent dignes d'avoir été inspirés par Lucrèce, a non-seulement réfuté la doctrine d'Épicure, mais souvent très-heureusement exposé les principes de la philosophie moderne, et particulièrement les doctrines de Descartes.

Que nous reste-t-il à faire aujourd'hui? C'est de considérer ce poëme dans son ensemble; d'analyser chacun des six livres dont il se compose; de suivre dans chacun d'eux, d'une part l'ordre philosophique des idées, et d'autre part ce qui s'y trouve si étroitement uni, l'ordre poétique des ornements qui leur servent de parure; de s'arrêter enfin à quelques parties principales, et d'en éclairer par des observations de détail et des rapprochements le rare mérite, la singulière beauté.

Tel sera le sujet des leçons de ce premier semestre : dans le second, j'étudierai un autre poëte, Catulle, duquel la poésie latine a reçu ce qui lui manquait encore, même après Lucrèce, je veux dire la précision de la forme poétique, cette perfection dont Catulle a transmis le modèle, modèle encore incomplet sans doute, à Virgile et à Horace. Il a été en cela leur prédécesseur; et l'a été encore à d'autres titres; il a devancé Virgile dans l'épopée par sa petite composition épique des *Noces de Thétis et de Pélée*; il a devancé Horace, qui ne s'en est pas assez souvenu, dans la poésie lyrique; de même, il a ouvert la carrière élégiaque à toute une élite de poëtes, Cornélius Gallus, Tibulle, Properce, Ovide. Son petit livre, ce livre si court, *lepidus libellus*, comme il l'appelle [1], est une annonce complète, une sorte de préface de la poésie du siècle d'Auguste.

J'établis, vous le voyez, une distinction entre deux âges poétiques que d'ordinaire on confond. L'âge de César et l'âge d'Auguste me semblent en effet vraiment distincts, bien que l'un ait amené l'autre. Je crois apercevoir entre eux les mêmes différences que celles qu'on remarque aujourd'hui, dans l'histoire de notre littérature du dix-septième siècle, entre les écrivains qui se sont produits aux temps agités de la Fronde et ceux qui ont fleuri dans ces longues années du régime sévèrement monarchique de Louis XIV. On ne peut méconnaître et l'on ne méconnaît plus chez les premiers, avec moins de régularité, moins de perfection, une plus grande liberté d'allure : eh bien, cette différence, elle s'est fait sentir également dans les lettres latines au temps où Rome passa de la république à l'empire. Auguste a tout pacifié, même l'éloquence, a dit Tacite, et s'il n'a pas rendu à la poésie le service fâcheux de la pacifier comme le reste, du moins peut-on dire qu'il l'a fort disciplinée. Avant lui, sous César, mais non par le fait de César, la poésie avait plus de liberté; sa verve, encore très-inégale, était plus vive; son expression, plus abandonnée, plus négligée, plus rude, quelquefois même plus incorrecte, était plus énergique. Nos études de cette année nous mettront à même de reconnaître dans le progrès continu de la poésie latine vers la perfection cette différence que je vous signale.

1. *Carm.*, I, 1.

Ce que les deux âges, celui d'Auguste et celui de César, ont eu de commun, c'est un égal amour des arts, des lettres, et en particulier de la poésie : mais ils en ont usé bien différemment; le second au sein des loisirs que le pouvoir absolu, la théocratie d'Auguste avait faits aux Romains, et dont Virgile l'a remercié :

. ... Deus nobis hæc otia fecit ;

l'autre, au contraire, parmi les violences, les terribles agitations où s'anéantissait l'ancienne constitution de l'État. C'est une chose étrange, ou du moins qui nous paraît étrange, que dans ce septième siècle de Rome, rempli tout entier par les luttes acharnées de l'aristocratie et de la démocratie, par les querelles sanglantes de Sylla et de Marius, de Pompée et de César, de ceux qu'on a appelés les derniers des Romains et des triumvirs, dans ce siècle de dissensions intestines, de guerres civiles, de proscriptions, au milieu du déchaînement de toutes les ambitions, de toutes les cupidités, des passions les plus inhumaines, il y ait eu place encore pour le goût ardent de toutes les élégances sociales, de ces arts qui paraissent l'ornement, l'accompagnement naturel de la paix. On devrait s'étonner qu'un pareil goût n'ait pas davantage adouci les mœurs, si le même contraste ne s'était renouvelé en d'autres temps, en Italie sous les Médicis, et en France sous les Valois. Cette société si turbulente, si violente, aimait les vers : elle en lisait, elle en faisait. Tous ces hommes emportés par le tourbillon politique, c'étaient des poëtes, des poëtes amateurs du moins. Et cela n'est pas seulement vrai de Cicéron, homme de lettres autant qu'homme d'État, dans la vie duquel les lettres alternaient avec les affaires, qui dans son âge mûr, dans sa vieillesse, se consolait de ses chagrins politiques en revenant aux études de sa jeunesse, composant des traités de rhétorique, des livres de philosophie, reprenant même ses exercices de versification et de poésie, complétant sa traduction d'Aratus, entreprenant de mettre en vers les grands actes de son consulat, les malheurs de son exil, et après qu'il se fut réconcilié avec César, les merveilleuses expéditions du grand capitaine dans les Gaules et la Bretagne. Mais César lui-même, à qui Cicéron ne manquait pas d'envoyer régulièrement ses productions poétiques, attachant un grand prix à son suffrage, César dont les moments étaient si remplis et si précieux, il en avait qu'il donnait aux lettres. Je ne parle pas de ses Commentaires, c'était encore de l'action : *eodem animo scripsit quo bellavit*. Je ne parle pas de son Anti-Caton, c'était encore un acte politique, une réplique à l'éloge de Caton, ce dernier défenseur de la constitution républicaine ; je parle de ses livres sur l'Analogie, où il ne dédaignait pas de descendre à des questions de grammaire et de style pour les soumettre à Cicéron et à Varron ; je parle des quelques vers qu'il composa comme d'autres à l'occasion. N'est-ce pas une chose curieuse qu'au plus fort de la guerre civile, au moment où il partait pour l'Espagne afin d'y livrer bataille aux lieutenants de Pompée, il se soit distrait des ennuis du voyage en écrivant en vers, ce que je pourrais appeler, en me servant d'une expression de notre temps, ses « impressions de voyage » ? Nous n'avons malheureusement pas cette pièce ; nous n'en avons que le titre conservé par Suétone ; il était intitulé : *Iter*. César doit donc être mis au nombre des hommes du monde qui s'occupaient alors de poésie, qui s'amusaient à versifier. Si vous prenez le Brutus de Cicéron, cette galerie des orateurs de Rome, parmi ceux de ses contemporains dont Cicéron a tracé le portrait, au talent desquels il a rendu hommage, il y en a beaucoup qui unissaient à l'éloquence la poésie. Calvus, cet adversaire véhément de Vatinius, Calvus, un des bons orateurs du temps, était un ami de Catulle, avec qui il échangeait de petits vers épigrammatiques, de petits vers amoureux ; il chantait Quintilie, comme Catulle chantait Lesbie ; et entrant avec le grand poëte dans une lutte plus sérieuse, il opposait à sa petite épopée des *Noces de Thétis et de Pélée* une composition épique du même genre sur l'aventure de la nymphe *Io*.

Cette passion pour les lettres, cette métromanie qui possédait la société romaine tout entière, au temps de César comme au temps d'Auguste, est pour ainsi dire le fond sur lequel se dessine la figure de deux grands poëtes, non plus de poëtes amateurs comme ceux dont je viens de parler, mais de véritables poëtes, dont la poésie n'était pas seulement la distraction, l'amusement, mais la vocation spéciale, l'unique ambition.

Lucrèce, Catulle ont vécu l'un et l'autre loin des affaires; ils n'ont participé aux querelles du temps que par leurs affections intimes. Catulle, comme notre la Fontaine, avait fait deux parts de sa vie; il donnait la première aux charmes dangereux de la passion amoureuse, beaucoup plus qu'il n'eût fallu pour son bonheur, comme lui-même se l'est reproché. Vous vous souvenez peut-être de quelle manière inattendue il termine la belle traduction qu'il a donnée de l'ode passionnée de Sapho. Après s'être appliqué les expressions brûlantes de ce morceau célèbre, tout à coup il s'interrompt et se reproche le mauvais usage qu'il fait de ses loisirs. Il se dit à lui-même : « C'est l'oisiveté, Catulle, qui te perd ; elle que tu aimes, qui fait ta joie, ton orgueil; elle qui a perdu avant toi de puissants monarques, des villes florissantes. »

> Otium, Catulle, tibi molestum est;
> Otio exultas, nimiumque gestis :
> Otium et reges prius, et beatas
>   Perdidit urbes[1].

Ce n'est pas le seul passage où l'on voie Catulle gémir lui-même sur cette vie de plaisirs et de désordres qui avait bien son amertume. Une autre de ses pièces commence ainsi : « Malheureux Catulle, renonce à ta folie, et ce qui a fini, tu le vois bien (il veut parler de l'amour de l'inconstante Lesbie), regarde-le comme perdu. »

> Miser Catulle, desinas ineptire,
> Et, quod vides perisse, perditum ducas[2].

L'autre portion de sa vie, Catulle l'a consacrée, en amant

---

1. *Carm.*, LI, 13-16. — 2. *Ibid.*, VIII, 1.

passionné de la perfection poétique, à la composition laborieuse de ces vers d'un tour si facile qu'il appelle des bagatelles, et que cependant il destine à l'avenir, auxquels il ne craint pas de promettre l'immortalité. Vous vous souvenez en quels termes, dans une pièce que j'ai plus d'une fois citée[1], et que vous avez lue souvent sans doute, Catulle dédie son petit recueil de vers à l'un de ses amis, à l'historien Cornélius Népos. Quel agréable mélange de modestie et de juste orgueil! Cette pièce charmante renferme le secret de la passion de Catulle pour une perfection poétique à laquelle il est arrivé, moins peut-être que Virgile et qu'Horace, mais un peu avant eux.

La même passion littéraire, avec un caractère plus grave, car elle s'unissait à la passion philosophique, a rempli toute la vie de Lucrèce. Lucrèce est un épicurien conséquent, ce que n'étaient pas tous les épicuriens de son temps: ce que n'était pas Cassius, l'ami et le second de Brutus; ce que n'était pas Hirtius Pansa, qui périt sous les murs de Modène en combattant contre Antoine. En épicurien conséquent, Lucrèce fuit les engagements dangereux de la vie politique; il s'est retranché dans le repos, dans la sécurité d'une condition privée, et là, comme dans une sorte d'asile, il s'est donné pour unique occupation de sa vie la contemplation de la nature, l'érection d'un grand monument poétique destiné à consacrer la vérité des choses, ce qui du moins lui semble être la vérité. Ce grand monument, il veut l'ériger à la fois et pour la gloire de Rome et pour le bien de l'humanité. C'est de lui-même qu'il parle, c'est son temps qu'il décrit, c'est sa propre sécurité au sein du trouble universel qu'il célèbre dans ce passage fameux qu'on cite sans cesse, qu'on ne peut trop citer, dans ce passage où il représente sur les sommets élevés et sereins qu'habite la sagesse, le sage épicurien, qui contemple, de son observatoire philosophique, les erreurs des hommes fourvoyés dans toutes les routes de la vie, luttant de génie, contestant de noblesse, s'épuisant en

---

1. *Carm.*, I. Voy. plus haut, p. 96.

efforts pénibles et le jour et la nuit, surnageant enfin et arrivant à saisir pour un moment le faîte de la puissance et de la grandeur. Triomphe malheureux! Il arrache à Lucrèce un cri de pitié pour les insensés qui font un tel usage de ce peu de jours qui est notre vie. Je vous rappelle comme je peux cet admirable passage; mais je ferai mieux de vous le redire dans son texte, que sans doute vous vous citez intérieurement :

> Sed nil dulcius est, bene quam munita tenere
> Edita doctrina sapientum templa serena ;
> Despicere unde queas alios, passimque videre
> Errare, atque viam palantes quærere vitæ,
> Certare ingenio, contendere nobilitate,
> Noctes atque dies niti præstante labore,
> Ad summas emergere opes, rerumque potiri.
> O miseras hominum mentes ! o pectora cæca !
> Qualibus in tenebris vitæ, quantisque periclis,
> Degitur hoc ævi, quodcumque est!...[1]

C'est, je pense, avec un même retour sur lui-même que, dans un autre passage, Lucrèce s'écrie : « Laissez-les donc lutter vainement, s'épuisant en efforts, se couvrant d'une sueur de sang dans l'étroit sentier de l'ambition. »

> ... Sine, incassum defessi, sanguine sudent,
> Angustum per iter luctantes ambitionis[2].

Ce n'est pas par allusion, mais d'une manière plus directe, que Lucrèce, dans un autre endroit encore, dépeint la situation paisible, tranquille, qu'il s'était faite, par le culte de la poésie et de la philosophie, au milieu de l'agitation universelle. Écoutez dans quels termes il en parle, s'adressant à son ami Memmius :

> Je ne me cache pas que les systèmes obscurs des Grecs il est bien difficile de les rendre clairement dans nos vers latins, surtout lorsqu'il faut user de tant de mots nouveaux, à cause de l'indigence de la langue et de la nouveauté des sujets. Et

---

1. *De Nat. rer.*, II, 7-16. — 2. *Ibid.*, V, 1128.

toutefois l'attrait de ta vertu, la douceur espérée de contenter une amitié si chère m'engagent à surmonter toutes les fatigues, à veiller sans relâche durant les nuits sereines, cherchant par quelles paroles et dans quels vers je pourrai faire luire à ton esprit une lumière qui éclaire pour lui les plus profonds secrets de la nature.

. . . .
Sed tua me virtus tamen, et sperata voluptas
Suavis amicitiæ, quemvis perferre laborem
Suadet, et inducit noctes vigilare serenas
Quærentem dictis quibus et quo carmine demum
Clara tuæ possim præpandere lumina menti,
Res quibus occultas penitus convisere possis[1].

Ce sont là des vers admirables et en même temps bien caractéristiques ; ils expriment à la fois beaucoup de choses, la passion de la science, l'ambition de pénétrer dans les secrets de la nature, et d'y faire pénétrer avec soi une intelligence amie, enfin les délices de l'étude, du recueillement solitaire. C'est de ces nuits sereines, consacrées à l'étude, qu'est résulté le poëme *De la Nature*, ce grand monument philosophique et poétique que Lucrèce a pu achever, mais non conduire à sa perfection, interrompu qu'il a été par une mort prématurée qu'on dit avoir été volontaire. Toutefois, s'il nous l'a laissé imparfait, il nous l'a laissé avec toute sa grandeur, et c'est cette grandeur que nous avons maintenant à considérer. Nous voilà au pied de l'édifice ; avant d'en passer le seuil et d'y pénétrer, il convient de s'arrêter quelques instants à contempler l'ensemble du monument et ses majestueuses proportions.

Quelle était la pensée de Lucrèce ? La pensée même d'Épicure. Il y a tout un magnifique éloge d'Épicure répandu çà et là dans le *De Natura rerum*; Lucrèce y loue partout son maître d'une originalité qu'il n'avait certainement pas, du moins au degré qu'il suppose. Chacun sait qu'Épicure avait emprunté sa physique à Leucippe et à Démocrite, et sa morale à Aristippe. Mais ce qui peut-être lui appartenait, c'était d'avoir subordonné dans son système la physique à la

---

1. *De Nat. rer.*, I, 137-146.

morale. C'est aussi ce qu'a fait Lucrèce. Dans son poëme, ce qui occupe le plus de place, c'est la physique; mais ce qui toutefois fait la vie de l'ouvrage, c'est l'intention morale. Morale! cela demande une explication et des réserves, car on peut la trouver aussi bien immorale. Si d'une part il aboutit à des conseils très-sages, très-salutaires pour la pratique de la vie, et ressemblant beaucoup à ceux que devait bientôt donner Horace dans ses *satires* et surtout dans ses *épîtres*, il a pour point de départ des principes bien faux, bien tristes, bien funestes. L'erreur de Lucrèce est rachetée par beaucoup de sincérité, beaucoup de bonne foi, par une grande honnêteté d'intention. Lucrèce est profondément convaincu de la vérité du système dont il s'est rendu l'interprète; non-seulement il le croit vrai, mais il le croit salutaire; il pense remplir un devoir envers l'humanité, animé qu'il est pour elle, pour ses misères, d'une profonde pitié, en le popularisant par ses vers. De là son éloquence incomparable, véhémente, pathétique, souvent sublime.

Ces réserves faites pour Lucrèce et contre Lucrèce, il faut exposer sa pensée. Lucrèce n'entreprend rien de moins que de combattre et d'abolir, s'il le peut, deux croyances, celles précisément qui nous semblent si secourables et si consolantes, deux croyances qu'il juge contraires au bonheur de l'homme : la croyance à l'immortalité de l'âme, la croyance à l'action de la divinité dans le gouvernement du monde, c'est-à-dire à ce que nous nommons la Providence. Tel est le dessein hardi de Lucrèce. Dans l'exposition d'un système immoral, il a cependant, répétons-le, sa moralité par la sincérité de sa conviction, et une intention réellement honnête. Voilà ce qu'il ne faut pas oublier.

Ces croyances qu'il veut combattre sont celles de l'humanité tout entière; elles reposent sur l'idée que chacun se fait de la nature. Pour les effacer de l'esprit des hommes, il faut donc donner de la nature une explication nouvelle : le poëme sera cette explication. Lucrèce divise, comme tout le monde, la nature en nature spirituelle et nature matérielle. C'est là sa division secrète ; mais il en a une autre plus apparente. Son ouvrage se partage en six livres. Dans les deux premiers, il traite de ce qui compose, suivant lui, la nature spirituelle et matérielle, l'espace, les atomes, le mouvement. Il en traite d'après Épicure, et en combattant, chemin faisant, les opinions contraires. Dans les troisième et quatrième livres, mêlés également d'exposition et de réfutation, il s'occupe particulièrement de la nature que l'on dit spirituelle. Dans le troisième livre, il la trouve tout à fait conforme à la nature matérielle, composée des mêmes éléments et soumise comme elle à la loi de la dissolution. Dans le quatrième, il explique par la doctrine des simulacres (les simulacres, ce sont de certaines superficies détachées des corps et qui viennent frapper nos organes), il s'applique, dis-je, à expliquer par cette doctrine la sensation, la perception externe, les idées, les sentiments, la volonté elle-même. Restent les deux derniers livres, le cinquième et le sixième. Ils sont consacrés à la nature matérielle, de même que les deux précédents l'ont été à la nature spirituelle. Ils sont dirigés contre la providence divine, de même que les deux précédents se proposaient pour but de nier l'immortalité de l'âme. Dans le cinquième, il s'efforce d'expliquer sans l'intervention des dieux, pour lui inutile, par le seul concours de ces trois principes, espace, atomes, mouvement, la formation du monde qu'il ne juge pas éternel, qu'il ne juge pas divin, qui, selon lui, a commencé et doit aussi finir. Il fait donc l'histoire du monde, en particulier de notre globe ; de cette histoire il passe à celle de l'homme et des sociétés humaines, et dans cette histoire, au moyen de causes naturelles qu'il découvre avec sagacité, ou qu'il imagine avec hardiesse, il parvient à se passer complétement de l'intervention divine. Dans le sixième, qui est une sorte d'appendice au cinquième, de même que le quatrième était une sorte d'appendice au troisième, il donne l'explication, comme il la conçoit, des principaux phénomènes réguliers et irréguliers de la nature physique.

Voilà, messieurs, quel est le contenu de ce grand poëme.

De ces six livres, les moins attrayants sont certainement les deux premiers, dans lesquels le poëte traite des notions abstraites de l'espace, des atomes et du mouvement, et en même temps ce sont peut-être les plus merveilleux par l'art avec lequel Lucrèce a réussi à animer ces abstractions. Il y a là des trésors d'imagination et de poésie qui ont été mis en lumière dernièrement dans une thèse soutenue devant notre faculté par un savant et spirituel professeur de la faculté de Lyon, M. Hignard. Il a très-bien montré comment Lucrèce avait réussi, dans une exposition de nature si abstraite, à répandre sur les matières les plus obscures et les plus arides la clarté, la grâce, l'agrément, l'intérêt. Dans le quatrième et le sixième livre sont passés en revue un grand nombre de faits intellectuels ou physiques mal expliqués, c'est la faute d'Épicure, mais ce qui est le mérite de Lucrèce, admirablement décrits. Il excelle, en effet, à décrire les phénomènes, ceux de l'esprit aussi bien que ceux de la nature physique; il le fait en observateur très-exact, très-pénétrant, avec la plus grande habileté d'écrivain et un incomparable talent de poëte. Ces deux livres abondent en détails souvent pleins d'attrait et de charme; mais les deux livres capitaux, qui forment la partie principale de son œuvre, sont le troisième et le cinquième. Le troisième, avec des conclusions bien fâcheuses, puisqu'elles aboutissent à la mortalité de l'âme, est un véritable chef-d'œuvre de raisonnement, de dialectique pressante, d'éloquence poétique. C'est dans ce livre, on s'en souvient, que se trouve ce fameux passage sur la mort, que Montaigne admirait tant, qu'il a cité presque en entier, et commenté comme il lui appartenait de commenter. Le cinquième livre est peut-être plus beau encore. Il contient une histoire imaginaire, il est vrai, mais où le poëte rencontre souvent la vérité probable, une histoire de notre globe, de notre race, de la société, de tout l'ensemble des choses humaines. On ne peut mieux caractériser ce livre qu'en disant que c'est une sorte d'épopée philosophique. Vous pouvez voir par ce simple exposé que cette composition est très-bien ordonnée, que le plan en est simple et vaste, d'une intelligence facile et d'un effet imposant; il n'est pas plus méthodique que ne le voudrait la poésie, et pas moins régulier que ne l'exigerait la philosophie.

Appartient-il à Lucrèce, ou faut-il en faire honneur à Épicure lui-même, à qui le poëte aurait emprunté non-seulement son sujet, mais encore l'ordonnance de son œuvre? Vous savez qu'on a retrouvé dans les charbons d'Herculanum des fragments du livre d'Épicure Περὶ φύσεως. En comparant ces fragments avec l'œuvre de Lucrèce, on a pu se convaincre que Lucrèce avait été un traducteur très-exact des idées de son maître, mais qu'il ne lui avait pas emprunté le plan de son poëme. Ce plan, Lucrèce l'a exposé lui-même dans ses cent cinquante premiers vers sans aucune sécheresse didactique, avec une sorte d'abandon capricieux, s'interrompant, à tout instant, par des digressions épisodiques d'un grand intérêt. Toutefois, au milieu même des écarts de ce long morceau, le poëte philosophe ne néglige pas de faire ressortir son dessein principal, la grande lutte où il s'engage contre les croyances générales de l'humanité. Il sait bien que, choquant à ce point les opinions reçues, il a besoin d'apologie; aussi, dans ce début, s'applique-t-il à montrer que ses doctrines ne sont pas, comme on pourrait le croire, des doctrines d'impiété; qu'elles ne s'attaquent, au contraire, qu'à des superstitions, à des erreurs, sources de crimes et de misères. C'est à ce propos qu'il rappelle éloquemment, pathétiquement, d'après Euripide et Eschyle, le sacrifice d'Iphigénie. Lucrèce sait bien aussi qu'il se fait l'interprète d'une doctrine souvent obscure; il promet de l'éclaircir, de la rendre facile et agréable. En poëte justement préoccupé du succès littéraire et de ces agréments de la forme qui l'assurent, il appelle d'abord la beauté sur son œuvre. La beauté, c'est l'attribut de cette déesse qu'on suppose présider à l'entretien de la nature, de cette nature qu'il veut célébrer. Les hommes l'appellent Vénus, et les Romains la révèrent comme l'auteur de leur race. Il accepte de la tradition religieuse, politique, littéraire ce qui n'est pour lui qu'un symbole philosophique. Il fait acte de paganisme au début même d'un livre où il entreprend de détrôner les dieux; mais, je l'ai dit quelquefois, et j'aurai souvent à le répéter, c'est un paganisme tout littéraire, semblable à celui d'Empédocle lui-même. Pour Empédocle, vous le savez, la nature obéissait à deux forces : l'amitié, la discorde, *rerum concordia discors*; et cette amitié féconde, il l'appelait, de son nom mythologique, Aphrodite.

C'est donc ainsi que débute Lucrèce, par un magnifique éloge poétique, philosophique surtout, de la déesse Vénus. Il prie cette déesse de communiquer à son œuvre le don de la beauté; elle le doit par considération pour son ami Memmius, favori de la déesse (il ne méritait que trop que Lucrèce parlât ainsi de lui, et, dans ce passage, Vénus, que le poëte, dans ses premiers vers, avait revêtue de formes sévères, reprend son caractère érotique et galant). Vénus peut tout sur Mars. Il faut qu'elle obtienne du dieu qu'il laisse régner sur la terre la paix sans laquelle Lucrèce n'aurait pas la liberté nécessaire pour se livrer à ses spéculations philosophiques, à son travail poétique, et sans laquelle aussi Memmius, un personnage politique qui se doit au service de Rome, ne pourrait lui prêter une attention entière. Voilà ce que Lucrèce demande à cette déesse Vénus, qu'il consent à adorer comme un autre, en littérateur seulement et en philosophe; car, ne l'oublions pas comme on a fait quelquefois, elle n'est pour lui qu'un symbole philosophique.

Mère d'Énée et de sa race, volupté des hommes et des dieux, bienfaisante Vénus, qui, sous la voûte du ciel et ses signes errants, peuples la mer aux vaisseaux rapides, la terre aux riches moissons; car c'est par toi que tout ce qui respire, que toutes les espèces vivantes sont conçues et, arrivant à l'existence, voient la lumière du soleil. Devant toi, ô déesse, à ta seule approche fuient les vents, fuient les nuages; sous tes pas la terre étend la douce variété de ses tapis de fleurs; les flots de la mer te sourient, et dans le ciel plus serein se répand et resplendit la lumière.

Quand s'est manifestée la première apparence d'un jour de printemps, que, longtemps captive et engourdie, se ranime l'haleine féconde du zéphyr, les habitants de l'air d'abord, les oiseaux, ô déesse, témoignent de tes atteintes, frappés au cœur par ta puissance. Ensuite s'emportent les troupeaux, qui bondissent dans les gras pâturages, traversent les fleuves rapides ; cédant à ton charme, à tes doux attraits, toute la nature animée te suit avec ardeur dans la voie où tu l'entraînes. Enfin, dans les mers, sur les montagnes, au sein des fleuves impétueux, sous les feuillages qu'habitent les oiseaux, parmi les herbes des prairies, atteignant tous les cœurs des doux traits de l'amour, tu inspires à chaque espèce l'ardeur de se perpétuer.

Puis donc que seule tu gouvernes la nature, que sans toi rien n'aborde aux rivages de la lumière, rien ne se produit de doux et d'aimable, je te voudrais pour compagne dans le travail de ces vers où je m'efforce d'expliquer la nature à mon cher Memmius, qu'en tout temps, ô déesse, et en toutes choses tu as comblé de tes dons. Daigne donc, ô déesse, en sa faveur surtout, prêter à mes paroles un charme éternel.

Fais cependant que sur toutes les mers, sur toute la terre, cessent les travaux guerriers, que leur fureur s'assoupisse et s'apaise. Car toi seule peux rendre aux mortels le repos, le bonheur de la paix, puisque ces travaux guerriers, Mars y préside, le dieu puissant des armes, qui souvent vient tomber dans tes bras, vaincu par son amour, succombant à son éternelle blessure. Alors, les yeux élevés vers toi, de la couche où repose sa tête, il repaît de ta vue ses regards avides, et suspend son souffle à tes lèvres. Ah ! lorsque ainsi, ô déesse, il repose près de ton corps sacré, entoure-le de tes bras, et que la bouche, se répandant en douces paroles, lui demande le repos de la paix pour les Romains. Car moi-même je ne pourrais, parmi les embarras de la patrie, donner à ce travail un esprit libre, ni l'illustre rejeton des Memmius manquer, en de telles conjonctures, au salut commun.

Æneadum genetrix [1]....

Tel est, messieurs, ce célèbre début de Lucrèce. Jamais prière n'a été mieux exaucée, du moins dans le premier des vœux qu'elle exprime. Le poëte qui demande pour ses vers le don de la beauté l'a déjà obtenu au moment où il le demande. Il n'y a rien dans la poésie latine, et même on peut le dire dans la poésie de tous les temps, de plus beau que ce morceau. Quand on passe des vers d'Ennius, de Pacuvius, d'Attius, de Lucilius, des vers même de Cicéron, contemporain de Lucrèce, à ce début du *De Natura*

1. *De Nat. rer.*, I, 1-44.

rerum, on se trouve transporté dans un monde complétement nouveau. Il dut causer aux Romains, qui n'avaient jamais rien entendu de pareil, une ravissante surprise. Nous-mêmes, accoutumés que nous sommes à la beauté virgilienne, nous ne pouvons ne pas nous étonner de la voir par avance égalée. En effet, c'est déjà du Virgile. Cette poésie à laquelle son caractère de beauté suprême, universelle et éternelle, enlève en quelque sorte sa patrie et sa date, de savants éditeurs cherchent à la vieillir par les archaïsmes souvent douteux d'une orthographe surannée; mais ce qui la caractérise précisément, c'est une jeunesse toujours florissante comme celle des vers d'Homère, *semper florentis Homeri*, ainsi qu'a dit Lucrèce son disciple. Ces vers, messieurs, méritent qu'on s'y arrête, qu'on en fasse une étude attentive. J'y ai seulement touché aujourd'hui; je crois de mon devoir d'y revenir, avec quelque détail, dans une prochaine leçon, heureux si le commentaire ne paraît pas trop indigne du texte et de votre bienveillante attention.

VII

DU POËME DE LA NATURE. L'ANTILUCRÈCE CHEZ LUCRÈCE

(Cours de 1859-1860, leçon d'ouverture)

Messieurs,

Le sujet que je dois traiter devant vous me ramènera, c'est pour cela même que je l'ai choisi, à un monument poétique dont le cours précédent n'a pas épuisé l'étude. Dans ce que ses limites trop étroites n'ont pu comprendre, dans les deux livres qui couronnent avec tant de grandeur le poëme *De la Nature*, nous trouverons une nouvelle et favorable occasion d'apprécier cette éloquence, cette imagination toutes-puissantes, ce mélange de génie et d'art[1], par lesquels Lucrèce a renouvelé la poésie latine et l'a poussée tout à coup dans la voie de sa prochaine perfection.

Il est bien glorieux pour son œuvre que, malgré la ruine, l'abandon, l'oubli du système philosophique dont elle fut l'enthousiaste et populaire expression, elle ait conservé pour nous, toujours éblouis de ses originales beautés, son premier éclat. Sans doute, ce qui semblait à Lucrèce et à ses lecteurs, aux Romains des derniers jours de la

---

1. « Lucretii poemata, ut scribis, ita sunt : multis luminibus ingenii, multæ tamen artis. » Cic., *Epist. ad Quintum fratrem*, II, 2.

république, aux Romains de l'empire, l'histoire même de la nature, ne nous en semble aujourd'hui que le roman ; mais ce roman est d'une construction si habile, d'une conduite si vraisemblable, il est si passionné, si coloré, qu'il nous attire, nous attache, nous charme encore. Ajoutons qu'il s'y trouve, comme dans ces belles compositions romanesques où il n'y a d'autre fiction que les personnages et les aventures, où tout le reste est vrai, les lieux, les temps, les mœurs, les sentiments, les caractères, qu'il s'y trouve, dis-je, une part de vérité marquée en traits ineffaçables et qui en fait le prix éternel.

Le traducteur inspiré d'Épicure n'a pas eu le bonheur dont le félicitait Virgile, de connaître les raisons des choses[1] ; mais les choses mêmes, il a excellé à les voir et à les montrer ; il a été, au plus haut degré, un observateur et un peintre ; ses descriptions des phénomènes sensibles, des actes de la pensée, des diverses affections, des divers états de l'âme, descriptions fidèles et vivantes, se dégagent pour nous des vaines explications de sa physique, de sa psychologie atomistiques ; elles s'accommodent même quelquefois, dans notre esprit, avec les notions d'une philosophie plus pure et plus haute, et nous montrent Lucrèce tout voisin, à son insu, de ce qu'il combat avec le plus de conviction et d'ardeur, de ce qu'il se flatte d'avoir vaincu et détruit : il est alors à lui-même, avant les contradicteurs modernes dont ses audacieuses négations ont inquiété, provoqué la foi, dont sa ravissante et sublime poésie a excité l'émulation, comme un premier anti-Lucrèce.

Bornons-nous, pour aujourd'hui, à le considérer sous ce point de vue particulier, et, feuilletant rapidement son vaste poëme, recueillons-y de préférence quelques-unes de ces contradictions involontaires, de ces objections tacites, réfutation anticipée de ses doctrines, et d'abord de son étrange théologie, qu'on appellerait plus justement son athéisme.

1. Felix qui potuit rerum cognoscere causas.
(Virg., *Georg.*, II, 490.)

La philosophie épicurienne, qui expliquait l'origine des idées par le contact avec nos sens de simulacres détachés des objets, devait nécessairement, de l'idée des dieux qu'elle trouvait dans l'esprit humain, remonter, par l'intermédiaire des simulacres, aux dieux eux-mêmes, et reconnaître leur existence. Lucrèce, comme son maître Épicure, admet donc des dieux; mais quels dieux ! En dehors de ce monde qu'ils n'ont pas créé, qu'ils ne gouvernent pas, au sort duquel, dans leur inaltérable quiétude, ils demeurent étrangers et indifférents ; dieux inutiles et honoraires, salués officiellement par le poëte, mais auxquels il dit peut-être tout bas, comme le Spinosa de Voltaire [1] :

Je soupçonne, entre nous, que vous n'existez pas.

Ils semblent vraiment la négation de ces autres dieux, plus voisins de la terre, que la croyance commune apercevait dans les scènes de la nature sensible, dans les accidents du monde moral, qu'elle faisait intervenir avec tant d'attributs divers dans tous les phénomènes, tous les actes, toutes les destinées: puissances redoutables, ennemies ou alliées de l'homme, dont les cultes publics, les adorations privées s'efforçaient de calmer le courroux ou de capter la faveur.

Ceux-là, Lucrèce les nie ouvertement; il les déclare des fantômes vains, ouvrage d'une terreur superstitieuse, qui vont se dissiper aux clartés de la science, aux accents de la poésie.

Malheureusement ce n'est pas le paganisme seul, comme on l'a dit quelquefois, que menace sa victoire; c'est la religion elle-même, la foi à un Dieu créateur et conservateur, à une providence. C'en serait fait d'elle, si, dans sa docte, lumineuse, séduisante exposition, ce dialecticien pressant et ingénieux, habile à saisir entre les faits réels et les hypothèses de spécieuses analogies, ce poëte, dont l'imagination féconde prête à l'abstraction elle-même l'ap-

---

1. Satires, *Les systèmes*.

parence de la vie, parvenait en effet à établir que les choses se sont formées et s'entretiennent, sans la divinité, uniquement par le concours fortuit des éléments premiers de la matière, des atomes. Fortuit ! il ne saurait le dire, et c'est là l'écueil où vient échouer le système antireligieux dont il s'est fait avec tant de conviction, et de conviction si persuasive, le poétique interprète. Ces rencontres du hasard, qu'il prétend réduire en théorie, lui révèlent clairement, par la régularité de leurs produits, à lui, témoin si attentif et si clairvoyant, traducteur si exact et si énergique de ce qui frappe ses sens et son intelligence, tout un ensemble de lois; lui-même emploie cette expression et d'autres de même valeur, *rationes*, *fœdera*, *leges* [1]; ces lois, il les résume dans un législateur abstrait qu'il appelle la Nature, la Nature créatrice, la Nature gouvernante, *Natura creatrix* [2], *Natura gubernans* [3]: grandes et magnifiques expressions qui produisent tout à coup, dans cette espèce de drame philosophique, une péripétie, un coup de théâtre, ramenant sous un autre nom, au sein du monde dont on avait cru la bannir, la divinité. Ne lui rendez-vous pas involontairement son nom quand vous lisez chez Lucrèce :

Je dirai comment, dans leur cours, le soleil et la lune sont guidés, gouvernés par la puissance souveraine de la Nature.

. . . . . Solis cursus lunæque meatus
Expediam qua vi flectat Natura gubernans [4]?

La figure même employée par le poëte ne vous fait-elle pas songer au Dieu que Bossuet représente « tenant du plus haut des cieux les rênes de tous les royaumes [5]? »

Lucrèce parle de même de la Fortune, il l'appelle *Fortuna gubernans* [6]. Une telle épithète convient moins à la puis-

---

1. *De Nat. rer.*, II, 719; V, 58 sqq., etc.
2. *Ibid.*, I, 630; II, 1117; V, 1361. — 3. *Ibid.*, V, 78.
4. *Ibid.*, V, 77, sq.
5. *Discours sur l'histoire universelle*, III, 8.
6. *De Nat. rer.*, I, 108.

sance capricieuse adorée par Horace, avec le vulgaire, dans son temple d'Antium[1], qu'à celle dont il a fait ailleurs[2], abjurant, passagèrement sans doute, les principes de la philosophie épicurienne, une sorte d'agent de la Providence :

Il peut, ce Dieu souverain, élever, abaisser, effacer l'éclat, produire au jour l'obscurité ; et la Fortune, qu'il envoie, dans son vol bruyant et sinistre, aime à ravir les diadèmes, qu'elle court placer sur d'autres fronts.

> . . . . Valet ima summis
> Mutare, et insignem attenuat Deus
> Obscura promens ; hinc apicem rapax
>   Fortuna cum stridore acuto
>   Sustulit, hic posuisse gaudet.

N'accusons pas légèrement Lucrèce d'inconséquence, mais reconnaissons que, par certaines expressions, dont il ne mesure pas toute la portée possible, il lui arrive d'éveiller dans notre esprit des idées contraires aux doctrines qu'il enseigne, et leur prêtant involontairement les formes merveilleuses de sa poésie, de nous en pénétrer, de nous en persuader davantage.

Il en est ainsi quand, se disposant à rendre compte scientifiquement des éruptions de l'Etna, il écarte de son explication l'intervention des dieux et fait intervenir à leur place, dans sa personnification de la Nature, une puissance intelligente qui prépare, pour l'étonnement et l'effroi des mortels, le terrible phénomène :

Maintenant, comment expliquer que, par les bouches de l'Etna, s'échappent de temps à autre de tels tourbillons de flammes ? Je vais le dire. Car ce ne fut pas un fléau suscité par les dieux que cette tempête enflammée qui, régnant dans les champs de Sicile, attira les regards des nations voisines, alors qu'à l'aspect de la voûte céleste, toute noire de fumée, tout éclatante de feux, les cœurs se remplissaient d'épouvante, et qu'on se demandait avec inquiétude quelles étranges nouveautés préparait la Nature.

1. *Od.* I, xxxv. — 2. *Ibid.*, xxxiv.

..... Neque enim dia de clade coorta
Flammæ tempestas, Siculum dominata per agros,
Finitimis ad se convertit gentibus ora ;
Fumida quum cœli scintillare omnia templa
Cernentes, pavida complebant pectora cura,
Quid moliretur rerum Natura novarum[1].

Il en est encore ainsi quand il recherche d'où est venue chez les hommes l'idée de la puissance des dieux, et, par suite, l'établissement des religions et des cultes[2]. Dans ce morceau, d'une intention certes bien irréligieuse, le tableau de la terreur qui, s'emparant du cœur de l'homme en présence de quelques grands phénomènes de la nature, de quelques grandes catastrophes, l'amène, par le sentiment de sa faiblesse, par le trouble secret de sa conscience, à tourner sa pensée vers la divinité, ce tableau, qui pourrait lui-même être opposé avec avantage à la thèse de Lucrèce, se termine par des vers où de bons esprits, Bayle[3], L. Racine[4] d'après lui, d'autres encore, ont pensé, à tort je crois, mais non sans vraisemblance, que le poëte épicurien confessait involontairement la Providence.

Quel est l'homme dont le cœur ne se serre, dont les membres ne rampent, glacés par l'effroi, à la pensée formidable des dieux, quand, frappée des terribles traits de la foudre, la terre embrasée s'ébranle, et que de menaçants murmures parcourent au loin le ciel ? Les peuples alors sont dans la terreur ; les rois superbes frissonnent, redoutant le courroux des dieux ; ils craignent que pour quelque action coupable, quelque parole orgueilleuse, le temps de leur châtiment ne soit arrivé.

Et quand une violente tempête balaye, à la surface de la mer, un général avec sa flotte, avec ses puissantes légions et ses éléphants, n'essaye-t-il pas tout tremblant d'apaiser la divinité par des vœux, n'implore-t-il pas de la pitié des vents un souffle favorable ? Mais c'est en vain, puisque souvent, enveloppé par un tourbillon, il n'en est pas moins emporté vers les abimes du trépas. On dirait que je ne sais quelle puissance secrète se plaît à écraser l'humanité, foulant aux pieds les

---

1. *De Nat. rer.*, VI, 640 sqq. — 2. *Ibid.*, V, 1160-1339.
3. *Dict.*, art. Lucrèce. — 4. *La Religion*, II, v. 350 sqq. note.

nobles faisceaux, les haches redoutables, s'en faisant comme des jouets[1].

> Usque adeo res humanas vis abdita quædam
> Obterit, et pulchros fasces sævasque secures
> Proculcare, ac ludibrio sibi habere videtur[2].

Est-ce la pensée de Lucrèce que rendent ces derniers vers ? N'est-ce pas plutôt celle de ses adversaires que plus d'une fois déjà il a fait parler dans ce morceau ? Je le crois ; mais je crois aussi qu'ils peuvent en accepter, en réclamer, comme un argument pour leur cause, l'énergique expression.

Des arguments de même sorte se tireraient d'assez nombreux passages d'un tout autre caractère, qui transportent à la Nature les plus aimables attributs de la Providence; qui lui prêtent, à l'égard de ses productions, dont elle protége la faiblesse première, dont elle surveille et favorise l'accroissement, une tendre sollicitude, les attentions, les ménagements, les prévoyances de l'affection maternelle. La poésie religieuse ne parle pas autrement de ce Dieu,

> *Qui* fait naître et mûrir les fruits ;
> *Qui* leur dispense avec mesure
> Et la chaleur des jours et la fraîcheur des nuits[3].

Quelquefois c'est la terre elle-même qui devient dans les vers du poëte, justifiant un des noms qu'on lui donne, une véritable mère. Voici ce que nous lisions, il n'y a pas longtemps, dans son second livre :

C'est d'une céleste semence que nous tirons tous notre origine ; tous nous avons le même père : quand de là sont tombées les gouttes fécondes que reçoit la terre dans son sein maternel, elle conçoit, elle enfante les riantes moissons, les arbres fertiles, et le genre humain lui-même et toutes les races animales ; car elle leur offre des pâtures pour la nourriture de leur corps, l'entretien de leur douce vie, la propaga-

---

1. *De Nat. rer.*, V, 1217 sqq. — 2. *Ibid.*, sqq.
3. Racine, *Athalie*, 1, 4.

tion de leur espèce. Aussi est-ce à juste titre qu'elle a reçu le nom de mère[1]...

Cette même idée, nous la retrouverons bientôt dans le cinquième livre du poëme, avec de nouveaux, et on peut le dire, en un double sens, eu égard à l'étrangeté des idées et à la beauté des vers, de merveilleux développements. Anticipons encore par cette citation sur nos prochaines études.

Maintenant, je reviens à la nouveauté du monde, au tendre sein de la terre, à ces productions nouvelles, qu'elle a, pense-t-on, les premières, fait paraître à la lumière et confiées à l'inconstance des vents.
D'abord les herbes, avec leur verdoyant éclat, la terre en enveloppa ses collines, et, sur toutes les plaines, brillèrent, émaillées de fleurs, de vertes prairies. Aux arbres de toute espèce, croissant, s'élevant à l'envi à travers les airs, la carrière fut comme ouverte...
Ensuite elle créa en grand nombre, par des moyens divers, les espèces animales...
Partout donc, en des lieux d'une disposition convenable, se formaient, au sein de la terre, comme des entrailles fécondes ; et quand, au temps marqué par la maturité de l'âge, l'enfant avait ouvert cette enveloppe, fuyant l'humidité de son premier séjour, et aspirant à l'air, la nature alors approchait de lui, les exprimant du sol entr'ouvert, des sucs nourriciers semblables à ce lait dont la femme, quand elle a enfanté, se remplit tout entière, et qui court enfler ses mamelles. C'est ainsi que la terre offrait à l'enfant la nourriture nécessaire ; pour vêtement il avait ses tièdes vapeurs, et pour lit le mou duvet de son herbe abondante.
Cependant la nouveauté du monde ne produisait encore ni froids trop durs, ni chaleurs excessives, ni vents à la violente haleine : toutes choses ont ensemble leur accroissement, leur progrès.
C'est donc, il faut le redire, bien justement que la terre a reçu le nom de mère, puisque c'est elle qui a créé le genre humain, puisque de son sein se sont répandus au temps marqué tous les êtres animés, et ceux qui errent sur les montagnes et ceux qui volent dans les airs revêtus de formes si diverses[2]

Il n'échappe pas à vos souvenirs que cette mère, en qui

---

1. *De Nat. rer.*, II, 991 sqq. — 2. *Ibid.*, V, 778 sqq.

nous aimons à retrouver quelque chose de notre Providence, Lucrèce l'a représentée ailleurs, dans ses rapports avec l'homme, sous les traits d'une marâtre. Enfant, dit-il, elle le jette sur la terre, nu, pleurant, sans secours, plus dénué, plus abandonné que la brute[1] ; plus tard, par une fécondité malfaisante, multipliant dans les champs les ronces, les broussailles, elle dispute à son activité, à son labeur, cette faible portion de terre habitable qui lui a été laissée comme par pitié[2]. Désolantes peintures trop d'accord avec l'esprit d'un système qui, pour retirer le monde à la providence divine et le remettre au hasard, n'y veut voir que désordre, oppression et misère. Je viens de vous montrer par quelle heureuse inconséquence Lucrèce, se corrigeant lui-même, éclaircit quelquefois les tristes ombres dont il a enveloppé les destinées du monde et de l'homme.

N'est-il pas remarquable que ce poëme, d'où la divinité devait être absente, nous la fasse rencontrer si souvent dans ces idées de suprême sagesse, de suprême puissance, de suprême bonté auxquelles s'élèvent, en dépit de son système matérialiste et athée, la forte intelligence, le cœur aimant, l'imagination émue du poëte?

Le langage même, l'accent de la piété n'y manquent point. Qu'on se rappelle en quels termes et de quel ton Lucrèce adore dans ses invocations, s'associant à la dévotion populaire, ces divinités mêmes qu'abolit sa raison, et que conserve son art uniquement comme des symboles scientifiques et des conventions littéraires. Je ne citerai point son célèbre début, que chacun se répète intérieurement ; j'aime mieux, me transportant à l'autre bout du poëme, extraire de son dernier livre cette prière suprême à Calliope :

Quand je cours vers le terme éclatant de la carrière, précède-moi, montre-moi la route, Muse habile, Calliope, repos des hommes, volupté des dieux ; qu'à ta suite j'enlève avec gloire la couronne !

1. *De Nat. rer.*, 226. Cf. Plin. *Hist. Nat.*, VII, 1. — 2. *Ibid.*, 207.

> Tu mihi, supremæ præscripta ad candida callis
> Currenti, spatium præmonstra, callida Musa,
> Calliope, requies hominum, Divumque voluptas:
> Te duce, ut insigni capiam cum laude coronam[1].

Lucrèce, par un heureux effort d'imagination, peut se transporter passagèrement dans un ordre d'idées et de sentiments auxquels sa philosophie est hostile. Ainsi, quand il explique par des allégories, des symboles, la divinité et le culte de Cybèle, qu'il décrit épisodiquement la pompe de la déesse, il se sent un moment gagné à la piété de la foule; il éprouve comme elle, devant le muet simulacre, une *sainte horreur*, c'est son expression qu'il a trouvée bien avant Racine[2]; il participe à la vertu secrète dont sa présence favorise les mortels. A-t-on jamais mieux rendu ces impressions mêlées de foi, de respect, de terreur, de confiance que par les admirables vers dont j'ai essayé de reproduire l'esprit :

> Horrifice fertur divinæ matris imago.
>
> Magnas invecta per urbes,
> Munificat tacita mortales muta salute[3].

Une autre fois, peignant les craintes du coupable que rien ne peut calmer et disant que c'est bien vainement qu'il a dérobé son crime à la connaissance des hommes, il ajoute : et à celle des dieux[4], oubliant l'indifférence dont il a fait, d'après Épicure, le principal caractère de leur divinité.

Enfin, par quoi termine-t-il sa lugubre peinture de la peste d'Athènes? Par ces traits renouvelés avec originalité de Thucydide[5] :

> Les saints temples des dieux, la mort les avait tous remplis de corps sans vie; ils demeuraient encombrés des cadavres accumulés de tant d'hôtes qu'on y avait reçus. La religion, la divinité, on n'en tenait plus grand compte : la douleur présente était plus forte.

---

1. *De Nat. rer.*, VI, 92 sqq. — 2. *Iphigénie en Aulide*, V 6.
3. *De Nat. rer.*, II, 610, 624 sqq. — 4. *Ibid.* V. 1155. — 5. *Hist.* II, 53.

> Omnia denique sancta deum delubra replerat
> Corporibus mors exanimis, onerataque passim
> Cuncta cadaveribus cœlestum templa manebant,
> Hospitibus loca quæ complerant ædituentes.
> Nec jam relligio divum, neque numina magni
> Pendebantur : enim præsens dolor exsuperabat[1].

Le sentiment religieux est si naturel chez l'homme, qu'il se fait jour, par moments, à travers les doutes du sceptique, les négations de l'athée. On pourrait adresser à Lucrèce ce que le poëte moderne qui l'a réfuté dit à Épicure : « Tu fuis les traces de Dieu, mais tu ne peux les effacer; partout elles te poursuivent. »

> Dei vestigia passim
> Effugis, at delere nequis; te, te illa sequuntur[2].

La notion d'une âme distincte de la matière, qui pourrait lui survivre, n'est pas plus facile à éviter, même pour un philosophe matérialiste. Lucrèce s'en approche quelquefois par ses efforts pour s'en éloigner.

Les philosophes anciens se trouvaient dans un grand embarras à l'égard de l'âme. D'une part, ils la croyaient matérielle; de l'autre, il leur répugnait d'attribuer le sentiment et la pensée à la matière. Tout ce qu'ils pouvaient, c'était de subtiliser cette matière pour la rendre capable de sentir et de penser. Ils procédaient comme notre la Fontaine quand il crée aux animaux, malgré Descartes, une âme analogue, mais inférieure à la nôtre :

> Je subtiliserois un morceau de matière
> Que l'on ne pourroit plus concevoir sans effort,
> Quintessence d'atome, extrait de la lumière,
> Je ne sais quoi plus vif et plus mobile encor
> Que le feu[3].

Lucrèce, cherchant à son tour la nature de l'âme, distingue l'*animus*, l'intelligence, dont il place le siége dans la poitrine; l'*anima*, la sensibilité, qu'il répand dans tout le

---

1. *De Nat. rer.*, VI, 1271 sqq.
3. *Antilucret.*, IX, 330.
4. *Fables*, X, 1, Discours à madame de la Sablière.

corps, l'*animus* agissant sur l'*anima* et l'*anima* sur le corps. Cette âme ainsi divisée, il en énumère les éléments, et ne pouvant donner à ce composé de l'unité, il suppose un dernier élément, plus subtil que tous les autres, qui les rallie : principe secret, profond, enfoui en nous-mêmes, inaccessible, qu'il appelle, faute d'un autre nom, *l'âme de notre âme*[1]. Quel aveu involontaire que cette chimie atomistique n'a pu atteindre l'âme elle-même ; quelle démonstration inattendue de sa simplicité, de sa spiritualité !

Ces démonstrations ne sont pas rares chez Lucrèce, et, bien qu'elles le convainquent de contradiction, elles tournent elles-mêmes à sa gloire, puisqu'il y est amené par les vérités de détail qui, en dehors de son système emprunté, se révèlent à la sagacité de son observation physiologique et psychologique ; ajoutons : par la justesse énergique et pittoresque de l'expression dont les revêt sa grave poésie.

Tel est, par exemple, ce beau passage :

Quand au doux sommeil se sont abandonnés nos membres, que gît étendu, sans aucun sentiment, notre corps accablé, il y a cependant en nous quelque autre chose qui dans ce moment est bien diversement agité, et où peuvent pénétrer tous les mouvements de la joie et les vains soucis du cœur.

.... Molli quum somno dedita membra,
Effusumque jacet sine sensu corpus onustum,
Est aliud tamen in nobis, quod tempore in illo
Multimodis agitatur et omnes accipit in se
Lætitiæ motus, ac curas cordis inanes[2].

Rien de mieux vu, de mieux senti, de mieux rendu. Qu'en conclut Lucrèce ? que l'âme n'est pas, comme le veulent quelques philosophes, un être collectif, un résultat, une relation, une *harmonie*[3], qu'elle est une partie du corps. Nous en tirons nous, cette autre conclusion, qu'elle est distincte du corps.

Nous la tirons de même, malgré Lucrèce, de cet autre

---

1. *De Nat. rer.*, III, 274 sqq. — 2. *Ibid.*, III, 113 seq.
3. *Ibid.*, III, 101, 132.

passage, d'une vérité d'observation et de description saisissante, où il s'efforce de confondre les deux natures :

> Qu'avec le corps souffre l'esprit, que le corps et l'esprit sentent de concert, c'est ce qu'on peut voir. Si, sans atteindre la vie, un trait violemment lancé pénètre à travers les os et les nerfs, jusque dans les membres, alors cependant succèdent une langueur, un affaissement du corps allant chercher la terre, qui ne sont pas sans douceur ; puis, une fois à terre, un trouble qui naît dans l'esprit, et par moments une intention confuse de se relever.

> Insequitur languor, terræque petitus
> Suavis, et in terra mentis qui gignitur æstus,
> Interdumque quasi exsurgendi incerta voluntas.

Il faut donc que la nature de l'esprit soit corporelle, puisque les traits qui frappent le corps le font souffrir lui-même[1].

Nous sommes tentés de dire, au contraire : il faut que la nature de l'esprit soit incorporelle, puisque, dans une atteinte qui lui est commune avec le corps, il se dégage, par un effort de sa volonté renaissante, de cette communauté. L'âme de Didon ne semble pas mortellement frappée avec son corps, quand, à ses derniers moments, qui mettent en action la peinture admirablement physiologique et psychologique de Lucrèce, elle essaye de soulever sa paupière appesantie et puis défaille ; se redresse péniblement appuyée sur le coude, et puis retombe ; cherche d'un regard errant dans le ciel la lumière, et soupire en la retrouvant :

> Illa graves oculos conata attollere, rursus
> Deficit...
> Ter sese attollens cubitoque innixa levavit,
> Ter revoluta toro est, oculisque errantibus alto
> Quæsivit cœlo lucem, ingemuitque reperta[2].

Les vers de Lucrèce que je viens de rapprocher, c'est un grand éloge, de quelques-uns des plus beaux vers de Virgile, me remettent en mémoire un morceau du poëme *De la Nature*, où des images du même genre, aussi vives

---

1. *De Nat. rer.*, III, 173 sqq. — 2. *Æn.*, IV, 688 sqq.

et non moins vraies, ont été accumulées avec une incomparable verve. C'est tout un détail d'affreuses blessures telles qu'en décrit dans ses batailles Homère, ce maître en poésie de Lucrèce, telles que pouvait s'en représenter la mémoire guerrière d'un Romain. Cette fois, le poëte qui distribue, je l'ai déjà dit, la partie sensible de l'âme, l'*anima*, dans tout le corps, veut prouver que le corps étant mutilé dans quelqu'un de ses membres, l'âme l'est elle-même. Il prouve bien mieux, vous l'allez voir, que la mutilation ne l'atteint pas, qu'elle reste entière, une, simple, spirituelle.

On dit que les chars armés de faux, tout fumants de carnage, dans leur course rapide, tranchent les membres d'un coup si subit que ce qu'ils enlèvent et font tomber palpite encore à terre, tandis que l'âme, que l'homme lui-même, tant l'atteinte a été prompte, ne sentent point la douleur; qu'abandonnés à l'ardeur du combat, ils voudraient y mener ce qui reste du corps. Celui-ci ne sait pas que son bras gauche, avec son bouclier, vient d'être emporté, dans le tumulte de la mêlée, par les chars roulants, les faux acérées; celui-là que sa main droite est tombée comme il montait, comme il pressait l'assaut. Un autre, dont la cuisse a été coupée, fait effort pour se relever, et cependant les doigts de son pied mourant s'agitent convulsivement sur le sol. C'est quelquefois une tête séparée d'un tronc encore chaud et vivant; elle garde elle-même l'apparence de la vie, elle tient ses yeux ouverts, jusqu'à ce qu'en soient sortis les derniers restes de l'âme[1].

Dans cette peinture frappante, auprès de laquelle se placent encore naturellement quelques traits de Virgile, celui-ci entre autres, « ses doigts mourants s'agitent et voudraient ressaisir le glaive, »

Semianimesque micant digiti, ferrumque retractant[2],

il y a sans doute une confusion volontaire et habile des derniers tressaillements de la matière organique avec le mouvement persistant et tout moral de la volonté; mais ce qui y domine, c'est ce que je veux vous redire dans son texte

---

1. *De Nat. rer.*, III, 642 sqq. — 2. *Æn*, X, 396.

même, pour vous en mieux faire apprécier la force et la portée :

> Quum mens tamen atque hominis vis
> Mobilitate mali non quit sentire dolorem ;
> Et simul in pugnæ studio quod dedita mens est,
> Corpore cum reliquo pugnam cædesque petessit.

Est-il possible de mieux faire comprendre, quoique ce ne soit pas l'intention de Lucrèce, que l'âme, qui est l'homme même, *mens hominis vis*, est, dans l'ardeur du combat, « maîtresse, ainsi que l'a dit Bossuet[1], du corps qu'elle anime; » bien plus, qu'elle en est distincte, n'en sentant point les blessures, ne se sentant point ralentie dans son élan par ce qu'elle en perd, presque à son insu, menant encore le reste au combat, comme si c'étaient les débris d'une troupe rompue et ralliée?

> Corpore cum reliquo pugnam cædesque petessit.

Cette indépendance de l'âme à l'égard du corps, que Lucrèce constate par l'énergique vérité de sa description, au moment même où il la nie, a frappé dans tous les temps. Au seizième siècle le Tasse et un prédécesseur de l'Arioste l'exprimaient à la fois; le Tasse par cette exclamation du poëte à la vue de la longue lutte de Tancrède et de Clorinde, l'un et l'autre épuisés mais toujours ardents : « Cruel combat, d'où l'art est banni, où la force est morte, où à leur place ne combat plus que la fureur[2]! » l'autre conteur, à sa manière, par une hyperbole plaisante, dans la personne de ce chevalier obstiné, qui combat toujours, oubliant qu'il est mort : au dix-septième siècle on la consacrait par l'héroïque épitaphe du maréchal de Rantzau :

> Du corps du grand Rantzau tu n'as qu'une des parts :
> L'autre moitié resta dans les plaines de Mars.
> Il dispersa partout ses membres et sa gloire.
> Tout abattu qu'il fût, il demeura vainqueur :

1. *Oraison funèbre du prince de Condé.*
2. *La Gerusal.*, c. XII.

Son sang fut en cent lieux le prix de la victoire,
Et Mars ne lui laissa rien d'entier que le cœur.

Nulle part peut-être ne se montre plus la spiritualité involontaire de Lucrèce, que quand, d'après Épicure, mais avec une force de sens et d'expression qui lui appartient, il s'applique à concilier la fatalité des mouvements de la matière et les libres déterminations de la volonté. Ce qu'il y a de plus justement décrié dans la philosophie épicurienne, vous le savez par les spirituelles réfutations de Cicéron [1], chez les anciens, et, chez nous, de Fénelon [2], c'est le mouvement de déclinaison qu'elle attribue arbitrairement à ses atomes, d'une invention si arbitraire eux-mêmes, pour opérer leur rencontre, impossible sans cela; leur chute à travers le vide, en raison de leur pesanteur, ne pouvant avoir lieu que parallèlement, comme celle des gouttes de la pluie [3]. Cette déclinaison des atomes, ce *clinamen*, comme l'appelait Lucrèce, elle l'employait encore à un usage véritablement bien étrange : elle en faisait une sorte de libre arbitre matériel auquel elle rapportait, comme à leur origine première, les actes volontaires et libres des animaux et de l'homme. Elle pensait échapper ainsi à l'absurdité trop évidente de les expliquer par une transmission nécessaire de mouvements mécaniques; elle ne s'apercevait pas qu'elle les soumettait seulement à une autre nécessité. A cette contradiction près, dont il ne pouvait se garder, Lucrèce, dans l'admirable morceau que je vais encore vous citer, et dont je m'assure que vous ne regretterez pas l'étendue, a revendiqué les droits de la liberté comme l'aurait pu faire le philosophe le plus spiritualiste.

Si tous les mouvements sont liés entre eux, de sorte que d'un premier naisse toujours un second, suivant un ordre certain ; si, par leur déclinaison, les éléments primordiaux ne donnent pas lieu à quelque impulsion qui rompe les lois de la fatalité et empêche que les causes ne se succèdent à l'infini ; d'où vient donc, sur la terre, chez les êtres animés, d'où vient,

---

1. Cic., *De fin.*, I, 6; *De Nat. Deor.*, I, 24, 25; II, 37; *De Fat*
2. *Traité de l'existence de Dieu*, 1, 3. — 3. *De Nat. rer.*, II, 223.

dis-je, cette libre volonté, soustraite à la tyrannie d'une cause fatale, qui nous fait aller partout où nous mène le caprice, qui détourne nos mouvements, non pas dans un temps, dans un lieu déterminé, mais selon que nous pousse l'inspiration de notre âme elle-même ? Car, sans aucun doute, de tels actes ont dans la volonté leur principe et c'est de là que le mouvement se répand dans les membres. Ne voyez-vous pas qu'au moment où s'ouvre la barrière, l'ardent coursier ne peut s'élancer aussi vite que le voudrait son âme elle-même. Il faut que de tout son corps se rassemble une masse de matière qui, impétueusement portée dans tous ses membres, s'unisse à son désir et en suive l'emportement. Vous le voyez donc, c'est de l'âme que le mouvement reçoit d'abord son commencement, sa naissance, c'est de la volonté de l'âme qu'il procède immédiatement, pour se communiquer de là à tout le corps, à tous les mouvements.

Il n'en est pas de même quand c'est un choc qui nous pousse, et que nous sommes contraints à marcher par la violence de quelque force étrangère. Car alors, cela est manifeste, toute la masse de matière que contient notre corps est emportée malgré nous, et ne s'arrête dans nos membres, où elle s'égare, que retenue par le frein de notre volonté. Ne voyez-vous pas que, malgré la violence étrangère qui nous force à avancer, à nous précipiter malgré nous, il y a pourtant dans notre âme quelque chose qui peut combattre et résister ? C'est ce quelque chose dont les œuvres tantôt émeuvent en nous la matière et la dirigent dans nos membres, tantôt contiennent son essor et la ramènent en arrière[1].

Je ne puis mieux louer ces beaux développements qu'en reproduisant pour mon compte, comme en exprimant l'esprit, quelques paroles que vous y avez peut-être remarquées au passage. Ne mettent-elles pas dans une lumière bien vive, et qui éclaire même l'erreur générale de Lucrèce, « cette libre volonté soustraite à la tyrannie d'une cause fatale, *libera... hæc... fatis avulsa voluntas?* »

Un tel morceau est par la justesse et la fermeté du langage, par le mouvement des idées, par la forme animée et vivante qu'y revêtent l'observation et le raisonnement, un chef-d'œuvre de poésie philosophique. Ma traduction, malgré tous mes efforts, lui aura fait perdre, je le crains bien, une partie de ces mérites, et, pour les lui restituer en quelque sorte, j'en rapprocherai des vers d'un de nos

1. *De Nat. rer.*, II, 251-283; cf. IV, 880 sqq.

grands poëtes, de sens analogue et de beauté pareille. Je les emprunte à un de ces ouvrages de la vieillesse de Corneille, où son génie, sur le déclin, jetait encore par intervalles de vives clartés, à sa tragédie d'Œdipe [1]. C'est une réclamation, naturelle en un tel sujet, de la liberté morale contre les décrets tyranniques du sort ; c'est, de plus, en mémoire des querelles théologiques qui préoccupaient alors les esprits, un appel à la coopération de la Grâce.

> Quoi ! la nécessité des vertus et des vices
> D'un astre impérieux doit suivre les caprices ;
> Et Delphes, malgré nous, conduit nos actions
> Aux bizarres effets de ses prédictions ?
> L'âme est donc tout esclave ? une loi souveraine
> Vers le bien où le mal incessamment l'entraîne ?
> Et nous ne recevons ni crainte, ni désir
> De cette liberté qui n'a rien à choisir ?
> Attachés sans relâche à cet ordre sublime,
> Vertueux sans mérite, et vicieux sans crime,
> Qu'on massacre les rois, qu'on brise les autels,
> C'est la faute des dieux et non pas des mortels
> De toute la vertu sur la terre épandue
> Tout le prix à ces dieux, toute la gloire est due ;
> Ils agissent en nous, quand nous pensons agir ;
> Alors qu'on délibère, on ne fait qu'obéir,
> Et notre volonté n'aime, hait, cherche, évite,
> Que suivant que d'en haut leur bras la précipite?
> D'un tel aveuglement daignez me dispenser ;
> Le ciel, juste à punir, juste à récompenser,
> Pour rendre aux actions leur peine ou leur salaire,
> Doit nous offrir son aide et puis nous laisser faire.

Revenons à Lucrèce et sans révoquer en doute, contre l'évidence, ses convictions trop arrêtées au sujet de la matérialité et, par suite, de la mortalité de l'âme, montrons encore qu'il peut, au moins par l'imagination, se transporter et transporter avec lui ses lecteurs dans de tout autres convictions. C'est ce qu'il fait quand il peint, en traits si énergiques, la répugnance instinctive qu'inspire à l'homme l'idée de sa complète destruction ; lorsqu'il s'étonne, qu'il s'indigne que ceux-là mêmes qui s'en prétendent, comme

---

1. Act. III, sc. 5.

lui, persuadés, se démentent à tout instant dans leurs actes, entretenant, par des sacrifices, des offrandes funèbres, un inutile commerce avec des morts qui pour eux ne sont plus [1]; s'inquiétant de ce que deviendra, après l'anéantissement, pour eux certain, de leur être, sa vaine dépouille; plaçant auprès d'elle, par la pensée, comme un autre être non atteint par le trépas, qui la contemple avec tristesse, qui la prend en pitié, qui la pleure [2] : images frappantes par lesquelles Lucrèce ressuscite, non pas pour lui, mais pour nous, l'âme qu'il avait fait mourir avec le corps.

On ne peut lire Lucrèce sans penser quelquefois que, par une fatale méprise, il a été détourné de sa véritable voie, qu'il était naturellement appelé vers un autre ordre de doctrines.

Celui qui se plaît sur les hauteurs sereines habitées par les sages, *sapientum templa serena* [3]; qui, de son observatoire philosophique, d'où il domine et dédaigne les intérêts, les soucis vulgaires, contemple l'ensemble des choses, avec une volupté qu'il appelle divine, avec une sainte horreur, comme il s'exprime encore,

> His ibi me rebus quædam divina voluptas
> Percipit atque horror [4];

celui-là semblerait avoir dû être emporté par l'essor d'une pensée déjà religieuse au delà des spectacles, si bien réfléchis dans ses vers, de la nature sensible, au delà des lois plus ou moins clairement aperçues qu'il résume par ce mot abstrait de Nature, jusqu'au suprême ordonnateur.

Il paraîtrait, d'autre part, que ses fines et profondes analyses des opérations complexes de l'âme et du corps auraient dû l'amener à les distinguer plus encore qu'à les confondre, comme il le fait avec tant de confiance et de passion, par la communauté des mêmes éléments matériels, de la même mortalité.

S'il en eût été ainsi, on n'aurait pas eu à regretter qu'une

1. *De Nat. rer.*, III, 51 sqq. — 2. *Ibid.*, 883 sqq.
3. *Ibid.*, II, 7 sqq. — 4. *Ibid.* III, 28.

telle poésie, si animée, si éclatante, quelquefois si pathétique et si sublime, si touchée des misères de l'humanité, pénétrée, pour ses désordres et ses crimes, d'une indignation si vive, si éloquente, et, en ces tristes temps, si justifiée, n'eût pour consoler l'homme de bien que la résignation aux maux inévitables, la sécurité d'une condition privée, l'attente paisible du néant; pour intimider et punir le coupable, que l'incertaine et insuffisante répression des lois et même du remords.

Le regret qu'au génie de Lucrèce ait manqué une meilleure cause, et à cette cause le génie de Lucrèce, ce regret, souvent senti, et récemment exprimé avec éloquence par un de nos maîtres[1], est peut-être le plus grand hommage que puisse recevoir l'auteur du poëme *De la Nature*. Je le lui adresse aujourd'hui et aurai à le renouveler quelquefois en étudiant avec vous les deux derniers livres de ce poëme, sur lesquels doit particulièrement se fixer dans ce semestre notre attention; l'un, épopée philosophique, on peut lui donner ce nom, où se déroule magnifiquement, souvent sans doute au moyen d'hypothèses, mais d'hypothèses qui séduisent et ravissent l'imagination, ce qu'Horace appelle les fastes du monde; car je ne doute pas qu'Horace n'ait pensé au cinquième livre du poëme *De la Nature* lorsqu'il a dit :

Tempora si fastosque velis evolvere mundi[2];

l'autre, où les grands phénomènes de la nature ont trouvé, sinon leur explication véritable, il s'en faut de beaucoup, du moins de bien fidèles et bien expressives images : livre moins achevé que le précédent, moins recherché des lecteurs, mais signalé aux doctes et poétiques mémoires par cet épisode final de la peste d'Athènes qui place Lucrèce entre Thucydide et Virgile, sans qu'il ait rien à perdre à ce

---

1. M. Villemain, *Essais sur le génie de Pindare et sur la poésie lyrique*, 1ʳᵉ partie, ch. xv.
2. *Satir.*, 1, 111.

double voisinage, non plus qu'à la concurrence de quelques beaux génies modernes.

Voilà, messieurs, de quoi je vais avoir à m'occuper avec vous, heureux si je ne manque pas tout à fait à la grandeur de mon sujet; j'ajouterai si votre bienveillant intérêt continue de suppléer à ce qui me manquera.

VIII

DES ÉCOLES LITTÉRAIRES ET DES POETES DU SIÈCLE D'AUGUSTE.

(Cours de 1837-1838, leçon d'ouverture.)

Messieurs,

La suite de ces leçons, sur l'histoire de la poésie latine, nous a conduits, en cinq années, par une route bien longue, mais dont les lenteurs, dont les détours mêmes n'étaient peut-être pas sans utilité, jusqu'à cette époque poétique, si célèbre, si étudiée, si connue, que les exemples de la Grèce préparèrent à Rome pendant les deux derniers siècles de la république, dont l'achèvement se rencontra avec la fondation de l'empire, à laquelle Auguste, qui en favorisa à son profit le développement, sut attacher son nom. Cette époque eut pour principaux caractères une correction de formes, une perfection de goût, bien péniblement acquises et qu'elle ne pouvait garder longtemps, qui devaient presque aussitôt s'altérer pour bientôt se perdre, semblables en cela au théâtre même où se produisaient de tels mérites, à ce monde romain formé pièce à pièce par la conquête, et qui, à peine complet, commença à s'ébranler et à se dissoudre. Le siècle d'Auguste, je prends ce mot dans son acception littéraire, en la restreignant à ce qui est particulièrement de mon sujet, à ce qui regarde la poésie, le siècle d'Auguste commence pour nous à Virgile, et il se termine avec Ovide, qui avait vu Virgile, mais qui n'avait fait que le voir, *Virgilium vidi tantum*[1], et qui, malgré toutes ses grâces, semble déjà loin de la vérité, de la pureté, de la beauté virgiliennes. Si au premier de ces deux noms nous ajoutons celui d'Horace, qu'une certaine conformité de génie, de succès et de destinée en a rendu inséparable ; si nous faisons précéder l'autre de ceux qui l'ont en effet devancé, et comme annoncé, de ceux de Properce et de Tibulle ; si, dans cette courte liste, nous tenons compte, comme nous le devons, des poëtes didactiques Gratius et Manilius ; si même nous y comprenons, à raison de son exquise élégance, le fabuliste Phèdre, qui n'a probablement rien publié avant le règne de Tibère, nous aurons rappelé à peu près tout ce qui représente aujourd'hui la poésie d'un âge de loisir social, où l'art des vers, mêlé aux plaisirs et aussi aux vices des Romains, parure de leur luxe et de leur corruption, occupait, avec un peuple d'amateurs, une fort nombreuse élite d'écrivains distingués. Que de productions applaudies, admirées, dont quelques-unes méritaient de l'être, et qui ont péri, péri tout entières, jusqu'aux ruines, comme dit le poëte. A peine en rencontrons-nous quelques débris insignifiants, particulièrement chez les grammairiens qui les ont conservés, non par considération pour leur valeur poétique, mais pour constater certaines curiosités de mètre, de langage, d'orthographe ! Le plus souvent ce qui en reste, ce sont des noms, seulement des noms, mentionnés en passant par la critique ou par l'histoire, ou bien encore que les suffrages de l'amitié ont fait arriver jusqu'à nous dans les vers de quelque poëte plus heureux, destiné à toujours vivre. Veut-on un exemple frappant de ces vicissitudes de gloire contemporaine et puis d'éternel oubli? Le biographe d'Atticus compte parmi les personnes distinguées auxquelles cet illustre Romain rendit service dans des jours malheureux, L. Julius Calidus,

---

1. Ovid., *Trist.* IV, x, 51.

le poëte le plus élégant, dit-il, que son temps ait produit après la mort de Lucrèce et de Catulle : *Quem, post Lucretii Catulliqne mortem, multo elegantissimum poetam nostram tulisse ætatem vere videor posse contendere*[1]. Or ce poëte, ainsi célébré, et par un bon juge, sans le témoignage unique de Cornélius Népos, nous ne saurions pas même qu'il a vécu. Le siècle d'Auguste a compté bien des célébrités pareilles, auxquelles il nous faut croire également sur parole. Et, pour ne pas les rappeler toutes, ce qui serait infini, pour nous borner, parmi tant de grands auteurs oubliés, à ceux dont l'oubli est demeuré le plus illustre, que savons-nous des élégies de Gallus, des comédies de Fundanius, des tragédies de Pollion et de Varius, rivales de la *Médée* d'Ovide, des épopées du même Varius, et de Rabirius, et de Cornélius Sévérus, et de Pedo Albinovanus, des poëmes didactiques ou descriptifs de Macer, qu'en savons-nous, que le peu qu'en ont dit un rhéteur comme Sénèque le père, un critique comme Quintilien, un historien comme Velleius Paterculus, Virgile, Horace, Ovide, qui les traitaient d'égaux et quelquefois de mieux que cela? Ces poëtes, qui pourtant ont charmé leur temps, dont les vers, selon l'expression latine, volaient sur les lèvres des mortels, n'ont laissé après eux, comme le vulgaire, que ces espèces d'épitaphes.

Le temps, qui a traité avec rigueur quelques-uns d'entre eux, a fait, on doit le croire, justice au plus grand nombre. Le temps, a-t-on dit, ne respecte point ce qui se fait sans lui, et vous avez appris d'Horace, ce grand maître dans un art, connu avant lui du seul Catulle et assez généralement ignoré de ses contemporains, dans l'art professé depuis par Boileau, de faire difficilement des vers faciles; vous savez par ses chagrines ou malignes confidences, bien des fois répétées, qu'on se piquait alors à Rome d'inspiration soudaine, de composition précipitée, qu'on redoutait, qu'on dédaignait le lent travail de la lime, qu'on eût rougi de corriger, peut-être de relire, qu'on se fût cru sacrilége

---

1. Corn. Nep. in. *T. Pomp. Attico*, cap. XII.

en revenant sur des vers dictés apparemment par Apollon. De là des surprises d'un jour, des succès sans lendemain, de brillantes, mais périssables ébauches dont s'amusait un moment l'oisiveté romaine et puis qu'elle abandonnait, faites pour durer ce que duraient ces couronnes des festins que nous peint Properce, se séchant sur le front des convives et parsemant de leurs débris les coupes encore pleines.

> Ac veluti folia arentes liquere corollas,
> Quæ passim calathis strata natare vides [1].

Parmi tous ces versificateurs qui s'arrêtaient amoureusement aux premiers caprices de leur esprit, qui se complaisaient dans leur négligence, qui confondaient avec l'art les procédés expéditifs du métier, se rencontrèrent quelques poëtes, d'un génie plus patient et plus sévère, qui, les yeux attachés sur le modèle idéal de la beauté, prétendirent à l'exprimer dans des œuvres plus durables que l'airain, comme ils le disaient eux-mêmes avec une confiance que les siècles n'ont pas démentie :

> Exegi monumentum ære perennius [2].

L'un d'eux, détachant sa main mourante du monument qu'il avait voulu élever à son pays et à son siècle et qu'un patriotique enthousiasme avait proclamé d'avance plus grand que l'Iliade, chef-d'œuvre inachevé auquel il pouvait dire, comme à son Marcellus : *Si qua fata aspera rumpas...*, léguait à ses amis le soin, non pas de le donner au public qui l'attendait, mais de le détruire, le jugeant trop loin encore de cette perfection, l'objet de sa constante poursuite depuis tant d'années, et par laquelle seule il lui semblait que méritaient de vivre les productions de l'esprit. Ce testament, cassé par Auguste, et dans les formes, c'est-à-dire en beaux vers, me semble un des titres de Virgile; il témoigne, presque aussi hautement que ses chefs-d'œuvre, de son respect pour l'art, de la grandeur de sa vocation, de son courageux et puissant labeur; il explique comment il

---

1. *Eleg.* II, xiv, 52. — 2. Hor. *Od.* III, xxx, 1.

lui a été donné, à lui et au petit nombre de ses vrais émules, de représenter seuls, comme je le disais tout à l'heure, la poésie d'un grand siècle littéraire.

Ovide lui-même, dont les vers semblaient la langue naturelle, n'a pas eu de moindres scupules. On sait que, partant pour l'exil, il voulut, ainsi que Virgile et peut-être à son imitation, supprimer, ne les pouvant corriger, ses *Métamorphoses*. Il les brûla de sa main, mais d'indiscrètes copies, qui s'en étaient répandues, les conservèrent, contrariété à laquelle il lui fallut bien se résigner. Je ne suppose pas qu'il ait eu connaissance de ces copies et je le crois plus sincère que ne le fut Lulli, lorsque, dans une maladie, il sacrifia chrétiennement aux religieuses instances de son confesseur le manuscrit d'une partition dont il avait un double. Écoutez en quels termes ce charmant Ovide permet à ses *Métamorphoses* de vivre, tout imparfaites qu'elles sont, ou du moins qu'il les juge.

Ce poëme, comme beaucoup de mes écrits, je l'avais, en partant, livré aux flammes, plein de tristesse....... soit par ressentiment contre les Muses, causes de ma disgrâce, soit parce que mon œuvre ne me semblait qu'une ébauche informe. Si elle n'a pas péri tout entière, si elle existe encore, c'est, je pense, que quelque copie l'avait reproduite. Qu'elle vive, je le demande maintenant, et qu'amusant les loisirs du public, elle s'emploie avec zèle à le faire souvenir de moi. Mais, pour qu'on en supporte la lecture, il faut qu'on sache que le poëte n'y a pas mis la dernière main ; qu'elle a été enlevée de l'enclume à peine forgée, que le poli de la lime lui a manqué. Aussi ce n'est point la gloire, c'est l'indulgence que je sollicite ; ce sera me louer, ô lecteur ! autant que je le souhaite, que de ne me point rejeter. Encore une prière : place en tête de mon livre, si tu juges à propos de les transcrire, ces six vers que je t'envoie.

« Ô vous, qui que vous soyez, aux mains de qui tombera ce volume orphelin, donnez-lui pour le moins asile dans cette Rome, restée votre séjour ! Rappelez-vous pour lui être plus favorable, qu'il n'a pas été publié par son auteur, qu'on l'a comme sauvé de mon bûcher funèbre. Tout ce qu'un travail interrompu y a laissé de fautes, songez que, si le sort l'eût permis, je les eusse corrigées. »

Hæc ego discedens, sicut bene multa meorum
Ipse mea posui mœstus in igne manu....

DU SIÈCLE D'AUGUSTE. 143

Vel quod eram Musas, ut crimina nostra, perosus,
　Vel quod adhuc crescens et rude carmen erat.
Quæ quoniam non sunt penitus sublata, sed exstant,
　Pluribus exemplis scripta fuisse reor.
Nunc precor, ut vivant; et. non ignava, legentum
　Otia delectent, admoneantque mei.
Non tamen illa legi poterunt patienter ab ullo,
　Nesciat his summam si quis abesse manum.
Ab atum mediis opus est incudibus illud,
　Defuit et scriptis ultima lima meis.
Et veniam pro laude peto : laudatus abunde,
　Non fastiditus si tibi lector ero.
Hos quoque sex versus in prima fronte libelli,
　Si præponendos esse putabis, habe :
Orba parente suo quicumque volumina tangis,
　His saltem vestra detur in urbe locus.
Quoque magis faveas. non sunt hæc edita ab ipso,
　Sed quasi de domini funere rapta sui.
Quidquid in his igitur vitii rude carmen habebit,
　Emendaturus, si licuisset, eram[1].

Ces poëtes, si peu indulgents pour eux-mêmes, ont eu toutefois le sentiment de leur supériorité, et ils se sont appliqués à la constater, en se séparant, non moins par la différence de leurs allures que par celle de leurs écrits, de la foule des autres poëtes. Il y avait alors à Rome, c'est par eux que nous le savons, une littérature toute traditionnelle, tout officielle, qui vivait commodément des lieux communs de l'imitation, qui reproduisait sans relâche les mêmes genres et les mêmes sujets, qui s'exerçait surtout assidûment à la louange du prince, plus tôt fatigué qu'elle de tant de panégyriques toujours les mêmes ; littérature médiocre, copiste, obséquieuse, bruyante, importune, qui fatiguait le pouvoir, mais en était protégée; en possession de tous les honneurs, grands et petits, qu'on décernait aux lettres; dictée dans les écoles, étalée chez les libraires, applaudie sur les théâtres et aux lectures d'apparat, couronnée dans le temple, conservée dans la bibliothèque d'Apollon Palatin. Nos poëtes l'honoraient fort, comme tout le monde; mais ils se gardaient de s'y

1. *Trist.* I, VII, 15 sq.; cf. *ibid.*, II, 555 ; III, XIV, 19 sq.

mêler, de s'y confondre, s'en excusant avec une humilité peu sincère et suspecte d'ironie. Ces genres épuisés, ces sujets rebattus, étaient, disaient-ils, trop difficiles et trop hauts; ils n'osaient y prétendre, ils désespéraient d'y atteindre, ils devaient chercher quelque chose de plus à leur portée. La faiblesse de leur génie leur faisait craindre de compromettre, en y touchant, la gloire du souverain. Sans doute ils ne renonçaient pas à l'honneur, au bonheur de la célébrer, mais dans leur mesure, à leurs heures, selon l'occasion; et ils le faisaient en courtisans habiles, accordant ce qu'ils semblaient refuser, louant comme sans dessein, par rencontre, sous forme de prétermission et d'épisode, évitant soigneusement ces tours directs, insupportables même à la vanité qu'ils embarrassent, cette louange maladroite et brutale, contre laquelle Horace nous dit que regimbait, que se tenait en garde la délicatesse d'Auguste. Du reste, ils n'inquiétaient guère l'ambition des poëtes lauréats; ils leur abandonnaient complaisamment les riches récompenses, les honneurs éclatants, les applaudissements, le bruit; ils ne voulaient pour eux-mêmes qu'un peu d'aisance et de loisir, une retraite studieuse, le droit d'y amuser en paix leur fantaisie poétique, l'approbation obscure de quelques amis. Mais ces amis, c'étaient ceux de César, et César lui-même, les esprits les plus délicats, les meilleurs juges de Rome, ceux dont l'opinion devait infailliblement former l'opinion publique et préparer les arrêts de la postérité. Mais dans cette solitude où ils demandaient qu'on les laissât, dans ces sentiers infréquentés du Parnasse où ils voulaient errer seuls loin des regards, ils retrouvaient les traces négligées de Théocrite et d'Hésiode, d'Alcée et de Sapho, de Philétas et de Callimaque. Par eux, la poésie latine, embellie, rajeunie, s'enrichissait chaque jour de quelque nouveauté piquante; elle devenait, ce qu'elle n'avait pas encore été, du moins au même degré, morale, lyrique, élégiaque, l'interprète des sentiments du poëte et des pensées de la société, la voix d'un seul et de tous, personnelle, universelle, romaine, originale.

L'originalité, qu'on leur conteste trop, ils la durent à cet isolement volontaire, qui, les rendant étrangers à l'esprit de routine, de coterie, d'intrigue, moins touchés du succès que de l'honneur de bien faire, leur permit de comprendre et de suivre, sans préoccupation, le mouvement naturel des esprits et des lettres. L'homme, dans ses productions poétiques, débute par se répandre hors de lui-même, il raconte, il expose, il met en scène, il est épique, didactique, dramatique, jusqu'au moment où, ayant épuisé ce monde extérieur de sa pensée, *n'ayant plus où se prendre*, comme dit Corneille, *il se ramène en soi*, et là, dans le mystère de ses passions fatales et de ses volontés changeantes, dans l'infinie variété de ses sentiments, de ses affections, de ses travers, découvre un monde nouveau, plein d'un intérêt et d'un merveilleux que l'autre ne pouvait plus lui offrir. Alors il se contemple, il s'étudie, il se peint, il se chante, il devient à lui-même son propre héros. Rome, sous Auguste, en était là de son histoire littéraire, et ce fut la force des choses, presque autant que l'inclination particulière des écrivains, qui lui donna à la fois tant d'œuvres de formes diverses que réunit un même esprit : ces *satires* et ces *épîtres*, où Horace, reprenant avec plus de précision et d'élégance la libre mesure, le langage familier de Lucilius, retraça une image enjouée des ridicules et des vices de la société romaine, qu'il avouait être un peu les siens; où il professa les maximes de cette morale plus ennemie des excès qu'amie de la vertu, qui plaçait le bien dans le bien-être, dans la modération des désirs et l'économie des jouissances; ces *odes*, je ne parle point de celles qui eussent pu vaincre aux concours d'Apollon Palatin, odes ministérielles, odes artificielles, mais admirablement artificielles, dans lesquelles Horace, un peu à son corps défendant, après s'être fait prier, célébrait en vers magnifiques les gloires de l'empire; je veux parler de la partie en quelque sorte privée de son recueil, de celle où il chante pour son compte et sans ordre, de tant de pièces charmantes, si libres et si vraies, où sa muse, sa *musa pedestris*, montant le char lyrique, tourne en sentiments et en images ce qui était idée dans les *satires* et les *épîtres*, tout ce qu'elles révèlent de ses aimables faiblesses et de sa molle philosophie ; enfin ces *élégies*, où Properce, où Tibulle, où Ovide, développant dans des morceaux de quelque étendue, qui forment un tout par leur réunion, et semblent les actes d'un drame ou les chapitres d'un roman, développant de cette manière ce qu'avaient seulement indiqué, ou esquissé légèrement dans les épigrammes érotiques, dans les essais élégiaques du siècle précédent, Catulle et Calvus, Valérius Caton, Varron d'Atax, Memmius, Cornificius, Ticidas, peignaient, après Gallus, en traits si vifs, l'ivresse des plaisirs, les transports, les faiblesses, les contradictions, les mécomptes de la passion, toutes les joies, toutes les misères de l'amour, naïves confidences dont ils ont su faire une histoire générale du cœur, où chacun se retrouve encore. Je ne prétends pas que les Grecs aient été entièrement étrangers à ces productions, mais seulement que les cadres métriques et poétiques fournis par eux à l'imitation latine, les mœurs romaines les ont remplis de peintures qu'on peut dire originales. Oui, là vit et respire cette société corrompue par les vices de l'univers qu'elle avait conquis, énervée par la guerre civile, assoupie par le despotisme, désintéressée de la vie publique et de ses graves devoirs, toute au repos, toute au bonheur, qu'elle cherchait sans le trouver, que lui refusaient les profusions d'un luxe insensé, les brutales satisfactions des sens, l'emportement même, l'étourdissement de la passion, tandis que quelques sages, les moins vicieux de l'époque, pratiquaient et chantaient les seules vertus dont elle fût capable, si ce sont des vertus, l'oubli du lendemain, l'emploi de l'heure présente, la recherche des biens naturels, l'usage réglé des plaisirs, l'art d'être heureux selon Aristippe et selon Épicure. Ceux à qui nous devons ce portrait l'ont fait sans trop y songer, ne voulant que s'amuser d'eux-mêmes et un peu des autres ; ils ont été, en se jouant, les peintres de leur siècle, ses vrais, presque ses seuls poètes : ce qui eût fort surpris assurément, si on le leur eût dit, les écrivains aux grandes prétentions tragiques, épiques et autres, chefs reconnus et comme brevetés de la littérature impériale.

Cela leur fut insinué, une fois entre autres, avec beaucoup de grâce et d'esprit, dans une pièce qui vous montrera comme aux prises les deux partis poétiques que je me suis attaché à distinguer. C'est une élégie de Properce, adressée au poëte Ponticus. Mais qu'est-ce, me demanderez-vous, la question est naturelle, que le poëte Ponticus? Un de ces faiseurs d'épopées, nommés en si grand nombre par Ovide, dans ses mémoires en vers, qu'il appelle ses *Tristes*, ou qu'il date *du Pont;* aussi célèbre en son temps, aussi ignoré du nôtre que Priscus, Largus, Lupus, Carus, Montanus, Tuticanus, Camérinus, Julus Antonius, tous grands poëtes épiques, comme on disait alors. Apparemment que Ponticus, du haut de la *Thébaïde* qu'il construisait, regardait avec quelque dédain les vers élégiaques de Properce, écrits sans dessein et sans suite, au gré de la passion de chaque jour, mais qui la rendaient si énergiquement. Vous allez voir avec quel heureux mélange de déférence respectueuse et de malice Properce remet Ponticus à sa place et prend lui-même son rang.

Tandis que tu chantes, Ponticus, la Thèbes de Cadmus, avec ses tristes guerres, ses fratricides combats, et que, sur mon bonheur, tu menaces de disputer le prix même à Homère, si toutefois la destinée se montre douce pour tes vers; moi, selon ma coutume, je songe à mes amours, et cherche à écrire quelque chose sur les rigueurs de ma maîtresse. Ce n'est pas comme toi le génie, c'est la passion qui me gouverne et me force de déplorer sans cesse les misères de ma vie. Ainsi se consument mes jours, je ne cherche point d'autre gloire, d'autre titre à la durée de mes œuvres et de mon nom. Qu'on dise, Ponticus, que seul j'ai su plaire à une docte fille, que j'ai quelquefois éprouvé ses injustes emportements. Que je devienne l'assidue lecture de l'amant maltraité qu'instruiront mes disgrâces. Mais toi, si quelque jour l'enfant cruel venait à te percer de ses flèches trop sûres, triste sort que puissent ne jamais filer pour toi mes divinités, tu pleurerais, infortuné, tes sept chefs avec leurs bataillons languissant loin de toi et pour jamais dans la poussière et le silence ; tu voudrais composer de tendres vers, il serait trop tard, l'amour ne t'en dicterait point. Alors je ne te semblerais plus un si humble poëte, tu m'admirerais, tu me préférerais aux plus grands génies de Rome, comme fera la jeunesse romaine qui ne pourra s'en taire sur mon tombeau, et viendra s'y écrier : Ici tu reposes, grand poëte, qui chantas nos ardeurs. Garde-toi donc de mépriser orgueilleusement mes vers : l'amour fait quelquefois payer cher sa venue trop tardive.

> Dum tibi Cadmeæ dicuntur, Pontice, Thebæ,
>   Armaque fraternæ tristia militiæ;
> Atque, ita sim felix, primo contendis Homero,
>   Sint modo fata tuis mollia carminibus;
> Nos, ut consuemus, nostros agitamus amores,
>   Atque aliquid duram quærimus in dominam.
> Nec tantum ingenio, quantum servire dolori
>   Cogor, et ætatis tempora dura queri.
> Hic mihi conteritur vitæ modus; hæc mea fama est;
>   Hinc cupio nomen carminis ire mei.
> Me laudent doctæ solum placuisse puellæ,
>   Pontice, et injustas sæpe tulisse minas.
> Me legat assidue post hæc neglectus amator,
>   Et prosint illi cognita nostra mala.
> Te quoque si certo puer hic concusserit arcu,
>   Quod nolim nostros evoluisse deos,
> Longe castra tibi, longe miser agmina septem
>   Flebis in æterno surda jacere situ :
> Et frustra cupies mollem componere versum,
>   Nec tibi subjiciet carmina serus amor.
> Tunc me non humilem mirabere sæpe poetam;
>   Tunc ego romanis præferar ingeniis;
> Nec poterunt juvenes nostro reticere sepulcro :
>   « Ardoris nostri magne poeta, jaces. »
> Tu cave nostra tuo contemnas carmina fastu :
>   Sæpe venit magno fœnore tardus amor[1].

Que pensa Ponticus de cette ironique élégie? Il en fut probablement plus blessé que corrigé, et, avec sa *Thébaïde*, reprit ses grands airs épiques.

Je comprends qu'on me demande comment je rattache à ces poëtes d'une inspiration personnelle et locale, chez lesquels je crois trouver l'expression originale de la pensée de leur temps, l'auteur des *Églogues*, des *Géorgiques*, de l'*Énéide*, qui, par le choix de genres et de sujets où il n'était guère intéressé, semble d'abord plus conforme aux

---

1. *Eleg.*, I, VII.

habitudes d'imitation routinière de l'école des Ponticus. Je réponds qu'un des plus grands charmes de la poésie de Virgile, c'est précisément l'intervention lyrique et élégiaque du poëte dans des ouvrages où elle n'était guère attendue, ces éclats soudains qui révèlent son âme simple et candide, ses affections tendres et mélancoliques. Je réponds encore que ces ouvrages ne sont pas si exclusivement littéraires qu'on s'imagine, et que Virgile y a fait une large part aux sentiments, aux goûts de ses contemporains. Quoi! même dans les *Églogues?* Et qu'importaient aux héritiers de la guerre civile, hommes de sang et de rapine, perdus de luxe, perdus de débauche, des tableaux pris de la vie des champs? Beaucoup assurément, beaucoup plus qu'ils n'eussent fait même au vieux Caton, bien qu'il cultivât la terre et qu'il écrivît sur l'agronomie, ou peut-être à cause de cela. Caton, comme les Curius, les Fabricius, les Cincinnatus, ses devanciers, c'était un sublime paysan, qui ne voyait dans la nature champêtre que les produits qu'il lui arrachait. Pour qu'elle devînt un objet d'intérêt poétique, il fallait, ce qui ne tarda pas d'arriver, que les raffinements de la civilisation eussent par degrés éloigné d'elle, qu'on la regrettât, qu'on la redemandât, qu'on en recherchât l'apparence ou l'image. Il y avait longtemps qu'il en était ainsi chez les grands et les riches de Rome quand Horace leur disait :

Vous chassez la nature, mais elle revient malgré vous; elle triomphe à votre insu de vos injustes dédains. N'élevez-vous pas des forêts parmi vos colonnades? Ne voulez-vous pas des maisons d'où votre œil puisse s'égarer au loin dans de vastes campagnes? »

Nempe inter varias nutritur sylva columnas,
Laudaturque domus longos quæ prospicit agros.
Naturam expellas furca, tamen usque recurret,
Et mala perrumpet furtim fastidia victrix[1].

On comprend qu'une telle société ait accueilli avec faveur cet homme qui lui venait du bourg d'Andès avec ses

---

1. *Epist.* I, x, 22 sqq.

manières villageoises, ses vers si élégamment, si harmonieusement rustiques. Ainsi avait été accueilli à la cour non moins somptueuse, non moins corrompue, non moins ennuyée des Ptolémées, le modèle de Virgile, Théocrite. Tous deux furent les introducteurs de la poésie pastorale à sa véritable époque : lorsque ses rudes et grossières chansons, quittant les Arcadies, où elles prennent naissance et charment, pendant des siècles, les obscurs loisirs des bergers, se traduisent en langage plus poli pour l'amusement des villes, blasées par l'abus de toutes les recherches, ramenées à force d'ennui au goût de la simplicité primitive ; lorsque la description de la nature sensible, ressource de la poésie qui s'épuise, remplace dans ses tableaux la figure de l'homme, auparavant son principal et presque son seul objet, que l'acteur s'efface et disparaît pour ne laisser voir que le théâtre.

Ajoutons qu'un intérêt de circonstance s'attachait à ces poëmes où Virgile plaignait le sort des habitants de la campagne chassés par les vétérans, le sort de la campagne elle-même condamnée, par ces dépossessions violentes, par les longues dévastations de la guerre civile, à la stérilité. On a cru, non sans vraisemblance, que Virgile, dans ses *Géorgiques*, suivant les instructions de Mécène, *tua Mœcenas haud mollia jussa*, avait voulu seconder, autant qu'il était permis à un poëte, les intentions réparatrices de la politique d'Auguste ; c'est un dessein qu'on ne peut méconnaître à cette même époque dans certaines *odes* d'Horace, dirigées contre un nouveau genre de ravages, ceux des *villas* qui se multiplient, qui s'étendent, chassant devant elles les cultivateurs, étouffant la culture sous leurs bosquets et leurs parterres[1]. La sympathie publique dut répondre à ces efforts de la poésie pour réhabiliter, ramener les vertus laborieuses de l'antique Italie, des vieux Sabins, de l'Étrurie, de cette cité, à son origine pastorale et agricole, qui y avait puisé sa force, trouvé les premiers éléments de sa future grandeur.

1. Hor., *Od.*, II, xv, xviii; III, i, vi; *Epist.*, I, i.

Hanc olim veteres vitam coluere Sabini ;
Hanc Remus et frater ; sic fortis Etruria crevit
Scilicet et rerum facta est pulcherrima Roma[1].

Rome, c'est sous des titres divers le perpétuel, le véritable sujet de la muse nationale de Virgile. Dans la maturité de son âge, il rassemble toutes ses forces pour l'honorer par une épopée, noble et difficile entreprise, si légèrement, si vainement tentée depuis Névius et Ennius jusqu'à lui, dans tant de compositions de caractère ou mythologique ou historique dont presque lui seul se souvient. Mais lequel des deux genres épiques doit-il traiter de préférence ? La mythologie ? Elle est devenue une redite insupportable contre laquelle personne ne s'est plus déclaré que lui.

..... Qui ne connaît le dur Eurysthée, les autels du détesté Busiris ? Qui n'a chanté le jeune Hylas, l'île flottante de Latone, et Hippodamie, et Pélops à l'épaule d'ivoire, aux coursiers rapides ?

........Quis aut Eurysthea durum
Aut illaudati nescit Busiridis aras?
Cui non dictus Hylas puer, et Latonia Delos,
Hippodameque, humeroque Pelops insignis eburno,
Acer equis[2]?

Fera-t-il de l'histoire en vers ? L'histoire est bien voisine, bien réelle, bien ennemie de la fiction, bien prosaïque, et d'ailleurs les historiens sont déjà venus. Son œuvre sera à la fois mythologique et historique, elle suivra les deux directions entre lesquelles s'est partagée jusqu'ici l'épopée latine.

Virgile se place au sein de fables contemporaines de la guerre de Troie, et de là il s'ouvre de hardies perspectives dans l'avenir ; il voit de loin les Latins, les Albains, les Romains, *Romanos rerum dominos gentemque togatam*[3],

---

1. Virg., *Georg.* II, 537 sqq. Cf. Hor. *Od.* III, VI, 25 sqq.
2. Virg., *Georg.*, III, 4 sqq. Cf. *Cul.*, 26 sqq.
3. Id., *Æn.*, I, 282.

la république, l'empire, Auguste et sa dynastie... *les Césars dans l'Élysée errants*. Ainsi, par le choix de son point de vue, se déplaçant lui-même, puisqu'il ne peut déplacer, reculer l'histoire, il réussit à lui donner ce lointain poétique qui lui manquait ; il donne en même temps plus de réalité à la fable devenue le préambule presque historique des annales romaines. Cette fable, c'est la fable grecque, mais rajeunie par son mélange avec la fable ausonienne : ces deux mondes poétiques habilement conciliés, tous les souvenirs de la littérature homérique, toutes les traditions, toutes les antiquités du pays, trouveront place dans une œuvre de proportions vastes et régulières, capable de répondre, comme on l'a dit du génie de Cicéron, à la grandeur d'un empire qui comprend dans ses limites tous les peuples, qui enferme tous les dieux dans son Panthéon. Voilà, selon moi, la conception de Virgile ; elle le sépare, non moins que les merveilles de l'exécution dont je ne parle pas, de la tourbe héroïque, ou prétendue telle, qui l'entoure.

Ce n'est pas la faute du chantre de l'*Énéide* si, les sentiments et le langage s'étant polis depuis Homère, il tombe quelquefois dans l'anachronisme, à peu près inévitable, d'une poésie plus moderne que les mœurs qu'elle exprime. Ce n'est pas sa faute si les choses de la vie ont perdu la nouveauté qui les rendait poétiques, si la religion tourne à la philosophie, si les croyances ne sont plus, chez les classes élevées, qu'une sorte de foi littéraire, assez semblable à cette convention de l'esprit par laquelle, nous autres modernes, nous nous faisons un instant païens pour lire et goûter l'antiquité. Sans doute les sources du merveilleux, et naturel et surnaturel, se tarissent ; mais Virgile sait encore y puiser de quoi animer cette production, dont les monuments sont bien rares, l'épopée permise aux siècles qui ne sont plus épiques, image savante et industrieuse de l'épopée naïve des premiers âges.

Si Virgile, à cet égard, peut être regardé comme le Tasse du siècle d'Auguste, Ovide, on l'a dit quelquefois, en est l'Arioste. La mythologie n'est pas prise plus au sérieux dans les *Métamorphoses* que la chevalerie dans le *Roland Furieux*. Toutes ces fables dont le poëte forme le léger et ingénieux tissu de ses quinze livres, il veut seulement en égayer son imagination sceptique et la bénévole crédulité de ses lecteurs :

In non credendos corpora versa modos[1].

Le sérieux même du début et de la conclusion, l'un tout cosmogonique, l'autre tout historique, semble une protestation contre l'absurdité voulue des merveilles qui s'y encadrent ; l'aveu, bien reçu sans doute d'un temps fort indévot, que la religieuse épopée n'est plus qu'un badinage littéraire assez profane.

Ce caractère des *Métamorphoses* est aussi celui des *Fastes*, poëme moins artistement composé, qui reproduit trop le décousu de ce qu'il traduit, le calendrier ; poëme qu'une intention didactique rend parfois plus sévère. La légende y domine, la légende d'un temps de civilisation avancée, mensonge consacré, qu'imposent la religion et la politique, et auquel consentent, sans y croire, la vanité nationale qu'il flatte, et la poésie qui s'en inspire.

L'érudite Alexandrie avait donné l'exemple de ces poésies archéologiques, dont les *Fastes* ne furent pas le premier essai latin, qu'avaient tentées, avant Ovide, Properce et Aulus Sabinus[2]. L'esprit du moment les appelait. Rome, sur son déclin, n'attendant rien de l'avenir, aimait à s'entretenir du passé, à s'enchanter des souvenirs de son histoire, réelle ou fabuleuse.

La nouveauté de la forme achevait de distinguer les *Métamorphoses* et les *Fastes* de ce qui se publiait alors. Ce n'était plus l'unité, recommandée par Horace : *Denique sit quod vis simplex duntaxat et unum*[3], mais en sa place, comme dans certaines pièces par lesquelles Euripide avait essayé de renouveler la scène grecque, un intérêt collectif.

---

1. *Trist.*, II, 64.
2. Voy. Propert., *El.*, IV, I, 69 ; Ovid., *de Pont.*, IV, XVI, 15.
3. *De Art. poet.*, 25.

Le poëte faisait courir son lecteur sur une multitude d'aventures, réduites par un procédé nouveau, emprunté au théâtre, et qui avait produit assez récemment l'Ariane de Catulle, l'*Io* de Calvus, la *Smyrna* de Cinna, la Scylla attribuée ou à Gallus ou à Virgile, enfin dans les *Géorgiques* l'épisode d'Orphée et d'Eurydice, dans l'*Énéide* celui de Didon, à quelques situations d'élite, d'un intérêt dramatique, d'une expression passionnée. Ces recueils, on peut leur donner ce nom, offraient l'extrait, le résumé de toute la littérature épique et tragique ; mais ils en annonçaient la fin, ils en étaient le testament, bien que ces genres décrépits ne pussent se résigner à mourir.

Un des plus obstinés à vivre, c'était le poëme didactique, devenu, comme chez les Alexandrins, comme partout, un exercice habituel de versification, pour lequel tous les thèmes semblaient bons, l'astronomie, ou mieux l'astrologie, les sciences physiques ou médicinales, l'histoire naturelle, la chasse, la pêche, que sais-je encore ? Ce poëme, même chez Macer, même chez Gratius, chez Manilius, qui nous sont mieux connus, dont nous pouvons apprécier par nous-mêmes l'élégance ou l'énergie, déjà mêlées l'une et l'autre de quelque dureté, ne brillait que d'un éclat assez froid. Il ne devait plus retrouver l'intérêt présent et général qu'avaient su lui donner Virgile, Horace, Ovide, si habiles à choisir leurs sujets, lorsqu'ils avaient entrepris d'enseigner aux descendants du rustique Caton, maintenant hommes de lettres et hommes de plaisir, l'art de la culture, l'art des vers, l'art de la galanterie.

Rien de durable comme le lieu commun ; mais le lieu commun épique surtout semblait prétendre, chez les Romains, à l'éternité de l'empire. Le fleuve continua de couler, et à pleins bords, roulant dans ses flots monotones, emportant vers les abîmes de l'oubli des *Perséides*, des *Herculéides*, des *Théséides*, des *Amazonides*, des *Thébaïdes*, des *Achilléides*, des *Phœacides*, des *Argonautiques*, des *Anté-Homériques*, des *Post-Homériques*, des poëmes sur la première, sur la seconde *Prise de Troie*, sur l'*Enlèvement*, sur le *Retour d'Hélène*, sur *Memnon*, sur *Antenor*, sur *Dio-*

mède, cent autres, est-ce assez dire ? mille de cette sorte. Sur la rive, se retrouvèrent échouées, par un hasard qu'on n'ose dire heureux, ces productions banales dans lesquelles Stace, Silius Italicus, Valérius Flaccus, Claudien, avaient consumé, sans fruit, un talent qui pouvait être mieux employé. Lucain seul, dans ces derniers âges, interrompit, par quelques beautés nouvelles, la trop fidèle tradition d'une imitation stérile contre laquelle ne cessaient de réclamer les seules muses qui n'eussent pas vieilli à Rome, celles de l'épigramme et de la satire, dans des vers cependant qui, après tout ce qu'avaient dit de semblable Virgile, Horace, Properce, Tibulle, Ovide, pouvaient eux-mêmes passer pour un lieu commun.

Quoi ! toujours écouter, et sans réplique, tant de fois opprimé par la Théséide de l'enroué Codrus ! C'est donc impunément qu'ils m'auront récité, l'un ses drames, l'autre ses vers élégiaques ! J'aurai, sans me venger, perdu tout un jour à entendre l'immense Télèphe, et cet Oreste, qui déjà remplit un volume, page et revers, déborde sur la marge, et n'est pas achevé. Nul ne connaît sa maison aussi bien que me sont connus le bois sacré de Mars et l'antre de Vulcain, voisin des îles Éoliennes. Les tempêtes soulevées par les vents, les supplices dont Éaque châtie les ombres, l'or de cette toison enlevée à une contrée lointaine, ces frênes, javelots énormes du centaure Monychus, voilà ce dont retentissent sans cesse les allées de platanes de Fronton, ce qui fait rompre les colonnes de marbre de ses portiques, à la voix d'infatigables lecteurs. Qu'on n'attende désormais rien autre chose de nos poëtes, grands ou petits.

> Semper ego auditor tantum? Nunquam ne reponam,
> Vexatus toties rauci Theseïde Codri?
> Impune ergo mihi recitaverit ille togatas,
> Ille elegos? Impune diem consumpserit ingens
> Telephus? Aut summi plena jam margine libri
> Scriptus, et in tergo, necdum finitus Orestes?
> Nota magis nulli domus est sua, quam mihi lucus
> Martis, et Æoliis vicinum rupibus antrum
> Vulcani. Quid agant venti, quas torqueat umbras
> Æacus, unde alius furtivæ devehat aurum
> Pelliculæ, quantas jaculetur Monychus ornos,
> Frontonis platani, convulsaque marmora clamant,

> Semper et assiduo ruptæ lectore columnæ.
> Expectes eadem a summo minimoque poeta[1].

Voilà ce que disait Juvénal et ce qu'il ne devait pas dire le dernier. Mais c'est trop nous écarter de l'époque poétique dans laquelle il nous faut nous renfermer, et que j'ai cherché aujourd'hui à faire embrasser d'une seule vue, rassemblant, dans cette espèce de statistique préliminaire, tous les éléments d'originalité qui ont contribué à la produire. Deux de ses poëtes particulièrement, les premiers de tous, Virgile et Horace, devront désormais nous occuper et suffiront du reste aux études de notre année par la variété de leurs œuvres et des questions qui s'y rattachent. Nous aurons à instruire de nouveau ce vieux procès des littératures primitives et des littératures d'imitation, du génie grec et du génie romain. Nous pouvons prévoir que nous ne le terminerons point, et que, les parties entendues, nous prononcerons, dans notre impartialité, comme ce juge que fait parler un de nos auteurs : *et vitula tu dignus et hic*[2]. Aussi bien est-ce le jugement des siècles auquel il est sage de s'en tenir, qu'il ne s'agit point de reviser, de casser, mais seulement de comprendre et d'expliquer. Je souhaiterais que ces explications ne vous parussent pas indignes d'être entendues, et je trouverais dans votre présence, dans une bienveillante attention, qui ne m'a point manqué jusqu'ici, l'encouragement et la récompense de mes efforts.

1. *Sat.* I, 1 sq. — 2. Virg., *Buc.*, III, 109.

IX

DE L'ÉPOPÉE AVANT VIRGILE ET DE L'ÉNÉIDE.

(Cours de 1837-1838, deuxième semestre, leçon d'ouverture.)

Messieurs,

L'étude des *Bucoliques* et des *Géorgiques*, comme aussi des productions anciennes et modernes qui peuvent en être rapprochées, des questions historiques et littéraires qui s'y rapportent, a rempli tout notre premier semestre. L'étude de l'*Énéide* est la matière obligée du reste de ces leçons. Nous voici arrivés au moment où Virgile, enhardi par des chefs-d'œuvre, reprend, non sans quelque défiance encore, la tâche épique qu'avait abandonnée sa jeunesse. C'est une grande époque dans l'histoire de la littérature latine, qui devient enfin capable de ce qu'elle avait essayé vainement durant deux siècles et qu'elle n'accomplit pas une seconde fois; dans l'histoire de la poésie, qui peut enfin opposer un digne pendant aux grands monuments d'Homère. Comment se lie l'œuvre de Virgile, et au mouvement général de l'imagination humaine, tel qu'il s'était librement produit chez les Grecs, et au développement moins spontané des lettres latines, et au progrès du génie d'un grand poëte? C'est par l'examen préalable de ces trois questions qu'il me paraît convenable d'aborder le grand sujet auquel nous sommes amenés.

Vous savez combien de poétiques ont été écrites sur l'épopée, à combien de parallèles entre Homère et Virgile ces poétiques ont donné lieu. Rien de plus vain, on peut le dire aujourd'hui, que ce travail de la critique, quelque science d'ailleurs, quelque esprit, quelque talent qui s'y soient dépensés. On s'en est convaincu presque de nos jours, dans le débat de la grande querelle engagée sur l'origine de l'Iliade et de l'Odyssée, sur l'existence même de leur auteur. Si la question principale est restée indécise, on est arrivé du moins à reconnaître que l'épopée n'est point un genre qui appartienne à tous les temps, qu'on puisse reproduire dans tous indifféremment, en se réglant sur un certain patron convenu ; qu'elle est, au contraire, limitée à certaines époques qui la portent d'elles-mêmes et sans effort, tandis que, pour la faire renaître en d'autres, il faut un concours de circonstances exceptionnelles dont la principale est l'accident fort rare d'un homme de génie. Tout le monde convient maintenant qu'il y a deux sortes d'épopée : l'une, qu'on pourrait appeler naturelle, produit à peu près nécessaire d'un certain état primitif de la civilisation ; l'autre, qui n'est que l'artificielle, mais parfois très-heureuse image de la première.

Lucrèce termine en ces termes sa belle histoire de l'établissement de la société :

..... Déjà les hommes vivaient dans des villes entourées de fortes murailles ; la terre partagée, divisée, était livrée à la culture ; la mer se parait de voiles et de vaisseaux ; on s'assurait au loin, par des traités, des secours et des alliances, quand les poëtes confièrent pour la première fois aux vers le souvenir des choses passées. Bien peu de temps avant on avait trouvé l'écriture....

Jam validis septi degebant turribus ævum
Et divisa colebatur discretaque tellus ;
Tum mare velivolum florebat navibu' pandis ;
Auxilia et socios jam pacto fœdere habebant,

Carminibus cum res gestas cœpere poetæ
Tradere, nec multo priu' sunt elementa reperta[1].

Je crains bien qu'il n'y ait là un anachronisme. Chez tous les peuples, à leur début, antérieurement à l'écriture et à la prose, à l'histoire, qui a besoin de toutes deux, il existe une tradition orale, laquelle, pour se graver dans le souvenir des hommes, s'aide de formes métriques, laquelle se propage par le chant, et conserve ainsi le passé. Elle ne le conserve pas sans le mêler, l'altérer de fictions, dont il est facile d'indiquer les causes : c'est l'infidélité involontaire de la mémoire, c'est la vanité complaisante des particuliers, l'orgueil héréditaire des familles et des tribus, ce sont les mensonges intéressés de la religion, de la politique, enfin et surtout le goût des hommes de cet âge pour le merveilleux. Leur ignorance se plaît à placer dans chaque scène de la nature, dans chaque événement, quelque puissance divine ; en outre, tout est si nouveau pour eux, l'humanité, la société, ses travaux, ses spectacles, que les moindres détails de la vie excitent leur curiosité, leur intérêt, s'embellissent à leurs yeux et dans leur langage d'un charme poétique. De là un double merveilleux, l'essence même de cette œuvre des sociétés primitives qu'on appelle l'épopée.

L'épopée, ce mot dont je me suis servi jusqu'ici pour abréger, est-il bien choisi? Ne vaudrait-il pas mieux dire la poésie épique ? Je verrais volontiers entre les deux cette différence que la dernière n'est guère que la matière de l'autre. Il n'y a rien de bien rare dans la poésie épique ; peu de nations en manquent, et nous-mêmes serons bientôt accablés de tout ce que nous en promettent nos fouilles dans le moyen âge. Nous y déterrerons assurément beaucoup moins d'épopées. A l'épopée ne suffisent point, en effet, les formes du récit ; il lui faut encore un sujet dont l'unité l'ordonne autrement que par la succession fortuite des aventures, le caprice désordonné du narrateur, un sujet non-seulement un, mais grand, propre à intéresser, à exprimer toute une nation, ou, s'il se pouvait, l'humanité

---

1. *De Natur. rer.*, V, 1437.

elle-même. Une telle œuvre veut un poëte qui, par l'emploi supérieur de ses facultés et des moyens dont il dispose, atteigne dans ses vers à l'idéal. Ce dessein, cette ordonnance, cette élévation, voilà ce qui sépare de toutes les poésies épiques de l'antiquité grecque, son sublime produit, les épopées d'Homère.

Mais laissons cette distinction pour ne nous occuper que du genre en général. Il ne peut pas toujours durer ; il trouve son terme naturel dans les progrès de la société. A mesure qu'elle devient moins crédule, le merveilleux se retire, le merveilleux, c'est-à-dire l'élément épique par excellence. Les découvertes de la physique l'exilent par degrés des phénomènes du monde sensible, la connaissance des causes réelles de tous les faits du monde moral ; les perfectionnements de l'industrie enlèvent aux choses de la vie familière, désormais trop usuelles, trop connues, le mystère et la nouveauté qui les rendaient poétiques. Que reste-t-il à la poésie épique ? Ce qui ne peut lui suffire, des événements, des passions, que va raconter l'histoire, que le drame va transporter sur la scène. Il n'y aura plus d'Homère, il y aura des Hérodote et des Thucydide ; il y aura des Eschyle, des Sophocle et des Euripide. C'en est fait, la poésie épique n'existe plus, ou n'a plus le droit d'exister. Sans doute, il se trouve encore des écrivains qui ont foi en elle, lorsqu'elle périt, et cherchent à la ranimer ; un Antimaque, en substituant dans sa Thébaïde à l'antique simplicité une élévation de style qui lui a valu le suffrage de la docte Alexandrie, mais que Catulle, plus sévère, a traitée d'emphase, en même qu'il traitait de peuple ses admirateurs, *populus tumido gaudeat Antimacho* [1] *;* un Chérilus, en appliquant l'ancien cadre mythologique aux événements de l'histoire contemporaine, aux guerres contre la Perse, célébrées dans sa Perséide ; avec quel succès, nous ne le savons, nous savons seulement que le succès était impossible. De telles tentatives achevaient de démontrer que le temps de la poésie épique était passé : il revint lors de l'é-

1. *Carm.*, XCV, 1.

puisement du théâtre, qui la laissa reparaître avec les autres genres qu'il avait longtemps comme suspendus. Mais elle ne reparut point telle qu'elle était dans l'origine : on eût dit qu'elle cherchait à se souvenir d'elle-même, à se ressembler, à se copier; de là l'épopée artificielle des Alexandrins, pastiche élégant de l'épopée naturelle dont elle affectait la naïveté, œuvre érudite où la foi aux fabuleuses traditions était remplacée par la curiosité scientifique; œuvre venue après le long règne de la poésie lyrique, de la poésie dramatique, et qui leur avait inévitablement emprunté quelque chose, comme l'intervention plus fréquente des sentiments personnels du poëte dans ses récits, l'emploi de formes plus rapides et plus brèves, la recherche de situations, d'émotions semblables à celles de la tragédie, que déjà Aristote, dans sa Poétique, avait assimilée presque en tout à l'épopée. Tel fut le chef-d'œuvre de ce genre, le poëme où Apollonius de Rhodes conta, en quatre chants seulement, pour des lecteurs moins patients que les auditeurs des rapsodes homériques, l'expédition des Argonautes, avec toute l'élégance et toute la science de son temps, et quelque chose de mieux, une intelligence des secrets du cœur et du langage de la passion qui fit de sa Médée le modèle de la Didon de Virgile. Nous voilà tout naturellement ramenés à notre poëte, que nous ne quitterons point pour rechercher après lui, ce qui serait fort superflu, dans la littérature grecque du Bas-Empire, les productions, alexandrines encore par leur esprit, de Nonnus, de Quintus, de Coluthus. On voit de quelle école épique relève Virgile. C'est un autre poëte sans doute qu'Apollonius, écrivain élégant, agréable, touchant même, mais qu'enfin Quintilien a cru ne pouvoir louer que d'une certaine médiocrité soutenue, *æquabili quadam mediocritate non contemnendus*[1]. Virgile est bien au-dessus d'un pareil éloge, qui le défend assez d'un parallèle injurieux. Mais il était venu après les Alexandrins ; il les connaissait, il les estimait, il a dû les imiter, surtout

---

1. *Inst. orat.*, X, 1, 54.

écrivant comme eux à une époque de scepticisme philosophique, de critique et d'érudition, en concurrence des odes d'Horace, des élégies de Properce et de Tibulle, des tragédies de Pollion et de Varius. Faut-il s'étonner que, tout imitateur d'Homère qu'il se montre, il mêle à ce qu'il lui emprunte des mérites pris à d'autres modèles et d'un autre temps, qu'il ait plus d'élégance que de naïveté, plus de science mythologique, plus d'adresse à remuer les machines consacrées de la Fable que de vrai merveilleux, qu'il soit lyrique, élégiaque, tragique autant qu'il est épique? Qu'on ne se scandalise point de ces restrictions, s'il faut les appeler ainsi, aux éloges dont la juste admiration des siècles a comblé l'*Enéide*. Un chef-d'œuvre ne perd rien à être apprécié, sans superstition, dans son véritable esprit. Ainsi en a parlé, j'aime à me mettre à couvert sous une si grave autorité, M. Villemain, à propos de la Henriade[1], dans les volumes où il vient enfin de nous rendre ce qui nous manquait encore de ses mémorables leçons en 1827 et 1828.

Si Virgile n'était pas libre de faire autrement que ses maîtres d'Alexandrie, on peut ajouter qu'il ne l'était pas davantage de s'écarter des habitudes de composition de ses prédécesseurs romains. Car Virgile a eu à Rome, dans l'épopée, des prédécesseurs. Delille a beau dire, je ne sais si c'est d'après Dryden, comme presque tout le reste, dans le spirituel discours préliminaire de sa traduction des *Géorgiques*, que « le premier, parmi les Romains, il introduisit trois genres de poésie, empruntés de trois fameux poëtes grecs, Théocrite, Hésiode et Homère. » L'*Énéide* n'est venue qu'après deux siècles et plus d'essais épiques, qui en ont presque fatalement décidé le caractère, qu'il n'est par conséquent pas inutile d'étudier, du moins dans ce qui en reste, pour la bien comprendre. Il est bon d'arriver à ce grand monument des lettres latines, comme son auteur lui-même, par une double voie, une double avenue, celles de la poésie grecque et de la poésie romaine.

---

1. *Cours de Littérature française; Tableau du dix-huitième siècle*, VIIIe leçon.

Les Romains font une très-notable exception au fait général qui place chez tous les peuples, à leur début dans la civilisation, une tradition métrique et chantée, matière de l'épopée, et point de départ de l'histoire. Niebuhr, il est vrai, la leur a supposée dans une hypothèse fameuse que nous ne débattrons point de nouveau; mais ses preuves n'ont pas été jugées suffisantes, et certainement elles ne l'étaient pas. Les Romains n'ont pas manqué plus que d'autres, les récits de Tite-Live l'attestent, de faits merveilleux propres à inspirer des poëtes épiques; seulement ils furent, durant les cinq premiers siècles de leur existence, si occupés de guerre et de politique, d'affaires et de labourage, ils eurent alors, au sein d'intérêts tout positifs, une imagination si pauvre et un langage si rude, que ces poëtes ne purent se produire. Les annales de Rome ne commencèrent à être écrites en vers qu'au moment même où on les allait écrire en prose, peu de temps avant les Fabius Pictor, les Cencius Alimentus, les Acilius Glabrion, les Posthumius Albinus, les Calpurnius Pison, pas avant le sixième siècle de Rome, et par des élèves de la Grèce, par Névius et Ennius, par l'un dans le vieux mètre saturnien, par l'autre dans la mesure de l'hexamètre, dont il fut l'introducteur. Tous deux, soldats de Rome, chantèrent, avec patriotisme, et non sans inspiration et sans génie, à une époque de barbarie littéraire, ce qu'ils avaient vu, ce que, pour leur part, ils avaient fait : Névius, la première guerre punique ; Ennius, la seconde et la guerre d'Étolie. Comme les historiens, qu'ils précédèrent de si peu, ils remontèrent, dans de longs préambules, jusqu'aux origines fabuleuses de Rome. De là chez Ennius, dont il reste davantage et qui nous est un peu mieux connu, une œuvre de proportions plus vastes que régulières, où les grammairiens, qui l'ont divisée après coup, n'ont pas compté moins de dix-huit livres; une œuvre d'une unité fort complexe, s'étendant, non plus seulement comme le poëme de Névius à la durée d'une guerre, mais comme les prétentions de l'ambition romaine, à l'ensemble déjà si avancé de la conquête du monde; une œuvre de caractère divers, qui commençait par le merveilleux épique auquel, du reste, le traducteur d'Evhémère et d'Épicharme, expliquant à leur exemple la mythologie par des apothéoses ou des symboles, ne pouvait s'arrêter longtemps; qui bientôt continuait par l'histoire et la chronique, pour arriver enfin au ton des mémoires privés; une œuvre dans laquelle se mêlaient à d'heureuses inspirations que Virgile a mises à profit et louées avec quelque ingratitude, force détails prosaïques, qui sentent le géographe, l'antiquaire, le grammairien, tout ce qu'était Ennius en même temps que poëte. Une telle production, antérieure de près de deux siècles à l'*Énéide*, ne contenait-elle pas comme un oracle de ce que devait être ce poëme ? Pouvait-on attendre de Virgile ce que n'avait pu avoir Ennius, la foi crédule, le facile enthousiasme, la naïveté de l'épopée primitive ?

Après Ennius, il y a éclipse de la poésie épique, qui disparaît, avec la plupart des autres genres, voilés pendant de longues années par les succès, exclusifs à Rome, comme en Grèce, comme partout, des productions de la scène. Elle se remontre dans le septième siècle, on ne saurait dire à quelle époque précise, enhardie sans doute par le déclin de la tragédie et de la comédie. Sa hardiesse est bien timide : rompant l'incohérente unité du poëme d'Ennius, faisant deux parts de la réalité et de la fable, elle se divise, ce qui s'était pareillement vu chez les Grecs au temps de la rivalité d'Antimaque et de Chérilus, en deux sortes d'épopées, l'une historique, l'autre mythologique, dont il nous faut suivre séparément les destinées désormais distinctes.

De grands sujets s'offraient alors à l'épopée historique : la guerre des Cimbres et des Teutons, le consulat de Cicéron, les expéditions de Lucullus et de Pompée, les conquêtes de César, les exploits d'Antoine, les victoires d'Octave, les dernières luttes de la guerre civile jusqu'à l'établissement de l'empire et l'avénement d'Auguste. De tout cela se forma une sorte de grand cycle historique dans lequel prirent place les compositions du vieil Hostius, l'aïeul de la Cynthie de Properce; des deux Furius, des deux Cicérons, de Varron d'Atax, ce facile et fécond auteur que l'on rencontre dans toutes les carrières poétiques de cet âge ; d'Anser, le poëte de la cour d'Antoine si moqué à la cour d'Octave; de Varius, en ce temps le rival de Virgile, qui pour nous n'est plus que son ami; de beaucoup d'autres, on n'en peut douter, dont les noms ont passé comme les ouvrages. Pourquoi toute cette poésie, qui semble avoir dû être si vivante, puisqu'elle s'écrivait en quelque sorte sous la dictée des événements, comme dans les camps, comme au Forum, n'a-t-elle pas vécu cependant? C'est peut-être qu'elle était trop officielle, non-seulement sous l'empire, sous le triumvirat, mais au temps même de la république. Des poëtes, clients et créatures des grands, qui les suivaient dans leurs gouvernements et leurs expéditions avec la mission de les célébrer, qui mettaient en vers des mémoires rédigés par leurs héros, en vers latins pour Rome, les municipes, les colonies, les provinces, en vers grecs, comme firent par exemple Théophane et Archias, pour le reste de l'univers, des poëtes si officiellement historiographes, manquaient de la liberté nécessaire à l'inspiration. Ils étaient en outre trop voisins des faits, lesquels, pour devenir poétiques, ont besoin du long travail de la mémoire et de l'imagination, veulent être vus dans un lointain qui permette de les agrandir, de les embellir, c'est-à-dire de les altérer plus que n'oserait un contemporain. Ajoutons que l'épopée latine dans son inexpérience semblait ne pouvoir se passer non-seulement des formes grecques, mais encore des sujets grecs. Il est remarquable qu'elle ait tiré moins bon parti de l'histoire, où elle pouvait rencontrer l'originalité, que de la mythologie, qui devait la retenir dans les voies de l'imitation.

L'épopée mythologique ne fut en effet à Rome, pendant la plus grande partie du septième siècle, qu'une redite plus ou moins servile des nombreuses productions de l'épopée grecque comprises dans ce qu'on appelait le cycle mythique et le cycle troyen, de celles surtout où l'industrie des Alexandrins avait renouvelé les mêmes sujets. Apollonius régna de nouveau sur la poésie épique de cet âge par l'élégante imitation que donna de ses Argonautiques, sous le titre de *Jason*, l'universel Varron d'Atax. Le succès de ce poëme, dont on se souvenait encore au siècle d'August , même après l'*Énéide*, et qui sans doute avait gardé de son modèle, avec les vives allures d'un récit quelquefois dramatique, l'habitude des situations, des émotions de la scène ; non moins que cela peut-être, la fatigue du lieu commun épique contre lequel ne cessa de réclamer, en y retombant toujours, la poésie latine ; toutes ces causes réunies mirent en vogue une épopée d'un nouveau genre, bornée presque à une seule aventure, à un seul personnage, d'un intérêt tragique, d'une expression passionnée, sorte de drame conté, où la perfection de la forme devenait d'autant plus nécessaire qu'il était de proportions plus arrêtées, de dimensions plus étroites. A ce genre appartenaient les petits poëmes où Calvus, Cinna, surtout Catulle, exprimèrent, avec un soin si curieux et, nous le savons du dernier, tant d'éloquence et de poésie, les malheurs et le désespoir d'Io, la passion criminelle de Myrrha, l'abandon d'Ariane ; celui où fut mise comme en scène, dans un récit pathétique, la trahison de la fille de Nisus. Cet ouvrage est-il de Gallus, ou, selon l'opinion commune, de Virgile, dans les œuvres duquel on l'a honorablement placé ? Personne ne saurait le dire ; mais ce qui est bien évident, c'est qu'imité presque au moment même de la petite épopée de Catulle, il rattache, comme par un anneau intermédiaire, à son Ariane l'Eurydice des *Géorgiques*, la Didon de l'*Énéide*. Nous voilà, une seconde fois, conduits par l'histoire littéraire jusqu'à ce dernier poëme, qui n'est point, on le voit clairement, une œuvre isolée, que prépare au contraire, qu'explique une double généalogie. Virgile a reçu de ses prédécesseurs grecs et romains, des Alexandrins surtout et de leurs imitateurs, une épopée qui, toute pleine qu'elle est des souvenirs d'Homère, a cependant des modèles plus prochains, plus immédiats, dont il ne pouvait guère s'écarter, même en les surpassant. Le moment est venu de rechercher comment cette œuvre du temps s'est détachée avec tant d'éclat de tout ce qui l'avait formée, s'est placée en si haut rang parmi les rares monuments de la poésie épique auxquels j'ai déjà dit qu'il convient de réserver le grand nom d'épopée.

La haute fortune de l'*Énéide* tient sans doute beaucoup à une perfection de style qu'on eût pu dire inouïe avant les *Géorgiques* et les *Bucoliques*. Mais elle s'explique encore par des mérites plus particuliers au genre dont Virgile, après de telles épreuves de lui-même, osait enfin poursuivre la périlleuse gloire. Il ne pouvait être naïf; qui pourrait l'être malgré son temps? Il fut simple, éloquent, pathétique; il anima, plus qu'on ne l'avait jamais fait, ses récits de sa propre sensibilité, ce que veut sans doute dire un critique allemand qui écrit trop savamment, je crois, que la poésie épique, d'objective qu'elle était chez Homère, devint chez lui subjective. Il sut rajeunir autant qu'il était possible, en le mêlant de philosophie, un merveilleux dans lequel l'indifférence et l'incrédulité ne voyaient plus qu'un ressort de gouvernement, qu'une machine littéraire. Il échauffa son œuvre par un nouveau culte, si on peut s'exprimer ainsi, celui des antiquités nationales, qu'il célébra, non pas seulement en archéologue curieux, ce qu'il était pourtant comme les Alexandrins ses maîtres, mais en Romain épris de la noblesse de sa patrie, jaloux d'en retrouver les titres, douteux ou non, dans les ténèbres du passé, en moraliste qui se plaît au spectacle mélancolique des humbles commencements de la grandeur humaine. Par là l'*Énéide* répondit admirablement aux sentiments de cette Rome d'Auguste, qui, se reposant dans un despotisme modéré des agitations de la guerre civile et des fatigues de la conquête, désabusée de la gloire et de la liberté, amusait volontiers sa majestueuse et triste vieillesse des souvenirs de son enfance. Je ne veux point, en citant Virgile, anticiper sur nos prochaines études; je citerai de préférence un de ses contemporains, celui qui a si magnifiquement annoncé l'*Enéide*, alors qu'elle se faisait encore :

> Cedite Romani scriptores, cedite Graii;
> Nescio quid majus nascitur Iliade[1].

---

1. Propert., *Eleg*, II, xxxiv, 65.

Properce connaissait-il déjà par quelque confidence la touchante peinture du rustique et fabuleux berceau de Rome, lorsqu'il expliquait ainsi, à je ne sais quel étranger, ces simples merveilles de ses origines?

Cette ville que tu vois, cette grande et superbe Rome, avant le Phrygien Énée, n'était que collines et pâturages. Sur ce sommet du Palatin, où s'élève la demeure du Dieu qui nous fit vaincre à Actium, s'arrêtèrent les bœufs du fugitif Évandre. C'est pour des dieux d'argile que furent construits ces temples que nous avons dorés, ces temples, simples chaumières alors, que ne dédaignait point la divinité. La roche Tarpéienne était encore nue; mais Jupiter y tonnait déjà….Il fut un temps où les bords du Tibre étaient pour nos troupeaux des bords étrangers…, où dans cette cabane de Rémus un étroit foyer était tout le royaume que se partageaient les deux frères…. Aux lieux où brille maintenant la pourpre de nos pères conscrits, siégeaient, vêtus de peaux de bêtes, de rustiques sénateurs. La trompette appelait à l'assemblée les citoyens de Rome naissante Cent vieillards dans un pré, c'était là leur sénat. Point de ces théâtres aux voiles flottants sur les gradins, à la scène inondée de parfums. Point de ces dieux étrangers que nous allons chercher si loin, alors qu'une foule pieuse se prosternait en tremblant devant les antiques autels de la patrie…..

> Hoc, quodcumque vides, hospes, qua maxima Roma est,
>   Ante Phrygem Æneam collis et herba fuit;
> Atque ubi Navali stant sacra palatia Phœbo,
>   Évandri profugæ concubuere boves.
> Fictilibus crevere deis hæc aurea templa;
>   Nec fuit opprobrio facta sine arte casa;
> Tarpeiusque pater nuda de rupe tonabat…..
>   Et Tiberis nostris advena bobus erat…..
> Qua gradibus domus ista Remi se sustulit, olim
>   Unus erat fratrum maxima regna focus.
> Curia prætexto quæ nunc nitet alta senatu,
>   Pellitos habuit, rustica corda, patres.
> Buccina cogebat priscos ad verba Quirites;
>   Centum illi in prato sæpe senatus erat.
> Nec sinuosa cavo pendebant vela theatro;
>   Pulpita solemnes non oluere crocos.
> Nullis cura fuit externos quærere divos,
>   Quum tremeret patrio pendula turba sacro…..[1].

---

[1] *Eleg.*, IV, I, 1 sq. Cf. Tibull., *Eleg.*, II, v, 23 sq.

Le poëte continue longtemps sur ce ton, sans beaucoup d'ordre, en cicérone dont les souvenirs s'éveillent comme d'eux-mêmes à la vue des objets, mais c'est un cicérone éloquent, qui, dans des vers pleins d'imagination et d'esprit, reproduit sous mille formes le contraste piquant des présentes splendeurs et de la primitive simplicité de Rome. Il conçoit l'idée d'un ouvrage où, rival d'Ennius, il expliquerait poétiquement les antiquités romaines :

Sacra diesque canam, et cognomina prisca locorum[1].

Cet ouvrage, dont quelques pièces de son quatrième livre nous offrent comme les fragments, nous savons par Ovide, qui l'a exécuté dans ses *Fastes*, qu'un autre poëte encore l'avait tenté :

. . . . Imperfectumque dierum
Deseruit celeri morte Sabinus opus[2].

C'était l'époque où Denys d'Halicarnasse, écrivant pour les Grecs l'histoire de Rome, s'appliquait à la rattacher, par les merveilles consacrées de son établissement, aux traditions grecques. Il y avait alors un mouvement général des esprits vers ces origines que Virgile a développées non pas dans les chapitres d'une sorte de traité historique, dans des morceaux de poésie, sans autre lien que la suite du calendrier, mais dans le cours attachant d'une action épique. Deux Rome sont comme mises en présence par l'auteur de l'*Énéide*, celle d'Auguste et celle de ses fabuleux ancêtres. Dans l'intervalle il a jeté habilement tous les grands noms de la république, les écrivant sur le bouclier d'Énée, les prêtant à des ombres d'élite appelées à revivre pour de hautes destinées. Ce résumé de l'histoire romaine se trouve en même temps le résumé de la fable grecque. La Grèce et Rome s'y succèdent comme dans les annales humaines, et la secrète unité de l'ouvrage est l'unité même du monde antique. Ce poëme, qui vient après tant de compositions ou

---

1. *Eleg.*, IV, I, 69. — 2. *Ex Pont.*, IV, XVI, 15.

historiques ou mythologiques, et associe ce qui s'y trouvait divisé, donnant par ce mélange, aux faits réels plus d'intérêt poétique, à la fiction une sorte de réalité, ce poëme est comme le dénoûment du long travail de l'épopée romaine, que toutefois il ne termina pas.

Dans la grandeur d'une telle conception disparaissent pour moi, je l'avoue, des imperfections de détail que je ne nie point, que je relèverai moi-même en leur lieu. Je n'ai voulu aujourd'hui que montrer comment il a été donné à Virgile de produire, à une époque qui n'était plus épique, cette œuvre si grande et si rare de l'épopée; de l'épopée artificielle, je le répète pour me résumer, ayant assez prouvé que je n'attache à ce mot, lorsqu'il s'agit de Virgile, aucune intention de blâme. L'épopée, que, par opposition, j'ai qualifiée de naturelle, ne pouvait plus depuis longtemps appartenir à la culture sociale de Rome, et elle avait manqué même à sa barbarie. Où était-elle lorsque écrivait Virgile? Chez les Barbares, dans ces poëmes de haute antiquité que Strabon [1] prête aux peuples de la Bétique; dans ces poëmes que, selon lui [2], chantaient les Cantabres sur la croix où les Romains attachaient les prisonniers de guerre, et auxquels peut-être se lie un ancien débris de la poésie basque qui parle de leurs longues luttes contre Rome et Octavien [3]; dans ces milliers de vers dont, selon César, la mémoire des druides gaulois conservait le dépôt [4]; dans ces annales poétiques qui, selon Tacite, perpétuaient de même au sein des forêts de la Germanie la mémoire du passé, et qui, nous dit le même historien, se grossirent sous Auguste du récit des hauts faits d'Arminius [5]; dans ces chants que le mouvement de l'invasion transporta avec les peuples dont ils composaient la littérature sur le territoire de l'empire où l'histoire du moyen âge nous en fait quelquefois retrouver la trace; qu'au cinquième siècle de notre ère, par exem-

---

1. Strabon, III, 4. — 2. *Id.*, III, 1.
3. Voy. Fauriel, *Hist. de la Gaule méridionale*, t. II, p. 254, 525; J. J. Ampère, *Histoire littéraire de la France*, t. I, p. 20.
4. Cæs., *De Bell. Gall.*, VI, 11.
5. Tac. *Germ.*, II; *Annal.*, II, 88.

ple, l'ambassadeur de Théodose le Jeune, Priscus, écoutait dans le camp d'Attila[1]; qu'à la même époque redisaient les Visigoths aux funérailles de leur roi Théodoric sur le champ de bataille de Châlons[2]; que plus tard, dans le sixième siècle, consultait et rappelait l'historien des Goths, Jornandès; que dans le huitième, au rapport d'Eginhard, Charlemagne faisait recueillir[3] : poésie épique, dont quelque chose peut-être est arrivé jusqu'à nous par les Niebelüngen, mais qu'ont emportée avec elles les langues qui en avaient le dépôt, qui n'a point produit d'épopée, dont il n'est point sorti d'Iliade ni par contre-coup d'*Énéide*.

1. *Excerpt. ex hist. Prisc. rhet.* ap. *Byzant. script.*
2. Jornand. *De reb. get.*, Voy. Fauriel, *ibid.* p. 7, 233, 537.
3. Egin. *Vit. Car. magn.*, 29.

X

DE LA POÉSIE ÉPIQUE CHEZ LES ROMAINS
AU TEMPS DE CÉSAR ET D'AUGUSTE

(Cours de 1853-1854, leçon 'ouverture [1]

Messieurs,

D'après l'ordre nouveau qui régit l'enseignement donné dans les facultés des lettres, c'est désormais un devoir pour le professeur appelé à y traiter de la poésie latine d'en embrasser l'histoire entière en trois années, de telle sorte que la première et la troisième étant consacrées à ce qui a précédé, à ce qui a suivi *le siècle d'Auguste*, ce soit au *siècle d'Auguste* que se trouve réservé le cours intermédiaire. Nous commençons aujourd'hui ce cours ; nous abordons le sujet qui lui a été invariablement assigné, et dont je puis seulement déterminer les limites. J'ai le dessein de les étendre un peu d'une part, de les

---

1. Par une nouvelle dérogation à l'ordre chronologique de ces leçons d'ouverture (voy. p. 76) et ayant de même égard à l'analogie, à l'identité des matières, j'introduis ici, sous les numéros X et XI, deux discours sur la poésie épique chez les Romains et sur l'*Énéide*, sujets auxquels, dans le cours d'un long enseignement, j'ai dû être plus d'une fois ramené.

restreindre de l'autre, et je vous dois d'abord l'explication des motifs qui m'engagent à cette double modération.

Le siècle d'Auguste, c'est là une expression générale qui, entendue dans un sens littéraire, représente surtout le dernier progrès de la poésie latine vers l'inspiration libre et originale, vers l'art savant de la composition, vers la vérité exquise du sentiment, la justesse parfaite de la pensée, vers la beauté achevée de la forme, en tout ce qui concerne la pureté, l'élégance, la noblesse, l'harmonie du style, les charmes variés du rhythme. Auguste a eu l'heureuse fortune d'y attacher son nom ; mais il est vrai de dire qu'avant lui cela était fort avancé, et que cela n'a pas duré autant que lui. Aussi, dans le prochain cours, quand nous aurons à suivre chez les poëtes latins des derniers âges la décadence progressive du goût, nous devrons revenir en arrière pour en marquer les premiers commencements au temps même de Virgile et d'Horace, dans les ouvrages de leurs successeurs immédiats, Properce et Ovide. De même, dans le présent cours, il serait bien difficile d'arriver à une complète intelligence de la perfection poétique de Virgile ou d'Horace, si, revenant aussi en arrière, nous n'en cherchions le germe prêt à éclore dans les ouvrages de leurs prédécesseurs immédiats, Lucrèce et Catulle. Voilà pourquoi, m'écartant de la lettre du programme pour me conformer, je pense, à son esprit, j'ai annoncé l'histoire de la poésie latine, non pas seulement au temps d'Auguste, mais au temps de César et d'Auguste.

Si j'ajoute ainsi à un sujet déjà bien vaste, c'est que je ne crois pas à propos de lui conserver toute son étendue. Comment les leçons d'une année pourraient-elles suffire à l'étude, à l'étude sérieuse des œuvres de nature si diverse, que rappellent à toutes les mémoires les noms de Virgile, d'Horace, de Tibulle, de Properce, d'Ovide, et, en même temps, au tableau de tout ce travail littéraire qui les a produites, qu'elles ont effacé, supprimé, dont elles sont restées à jamais la seule expression ? Ce serait véritablement appauvrir une matière si riche que de la dissiper en généralités, naturellement peu nouvelles en un si vieux sujet, par là peu instructives, peu intéressantes. Il vaut mieux, parmi les genres qui se développèrent alors avec tant d'éclat, en choisir un où nous puissions à loisir étudier, sous une de ses formes principales, le génie poétique de l'époque entière.

Mais quel genre choisir parmi tous ceux qui y sollicitent notre curiosité, qui y attirent notre intérêt ? Plusieurs raisons m'ont décidé pour le genre épique. Il me sera ainsi plus facile de rattacher les leçons antérieures aux nouvelles, de les continuer, de les compléter ; je pourrai aussi toucher, sur plus de points, à l'histoire générale de cette grande époque, dont je m'abstiens discrètement d'exposer l'ensemble.

Lorsque l'année dernière j'ai eu à rechercher quels avaient été les produits spontanés de l'imagination des Romains dans les siècles de leurs vertus publiques et de leur impuissance, de leur stérilité littéraire, j'ai dû m'occuper de l'hypothèse fameuse qui leur suppose alors cette poésie épique, dont n'a manqué aucun peuple à ses débuts, et que cependant, il a bien fallu le reconnaître, par une exception étrange, ils n'ont pas trouvée tout seuls, bien que dès longtemps ils en possédassent la matière dans la légende de leurs origines fabuleuses et dans les merveilles de leur histoire.

Lorsque ensuite j'en suis venu à l'éducation tardive que reçurent pour les arts de l'esprit, de la Grèce vaincue, les Romains victorieux, parmi les productions nées les premières de cette discipline, j'ai rencontré tout d'abord des compositions de genre épique, les unes, simples traductions, comme cette *Odyssée* de Livius Andronicus qu'Horace enfant écrivait encore sous la dictée du brutal Orbilius ; les autres, où les formes de l'épopée grecque étaient appliquées à des faits domestiques ; celle où Névius, le soldat de la première guerre punique, a raconté, encore en vers saturniens, cette guerre qu'il avait vue et qu'il avait faite ; celle où Ennius, l'introducteur de l'hexamètre, a enfermé, dans un cadre plus vaste, toute la suite des destinées romaines, jusqu'à ces guerres où il avait lui-même mis la main, lui le brave centurion de Fulvius Nobilior, du vieux Caton, du premier Africain : œuvres vraiment vénérables, bien rudes encore sans doute, mais auxquelles l'inspiration n'a pas plus manqué que le patriotisme, et qu'il y avait plaisir à reconstruire avec leurs débris pour y contempler les antécédents lointains de l'*Énéide*.

Comment de Livius Andronicus, de Névius et d'Ennius, l'épopée romaine est-elle arrivée à Virgile ? Je n'ai pu le dire, obligé, par l'ordre des faits, de suivre Ennius, et les poëtes de son école, dans d'autres carrières, notamment dans celle du théâtre. Le sujet que j'ai choisi me permet de réparer cette omission, ou, pour parler plus justement, il me le commande, il m'y oblige.

La critique a chez nous, comme d'autres choses, ses vicissitudes. Il fut un temps où elle ne voulait s'occuper que des grands monuments littéraires, les appréciant, les jugeant d'une manière tout absolue, sans s'inquiéter de leurs relations avec les productions de même nature, sinon de même valeur, qui avaient pu les précéder ou les suivre, du lieu, du temps, des circonstances qui les avaient produites, de ce qui en était le cadre naturel, de ce qui devait surtout en éclairer le véritable caractère. Plus tard, d'après d'illustres exemples partis de cette faculté même, on s'appliqua universellement à les replacer dans le mouvement littéraire, dans le courant social qui les avaient amenés ; ils devinrent les faits principaux d'une histoire dont aucun fait ne paraissait à négliger. Aujourd'hui, par une réaction à laquelle il était facile de s'attendre, on semble vouloir les rendre à leur premier isolement, vouloir les mettre en présence seulement des lois générales de l'art, les dégageant de tout ce travail historique qui ne semble plus que l'objet d'une curiosité savante, permise à l'érudit dans son cabinet plutôt qu'au professeur dans sa chaire. Je ne partage pas tout à fait, je l'avouerai, cette nouvelle manière de voir, et ce qui lui semble une sorte de luxe, fait, selon moi, bien souvent partie, et partie importante, du nécessaire.

Pour se borner à ce qui doit être surtout cette année l'objet de notre attention, à l'*Énéide*, est-on quitte envers ce chef-d'œuvre lorsque, l'ayant considéré en lui-même, on y a fait la part des beautés d'ordre universel, des beautés de composition, de sentiment, de pensée, d'expression, par lesquels il a toujours charmé et charmera toujours les esprits véritablement touchés de la haute poésie ? Ne faut-il pas encore chercher à pénétrer le secret des mérites plus particuliers par lesquels, après de longs et infructueux efforts pour concilier l'imitation d'Homère et l'originalité latine, la fable grecque et la fable ausonienne, le merveilleux épique et les réalités de l'histoire, cette divine *Énéide*, comme on l'appelle, a enfin répondu pleinement à la pensée romaine, s'est établie comme l'épopée définitive de Rome ?

Pour cela, il faut de nécessité faire ce que j'ai déjà fait, remonter de Virgile jusqu'à Névius et Ennius, jusqu'à Livius Andronicus; il faut faire ce que je n'ai pu faire encore et ce qui sera le commencement de ce nouveau cours, descendre de ces fondateurs de l'art jusqu'à Virgile, par la double voie qu'ils ont ouverte et où ont marché en quelque sorte parallèlement leurs successeurs, celle des poëmes plus particulièrement historiques, celle des poëmes plus particulièrement mythologiques.

Cette distinction n'est point arbitraire ; je l'emprunte à l'antiquité latine elle-même ; je la rencontre à chaque instant chez les poëtes de Rome, quand parlant de leur vocation, de leur ambition littéraire, ils expriment ou le désir ou le regret de l'épopée, cette grande œuvre permise à si peu de génies privilégiés.

Rappelez-vous en quels termes Horace décline l'honneur d'être le chantre épique de la gloire d'Agrippa, renvoyant, dit-il, à un plus capable, à Varius. Il ne manque pas d'opposer à ce beau sujet qu'il recevrait de l'histoire contemporaine ceux qu'il pourrait demander encore à la Fable, s'il osait se risquer dans l'épopée

C'est à Varius, à l'aigle de la poésie méonienne, qu'il appartient de célébrer dans ses vers ton courage, tes victoires, tout ce qu'ont fait sous toi, portés par des vaisseaux ou des coursiers rapides, les soldats de Rome.

Moi ! traiter de tels sujets, ou l'implacable colère du fils de Pélée, les longues navigations du perfide Ulysse, les crimes de la maison de Pélops ! Non, Agrippa, je n'irai pas, faible poëte, m'y hasarder. Une juste honte me retient; ma muse, qui ne possède qu'une lyre timide, ne veut pas que je compromette la gloire de César et la tienne par mon peu de génie.

Qui parlera dignement de Mars avec sa tunique d'acier, de Mérion noirci par la poudre de Troie, du fils de Tydée, que l'aide de Pallas élève presque au niveau des dieux ?

Je ne chante que les festins, ou, tout au plus, ces combats où les vierges folâtres menacent les jeunes garçons de leurs ongles prudemment émoussés. Voilà mes sujets, à moi, que mon cœur soit libre ou qu'il se renflamme, dans son ordinaire inconstance, pour quelque nouvel objet.

> Scriberis Vario fortis [1], etc.

Que de passages analogues, établissant de même le partage de l'épopée romaine entre la fable et l'histoire, on pourrait emprunter aux poëtes latins ! Ovide seul en fournirait plus d'un.

Dans ses *Amours* [2], il se reproche de s'être donné des rivaux en rendant celle qu'il aime trop célèbre par ses vers. Ne pouvait-il trouver d'autres sujets, et Thèbes, et Troie, ou bien encore les hauts faits de César ? Mais quoi ! Corinne seule a pu exciter son génie :

> Quum Thebæ, quum Troja forent, quum Cæsaris acta,
> Ingenium movit sola Corinna meum.

Dans ses *Tristes* [3], il se fait un reproche plus grave. Il s'accuse de s'être imprudemment compromis par des sujets trop folâtres, trop libres, lorsque s'offrait à lui l'inépuisable matière et des imitateurs de l'épopée grecque et des panégyristes épiques de Rome et du prince. Ce n'est pas sans quelque ironie qu'il regrette d'avoir négligé ce double lieu commun. Il faut l'entendre encore :

---

1. *Od.*, I, vi. — 2. *Amor.*, III, xii, 15.
3. *Trist.*, ii, 317.

Pourquoi cette Troie qui tomba sous les armes des Grecs, ne l'ai-je pas de nouveau assiégée dans mes vers ? Pourquoi m'être tu sur Thèbes, sur ses fratricides combats, sur ses sept portes défendues par autant de chefs. Rome elle-même, la belliqueuse Rome, ne m'eût pas laissé sans sujets, et c'est un pieux travail que d'être l'historien de sa patrie. De toutes ces vertus dont tu as rempli l'univers, ô César, j'en pouvais bien choisir quelqu'une pour la chanter. Comme la lumière du soleil attire les regards, tes actes devaient attirer |mon esprit.....

> Cur non Argolicis potius quæ concidit armis,
> Vexata est iterum carmine, Troja, meo ?
> Cur tacui Thebas et mutua vulnera fratrum,
> Et septem portas, sub duce quamque suo ?
> Nec mihi materiam bellatrix Roma negabat :
> Et pius est patriæ facta referre labor.
> Denique cum meritis impleveris omnia, Cæsar,
> Pars mihi de multis una canenda fuit.
> Utque trahunt oculos radiantia lumina solis,
> Traxissent animum sic tua facta meum.

Acceptons des poëtes de Rome cette distribution de l'épopée latine en deux sortes de poëmes relevant plus particulièrement ou de l'histoire ou de la Fable, et commençons l'étude que nous nous sommes proposée comme on a coutume de commencer les poëmes épiques eux-mêmes, par un dénombrement.

Nous avons à passer en revue et les poëtes qui après Névius et Ennius ont raconté en vers l'histoire des Romains, et ceux qui après Livius et Andronicus ont traduit, imité, renouvelé les récits fabuleux des Grecs.

Le malheur des premiers, c'est qu'ils ont trop fait de l'histoire et de l'histoire contemporaine, qu'ils ont été les historiens et même les historiographes de quelques grands personnages touchés de la gloire, recevant d'eux des mémoires dans le genre des Commentaires de César, avec la mission de les versifier, soit en grec, à l'usage du monde entier, comme fit pour Lucullus, comme devait faire pour Cicéron cet Archias que Cicéron a défendu, comme fit pour Pompée Théophane ; soit en latin, à l'usage du monde romain, comme bon nombre de poëtes dont je devrai vous faire connaître les tentatives épiques.

C'est, par exemple, Furius d'Antium, l'ami de Lutatius Catulus, qui, rédigeant en vers les mémoires écrits tout exprès par le collègue de Marius dans le consulat et dans la guerre des Cimbres, se charge de protéger sa gloire contre les empiétements, les envahissements jaloux d'un si redoutable compétiteur.

C'est l'autre Furius, Furius Bibaculus, qui ose entreprendre de chanter ces guerres des Gaules dont toutes les imaginations alors étaient préoccupées, que se donnaient pour thème d'autres poëtes du même temps ; par exemple le poëte gallo-romain, né sur les bords de l'Aude, de l'Atax, Varro Atacinus ; un lieutenant même de César, brave soldat sans doute, mais plus intrépide versificateur, aussi prompt à l'œuvre poétique que l'était à l'œuvre guerrière son général, Quintus Cicéron, quelque temps aidé dans cette tâche, lui qui semblait avoir si peu besoin d'aide par son frère le grand orateur.

Mais celui-ci, lorsqu'il lui convenait de se délasser de l'éloquence par la poésie, était attiré vers des sujets qui le touchaient encore de plus près. Il avait à chanter Marius, objet pour lui d'une sorte de culte enthousiaste, non pas sans doute parce que Marius avait été le chef terrible du parti populaire, mais parce que c'était l'autre gloire de sa ville natale, la petite ville d'Arpinum. Il avait à se chanter lui-même pour suppléer au silence des historiens, des panégyristes trop lents. Lorsqu'il se fatiguait d'attendre que Luccéius fît droit à la belle lettre que vous savez, ou qu'Archias fût quitte de ses engagements avec les Lucullus, avec les Métellus, il se mettait lui-même à l'œuvre, et chantait, en poëte épique, ses jours de gloire dans son poëme *De consulatu suo*, ses jours d'infortune dans son poëme *De temporibus suis*.

Non seulement Cicéron a écrit ces poëmes, mais il a pris le soin lui-même de les citer, bien heureusement pour sa réputation poétique, que ces citations protégent contre les indiscrètes plaisanteries de Juvénal. Cela est aussi fort heureux pour notre curiosité et notre instruction. Les vers de l'orateur *sont durs, d'accord*, mais énergiques, mais colorés, très-voisins, à certains égards, de ceux de Lucrèce qu'ils annoncent, comme les vers de Lucrèce eux-mêmes annoncent ceux de Virgile. Ils comptent pour quelque chose dans ce long et difficile achèvement du style épique qui se trouva enfin complet lorsque Varius, le contemporain, l'ami, l'émule de Virgile, déplora dans un poëme de forme épique la mort de César, au moment où Virgile, qui n'était encore que poëte bucolique, trouvait dans le même événement l'occasion de sa funèbre églogue de *Daphnis*.

C'est encore à Virgile que nous conduira, par un autre chemin, la longue série des successeurs de Livius Andronicus dans la tâche sans fin de redire les récits mythologiques des Grecs, récits de toute sorte, homériques, cycliques, alexandrins. Ils vont de la simple traduction à l'imitation, de l'imitation au mélange éclectique, au libre usage de divers modèles, au renouvellement enfin romain des plus vieilles fictions de la Grèce. Alors recommence ce qui s'est déjà vu dans l'école alexandrine. Cette poésie épique, qui vient après les développements de l'ode et de la tragédie, a contracté de son commerce avec ces deux genres quelque chose de lyrique, quelque chose de dramatique. Le poëte intervient volontiers dans son œuvre par des mouvements tout personnels. Le récit plus court, plus rapide, encadre des scènes où se développe complaisamment, comme au théâtre, quelque passion tragique dans sa crise suprême.

Tel fut le poëme, fort bien reçu et longtemps goûté, où ce même Varron d'Atax, que nous rencontrions tout à l'heure parmi les poëtes épiques historiens, génie universel d'ailleurs, parce qu'il ne faisait guère que traduire, tout au plus imiter, où, dis-je, Varron d'Atax avait reproduit librement, sous le titre de *Jason* ou des *Argonautes*, les Argonautiques d'Apollonius de Rhodes.

Tels furent de petits poëmes dont plusieurs jouirent aussi, en leur temps, d'une grande faveur : le *Glaucus*, les *Alcyons* ou plutôt le *Ceïx et Alcyone* de Cicéron, l'*Io* de Calvus, la *Smyrna*, c'est-à-dire la *Myrrha* de Cinna.

De ces poëmes il ne reste plus guère que le souvenir; mais ils nous sont représentés par deux ouvrages qui subsistent encore, et dans lesquels nous étudierons avec fruit cette forme particulière de l'art épique.

L'un est d'un très-grand poëte, précurseur véritable, avec Lucrèce, du grand poëte Virgile ; il est de Catulle. Le docte auteur, c'est ainsi qu'on l'appelait, et plus qu'un autre il méritait ce titre par le travail si savant de ses œuvres si courtes, le docte auteur y a industrieusement mêlé les *Noces de Thétis et de Pélée* à l'aventure d'Ariane quittée par Thésée et consolée par Bacchus. Dans cette composition singulière, où l'épisode qui se substitue au sujet principal donne autre chose que ce qu'on attendait, et donne beaucoup plus, Catulle a répandu avec profusion, en quelques pages, des beautés de composition, de sentiment, de pensée, d'expression déjà toutes virgiliennes.

On en peut dire autant de l'autre ouvrage, intitulé *Ciris*, qui procède très-évidemment de l'imitation de Catulle et même aussi de Lucrèce. Quel en est l'auteur ? On ne sait. C'est peut-être Cornelius Gallus, à qui on l'attribue le plus ordinairement. C'est peut-être Virgile lui-même, dans les œuvres duquel il s'est trouvé, ce qui est un grand honneur. Quoi qu'il en soit, cet auteur y a fait parler la passion de Scylla, cette fille perfide de Nisus, cette amante parricide de Minos, avec une éloquence pathétique très-digne elle-même de Virgile.

Dans ces deux poëmes, Virgile s'aperçoit déjà, le Virgile qui, préludant, même dans les *Géorgiques*, à l'épopée, interrompt son chant des abeilles par le grand épisode où s'entrelacent, comme dans la composition de Catulle, la merveilleuse aventure d'Aristée et l'aventure touchante d'Orphée et d'Eurydice ; le Virgile qui jettera au milieu de son *Énéide* la pathétique tragédie de Didon. On y peut prévoir autre chose encore de plus lointain, ce long poëme des *Métamorphoses*, qui, dans son cadre commode et par un lien facile, rassemble comme en faisceau tant de petits drames empruntés non moins à la tragédie qu'à l'épopée des Grecs.

Par ces prolégomènes, non pas simplement curieux, mais, je le répète, nécessaires, nous arriverons à fixer, dans l'histoire de la poésie latine, le moment de maturité qui la rend enfin capable de l'*Énéide*. Tout le monde peut pressentir, prévoir cette œuvre inévitable. Chacun pourrait s'écrier avec Properce :

Nescio quid majus nascitur Iliade [1].

Quelque chose de plus grand que l'Iliade ? Non, assurément. C'est là une exagération de l'enthousiasme contemporain, que n'acceptait pas Virgile, je me le persuade, Virgile si modeste, si défiant, qui condamnait à l'oubli son *Énéide*, tombée inachevée de sa main mourante.

Disons, nous, comme nous a enseigné à le dire, en ce siècle, une critique savante et judicieuse, quelque chose de moins grand que l'œuvre d'Homère, mais de bien grand encore, et par des mérites différents ; quelque chose qui, en regard du monument de l'épopée naïve des premiers âges, les seuls véritablement épiques, parce qu'ils sont les seuls où la vie humaine, encore pleine pour l'homme de merveilles, ait naturellement des poëtes pour historiens, qui, dis-je, en regard d'un tel monument, fait voir le monument de cette autre épopée, non plus naïve, — le temps de la naïveté est passé pour ne plus revenir, — mais réfléchie, mais savante, et qui, par le prodige d'un art dont elle a pleine conscience, nous replace en imagination dans la situation première des auditeurs d'Homère et des Homérides.

Comment et dans quelle mesure Virgile a-t-il réussi à produire cette illusion ? Comment, d'autre part, tout en semblant se tenir sur la trace d'Homère, s'en est-il séparé par des beautés nouvelles qui lui sont propres et qui le maintiennent original ? Comment a-t-il réuni, dans l'unité complète de son œuvre, une image de l'Odyssée et une image de l'Iliade, le monde de la fable grecque et le monde

1. *Eleg.*, II, xxxiv, 66.

de la fable ausonienne? Comment y a-t-il, enfin, opéré la conciliation, jusque-là vainement tentée, de la mythologie et de l'histoire, se plaçant au sein d'une époque fabuleuse pour s'ouvrir de là des perspectives lointaines sur les époques historiques et sur les plus voisines, sur l'époque présente elle-même? Comment enfin l'*Énéide*, expression de Rome, de Rome entière, de la Rome de tous les temps, de celle des Empereurs, des Consuls, des Rois, de celle qu'une merveilleuse origine rattachait, par Albe et Lavinium, à l'antique Troie, est-elle devenue, pour d'autres que les Romains, un des rares exemplaires de l'humanité? Toutes ces questions, dont la solution est bien favorable à la conception de Virgile et l'élèvent bien au-dessus des petites objections d'une critique vulgaire, je me borne aujourd'hui à les énoncer. Elles sortiront naturellement de l'analyse suivie, de l'étude approfondie que nous devrons faire de l'*Énéide*. L'*Énéide*, c'est là proprement notre sujet; c'est le point culminant de ce cours. Je vous ai dit par quels degrés nous nous y élèverons; il me reste à vous dire par quelles pentes, riches encore d'aspects intéressants et instructifs, nous en redescendrons.

Car il nous faudra redescendre. Un des plus brillants successeurs de Virgile disait à son œuvre épique :

Ne va pas défier la divine *Énéide*, suis-la de loin, adore ses traces.

Nec tu divinam Æneida tenta,
Sed longe sequere et vestigia semper adora[1].

Telle devra être en effet désormais, à l'égard de l'*Énéide*, la situation modeste des épopées qui succéderont; mais toutes ne s'y résigneront pas de si bonne grâce, si modestement, si humblement.

Après Virgile se rompt l'union consommée par lui, mais pour un court moment, de la mythologie et de l'histoire. Nous devrons suivre de nouveau l'épopée mythologique, l'épopée historique, dans des voies diverses qui, à des

---

1. Stat. *Theb.*, XII, 816.

époques en dehors de notre sujet, aboutissent d'une part à Valérius Flaccus, à Stace, à Claudien, de l'autre à Silius Italicus et à Lucain.

L'épopée mythologique, sans doute en qualité de lieu commun épuisé, est de beaucoup la plus féconde. Elle est riche en *Thébaïdes*, en *Amazonides*, en *Herculéides*, en *Théséides*, en *Achilléides*, en *Anté-Homériques* et *Post-Homériques*, en poëmes sur l'*Enlèvement*, sur le *Retour d'Hélène*, sur la *Première*, sur la *Seconde prise de Troie*, sur *Memnon*, sur *Anténor*, sur *Diomède*, que sais-je encore? Elle nous est représentée par une élite d'illustres inconnus, fort célèbres en leur temps et sans doute aussi fort glorieux, dont pourtant nous ignorerions même l'existence, s'il n'avait convenu à Horace, à Tibulle, à Properce, à Ovide, par amitié, par complaisance flatteuse, quelquefois par malice, de leur décerner le titre de grands poëtes épiques. Cela ne doit point surprendre; cela s'est vu dans tous les temps. Il y avait certainement bon nombre de grands poëtes épiques parmi ceux qui faisaient dire à Pline le Jeune[1] : « L'année a été bonne, notre récolte abondante en poëtes : » *Magnum proventum poetarum hic annus attulit*. Et nous-mêmes, que de grands poëtes épiques n'avons-nous pas connus !

Dans le nombre donc, qui est grand, nous distinguerons surtout Jule Antoine et Valgius.

Jule Antoine, le fils du triumvir Antoine, devenu, par un singulier caprice du sort, l'allié et le favori de l'empereur Auguste; puis, nouvelle révolution, réduit par le fatal éclat de son commerce avec la trop fameuse Julie, à se donner la mort; Jule Antoine, l'un des amis d'Horace, que ce grand poëte traite en égal, et même en maître, lui renvoyant modestement, comme à un panégyriste plus digne du sujet, la tâche de célébrer le souverain de Rome :

    Concines majore poeta plectro
    Cæsarem. . . .[2]

Valgius, également ami d'Horace, qui, dans une autre de ses odes, l'appelle au partage de la même tâche :

1. *Epist.*, I, 13. — 2. *Od.*, IV, II, 41.

> . . . . . . Nova
> Cantemus Augusti tropœa
> Cæsaris. . . . [1].

ami de Tibulle, qui lui confierait volontiers le soin de consacrer dans des vers dignes d'Homère la gloire de Messala, si toutefois, ce dont on doute, il faut laisser à Tibulle le panégyrique de Messala, assez peu digne de lui, où nous lisons ces vers :

> Est tibi qui possit magnis se accingere rebus
> Valgius, æterno propior non alter Homero [2].

Pour ne pas prendre en trop mauvaise part une hyperbole de cette force, souvenons-nous que Boileau [3] a écrit :

> Sur un ton si hardi, sans être téméraire,
> Racan pourrait chanter à défaut d'un Homère.

La nouvelle série de poëtes épiques historiens que nous aurons à parcourir nous offrira moins de noms ; mais des noms plus considérables, littérairement du moins, moins de titres d'ouvrages, mais quelques beaux fragments.

Nous lirons les vers sauvés, mais bien imparfaitement sauvés des cendres d'Herculanum, où l'on aime à voir un débris du poëme composé sur la guerre d'Alexandrie par ce Rabirius, dont Ovide vantait le souffle poétique, *magni Rabirius oris* [4], que Velleius Paterculus plaçait sur la ligne même de Virgile : *Maxime nostri ævi eminent principes carminum Virgilius Rabiriusque* [5].

Virgile et Rabirius ! voilà une assimilation qui peut encore surprendre ; mais Voltaire n'a-t-il pas écrit Phidias et Pigale, Raphaël et Vanloo ?

Nous lirons aussi les vers dans lesquels Cornélius Sévérus, auteur d'un poëme sur la guerre de Sicile, la guerre contre Sextus Pompée, a rendu hommage à la mémoire de Cicéron : hommage éloquent et bien méritoire en un temps où tous les ennemis, les envieux, les émules qu'avait lais-

---

1 *Od.*, II, ix, cf. *Sat.* I, x, 87. — 2. *Eleg.* IV, 1, 180. - 3. *Sat.* ix. — 4. *Ex Pont.* IV, xvi, 5. — 5. *Hist.* ii 36.

sés derrière lui le grand orateur, le noble citoyen, attaquaient à l'envi, en toute sécurité, celui qui n'était plus là pour leur répondre, *non responsurum invaserunt*, comme dit si bien Quintilien[1] ; un temps où Virgile, Horace, Ovide, croyaient devoir taire ce grand nom, où Virgile n'osait lui décerner, même par allusion, la palme de l'éloquence.

> Excudent alii spirantia mollius æra
> Credo equidem. . . . .
> Orabunt causas melius[2].

Il est des vers que nous ne négligerons pas non plus de lire, ceux où Pedo Albinovanus a raconté, avant Tacite, la navigation de Germanicus dans les fleuves, dans les mers du Nord.

Un fait curieux, mis en lumière il n'y a pas longtemps, par le savant doyen de cette Faculté[3], devra ici attirer notre attention. C'est l'apparition, sous Auguste, d'une *Pharsale*. Mais peut-être l'auteur, le Cotta célébré par Ovide[4], moins pompéien que Lucain, n'avait-il pas comme lui fait son héros de Pompée, et adopté avec Caton, contre les dieux, la cause du vaincu.

Quand, par cette revue, nous nous serons acquitté de nouveau envers l'épopée mythologique, envers l'épopée historique, nous nous arrêterons à deux ouvrages d'un genre mixte où s'est reproduite dans un certain degré, à l'exemple de Virgile, mais avec moins d'art, l'union de la mythologie et de l'histoire : poëmes collectifs, si on peut le dire, où les inspirations diverses de l'une et de l'autre épopée se sont rassemblées, résumées, qui en ont offert comme le dernier mot, comme le testament, bien qu'il y ait eu encore après plus d'un codicille.

Tous deux sont d'Ovide, et chacun les a déjà reconnus et nommés ; ce sont les *Métamorphoses* et les *Fastes*.

---

1. *Instit. orat.* XII, 10. — 2. *Æn.*, VI, 849.
3. M. Le Clerc, Notice sur un glossaire latin des genres. Voy. *Catalogue des manuscrits des bibliothèques des départements*, t. I, p. 654.
4. *Ex Pont.*, IV, XVI, 41.

Dans les *Métamorphoses*, un dénoûment sans cesse renouvelé, la transformation de personnages mythologiques en quelque objet de la nature sensible, y sert de lien à des fables sans nombre, dont l'ingénieux, l'agréable entrelacement rappelle celui des récits interrompus et repris, entrecoupés, entremêlés de l'Arioste. Les récits d'Ovide, où souvent le poëte se joue de son sujet, où souvent aussi, s'y laissant prendre, il se montre tour à tour brillant, élevé, éloquent, pathétique, ont pour point de départ l'origine même du monde d'après les traditions, les systèmes cosmologiques des poëtes et des philosophes; on croirait encore entendre Lucrèce : ils ont, d'un autre côté, pour dernier terme, l'origine du peuple romain, qui est en même temps celle de la famille des Césars, le tableau rapide des destinées de Rome jusqu'à César et Auguste; on croirait encore entendre Virgile. C'est entre Virgile et Lucrèce, et comme appuyé sur l'un et sur l'autre, que se présente à ses lecteurs, charmés de son abondance facile, de sa grâce, de son esprit, l'aimable et ingénieux Ovide.

Ce plan, il ne nous a pas laissé le soin de le découvrir; il l'a révélé lui-même dans des vers que tout le monde se rappelle :

Je veux chanter de merveilleuses transformations. Dieux auteurs de ces changements, secondez mon entreprise, et par une chaîne continue conduisez mon poëme de l'origine du monde jusqu'à nos temps.

> In nova fert animus mutatas dicere formas
> Corpora: Di cœptis, nam vos mutastis et illas,
> Aspirate meis, primaque ab origine mundi
> Ad mea perpetuum deducite tempora carmen [1].

Même combinaison dans les *Fastes*, si toutefois ce mot s'applique bien à une œuvre qui n'a d'autre unité que celle du calendrier romain. Dans ce cadre, trop commode peut-être, trouvent place, selon que les y appelle la solennité de chaque jour, les fables de la Grèce et celles de

---

1. *Métam.*, I, 1.

l'antique Italie, les traditions légendaires de Rome et ses traditions historiques.

Une sorte de patriotisme, qui anime ce recueil, en fait la véritable unité. C'est celui d'une société vieillie, qui, par le penchant de la vieillesse, se retourne avec amour vers son passé, s'enchante des grandeurs de son histoire, des merveilles de ses origines. Telle était alors la disposition du public romain, et l'industrie des poëtes s'appliquait à y répondre. Virgile, le premier, avait conduit son héros au rustique royaume d'Évandre, dans ces vallées, sur ces collines encore couvertes de broussailles et hantées par les troupeaux, où devait un jour s'étendre le noble Forum, où devaient s'élever le riche quartier des Carènes, les palais éclatants d'or du Palatin, les temples du Capitole.

> . . . . Ad. . . . . Capitolia ducit
> Aurea nunc, quondam silvestribus horrida dumis.
> . . . .
> Talibus inter se dictis ad tecta subibant
> Pauperis Evandri, passimque armenta videbant
> Romanoque Foro et lautis mugire Carinis[1].

Ovide n'était pas le premier à qui fût venue l'idée d'un poëme des *Fastes*. Avant lui Sabinus en avait commencé un, bientôt interrompu par sa mort prématurée. Nous l'apprenons d'Ovide[2] lui-même :

> Imperfectumque dierum
> Deseruit celeri morte Sabinus opus.

Avant Sabinus, Properce, attiré du sein des langueurs de sa vie, de sa poésie amoureuse, vers la gloire de l'épopée, avait conçu le dessein d'une sorte de poëme archéologique, où il expliquerait toutes les origines, les noms anciens des lieux, la consécration des jours, l'établissement des solennités saintes,

> Sacra, diesque canam et cognomina prisca locorum[3].

---

1. *Æneid.*, VIII, 347, 359. — 2. *Ex Pont.* IV, XVI, 15.
3. *Eleg.* IV, I, 69.

Nous en avons comme les ébauches dans quelques pièces de son quatrième livre sur l'antique Dieu Vertumne, sur Jupiter Férétrien, sur la Rome rurale et guerrière des premiers temps, sur l'aventure de Tarpeia, et, à l'autre extrémité de l'histoire de Rome, sur la victoire d'Actium. J'ai cru pouvoir m'autoriser de ces pièces qui semblent les fragments d'une *Énéide* sous forme d'élégie pour attribuer à Properce, dans notre programme, une place dont quelques personnes se sont étonnées.

J'aurais pu y inscrire Tibulle lui-même, qui, célébrant l'entrée du fils de Messala dans le collége des Quindécemvirs, gardiens officiels des livres sibyllins, a fait annoncer par la sibylle à Énée les destinées qui appellent le héros troyen à fonder en Italie ce qui un jour doit être Rome, et a ainsi donné à son tour son *Énéide* élégiaque.

Tibulle, Properce, Ovide, Virgile, c'est presque toute la poésie du siècle d'Auguste. Il n'y manque que le seul Horace. Et pourquoi Horace lui-même nous échapperait-il ? N'a-t-il pas, en présence de Virgile et de l'*Énéide*, donné les règles de l'épopée ? Dans plusieurs de ses odes, ne s'est-il pas approché des limites de la poésie épique. Quintilien [1], parlant des lyriques grecs, met presque au rang d'Homère Stésichore, qui dans ses odes a chanté les grandes guerres, a fait dignement agir et parler les illustres généraux, dont la lyre, c'est son expression, a porté les grands fardeaux du poëme épique, *epici carminis onera lyra sustinentem*. On peut transporter à Horace cette louange. Il remonte au berceau merveilleux du peuple romain et de la race des Césars ; il amène Énée en Italie ; il élève Romulus au ciel, avec l'assentiment de Junon, dont la haine est vaincue, qui consent à l'abaissement de Carthage, à la gloire, à la puissance de Rome ; il évoque le souvenir de tous les grands hommes des annales romaines, depuis le premier Quirinus jusqu'à celui qu'il appelle le second ; il célèbre dans Auguste, tantôt un mortel choisi par les dieux pour gouverner la terre sous leur autorité,

1. *Inst. orat.* X, 1, 62.

tantôt un fils des dieux, qui, sa tâche achevée, doit aller rejoindre au ciel sa divine famille; tantôt, enfin, un dieu descendu sur la terre pour y présider, sous une forme mortelle, aux destinées de Rome et du monde. C'est là le sujet, l'esprit d'un assez grand nombre de pièces éparses dans son recueil et que votre mémoire vous rappelle. En les rapprochant, on en formerait une sorte d'*Énéide* lyrique, et c'est à quoi, ne fût-ce que dans l'intérêt de la variété, nous ne devrons pas manquer.

Vous le voyez, Messieurs, l'étude à laquelle je vous appelle n'est point si particulière qu'elle ne se prête, par ses développements naturels, par la nécessité ou la convenance d'y faire intervenir tous ces excellents poëtes, et leur vie, et leurs œuvres, à une vue assez générale de la grande époque constituée par leur concert heureux. C'est une de ces rares époques où les idées les plus justes, les sentiments les plus vrais se sont rencontrés avec la perfection absolue des formes poétiques, où l'imagination, le jugement, le goût ont concouru dans des proportions égales à une œuvre commune. A aucune on ne pourrait demander avec plus de confiance ces saines notions morales et littéraires que plusieurs d'entre vous seront eux-mêmes bientôt chargés de répandre. Aucune ne peut promettre à d'autres plus sûrement cet aimable et salutaire tempérament d'austères études, qu'y ont cherché si souvent, qu'y ont trouvé avec tant de charme, dans leur vieillesse, de studieux disciples, de graves maîtres de la science judiciaire. Il n'en est pas non plus dont les personnes d'un esprit cultivé, à qui elle est familière, pour qui elle n'a rien d'ignoré, aiment cependant davantage à être entretenues. Puissé-je, en remplissant le devoir de vous en parler, ne lui point trop retirer de sa bonne influence et de son attrait!

XI

DE L'ÉPOPÉE LATINE APRÈS VIRGILE ET DE L'ÉNÉIDE

Cours de 1854-1855, leçon d'ouverture)

Le devoir de me transporter dans des âges littéraires postérieurs au siècle d'Auguste, d'autre part la convenance de ne pas quitter cette époque sans avoir achevé l'étude interrompue d'un certain nombre de ses plus belles œuvres, ce sont là deux motifs qui m'ont amené de concert à choisir le sujet que j'ai annoncé : la comparaison de l'*Énéide* avec les compositions du genre épique des contemporains et des successeurs de Virgile, celles de Properce et d'Ovide, de Lucain et de Silius Italicus, de Valérius Flaccus et de Stace, enfin, au dernier terme de l'histoire des lettres profanes, de Claudien.

Il y a peut-être quelques personnes qui n'ont pas oublié par quels prolégomènes j'étais arrivé à l'*Énéide*[1].

J'avais cherché la poésie épique des Romains dans ces cinq premiers siècles où, d'après une loi universelle du genre, elle eût dû naître spontanément et des merveilles convenues de leurs origines fabuleuses, et aussi des merveilles réelles de leur histoire. Je ne l'avais rencontrée qu'au

1. Voir le précédent discours, p. 174 et suiv.

sixième siècle seulement, dans la rude *Odyssée* traduite d'Homère par Livius Andronicus, dans ces poëmes, où, tout aussitôt, Névius et Ennius, en soldats comme en poëtes de Rome, célébrèrent ce qu'ils avaient vu, ce que, pour leur part, ils avaient fait, l'un la première guerre punique, l'autre la seconde et bien davantage, remontant tous deux, mais Ennius avec les plus amples développements, à travers tout le glorieux passé de leur patrie, jusqu'à ses premiers commencements. Dans ces poëmes, j'avais dû montrer la fable et l'histoire mêlées, ou plutôt juxtaposées, de telle sorte que ce qui commençait par la fable, l'histoire le continuât et l'achevât toute seule. Puis, parvenu au septième siècle, il m'avait fallu faire voir le divorce de la fable et de l'histoire dans deux ordres de compositions entièrement distincts : les unes tout historiques, où les successeurs d'Ennius continuaient, au cours des événements, ses *Annales*, mais avec moins de grandeur, en historiographes de quelques grands personnages romains plutôt qu'en historiens de Rome; les autres toutes mythologiques, traductions, imitations de plus en plus libres, de plus en plus voisines de l'inspiration originale, d'Homère d'abord, ensuite des poëtes cycliques, enfin des poëtes alexandrins, arrivant comme leurs derniers modèles au mélange de la science et de l'élégance, à l'introduction dans le récit des formes lyriques et de l'intérêt dramatique. De là de longues études qui m'avaient fait passer en revue bien des noms jusqu'à ceux de Varron d'Atax et de Cicéron, de Catulle et de Varius, interroger bien des fragments, lire, analyser, commenter quelques œuvres respectées par le temps, notamment les *Noces de Thétis et de Pélée* et le *Ciris*. Par ce dernier poëme j'avais été conduit à Virgile dont il a porté le nom, et dans ce qu'on sait ou dans ce qu'on croit savoir de la vie de Virgile, dans les ouvrages de sa jeunesse et de son âge mûr, j'avais cherché surtout, prenant conseil de mon sujet, le vœu, la promesse, l'annonce de cette épopée romaine que les progrès patients de son génie le mirent enfin en état de produire, dans le temps où Rome elle-même, par la lente éducation de sa langue, de sa versification, de son style poétique, par l'épurement de son goût, par la liberté croissante de ses inspirations, par ses essais épiques multipliés, historiques et mythologiques, devenait capable de cette grande œuvre.

Voilà où j'en étais quand la fin de l'année classique a interrompu les leçons que je reprends aujourd'hui.

Devais-je, content d'avoir touché au seuil de l'*Énéide*, passer à côté du monument pour aller sans délai chercher plus loin, dans les temps de décadence poétique assignés à la dernière année de notre cours triennal, de nouveaux sujets d'étude ? Je ne l'ai pas pensé. Il m'a semblé que je pouvais ressaisir le beau sujet qui m'était échappé, en faisant de l'*Énéide* le point de départ de parallèles avec ces productions épiques qu'elle eût dû décourager, supprimer, puisque enfin Rome avait désormais son épopée; qui n'eussent pas dû s'aventurer sur ses traces, se résigner à ne les suivre que de loin et avec l'humilité d'une admiration impuissante ; qui ne s'excusaient pas assez de leur vaine témérité par cet aveu si souvent cité :

Nec tu divinam Æneida tenta,
Sed longe sequere et vestigia semper adora 1.

L'étude spéciale, isolée, de ces poëmes nous eût d'ailleurs offert moins d'utilité et d'intérêt. C'est surtout en les rapprochant de leur inévitable et désespérant modèle, l'*Enéide*, qu'il est instructif et curieux d'observer par quels procédés d'un art ingénieux, mais aussi au prix de quelles erreurs de goût, avec quel mélange inégal de succès et de disgrâces, ils ont cherché la nouveauté. En outre, ils n'eussent pu suffire, même par leurs beautés, si clairsemées, si imparfaites, si mêlées de graves défauts, à nous donner, dans sa pureté, ce sentiment du beau, qui doit toujours vivifier les travaux de la critique et par lequel seul ils deviennent profitables et attrayants. Nous ne manquons pas, vous le voyez, de bonnes raisons pour nous applaudir de l'heureuse né-

1. Stat., *Theb.* xii, 816.

cessité qui nous oblige à réparer les lacunes du cours précédent, en ouvrant celui-ci par une analyse de l'*Énéide*.

Cette analyse sera complète. On ne choisit pas dans les chefs-d'œuvre, dans ceux surtout qui se recommandent à ce degré par l'art savant de la composition, l'exquise pureté du goût, la justesse constante des sentiments et des idées, la noblesse, l'élégance, l'harmonie continue du style. Je me propose de repasser avec vous, dans ce premier semestre, l'*Énéide* tout entière, profitant des occasions qui pourront s'offrir d'y mêler, par des rapprochements partiels, ces autres poëmes dont je dois aussi vous occuper, et à l'étude desquels sera d'ailleurs plus spécialement consacré le second semestre.

Pour aujourd'hui je voudrais vous faire apercevoir par avance les divers points de vue que nous découvriront l'analyse de l'*Énéide* et la comparaison de ce poëme avec les autres épopées latines qui l'ont suivie.

D'après une tradition de bonne heure reçue à Rome et qui y avait passé de la croyance populaire et des institutions publiques dans le langage consacré des orateurs, des historiens et des poëtes, Énée, échappé des ruines de Troie avec les restes du peuple vaincu, avait gagné, après une longue et laborieuse navigation, les côtes de l'Italie et les rives du Tibre. Il s'y était établi par la guerre, malgré la résistance des peuples du Latium ; il y avait fondé une ille, qui de Lavinie, fille de Latinus, roi des Latins, devenue la femme du chef étranger, s'était appelée Lavinium, ville prédestinée, de laquelle devait sortir Albe, comme d'Albe sortirait Rome.

C'est cette tradition, à laquelle la vanité nationale, au temps de la République, la vanité de la famille régnante au temps de l'Empire, avaient communiqué quelque chose de l'autorité de l'histoire, que, sous Auguste, Virgile, avec un très-grand sens, reprit en quelque sorte des mains de ses vieux prédécesseurs Névius et Ennius, qui en avaient fait le début de leurs récits historiques, pour en faire, lui, le sujet spécial de son épopée romaine, de son *Énéide*.

Voilà pour le choix du sujet, véritablement heureux.

Virgile ne se montra pas moins judicieux et moins habile dans ce qui concerne l'ordonnance.

« ... Il court à l'événement et jette au milieu de son sujet, comme s'il leur était connu, ses auditeurs... », a dit Horace du poëte épique. Ce n'est pas une loi pour tous les sujets, c'est une convenance pour quelques-uns. Cela convient, en effet, dans les poëmes tels que l'Odyssée et l'*Énéide*, auxquels introduiraient languissamment de longs récits de voyages. Cela eût convenu, par la même raison, aux Argonautiques d'Apollonius de Rhodes, qui y eussent certainement gagné en mouvement et en intérêt.

Mieux inspiré, Virgile, renouvelant la disposition dont l'auteur de l'Odyssée avait donné l'exemple, montra d'abord son héros déjà près d'aborder en Italie, puis rejeté par la tempête sur les côtes d'Afrique, accueilli dans les murs nouveaux de Carthage, et racontant à Didon ses aventures antérieures. De cette façon, il entra en matière assez près du dénoûment, resserra le champ de sa narration, en marqua plus fortement l'unité, lui imprima un mouvement plus vif et plus rapide. Autant qu'Homère il fut l'occasion du précepte d'Horace :

...... Ad eventum festinat et in medias **res**
Haud secus ac notas auditorem rapit[1].

Le poëme, d'ailleurs, se divisa naturellement en deux parties principales, contenant : l'une, avec l'histoire du dernier jour de Troie, les longs voyages du héros jusqu'en Italie; l'autre, ses combats pour s'y établir; une double image d'abord de l'Odyssée, ensuite de l'Iliade, la reproduction d'Homère tout entier, dans son majestueux ensemble.

A ce partage en correspondit un autre. Dans les six premiers livres se résumèrent les souvenirs du monde grec; dans les six derniers se révéla l'antique et obscur berceau de Rome, le monde ausonien.

En même temps que le héros de l'*Énéide* aborde dans

---

1. *De arte poet.*, 148.

cette patrie nouvelle, où l'ont appelé et conduit les oracles, le poëte semble arriver lui-même à la partie la plus nouvelle, la plus originale de son sujet, à celle qui lui appartient en propre, et il en prend en quelque sorte possession par une invocation nouvelle :

Maintenant, Muse, quels étaient les rois, quel était l'état de l'antique Latium, au premier moment où un peuple étranger aborda sur les rivages d'Ausonie? je vais l'expliquer; je vais reprendre l'origine de leurs premiers combats. Toi, déesse, inspire ton poëte ! Je dirai d'horribles guerres; je dirai les armées et leurs chefs animés au carnage, les forces tyrrhéniennes, l'Hespérie tout entière rassemblée sous les armes. Un plus grand ordre d'événements s'ouvre devant moi ; je mets la main à une œuvre plus grande.

    Nunc age, qui reges[1]...

Comment des événements de la légende d'Énée, ainsi choisis entre tous les sujets, ainsi distribués, Virgile a-t-il fait une épopée, et particulièrement une épopée romaine?

Par un double procédé dont l'étude reviendra sans cesse.

D'une part il mêle ces événements, dans leurs plus petits détails, de merveilleux.

Boileau l'a dit du premier chant :

> Qu'Énée et ses vaisseaux, par le vent écartés,
> Soient aux bords africains d'un orage emportés,
> Ce n'est qu'une aventure ordinaire et commune,
> Qu'un coup peu surprenant des traits de la fortune.
> Mais que Junon, constante en son aversion,
> Poursuive sur les flots les restes d'Ilion;
> Qu'Éole, en sa faveur, les chassant d'Italie,
> Ouvre aux vents mutinés les prisons d'Éolie ;
> Que Neptune en courroux s'élevant sur la mer,
> D'un mot calme les flots, mette la paix dans l'air,
> Délivre les vaisseaux, des Syrtes les arrache :
> C'est là ce qui surprend, frappe, saisit, attache.
> Sans tous ces ornements le vers tombe en langueur,

---

1. *Æn.*, VII, 37-45.

La poésie est morte ou rampe sans vigueur ;
Le poëte n'est plus qu'un orateur timide,
Qu'un froid historien d'une fable insipide[1].

Cela s'applique à tous les autres chants du poëme : il ne s'y agit point seulement d'un chef de bannis en quête d'un refuge, mais de l'antique querelle de Junon et de Vénus ; du maintien des arrêts du Destin par la toute-puissance de Jupiter ; de l'entremise de divinités secondaires, comme Neptune, Vulcain, Mercure ; de divinités subalternes, Éole, Iris, Morphée, Alecton, le Tibre, la Renommée, les Pénates, Faunus, Juturne ; ou bien encore des ombres d'Hector, de Créüse, de Polydore, d'Anchise ; de personnages prophétiques, tels qu'Hélénus, Anius, Nautès, la Sibylle. C'est d'oracle en oracle, de révélation en révélation, de prodige en prodige, qu'Énée, à travers tous les obstacles suscités par des dieux ennemis, écartés par des dieux protecteurs, se rend et se fixe en Italie.

Voilà l'histoire de l'établissement d'Énée en Italie devenue une épopée. Mais qu'est-ce qui en fait particulièrement une épopée romaine?

C'est, je l'ai déjà montré, le caractère éminemment national de la légende reproduite par le poëte ; c'est encore quelque chose qui appartient de plus près à son art : je veux dire les perspectives ouvertes à tout instant sur l'histoire de Rome, qui, ainsi aperçue, du sein de la fable, dans une sorte de lointain, devient ce qu'elle n'avait pas encore été pour les prédécesseurs de Virgile, poétique, épique.

Au premier livre et au dernier, et dans l'intervalle, au dixième, le poëte fait prédire par Jupiter consolant les ennuis maternels de Vénus, maîtrisant enfin la haine obstinée de Junon, ou bien, dans le conseil des Dieux, imposant silence à la discorde des deux déesses, leur intimant les volontés du Destin et les siennes, il lui fait prédire les grandes destinées promises à la race d'Énée.

Il fait passer en revue, dans le sixième, par le héros lui-même, ces âmes destinées à revivre, qui doivent ani-

---

1. *Art poétique*, III.

mer les grands hommes de Rome, de la Rome royale, républicaine, impériale.

Il lui fait contempler, au huitième, dans les représentations prophétiques du bouclier que lui a forgé Vulcain, les principaux faits des annales romaines, et ces faits, pour la plupart, correspondent aux lieux que, dans le même livre, Évandre montre à Énée.

Ces lieux, le poëte les nomme par avance des noms qu'ils porteront un jour : c'est déjà, du moins dans ses vers, confidents de l'avenir, le Capitole, le Forum, le quartier des Carènes :

>   Ad. . . . Capitolia ducit
> Aurea nunc, quondam silvestribus horrida dumis.
> . . . .

Il le conduit au Capitole, si brillant d'or aujourd'hui, alors tout hérissé de sauvages buissons....

> Talibus inter se dictis ad tecta subibant
> Pauperis Evandri, passimque armenta videbant
> Romanoque Foro et lautis mugire Carinis [1].

Parmi ces entretiens, ils approchaient de la demeure du pauvre Évandre, et voyaient çà et là errer des troupeaux mugissants dans le Forum romain, dans les splendides Carènes.

Dans les noms des compagnons d'Énée, on démêle déjà ceux de quelques-unes des grandes familles romaines, comme des familles Memmia, Sergia, Cluentia :

> . . Italus Mnestheus, genus a quo nomine Memmi;

> Sergestusque, domus tenet a quo Sergia nomen;

> . . . . Cloanthus
> . . . . . genus unde tibi, Romane, Cluenti [2].

Dans le nom du fils d'Énée apparaît de loin ce grand nom de Jules, dont la puissance fatale semble embrasser tout l'ensemble des destinées romaines :

---

1. *Æn.*, VIII, 347, 359. — 2. *Ibid.*, V, 117, 121, 122, 123

Julius a magno demissum nomen Iulo[1].

Par un artifice analogue, Virgile transporte dans un passé fabuleux les usages de Rome à ses époques historiques, et même aux plus récentes.

Dans le palais de Picus, ce divin ancêtre du roi Latinus est représenté avec la trabée et le bâton augural de Romulus, avec l'ancile de Numa[2]; Laurente a ses rois devant qui marchent les faisceaux[3], sa curie et ses pères[4], un temple[5], image anticipée de celui dont les portes ouvertes laisseront un jour la guerre s'échapper et se répandre pendant des siècles sur tout l'univers.

On est bien loin de la bataille d'Actium; mais déjà les Troyens semblent prévoir les jeux actiaques et les célébrer par avance, sur cette côte d'Épire qu'illustrera la victoire d'Auguste :

Actiaque Iliacis celebramus littora ludis[6].

Par ces quelques exemples, auxquels on en pourrait ajouter un si grand nombre (nous les retrouverons tous en leur lieu et leur donnerons une grande attention), par ces exemples, dis-je, on peut comprendre comment le poëte, dans son œuvre mythologique, a donné place à l'histoire de Rome, à son passé, à son présent, à Auguste lui-même, qui s'y retrouve à tout instant; comment il l'a remplie d'un intérêt national, d'un intérêt contemporain, sans lesquels elle n'eût point été une véritable épopée romaine, et même, il faut le dire, une véritable épopée; car, pour aspirer à ce grand titre, un poëme doit être comme l'expression du peuple auquel on l'adresse.

Ceux qui, selon Servius[7], appelaient le poëme de Virgile, non pas *Æneis*, mais *Gesta populi romani*, le caractérisaient sans doute à tort par quelques-unes de ses parties, mais toutefois entraient dans son esprit général.

---

1. *Æn.*, I, 288. — 2. *Ibid.*, VII, 187-188 cf. 612.
3. *Ibid.*, 173. — 4. *Ibid.*, 174. — 5. *Ibid.*, 601-622.
6. *Ibid.*, III, 280. — 7. *Ad Æn.*, VI, 752.

L'*Énéide* a ainsi comme un double horizon : la fable et l'histoire. C'est cette combinaison, vainement cherchée jusque-là, mais enfin habilement opérée, qui fait surtout son originalité.

L'*Énéide* est originale, bien qu'imitée d'Homère et de tous les poëtes de l'école homérique. Le caractère de cette imitation devra être un des principaux objets que nous aurons à considérer.

C'est une imitation libre, celle d'un esprit orné et érudit qui use avec imagination des trésors de sa mémoire, comme chez nous celui de Fénelon ; ce n'est pas le minutieux assemblage des pièces d'une mosaïque. Cette imitation mêle les modèles empruntés soit à un même poëte, soit à plusieurs ensemble. Elle modifie, elle altère ingénieusement tout ce qu'elle emprunte et se le rend propre. A personne mieux qu'à Virgile ne peut s'appliquer cette comparaison célèbre de Montaigne :

> Les abeilles pillotent de çà, de là, les fleurs, mais elles en font après le miel qui est tout leur ; ce n'est plus thym ni marjolaine : ainsi les pièces empruntées d'autruy, il les transformera et confondra pour en faire un ouvrage tout sien [1].

L'*Énéide* est bien à Virgile, quoique venant en grande partie d'Homère. Virgile s'est fait une place à côté d'Homère, de qui il procède, mais à qui il ne ressemble guère. Il y a entre eux des différences qui sont celles des temps plus encore que celles des poëtes. Marquer ces différences sera une part considérable de notre tâche.

Le merveilleux chez Homère est article de foi ; chez Virgile, machine littéraire, dont le poëte use industrieusement, spirituellement, éloge qui, au point de vue de l'épopée, est presque une critique. Ce n'est pas Homère qui se fût étonné des passions tout humaines de ses dieux, qui eût dit :

> Tantæne animis cœlestibus iræ [2] ?

---

1. *Essais*, I, 25. — 2. *Æn*, I, 11.

Dans les âmes divines peut-il entrer tant de colère ?

Il n'eût pas prêté à ses héros ce doute épicurien :

...... Si qua pios respectant numina [1].....

Que les Dieux, s'il en est qui regardent la piété des mortels, si la justice n'est pas un vain nom, que du moins le témoignage de votre cœur soit votre digne récompense.

Il n'eût pas terminé sa descente aux enfers par l'insinuation sceptique qui semble l'assimiler aux illusions d'un songe :

Portaque emittit eburna [2].

Homère raconte naïvement ce que lui apprend la tradition. Il y a chez Virgile un art plus réfléchi et plus apparent à faire agir et parler ses personnages, une plus curieuse étude des passions et de leur langage.

Homère est tour à tour Grec ou Troyen par l'imagination, comme Virgile Troyen, Italien, Romain. Mais notre poëte est surtout homme ; il peint surtout l'humanité ; il a pour elle une tendre sympathie. De là la mélancolie de ses tableaux presque contemporains du christianisme, et qui contraste avec la sérénité de la poésie d'Homère. De là ces traits virgiliens par excellence :

Sunt lacrimæ rerum et mentem mortalia tangunt [3].

Il y a ici des larmes pour le malheur, des cœurs touchés du sort des mortels.

Non ignara mali, miseris succurrere disco [4].

Je n'ignore pas le malheur ; j'ai appris à secourir les malheureux.

et tant d'autres où la sensibilité du poëte se fait jour à

---

1. *Æn.*, I, 603, sqq. — 2. *Ibid.*, VI, 898. — 3. *Ibid.*, I, 462. — 4. *Ibid.*, 630.

travers son sujet, et s'étend de la considération des malheurs particuliers qu'il retrace, à une compassion, une pitié plus générale pour la misère humaine.

Ce sentiment, il le prête même à ses dieux par un autre trait qui me semble le distinguer d'une manière frappante d'Homère. Dans l'Iliade, les dieux sont représentés comme attentifs aux luttes de la terre, en faisant leur joie[1], quelquefois même s'y mêlant par leurs propres passions. Dans l'*Énéide*, témoins aussi des combats, ils se prennent de pitié pour les vaines fureurs et des vainqueurs et des vaincus ; ils plaignent des êtres qui doivent finir, des mortels d'être condamnés à de si durs travaux.

Di Jovis in tectis iram miserantur inanem
Amborum, et tantos mortalibus esse labores[2].

Les deux poëtes peignent admirablement la nature, mais Homère avec plus d'abandon et de grandeur, Virgile avec un art de composition plus marqué. Ces grands traits que l'un jette négligemment, l'autre les ordonne en tableaux.

Tous deux expriment les détails familiers de la vie, mais Homère plus que Virgile, et différemment. Chez Homère, la nouveauté du monde et de la société leur donne une sorte de merveilleux qu'ils ne peuvent plus avoir dans l'*Énéide*. Chez Virgile, c'est réminiscence homérique, recherche de contrastes piquants, mérite de la difficulté vaincue.

Le langage d'Homère est en harmonie complète avec la nature de ses tableaux. Celui de Virgile, dans son élégance polie, se trouve quelquefois dans un désaccord nécessaire avec la simplicité, la rudesse, la barbarie des mœurs. Auguste n'aurait pas mieux tourné qu'Évandre, son antique prédécesseur sur le Palatin, cette invitation à un banquet :

Jam nunc sociorum assuescite mensis[3].

1. *Il.* XX, 22, sqq. — 2. *Æn.*, X, 758-59. — 3. *Ibid.*, VIII, 174.

Dès ce moment, accoutumez-vous à partager la table de vos alliés.

Le soin de la composition se montre autant chez Virgile qu'il se cache chez Homère. C'est partout un art ingénieux à lier, à grouper les traditions, à leur donner un air de vraisemblance historique. C'est un perpétuel souci d'accorder avec l'unité de l'ensemble la variété des détails, de maintenir la proportion et l'harmonie des parties.

Hoc amet, hoc spernat promissi carminis auctor [1].

Ce vers d'Horace, comme bien d'autres, s'applique parfaitement à Virgile, le plus précis des poëtes, qui choisit, abrége, sous-entend, laisse le lecteur compléter ses narrations et achever ses tableaux.

Il ne faut pas triompher, comme on l'a fait trop souvent, des lacunes qu'on y aperçoit. Ce sont des lacunes volontaires. Tout ce qui peut être suppléé par le lecteur, Virgile le supprime. Par exemple, il ne croit pas devoir lui dire quand et comment le jeune Iule reprend auprès de la reine de Carthage sa place un moment occupée par Cupidon. Il ne lui apprend que Didon a une sœur qu'au moment où l'amante d'Énée a besoin de confier à une oreille amie le secret de sa passion,

..... Unanimam alloquitur malesana sororem :
Anna soror..... [2]

Cette manière est tout le contraire de la libre et naturelle abondance de l'inspiration homérique.

En somme, les différences qui, malgré la communauté du genre et les rapports de l'imitation, séparent Virgile d'Homère, se résument dans la différence générale de l'épopée artificielle des âges polis, et de l'épopée naïve des époques primitives. Mais, chez Virgile, ce mot artificiel ne constate qu'un fait presque chronologique. Il ne faut

1. *De arte poet.*, V, 45. — 2. *Æn.*, IV, 8-9.

s'en servir que pour désigner et louer l'infinie perfection de son art.

Cet art, nous devrons souvent en faire la remarque, ne relève pas seulement d'Homère, mais encore des poëtes alexandrins. Dans les *Noces de Thétis et de Pélée*, dans le *Ciris*, ces modèles sont déjà mêlés ; il n'est pas étonnant qu'ils le soient encore dans l'*Énéide*. Mais, chez Virgile, la trace du mélange s'aperçoit moins ; elle est plus effacée, non-seulement par la plus grande habileté du travail, mais par la liberté plus grande de l'inspiration.

Du reste, l'avantage qu'Homère peut et doit avoir sur Virgile, à certains égards, pour le naturel, la simplicité, la grandeur, Virgile l'a de son côté sur les Alexandrins. Il est d'un âge littéraire relativement plus jeune, plus étranger aux recherches qu'amène le long usage des formes poétiques. En leur dérobant leur élégance, il en corrige le raffinement. Comme eux, il est antiquaire, mais plus qu'eux il sait donner à sa science l'air, je ne dirai pas naïf, mais presque naïf de la tradition. Il les a surpassés, il a surpassé leurs précédents disciples par l'intérêt et l'éloquence passionnée des scènes tragiques, des drames qu'il a, à leur exemple, introduit dans ses récits. La Médée d'Apollonius de Rhodes, l'Ariane de Catulle, ont suscité dans sa Didon un type de passion d'un ordre supérieur auquel l'antiquité ne pouvait rien comparer, et qui sembla aux Romains la beauté la plus nouvelle, la plus originale, et le plus grand attrait de l'*Énéide*. Ovide, dans cette pièce où il excuse la licence reprochée à ses vers par tant de peintures de la passion amoureuse chez les poëtes de la Grèce et de Rome, même les plus graves et les plus purs, allègue Virgile à son tour :

L'heureux auteur de ton *Énéide*, dit-il à Auguste, a lui-même conduit le guerrier, son héros, dans la couche de la reine tyrienne, et de toute cette grande œuvre, ce qu'on lit le plus n'est-ce pas l'histoire d'un amour illégitime ?

.... Ille tuæ felix Æneidos auctor
Contulit in Tyrios arma virumque toros ;

Nec legitur pars ulla magis de corpore toto,
Quam non legitimo fœdere junctus amor[1]

Une autre supériorité de Virgile sur les poëtes d'Alexandrie et leurs précédents imitateurs latins consiste dans la mesure plus discrète et le mouvement plus passionné de son intervention personnelle au milieu de ses récits. Comme eux et à leur exemple, il est lyrique, mais il ne l'est que rarement, à propos, avec éloquence, et ces apostrophes aux personnages du poëme, qui sont trop souvent ailleurs une simple figure de rhétorique, sont toujours chez lui un trait de sentiment.

C'est son émotion qui suspend tout à coup le tableau des douleurs de Didon, par cette parole qu'il lui adresse, comme s'il assistait véritablement à ce qu'il raconte :

Quels étaient cependant, ô Didon ! à cette cruelle vue tes sentiments?

Quis tibi tunc, Dido, cernenti talia sensus[2]?

Ailleurs, lorsqu'il a raconté le dévouement mutuel de Nisus et d'Euryale et l'amère douceur de leur double trépas, il est lui-même trompé et consolé par son art au point de s'écrier dans son illusion :

Heureux tous deux ! Si mes vers ont quelque puissance, aucun jour ne vous ravira à la mémoire des âges, tant que la maison d'Énée habitera l'immobile rocher du Capitole, et que le souverain, père des Romains, gardera l'Empire.

Fortunati ambo ! Si quid mea carmina possunt,
Nulla dies unquam memori vox eximet ævo,
Dum domus Æneæ Capitoli immobile saxum
Accolet, imperiumque pater Romanus habebit[3].

Le beau transport poétique ! Quelle réalité il donne à la fiction du poëte ; et, en même temps, avec quelle adresse inattendue est ici rappelée, une fois encore, l'idée fonda-

---

1. *Trist.*, II, 533 sqq. — 2. *Æn.*, IV, 408. — 3. *Ibid.*, IX, 446 sqq.

mentale du poëme, toujours présente à Virgile, ce lien secret qui unit aux destinées d'Énée celles de Rome et de l'Empire !

Ces beaux vers seront au nombre de ceux qui, bien souvent, nous provoqueront à des parallèles avec les poëtes de Rome successeurs de Virgile dans l'épopée, et par là ses nécessaires imitateurs. Ils ont été imités à la fois par Valérius Flaccus[1], et par Stace[2], mais par ce dernier avec le tour spirituel et gracieux qu'il a donné, dans la conclusion de sa *Thébaïde*[3], à l'expression de sa respectueuse déférence pour l'*Énéide*. Relisons ce passage dont nous avons déjà cité quelque chose, et rapprochons-le de l'autre, animé du même esprit, et dont nous pouvons tirer la même conséquence.

Le poëte, en finissant, s'adresse à son œuvre :

Dois-tu durer et, toujours lue, survivre à ton auteur, ô toi sujet de mes veilles pendant deux fois six années, ô ma Thébaïde ? Déjà du moins la faveur de la renommée t'a ouvert le chemin et t'a montrée nouvelle aux âges à venir. Déjà notre magnanime César daigne te connaître. Déjà, dans son zèle bienveillant, la jeunesse de l'Italie t'apprend et te répète. O vis ! c'est ma prière ; mais ne va pas défier la divine Énéide ; suis-la de loin, adore ses traces... »

> Durabis ne procul, dominoque legere superstes,
> O mihi bissenos multum vigilata per annos
> Thebai ? Jam certe præsens tibi fama benignum
> Stravit iter, cœpitque novam monstrare futuris.
> Jam te magnanimus dignatur noscere Cæsar,
> Itala jam studio discit, memoratque juventus.
> Vive, precor ; nec tu divinam Æneida tenta,
> Sed longe sequere, et vestigia semper adora !

Ailleurs Stace fait périr ensemble, dans une généreuse entreprise, deux jeunes guerriers liés d'une tendre amitié. Comme le chantre de Nisus et d'Euryale, il les montre confondant avec joie leur dernier soupir et jouissant du

---

1. *Argon.*, II, 244-246. — 2. *Theb.*, X, 442-448.
3. *Ibid.*, XII, 810 sqq.

repos commun de la tombe. Comme lui, mais d'après lui encore, il leur promet l'immortalité peut-être réservée à ses vers :

Vous aussi, consacrés dans mes vers, bien qu'ils résonnent sur une lyre plus humble, votre mémoire triomphera de la durée des ans. Peut-être Euryale et son ami Nisus ne dédaigneront-ils pas de vous admettre dans leur glorieuse compagnie.

> Vos quoque sacrati, quamvis mea carmina surgant
> Inferiore lyra, memores superabitis annos.
> Forsitan et comites non aspernabitur umbras
> Euryalus, Phrygiique admittet gloria Nisi.

Il y a certainement dans cette invocation modeste à la gloire sans rivale de l'*Énéide* beaucoup d'agrément et même de charme. Mais du sentiment même à la vérité duquel le poëte a su atteindre par une si heureuse expression, on doit conclure qu'après l'*Énéide* il n'y avait guère de place dans la littérature latine pour une autre épopée réellement nouvelle.

Ovide l'avait compris : il s'était borné à de courts récits où s'encadraient de petits drames épiques et tragiques; il en avait formé, au moyen d'un lien facile, le tissu de ses *Métamorphoses*, de ses *Fastes*, renonçant à la belle unité de Virgile, mais le suivant encore dans l'art de mêler, de concilier la fable et l'histoire. C'est à Romulus, à César, à Auguste que, de merveille en merveille, conduisent les *Métamorphoses*, et dans les souvenirs que rassemblent les *Fastes*, le passé historique de Rome semble alterner avec son passé fabuleux.

Si bien inspiré pour lui-même, Ovide ne laisse pas de célébrer, comme Properce, avec la complaisance de l'amitié, mais une complaisance plus exempte d'ironie, les poëtes mal avisés, mal instruits par les enseignements de l'*Énéide*, qui poursuivent encore en si grand nombre (les *Tristes*, les *Pontiques* sont pleines de leurs noms, des titres de

---

1. *Theb.*, X, 445 sqq.

leurs poëmes), qui, dis-je, poursuivent en si grand nombre la chimère de l'épopée mythologique.

Cette poursuite stérile se perpétue dans les âges suivants, au temps de Néron, au temps de Domitien, au temps même d'Honorius. En vain la poésie elle-même réclame contre cette redite sans fin des lieux communs de la fable; à force de se renouveler, ses réclamations elles-mêmes sont devenues un autre lieu commun.

On se rappelle les vers par lesquels Virgile, au début du troisième livre des *Géorgiques*, écarte dédaigneusement tant de fables surannées, loin desquelles il veut se frayer une voie vers quelque sujet plus nouveau.

> Cætera quæ vacuas tenuissent carmina mentes
> Omnia jam vulgata.....[1]

On se rappelle comment Juvénal débute, se révoltant lui-même contre ces banalités qui l'obsèdent, qui l'oppriment :

> Semper ego auditor tantum, nunquam ne reponam
> Vexatus toties...[2]?

J'ai quelquefois cité ces passages. J'en veux rapporter un autre de sens tout pareil, et qui se place, par sa date, entre eux deux, s'il est vrai, comme on le pense aujourd'hui, que le poëme de l'*Etna*, auquel je l'emprunte, ce poëme trouvé dans les œuvres de Virgile, qu'on a attribué à Manilius, à Cornélius Sévérus, à Claudien, soit d'un poëte du temps de Néron, de ce Lucilius auquel Sénèque a adressé ses belles épîtres morales.

Il s'applaudit de chanter l'Etna, qui n'est pas lui-même si nouveau, ni poétiquement, ni même scientifiquement. Il se moque à cette occasion des sujets usés, qu'il évite :

Qui peut ignorer cet âge d'or sur lequel régna paisiblement Saturne ?

> Aurea securi quis nescit sæcula regis[3]?

---

1. V. 3 sqq. — 2. *Sat.*, I, 1, sq . — 3. V. 9 sqq.

C'est fort bien, mais pourquoi, signalant l'écueil, y donner soi-même, et, après tant d'autres, décrire aussi l'âge d'or? Passons donc cette description, et arrivons à ce trait heureux renouvelé par Juvénal :

A personne il n'a été donné de mieux connaître son propre temps.

Non cessit cuiquam melius sua tempora nosse [1].

Juvénal a dit à son tour :

Nul ne connaît sa maison aussi bien que m'est connu le bois sacré de Mars.

Nota magis nulli domus est sua quam mihi lucus Martis [2].

L'énumération moqueuse continue :

Qui s'est tu sur les antiques combats des vainqueurs de la Colchide? Qui n'a pleuré Pergame, mise par les Grecs sur le bûcher, l'inconsolable mère de tant de fils immolés, la retraite du jour devant un odieux forfait, et ces dents jetées dans la terre comme une semence? Qui n'a blâmé la perfidie de la nef infidèle, et plaint la fille de Minos abandonnée sur un rivage désert? Vieux sujets que les vers ont tant de fois empruntés à la fable.

C'est sur ces vieux sujets, sans rapport aucun avec les préoccupations de la pensée romaine, dont le public était dès longtemps fatigué, excédé, que toutes les ressources de l'art ne pouvaient désormais rajeunir, qui condamnaient inévitablement ou à la répétition servile d'inventions et de formes usées, ou à la recherche de nouveautés périlleuses; c'est sur de tels sujets que, parmi tant de poëtes auxquels ils ont eu la fortune de survivre, Valérius Flaccus, Stace, Claudien, consumèrent sans fruit leur talent. Sans fruit, non pas pour le succès du jour, qui ne leur a pas manqué, mais pour la gloire durable. Ce qu'on y cherche aujour-

---

1. V. 16. — 2. *Sat.*, I, 7.

d'hui, ce que nous devons y chercher, c'est moins quelques traits heureux que les traces trop visibles de la décadence du goût. Nous verrons l'œuvre poétique de Virgile, formée par l'industrieux assemblage de tous les mérites de la composition et du style, se défaire pièce à pièce, et nous trouverons à la place l'énergie tourmentée et l'expression dure de Valérius Flaccus, la surcharge mythologique, l'intempérance descriptive, l'enflure, la recherche de Stace, l'élégance, l'harmonie, la pompe, froides et monotones de Claudien.

Dans cette décadence, il nous semblera que l'histoire a inspiré plus heureusement la muse épique des Romains. Je me hâte de dire que je n'entends pas parler de Silius Italicus, qui, dans sa *Guerre punique*, a marqué avec bien de la faiblesse la réaction d'un goût meilleur; qui, traducteur timide des récits de Tite-Live et de Polybe, a, par une étrange erreur de goût, appliqué à leurs sévères réalités la machine merveilleuse de l'*Énéide*. Il admirait, il adorait Virgile; mais il ne le comprenait pas assez pour sentir que l'action personnelle des dieux sur les affaires humaines, admissible dans la querelle d'Énée et de Turnus, ne l'était pas autant dans celle de Scipion et d'Annibal.

Que d'exemples nous offrira son poëme de ce travestissement ridicule de la vérité historique en fable épique! Citons-en seulement quelques-uns:

Annibal est blessé au siége de Sagonte. C'est Jupiter qui aide à la direction du trait retiré de la blessure par Junon [1].

A Cannes, Annibal prend ses dispositions pour que le Vulturne aveugle de poussière les yeux des Romains. C'est Éole qui, à la prière de Junon, a fait souffler le Vulturne [2].

L'armée carthaginoise s'amollit à Capoue. C'est Vénus qui l'a amenée où l'on a tant reproché à Annibal de l'avoir conduite [3].

1. *Punic.*, I, 535-552. — 2. *Ibid.*, IX, 491 sqq.
3. *Ibid.*, XI, 385.

La tradition de ce procédé un peu puéril n'était pas perdue, quand, sous Honorius, Claudien, célébrant un événement contemporain, *la Guerre de Gildon*, ouvrait son poëme par un conseil de l'Olympe, où Rome et l'Afrique comparaissaient devant Jupiter pour y porter plainte contre ce Gildon, tyran de la Mauritanie, et réclamer son châtiment.

Ainsi n'ont point fait quelques poëtes du siècle d'Auguste, Cornélius Sévérus, Pedo Albinovanus, Rabirius, qui ont traité, avec la seule inspiration de l'histoire, à ce qu'il semble, des sujets historiques. On peut le conclure de quelques fragments curieux que nous ne négligerons pas d'étudier.

Ainsi surtout n'a pas fait Lucain; nous pourrons le dire avec plus de certitude, d'après son poëme resté entier et qui compte parmi les grands monuments de la poésie latine.

Pas plus qu'eux, Lucain n'a pu songer à faire ce que lui interdisait, comme à eux, la date récente de son sujet. Les divinités mythologiques ne pouvaient avoir de rôle auprès de ces personnages de la *Pharsale*, épicuriens pour la plupart, qui n'y croyaient pas ou les croyaient indifférentes aux choses de ce monde; auprès du stoïcien Caton, qui, dans un admirable discours, nie qu'elles habitent des sanctuaires terrestres, et retire à leurs oracles la conduite des actions de l'homme pour la remettre entière à sa conscience[1].

La *Pharsale* ne manque cependant pas de merveilleux. Elle en a de plus d'une sorte.

Elle a le merveilleux des souvenirs. Lucain conduit César aux ruines de Troie, où il implore, avec le langage d'une foi officielle, ces dieux auteurs de sa race, garants de sa future puissance, qu'un jour chantera Virgile; où il évoque les ombres des héros d'Homère, ces ombres qui doivent tant aux poëtes, *multum debentes vatibus umbras*[2].

Elle a le merveilleux de cette religion des Druides que

1. *Pharsal.*, IX, 564 sqq.
2. *Ibid.* IX 950 sqq.

César rencontre sur son chemin et qui tombe devant lui avec les ombres de la forêt de Marseille, un de ses redoutables sanctuaires[1].

Elle a le merveilleux, encore conciliable avec les mœurs et les opinions du temps, des oracles et des songes. Appius, proconsul de l'Achaïe, va consulter la pythonisse de Delphes, sur l'issue de la guerre civile[2]. L'ombre de Julie vient troubler le sommeil de Pompée par l'image de ses désastres[3].

Elle a le merveilleux de ces prodiges auxquels se prête partout et qu'acceptait à Rome, plus qu'ailleurs, dans les temps de calamités publiques, la crédulité populaire. De tels prodiges sont, dans le poëme, l'annonce effrayante et de la guerre civile prête à éclater[4] et de la journée de Pharsale[5].

Elle a le merveilleux de ces superstitieuses pratiques qui, dans le déclin des religions, viennent prendre leur place. Une magicienne de Thessalie, consultée par Sextus Pompée, lui fait révéler par un soldat mort, qu'ont un moment ranimé ses enchantements, le lugubre avenir et des vaincus et des vainqueurs[6].

Elle a enfin, dans un célèbre passage, le merveilleux de l'allégorie, conception de l'esprit généralement assez froide, mais à laquelle ici l'émotion et l'art du poëte ont prêté une réalité saisissante. Le remords secret de César, au moment où il va franchir le Rubicon, prend à ses yeux l'apparence du spectre plaintif et menaçant de la patrie, qui lui défend d'avancer[7].

Par de telles fictions, et, en même temps, par la forte couleur de ses tableaux, Lucain, on ne peut le nier, agit puissamment sur l'imagination.

Il n'a pu prêter aux acteurs tout politiques qu'il avait à mettre en scène, ce détail d'actions particulières qui est la vie de l'épopée héroïque. Il les a fait moins agir que par-

---

1. *Pharsal*, III, 399 sqq. — 2. *Ibid.*, V, 67 sqq.
3. *Ibid.*, III, 8 sqq. — 4. *Ibid.*, I, 523 sqq.
5. *Ibid.*, VII, 151 sqq. — 6. *Ibid.*, VI, 419 sqq.
7. *Ibid.* I, 183 sqq.

ler, mais c'est avec une verve oratoire qui lui a mérité d'être compté par Quintilien au nombre des orateurs.

Par la même raison, il a dû prodiguer les portraits, portraits frappants, dont Fontanes a peut-être eu tort de dire que Rome en décadence en donna le premier modèle, car il y en avait déjà dans les *Annales* du vieil Ennius, et de tels morceaux ne peuvent pas plus manquer au poëme historique qu'à l'histoire elle-même.

Lucain abonde, de plus, en pensées fortes, expression de ses principes stoïciens et de ses affections patriotiques. Un noble sentiment anime son œuvre, celui qui anime aussi l'histoire de Tacite et qui vivait au cœur des plus nobles Romains de cet âge : l'amour et le regret des anciennes institutions de Rome, le culte persévérant de la liberté perdue.

Voilà les mérites qui rachètent, chez Lucain, des vices de composition, de pensée et de style, souvent bien graves ; voilà ce qui le protége contre les justes reproches que la critique a pu lui adresser au nom de la vérité de l'histoire et de la pureté du goût. Dans la ruine des lettres antiques, Lucain est resté debout auprès de Virgile. C'est ainsi qu'il apparaît à Dante au moment où lui-même vient prendre sa place dans l'école de la haute poésie[1]. Lucain, par de grands caractères qu'il n'a empruntés de personne, qui lui sont propres, qui lui ont assuré la gloire de l'originalité, réclamera de nous, avec Virgile, la meilleure part de notre attention.

Tels sont, autant que je puis les apercevoir d'avance, les points de vue principaux qui s'offriront à nous dans la carrière où je vous appelle. Ils ont, par eux-mêmes, un intérêt que je voudrais bien ne pas affaiblir. Vous m'y aiderez par l'encourageante attention que je puis attendre de vous, à divers titres : des uns, parce qu'ils sont appelés à perpétuer les traditions de cette école, qui place au rang de ses premiers devoirs et de ses principaux titres d'honneur l'étude sérieuse de l'antiquité ; les autres, parce que leur

---

1. *Inf.*, cant. IV.

seule présence ici atteste le goût, devenu assez rare, de ces lettres antiques, sœurs aînées des lettres modernes, que les esprits d'élite ont toujours jugé si utile et si doux de mêler aux enseignements spéciaux que reçoit la jeunesse, aux travaux de la vie active dans l'âge mûr, aux souvenirs dont s'entretiennent et s'enchantent nos derniers jours.

XII

VIRGILE ET HORACE.

(Cours de 1838-1839, leçon d'ouverture)

Messieurs,

Ce qui n'a pu trouver place dans nos précédentes études, les quatre derniers livres de l'*Énéide* de Virgile, voilà, avec le recueil entier des œuvres diverses d'Horace, la matière des études nouvelles que nous commençons aujourd'hui. Les deux poëtes les plus accomplis qu'ait produits, sous la discipline des Grecs, le progrès des lettres latines, se trouveront ainsi rapprochés dans ces leçons, où nous devrons marquer et les traits particuliers qui les distinguent et les nombreux rapports de ressemblance, accidentels ou nécessaires, mis entre ces illustres contemporains, pour parler leur langage, par un incroyable accord de leurs astres.

Au déclin de la république, presque au début des guerres civiles d'où sortit l'empire, naissaient ensemble, ou peu s'en faut, dans une égale obscurité, deux enfants appelés à être un jour, par leur génie, la principale décoration du gouvernement impérial; deux poëtes dont les vers impérissables devaient survivre bien des siècles à la Rome de marbre qu'Auguste se vanta de laisser après lui; dont la gloire, croissant d'âge en âge, effacerait, dans la postérité, les grandeurs qu'ils avaient chantées et parmi lesquelles l'histoire négligea longtemps de les compter; ces héritiers de toutes les grâces antiques, qui ont tant ajouté à l'héritage, et auxquels il a été donné de servir de précurseurs, de précepteurs à l'imagination moderne. Des circonstances toutes pareilles, qu'on croirait disposées par quelque providence poétique, les préparèrent de loin à ce grand rôle, et, quand il en fut temps, les amenèrent sur l'éclatant théâtre, où ils ne se doutaient guère, où nul n'eût pu penser qu'ils allaient le commencer ensemble. Les fables de la mythologie, auxquelles eux-mêmes quelquefois[1], avant leurs ingénieux et élégants panégyristes, les Politien et les Pontanus[2], ont emprunté l'expression allégorique de cette haute fortune littéraire, n'ont rien, dans leur merveilleux consacré, qui ne soit plus ordinaire que le simple récit de ces circonstances.

Virgile et Horace ne devaient le jour, le premier, qu'à un très-petit propriétaire des environs de Mantoue; le second, encore moins favorisé du sort, qu'à un affranchi de Vénuse, en Apulie, vivant d'un bien et d'un emploi également médiocres. Mais, nous le savons du père d'Horace et nous pouvons l'affirmer de celui de Virgile, jamais pères ne se montrèrent plus jaloux de développer l'heureux naturel de leurs enfants par une éducation libérale, dût cette éducation n'ennoblir en eux que leur âme et les laisser d'ailleurs à l'humilité de leur condition première. Avec nos idées d'aujourd'hui, fort aristocratiques, je le crains, sur la convenance de mesurer exactement à chacun, selon le rang qui l'attend dans la société et même la profession qu'il y doit exercer, sa part d'éducation, les pères de nos deux grands poëtes se fussent contentés, pour leurs fils, de l'honneur d'étudier, dans les petites écoles de Mantoue et de Vénuse, avec les nobles fils des centurions, les éléments d'une science, assurément fort applicable et alors très en

1. Hor., *Od.* II, vii, 13 sq.; III, iv, 9 sqq.
2. Pontan., *Uran.*, II; Politian., *Mant.*, etc.

crédit, les élément du calcul[1]. Ils eurent l'ambition de les faire participer, quoi qu'en pussent penser et dire les *utilitaires* du temps[2], aux inutilités d'une culture plus intellectuelle et plus morale. Ils s'épuisèrent en sacrifices pour que ces jeunes gens, de si belle espérance, ne manquassent point à leur avenir, pour qu'ils pussent aller chercher hors de leur ville natale, à Crémone, à Milan et à Naples, à Rome et à Athènes, les leçons de maîtres dignes d'eux, et, comme s'ils eussent été de race équestre ou patricienne, perdre savamment leur temps à acquérir par l'étude des lettres grecques, cet amour du vrai, du beau et de l'honnête, qui est bien pourtant de quelque usage dans la vie, même pour qui n'en doit pas tirer, comme ils firent, des trésors de poésie.

Cependant Virgile, après avoir parcouru le cercle entier des connaissances permises alors à sa curiosité, après avoir hésité plus d'une fois entre sa vocation littéraire et ses penchants philosophiques, après avoir essayé tour à tour de la poésie familière et de la poésie sérieuse, de l'imitation de Catulle et de Lucrèce, dont la gloire récente le préoccupait, avait enfin rencontré le genre, à peu près nouveau à Rome, où devait éclater son originalité; et, sous l'inspiration des muses champêtres qui l'avaient doué de si gracieux et si délicats agréments, rendu, on le suppose, à ses foyers rustiques, il préludait, sur les bords du Mincius et dans la campagne d'Andès, aux scènes de ses *Bucoliques*, aux leçons de ses *Géorgiques*; peut-être rêvait-il déjà un temps où, plus hardi, il échangerait ses pipeaux contre la trompette de l'épopée. Pour Horace, à cette époque, heureux habitant d'Athènes, je m'imagine qu'il y vivait comme son condisciple, le fils de Cicéron[3], et en général comme cette colonie de jeunes gens distingués que Rome y entretenait, studieusement et joyeusement tout ensemble; que, déjà éclectique dans sa philosophie comme

1. Hor., *Sat.*, I, vi, 71 sqq.; *De arte poet.*, 325 sqq.
2. Id., *Sat.* I, vi, 76, 85 sqq.
3. Cic., *Epist. ad. Att.* XII, 24, 27; XIII, 1, 24; **XV**, 13, 15. Cf. *ad Fam.* XII, 16; XVI, 21.

dans ses mœurs, il entremêlait ses promenades, sous les graves ombrages de l'Académie, de visites au jardin d'Épicure; que ses premiers essais, si dès lors il s'essayait aux vers, expression naïve, plus que naïve probablement, de son goût pour les plaisirs et des saillies de son esprit caustique, laissaient percer quelques lueurs de cette facile et aimable sagesse, qu'il professa depuis avec tant de charme et sous tant de formes, la chantant lyriquement dans ses *odes*, ou bien en développant, en discutant les principes dans l'abandon, familièrement poétique, de ces entretiens que nous nommons ses *satires* et ses *épîtres*.

Tandis que, inconnus l'un à l'autre, Virgile et Horace oubliaient, dans ces loisirs, avec la liberté de leur âge, les grands événements qui tenaient l'univers partagé entre Pompée et César, entre les meurtriers du dictateur et son héritier, le flot de la guerre civile les emporta eux-mêmes, mais pour les jeter ensemble au port qu'ils ne devaient plus quitter.

Il n'est pas peu honorable pour Horace, que Brutus, cachant dans les écoles d'Athènes, sous une apparence de curiosité philosophique, ses projets de guerre contre les triumvirs, et y recrutant, parmi les auditeurs de Théomneste et de Cratippe, des vengeurs à la république[1], ait jeté les yeux sur un si jeune homme, et que, tout fils d'affranchi qu'il était, il lui ait confié le commandement d'une de ces légions qui succombèrent, dans les champs de Philippes, à la fortune bien plus qu'au bras victorieux d'Octave. Cet honneur qui lui fit des envieux et qu'il porta plus dignement, j'aime à le penser, qu'on ne le suppose d'après des vers qui ne sont point du tout l'aveu de sentiments timides, qu'on n'avoue point, mais un souvenir enjoué de ses anciennes épreuves, mais une allusion maligne aux échecs militaires des poëtes lyriques ses prédécesseurs, cet honneur, on croit qu'il le paya de la perte de son chétif patrimoine[2] confisqué au profit des vétérans, précisément quand Virgile était chassé par eux de ce champ

---

1. Plutarch., *Vit. Brut.*, XXVIII. — 2. Hor., *Epist.*, II, II, 49 sqq.

paternel qui s'était trouvé trop voisin de Crémone. Par suite de cette commune disgrâce, ils se rencontrèrent à Rome, où le tribun de Brutus, ramené par une amnistie, était réduit à exercer, dans les bureaux de la questure, les modestes fonctions de scribe ; où l'exilé de Mantoue, recueilli aux environs dans la petite maison des champs d'un de ses maîtres, le philosophe Syron [1], venait réclamer de la pitié des maîtres du monde la restitution de son petit domaine. Tout les rapprochait, tout dut conspirer à les unir : même détresse, convenance des caractères, conformité du goût et du talent, admiration mutuelle pour ces vers, leur passe-temps autrefois, maintenant leur consolation et leur espoir; ces vers, audacieux enfants de la pauvreté, qui, osant s'exposer au grand jour et solliciter pour leurs auteurs, leur concilièrent bientôt les plus illustres patronages, et les firent arriver, entre tant de rivaux surpris et consternés, non-seulement à cette honnête aisance dont se fût contentée leur ambition, mais à ce qu'ils n'avaient ni souhaité, ni cherché, au comble de la faveur.

C'étaient des courtisans de nouvelle espèce que ces deux hommes qui, simples de cœur comme de manières, sans cupidité et sans intrigue, se refusaient à la richesse, aux emplois, au crédit, à toutes les servitudes, ne voulaient que la médiocrité, avec le droit d'en jouir selon leur goût dans un champêtre et studieux asile ; que le palais, que la ville n'arrêtaient guère, qu'on ne gardait pas bien long-temps, qu'on ne rappelait pas si vite, qu'il fallait disputer au plaisir de vivre chez eux et pour eux. Avec cet esprit de réserve et d'indépendance, ils n'en faisaient que mieux leur chemin auprès de Mécène, qui lui-même, gouvernant l'État par ses seuls conseils, se gardait soigneusement des embarras officiels du pouvoir, et vivant parmi les affaires en simple particulier, se ménageait dans Rome comme une lointaine retraite [2]. Ils n'en plaisaient que plus à Auguste, qui se délassait volontiers du magnifique ennui de la grandeur impériale dans la simplicité de son intérieur. Autant

1. Virg., *Catalect.*, X. — 2. Tac., *Ann.*, XIV, 53.

ils s'étaient convenus l'un à l'autre, autant ils se trouvèrent convenir à ce ministre, à ce prince, que le sort avait faits leurs patrons, et dont ils firent leurs amis.

Il s'est conservé d'intéressants témoignages d'une amitié qui rapprochait des fortunes si diverses, et dont l'histoire des lettres n'offrirait point un second exemple. Louis XIV, il est vrai, payait les grands poëtes qui illustraient son règne par des égards délicats, d'un prix bien au-dessus même des marques de sa munificence : mais admit-il jamais Racine ou Despréaux à ce commerce intime et familier qui se révèle dans les débris de la correspondance d'Auguste avec Virgile et Horace [1] ? Cette correspondance, aussi active qu'affectueuse, que n'interrompaient ni les affaires, ni les voyages, venait les chercher dans leurs champs et parmi leurs livres, non-seulement de Rome, mais des provinces éloignées, où de grands intérêts appelaient l'empereur. Il s'y informait, avec un bienveillant intérêt, de leurs travaux. Tantôt, et cela au plus fort de la guerre des Cantabres, lorsque retentissaient autour du camp romain ces chants barbares que nous avons encore, Auguste trouvait le temps de demander à Virgile des nouvelles de son *Énéide* commencée, suppliant, menaçant sur le ton de l'amitié, pour que le poëte, qui s'y refusait respectueusement, lui en fît connaître quelque chose [2]. Tantôt il se plaignait à Horace de ne point rencontrer son nom parmi ceux des heureux correspondants auxquels le poëte adressait ses *épîtres*.

« Sachez, lui mandait-il, que suis fâché contre vous de ce que, dans les ouvrages de ce genre, ce n'est point avec moi que vous causez de préférence. Avez-vous peur de vous faire tort auprès de la postérité, en y laissant paraître que vous êtes mon ami ? »

Irasci me tibi scito, quod non in plerisque ejus modi scriptis mecum potissimum loquaris. An vereris ne apud

---

1. *Dial. de Orat.*, XIII. — Claudian., *Epist. ad Olyb.*, XLI, 28
2. Donat., *Virg. Vit.* — Macrob., *Sat.*, I, 24.

posteros infame tibi sit, quod videaris familiaris nobis esse[1]*?*

D'autres fois il lui écrivait :

« Usez des droits que vous avez sur moi, comme si vous étiez devenu mon commensal; et vous le seriez, je le voulais, si votre santé eût permis que nous vécussions ensemble de cette manière. »

Sume tibi aliquid juris apud me, tanquam si convictor mihi fueris : quoniam id usus mihi tecum esse volui, si per valetudinem tuam fieri potuisset[2].

« Notre cher Septimus pourra vous dire, comme d'autres, quel souvenir je conserve de vous. L'occasion s'est offerte de m'exprimer devant lui sur votre compte. Si vous avez cru devoir mépriser mon amitié, je ne vous paye point du même mépris. »

Tui qualem habeam memoriam poteris ex Septimio quoque nostro audire; nam incidit, ut illo coram fieret a me tui mentio. Neque enim si tu superbus amicitiam nostram sprevisti, ideo nos quoque ἀνθυπερφρονοῦμεν [3].

Lettres charmantes en vérité, où les rangs sont intervertis, où les rôles sont changés, où c'est l'empereur qui courtise le poëte! Ainsi traités par leur souverain, et quel souverain! l'homme devant qui s'inclinait l'univers, Virgile et Horace ne sont-ils pas moins coupables qu'on ne le dit quelquefois de ne lui avoir pas assez ménagé des louanges qui n'étaient pas sans quelque vérité, sans quelque utilité surtout, qui avaient leur raison politique; de lui avoir rendu dans leurs vers un culte qui pouvait s'autoriser des usages du temps, se justifier par de publiques et d'officielles apothéoses? Et tous ces hommages, si respectueux et si tendres, au dépositaire de sa puissance, au dispensateur de ses bienfaits, ce vœu de partager ses dangers dans les

---

1. Sueton., *Horat. Vit.* — 2. *Ibid.* — 3. *Ibid.*

combats, cette protestation de ne point survivre au trépas dont le menace la maladie, tout cela ne trouve-t-il pas son apologie, son explication, dans la recommandation dernière de Mécène à Auguste : « Souvenez-vous d'Horace comme de moi-même ! » *Horatii Flacci, ut mei, esto memor* [1] ; surtout dans la mort du poëte qui, dégageant la foi de ses vers, suivit de bien près au tombeau son bienfaiteur ? Ne rabaissons pas si facilement de si grands esprits, de si nobles cœurs, au niveau commun de la complaisance et de la flatterie, et, dans ces hyperboles même qu'imposent à la louange contemporaine des convenances dont la postérité n'est pas toujours un bon juge, sachons discerner, quand elle s'y rencontre, l'expression sincère de la reconnaissance, du dévouement, de l'amitié.

C'était une situation bien favorable au génie que celle qui, plaçant Virgile et Horace au-dessus des soins ordinaires de la fortune, de l'ambition des succès vulgaires, du besoin de complaire aux fantaisies de la mode et aux exigences des coteries, leur permit de rechercher seulement, sans trouble importun, sans vain empressement, dans le recueillement de la solitude, la durable gloire qui s'obtient par la poursuite des vraies et pures beautés littéraires. Familiers de la grandeur, mais en même temps fidèles amants de la nature, hantant les palais, et plus souvent les bois, ils furent élevés sans emphase et simples avec dignité ; ils eurent des pensées et un langage propres à charmer toutes les conditions, à intéresser toujours l'humanité. Leur goût, qui participait à la modération de leur caractère, leur fit rencontrer, sans effort, ce sage milieu qui préserve de tout excès le style aussi bien que la conduite ; les retint dans ces étroites et utiles limites, bientôt franchies après eux, et même de leur temps, par la recherche ambitieuse de l'effet.

Il y a pour les littératures un moment, moment tardif et court, où les langues polies, assouplies par l'exercice, se prêtent à l'expression la plus vive et la plus juste de con-

---

1. Sueton., *Horat. Vit.*

ceptions elles-mêmes élaborées par le long travail des esprits. Il en était ainsi de la littérature latine, quand Virgile et Horace vinrent cueillir, sur ce rameau autrefois détaché du vieux tronc homérique, et que deux siècles de culture avaient accoutumé au ciel et à la terre du Latium, les fruits mûrs enfin de la poésie. Tout ce que l'épopée de Névius et d'Ennius, la tragédie de Pacuvius et d'Attius, la comédie de Plaute et de Térence, la satire de Lucilius, les efforts de poëtes de tous genres, avaient accumulé, dans le trésor poétique des Romains, d'acceptions fortes, de nuances délicates, d'analogies naturelles, de tours élégants, de mouvements heureux, d'images frappantes, d'harmonieuses combinaisons de paroles, cette précision de formes, cet art de composition, soupçonnés, rencontrés par la facile inspiration de Lucrèce, cherchés et trouvés par le savant travail de Catulle, tout cela, grâce à l'opportunité de leur venue, leur échut en partage et entra dans la formation de leur génie, à peu près comme, à la même époque, les divers pouvoirs de la constitution républicaine se rassemblaient dans la seule main et formaient l'absolue puissance de leur impérial protecteur.

Qu'on me permette de compléter la comparaison, en faisant remarquer que ces deux royautés, produites à la fois par une double anarchie, dans un temps où la faiblesse de l'État d'une part, de l'autre le trop facile usage de formes poétiques devenues la propriété commune, favorisaient toutes les entreprises de l'ambition politique, toutes les prétentions de la médiocrité littéraire; que ces deux royautés, dis-je, également nécessaires et inévitables, se ressemblaient encore par un soin égal à se cacher sous des dehors modestes. Auguste ne paraissait pas plus indifférent à la domination vers laquelle il s'avançait par un progrès constant et sûr, que Virgile et Horace à cette primauté qu'on se disputait autour d'eux, et qu'ils s'assuraient, loin de ces rivalités bruyantes, par tout ce que la patience et le travail peuvent ajouter au génie. Ils se firent ainsi, soit modestie réelle, soit conscience de leur valeur, et les plus simples se doutent toujours un peu de ce qu'ils valent, une place tout à fait à part parmi les poëtes de leur âge, et au moment où, l'éloquence ayant comme péri dans la ruine de la vie publique, la poésie était restée le premier intérêt de la société romaine. Quelques années auparavant, Catulle et Lucrèce s'apercevaient à peine à côté de Cicéron. Maintenant les héritiers du grand orateur, les Pollion, les Messala, disparaissaient à leur tour, devant cette gloire poétique dont ils avaient protégé les humbles débuts.

Cette gloire, de bonne heure sans rivale, s'isola de plus en plus en traversant les siècles : par elle seule, un dernier et mystérieux rayon de l'antique poésie pénétra dans les ténèbres du moyen âge ; par elle se ralluma, chez les modernes, le flambeau de ces lettres qu'on a longtemps honorées du nom, aujourd'hui décrié, de lettres classiques, de celles dont les monuments, conformes aux grandes et immuables règles de l'art, semblent appelées, par un consentement universel, à en offrir la perpétuelle leçon. Telle est, telle du moins a été jusqu'à présent la destinée de ce petit nombre de pages, sauvées avec les grands noms de leurs auteurs du naufrage des temps, et devenues, pendant des siècles, non-seulement l'inspiration des esprits d'élite, mais la commune nourriture de tous les esprits ordinaires. Horace, comme pour expier, pour racheter les emportements de son orgueil lyrique, disait modestement à son livre d'*épîtres*, trop pressé de se produire :

Prends garde, tu ne plairas pas toujours ; tu ne seras pas toujours jeune. Un temps viendra où, négligé de Rome, relégué dans ses faubourgs, ta vieillesse bégayante enseignera aux petits enfants les éléments du langage.

Carus eris Romæ, donec te deserat ætas.....
Hoc quoque te manet, ut pueros elementa docentem
Occupet extremis in vicis balba senectus[1].

Cette menace badine s'est accomplie bien glorieusement

---

1. Hor., *Epist.*, I, xx, 10 sqq.

et de bien bonne heure[1] pour le poëte qui se l'était à lui-même adressée, et pour celui qu'il nous faut toujours lui associer. Ils ont eu véritablement le privilége d'apprendre à toutes les générations, non pas précisément à lire, mais à sentir et à penser; ils ont, s'il est permis de détourner à un usage profane une sainte parole, illuminé de leur pure lumière toute intelligence venant en ce monde. Leurs vers, appris dès l'enfance, et gardés comme en dépôt, revenaient, par intervalles, charmer d'un souvenir de poésie les prosaïques travaux de l'âge mûr, et, à l'âge où tout s'oublie, la mémoire défaillante se ranimait pour les redire encore, pour s'en enchanter une dernière fois,

Comme on boit d'un vin vieux qui rajeunit les sens[2].

N'était-ce là qu'une superstition de collége? Ceux-là ne le croiront pas, qui auront pénétré par l'étude dans le secret de la perfection infinie dont ils ont marqué leurs œuvres, œuvres courtes et pleines de sens, où les idées sont si justes et les sentiments si vrais. Horace n'a rien prescrit aux autres, dans son *Art poétique*, qu'il n'eût auparavant pratiqué, et Virgile avec lui. Chez eux, même respect de la angue, même souci de l'enrichir par des emprunts discrets, même art à tirer parti des mots, à les renouveler par la place, par le voisinage, par d'adroites alliances, même sobriété dans le choix des détails, même harmonie dans la disposition de l'ensemble; une hardiesse contenue,

---

1. Juvénal dit, *Sat.* VII, 225, parlant des misères de l'état de grammairien :

> Dummodo non pereat totidem olfecisse lucernas
> Quot stabant pueri, quum totus decolor esset
> Flaccus et hæreret nigro fuligo Maroni.

Nous savons par Suétone que Q. Cécilius Epirota, affranchi d'Atticus, attaché depuis à Cornélius Gallus, après la mort de ce dernier, ouvrit à Rome une école où, ce qui n'avait point encore été fait, il lut et expliqua les poëtes contemporains, et particulièrement Virgile. Quand Quintilien dit, *Instit. orat.*, I, VIII, 5 : *Horatium in quibusdam nolim interpretari*, on peut en conclure que ce qu'il n'exclut pas pouvait, selon lui, servir et servait en effet à l'enseignement.

2. Volt., *Épître à Horace*.

une parure modeste, une variété sans bigarrure et sans désordre, une régularité qui se cache sous un air d'aisance et d'abandon, une précision, exempte de sécheresse, qui ne marque pas si scrupuleusement les contours, qu'elle n'y laisse, à dessein, un peu de ce vague qui favorise la rêverie, quelque chose d'inachevé qu'aime à compléter l'imagination. Tous ces mérites, et ce ne sont pas les seuls, leur sont communs, quelque différence que mettent entre eux leur humeur, le tour de leur génie, le caractère des genres auxquels ils se sont appliqués.

Une telle perfection, ils ne la tenaient pas tout entière des Grecs qui, venus les premiers, avaient dû enlever les grâces naïves, négligées, familières, le libre et abondant naturel de l'inspiration spontanée, ne laissant à leurs successeurs d'autre gloire que celle de choisir parmi leurs inventions, de les ordonner, de les polir, de les revêtir de formes d'un travail plus raffiné, qui leur donnât à Rome une originalité nouvelle, et chez ces nations, issues de Rome, et initiées par elle, souvent par elle seule, aux lettres antiques, une seconde vie. Je vous répète prosaïquement ce qui a été dit par un très-ingénieux critique, en vers, que son amitié m'a rendus propres.

. . . .
La muse des Latins, c'est de la Grèce encore :
Son miel est pris des fleurs que l'autre fit éclore.
N'ayant pas eu du ciel, par des dons aussi beaux,
Grappes en plein soleil, vendange à pleins coteaux,
Cette muse, moins prompte et plus industrieuse,
Travailla le nectar dans sa fraude pieuse,
Le scella dans l'amphore, et là, sans plus l'ouvrir,
Jusque sous neuf consuls lui permit de mûrir.
Le nectar, condensant ses vertus enfermées,
A propos redoubla de douceurs consommées,
Prit une saveur propre, un goût délicieux,
Digne en tout du festin des pontifes des dieux.
Et ceux qui du Taygète absents ou d'Érymanthe,
Ne peuvent, thyrse en main et couronnés d'acanthe,
En pas harmonieux, dès l'aube, y vendanger,
Se rabattent plus bas, à ce prochain verger,
Où le maître leur sert la liqueur enrichie

Dans sa coupe facile et toujours rafraîchie.....[1].

Si nos deux poëtes redisaient les Grecs, ils le faisaient assurément avec plus de liberté que les autres écrivains de leur temps, à en juger par les accès de bonne et de mauvaise humeur que donnait à Horace le *sot bétail*[2] des imitateurs. Ils ne parlent l'un et l'autre que d'échapper à cette servile compagnie, que d'éviter le sentier battu où elle se presse, que d'aller chercher loin d'elle quelque désert qu'ils se représentent sous des images déjà merveilleusement exprimées par Lucrèce[3], et il y a quelques années heureusement rassemblées dans des vers que j'emprunterai encore, pour varier cette dissertation, à la muse, hélas! éteinte et oubliée, d'un ancien ami.

> Retraite impénétrable et sainte,
> Où l'on ne voit, de toutes parts,
> Ni la trace de l'homme empreinte,
> Ni le sillon poudreux des chars;
> Monts inconnus, forêts sauvages,
> Fleuves sans nom, secrets rivages,
> Remplis d'un silence éternel;
> Source limpide et solitaire
> Où l'oiseau seul se désaltère
> En quittant les plaines du ciel[4].

Écartons cette poésie et cherchons à nous rendre compte de l'originalité dont se piquent Virgile et Horace. Ils la mettent à introduire dans la littérature latine quelque chose qu'on ne se soit pas encore avisé d'emprunter aux Grecs, comme la pastorale, les préceptes ruraux de Théocrite et

---

1. C. A. Sainte-Beuve, *Pensées d'août*, 1837, page 181 et suiv. Je ne crois pas m'acquitter pour tout ce que la charmante épître dont j'ai cité quelques vers m'adressait de si flatteur sur mes leçons à la Sorbonne, en rappelant ici, comme il est naturel, le cours de poésie latine ouvert au Collége de France. en 1855, par M. Sainte-Beuve, et l'excellent volume, par lequel, en 1857, il a dédommagé les amis des lettres antiques de sa trop prompte interruption : *Étude sur Virgile, suivie d'une Étude sur Quintus de Smyrne.*
2. La Fontaine, *Épître à Huet.*
3. *De Natur. rer.*, IV, 1, sqq.—Virg., *Georg.*, III, 3, 8 sq., 291 sqq. — Hor., *Epist.*, I, III, 10, sq.; XIX, 21 sq.; II, II, 80, etc.
4. Charles Loyson, *Ode à Manzoni*, en 1820.

d'Hésiode, ces premiers auteurs des *Bucoliques* et des *Géorgiques*; comme les mètres d'Archiloque, d'Alcée, de Sapho, d'autres encore desquels découle la double inspiration lyrique et satirique, si bien louée par Politien chez le poëte de Vénuse, lorsqu'il l'a comparé, d'après lui-même, par une image spirituellement continuée, à une abeille ouvrière du plus doux miel, mais armée, pour sa défense, pour sa vengeance, d'un cruel aiguillon :

> Hinc Venusina favos dulci jucunda susurro
> Carpsit apis, sed acu ferit irritata cruento [1].

L'originalité consiste encore, pour Virgile et Horace, à renouveler leurs emprunts par le mélange des modèles, et surtout par la nouveauté des sujets. Ils aspirent, comme notre André Chénier, à faire des *vers antiques sur des pensers nouveaux*. Je n'imagine point ce système, je le trouve tout entier, mais moins méthodiquement exposé, dans quelques vers d'Horace :

> J'ai osé, avant tous, porter mes pas dans une route libre encore. Mes pieds n'y ont point foulé de traces étrangères. Qui croit en soi guide les autres et vole en tête de l'essaim. Le premier j'ai montré au Latium les ïambes de Paros, fidèle aux nombres et à l'esprit d'Archiloque, non à ses pensées, à ses paroles qui poursuivaient Lycambe. Ne m'honore point d'un moindre laurier, pour avoir trop respecté la mesure et l'artifice de ses vers. Le mètre d'Archiloque se mélange chez moi de celui de la mâle Sapho, de celui d'Alcée; l'ordre, les idées diffèrent : il ne s'agit plus de noircir, dans des poëmes infamants, un beau-père, d'y tresser le lacet fatal d'une épouse. Ce poëte, dont aucune touche encore n'avait repété les accents, je l'ai redit sur la lyre latine, je l'ai rendu populaire à Rome. Apporter des choses nouvelles, occuper les yeux, courir dans les mains de nobles et délicats lecteurs, voilà où je mets ma gloire !

> Libera per vacuum posui vestigia princeps;
> Non aliena meo pressi pede : qui sibi fidit,
> **Dux regit examen.** Parios ego primus iambos
> Ostendi Latio, numeros animosque secutus
> Archilochi, non res et agentia verba Lycamben.

[1]. Politian., *Nutric*

> Ac ne me foliis ideo brevioribus ornes,
> Quod timui mutare modos et carminis artem,
> Temperat Archilochi musam pede mascula Sappho,
> Temperat Alcæus; sed rebus et ordine dispar,
> Nec socerum quærit, quem versibus oblinat atris,
> Nec sponsæ laqueum famoso carmine nectit.
> Hunc ego, non alio dictum prius ore, latinus
> Vulgavi fidicen : juvat immemorata ferentem
> Ingenuis oculisque legi manibusque teneri[1].

Quels étaient les sujets originaux qui se produisaient sous ces formes dérobées avec tant de discernement et d'adresse à la muse grecque ? Il serait long de le dire, si leur variété ne pouvait se ramener à un seul, la peinture, l'expression de Rome elle-même. Cette vie pastorale et agricole que Virgile se complaisait à peindre, c'était celle des anciens soldats, des anciens citoyens de Rome, avant que le luxe n'eût changé ses champs en inutiles jardins, et que la guerre civile, son complice, n'eût commencé autour d'elle le désert qui bientôt l'investit. Le poëte ne dessinait point un paysage, sans montrer à l'horizon la ville maîtresse du monde, dont ses héros champêtres s'entretiennent avec une naïve curiosité, comme d'une lointaine merveille. *Urbem quam dicunt Romam....* C'était à Rome encore, à son passé, à son présent, à la puissance et à la gloire dont avait hérité l'Empire, qu'aboutissaient les perspectives fabuleuses et historiques ouvertes dans l'*Énéide*. Les vieilles vertus, l'antique religion de Rome, que des lois, mal secondées par les mœurs, des solennités sans foi, s'efforçaient de ranimer, la réparation des longues misères dont l'avait affligée l'anarchie par un despotisme modéré et tutélaire, les victoires qui, effaçant la honte de récentes défaites, reculaient, assuraient ses frontières, et semblaient garantir la perpétuité de sa domination, voilà aussi ce que célébrait Horace dans des *odes* magnifiques, auxquelles il ne manque, comme aux poëmes de Virgile, qu'une inspiration plus indépendante de la politique du prince, plus exclusivement nationale et romaine.

Rome dépouille, dans les autres ouvrages d'Horace, sa

---

1. Hor., *Epist.*, I, xix, 21-34.

majesté historique, et s'y montre avec la familiarité de ses habitudes journalières. Ce ne sont plus les grandes scènes du Capitole et du Forum, mais le train ordinaire de la vie, le menu détail des intérêts et des affaires, le pêle-mêle des vices et des ridicules de la foule, les embarras, le tumulte, la scène changeante de la rue, où le poëte, faute de mieux, aime à rêver, ne le pouvant faire dans son bois de la Sabine, quelque dérangé qu'il y soit par les fâcheux que lui attire le bruit de sa faveur. Il nous permet, à nous lecteurs, de nous y promener avec lui, et nous montre tout ce qui s'y passe.

Voilà la grande ville qui s'éveille, et les boutiques qui s'ouvrent, et les chars qui commencent à rouler. Passe, avec son convoi de bêtes de somme et d'ouvriers, l'entrepreneur de bâtiments qui s'en va travailler à la ruine de quelque riche fatigué de l'être ; passent aussi les équipages de ce chasseur, qui rapportera le soir, en grand appareil, un sanglier acheté au marché ; des clients se rendent en toute hâte au lever de leur patron ; des plaideurs courent assiéger la porte de jurisconsultes fameux ; des troupes d'enfants, d'un pas plus calme, se dirigent vers les écoles, portant, sous le bras gauche, avec leurs tablettes, la bourse à jetons, qui sert à leurs études industrielles. Cependant il y a déjà foule au quartier de Janus, où se négocie l'argent ; aux tribunaux, où disputent, à grand renfort d'avocats, de témoins, de cautions, le prêteur et l'emprunteur ; dans les marchés, où se vendent à la criée les meubles et les hardes des débiteurs insolvables. Un noble Romain, un homme du moins qui porte une toge blanche, fend la presse du petit peuple en tuniques brunes. C'est un candidat aux honneurs que donne l'élection : il est accompagné de son esclave nomenclateur qui lui désigne ceux dont le suffrage compte, ceux dont il faut savoir le nom, dont il faut presser la main, à travers tous les obstacles, quand une file de charrois et trois enterrements, avec leurs noirs licteurs, se disputeraient le pavé. Arrive l'heure où l'on se repose du travail de la matinée : c'est celle où s'arrachent au sommeil les hommes de plaisir pour aller montrer çà et là leurs grâces efféminées ;

d'autres, plus mâles, font parade, au champ de Mars, de leur force et de leur adresse; de grandes dames, en cours de visites, circulent dans des litières, escortées d'un nombreux domestique; un parvenu, hier esclave, aujourd'hui grand personnage, se donne des airs en marchant, et semble manquer de place pour son importance; un poëte poursuit de ses vers un passant résigné et distrait; un philosophe expose à la vénération publique et à la risée des enfants sa barbe stoïcienne, toute sa philosophie; des amateurs de littérature lisent furtivement aux étalages des libraires les ouvrages nouveaux. Le soir venu, tandis que les gens de bon ton se rendent, précédés de flambeaux, à quelque invitation, sur les places, des bateleurs, des devins, convoquent autour d'eux un grossier public, auquel Horace se mêle sans façon, avant d'aller manger ses légumes, quand il n'est pas attendu chez Mécène. Voilà quelques-uns des mille tableaux qui s'offrent en chemin à notre promeneur, et que nous rencontrons dans ses vers, trouvant que c'était à Rome à peu près comme chez nous.

D'autres jours, jours fériés, il court où court tout le monde, aux gladiateurs, aux pantomimes, à ce qui reste des jeux de la scène bruyamment interrompus par une multitude brutale qui a des yeux et point d'oreilles; qui ne veut plus de Varius ni de Fundanius; qui réclame à grands cris, au plus bel endroit de leurs pièces, un ours ou des lutteurs; qui, si le goût plus délicat des chevaliers s'avise de lui résister, est toute prête à décider la question à coups de poing : spectateurs vraiment curieux que le satirique regarde avec beaucoup d'attention et qui l'intéressent plus que le spectacle.

Toute la société romaine lui donne de même la comédie, une comédie très-divertissante dont il ne manque pas de nous faire part; car, comme son maître, le vieux Lucilius, il dit tout à ses livres, ses amis, ses confidents, *fidis sodalibus*. Que de personnages y jouent un rôle, et sous leur propre nom, avec leurs traits véritables; ces libertins fameux, coureurs d'illustres et périlleuses aventures, ou qui se déshonorent et se ruinent plus modestement, plus sûrement, en mauvaise compagnie ; ces amateurs de bonne chère, qui ont fait de l'art de manger une théorie, une philosophie, qui se croient les vrais disciples, les représentants légitimes de la doctrine d'Épicure ; ces donneurs d'excellents dîners qu'ils gâtent par leurs ridicules, en *s'y servant*[1] eux-mêmes ; ces parasites, bouffons complaisants, qui font à la table de leur *roi* l'histoire et l'éloge des morceaux, et les suivent à d'autres tables en qualité d'*ombres*; ces dissipateurs en lutte avec d'immenses fortunes dont ils viennent à bout par toutes sortes de profusions, par des constructions insensées, par la coûteuse manie des raretés, des antiquités, quelquefois par les dépenses qu'entraîne la fantaisie de devenir homme d'État ; ces cupides, futurs avares, qui courent à la fortune par toutes les voies, honnêtes ou non, qu'enrichissent ou la ferme des revenus publics, ou l'intendance des grandes propriétés, ou les profits de la guerre, ou les rapines de l'usure, ou la chasse aux héritages des célibataires et aux dots des veuves, et qui, en possession, à force d'intrigues et de bassesses, de l'objet de leur convoitise, se retirent, se reposent dans les habitudes d'une lésine sordide, parfumant leur tête avec l'huile de leur lampe, et se refusant toutes choses jusqu'à leur dernière tisane ; ces poëtes, car le satirique accorde naturellement une attention particulière à la littérature, ces poëtes ivres dès le matin, échevelés, hérissés, pour contrefaire l'inspiration, laborieux plagiaires des écrits que garde la bibliothèque palatine, assidus concurrents aux couronnes qui s'y distribuent, en commerce réglé de compliments flatteurs avec leurs confrères qu'ils jalousent et qu'ils détestent ; et le peuple des connaisseurs, des jugeurs, le peuple grammairien, avec ses bureaux d'esprit, ses cabales, ses admirations de commande, ses dénigrements convenus, tous ses mouvements pour faire et défaire les réputations ; bien d'autres acteurs encore que j'oublie, mais que nous retrouverons, héros d'anecdotes piquantes, qu'Horace conte à merveille, et qui nous offrent comme un supplément

---

1. Molière, *le Misanthrope*, act. II, sc. 5.

à ces journaux, à ces feuilletons de Rome récemment retrouvés, rendus au jour, par une spirituelle érudition[1].

L'originalité des sujets traités par Virgile et Horace ne tient-elle, comme je l'ai dit, qu'à ce qui les domine, à ce qui permet de les rassembler sous un même point de vue, à l'expression, ou grave, ou familière, de l'histoire de Rome, de la vie romaine? Elle tient encore à ce qui s'y trouve de particulier, de personnel aux deux poëtes. Il y a entre eux, à cet égard, quelque différence. Ils représentent les deux directions entre lesquelles se partage toute poésie, soit que le poëte se renferme en lui-même, ramène tout à lui-même, soit que, sortant de sa personnalité, se répandant au dehors, il expose, il raconte, il fasse agir et parler, bien libre d'ailleurs, dans ses compositions didactiques, épiques, dramatiques, de se montrer, s'il lui plaît, ou du moins de se laisser apercevoir. Cette seconde manière est celle de Virgile qui s'efface de ses ouvrages, mais anime, passionne de sa sensibilité les personnages qu'il y met en scène, que dis-je? tous les objets de la nature qui s'offrent à ses pinceaux, et répand sur tous ses tableaux la tristesse mélancolique de son âme. L'autre façon appartient à Horace, qui ne perd jamais de vue ce qui le touche, alors même qu'il paraît s'en distraire, et qui eût pu dire de sa poésie ce qu'il a dit, d'après Aristippe, de sa morale :

..... Mihi res, non me rebus subjungere conor[2].

Horace chante ses amours et ses amitiés, les plaisirs, la richesse, les vertus de sa libre médiocrité, le pouvoir de qui il la tient et qui la protége, la philosophie qui l'y attache ; il étudie dans les mœurs de ses contemporains ce qu'il convient de suivre ou plus souvent d'éviter ; enfin, il recommande aux autres les principes de conduite qu'il s'est faits, et dont il se trouve bien, regrettant seulement de ne leur pas être toujours fidèle. Telles sont, en substance,

1. J. V. Le Clerc, *Des Journaux chez les Romains*, etc., 1838.
2. Hor., *Epist*, I, I, 19.

ses *odes*, ses *satires*, ses *épîtres*, morceaux fort divers, et pourtant identiques, qui ont tous pour terme commun cette morale pratique à laquelle l'amenaient de concert la lecture des philosophes, l'observation du monde, l'expérience de ses propres faiblesses : car il ne s'épargne pas plus que les autres, il se reprend sans cesse pour se corriger; sans cesse, comme l'a dit si bien d'elle madame de Sévigné, il *travaille à son âme*, pour se rendre meilleur, et par là plus heureux. Et ce travail de tous les jours s'exprime, se traduit le plus souvent dans des vers d'allures diverses, selon le caprice du poëte, des vers qui s'élancent au ciel comme sur les ailes de Pindare, où posent familièrement leurs pieds sur la terre.

... Ne crois pas que sur le lit de repos ou sous le portique ma pensée reste oisive et me fasse faute. — Ceci serait mieux; de cette sorte, je vivrai plus sagement, plus heureusement; je me rendrai plus cher à mes amis; cet homme n'a pas bien agi : me laisserai-je jamais aller à rien faire de semblable? — Voilà ce que je roule en mon esprit, ce que je murmure entre mes dents, et, quand je suis de loisir, je m'amuse à le mettre sur le papier.

...... Neque enim, quum lectulus aut me
Porticus excepit, desum mihi : « Rectius hoc est :
Hoc faciens, vivam melius; sic dulcis amicis
Occurram; hoc quidam non belle; numquid ego illi
Imprudens olim faciam simile? » Hæc ego mecum
Compressis agito labris; ubi quid datur oti,
Illudo chartis[1]......

La morale d'Horace a encouru le blâme qui s'attache au système même sur lequel elle repose, celui de l'intérêt bien entendu. Cette morale n'oblige pas, elle conseille; la vertu n'est pas son but, mais son moyen; et qu'est-ce pour elle que la vertu? En quoi consiste-t-elle? Moins dans la recherche du bien que dans la fuite du mal, dans un calcul de prudence, à l'aide duquel on se fraye, entre les excès contraires, une route mitoyenne, qui reste encore bien large et bien commode; elle n'enseigne pas le sacri-

---

1. Hor., *Sat.*, I, IV, 133-139.

fice, mais, au contraire, l'usage des biens de la vie ; elle n'a rien à dire à ceux qui sont complétement dépourvus de ces biens ; seulement on apprend d'elle à se contenter, dans le partage, de la plus faible part. A force de concentrer nos pensées dans la considération de notre bien-être, elle risque fort de nous faire peur de ce qui pourrait le compromettre, y compris ce que réclament de notre dévouement la société, la patrie, les besoins et les maux de nos semblables. Tout cela a été dit, et fort bien dit, et avec quelque vérité, contre la morale dont Horace s'est rendu l'interprète : mais il est juste d'ajouter, à la décharge de notre poëte, que l'autre morale, la pure morale du devoir, quand la religion n'aide pas à la porter, est un fardeau bien lourd pour la commune faiblesse, surtout chez les nations vieillies et dans ces temps de fatigue qui suivent les longues agitations politiques. Quand Brutus vaincu se décourage, et la renonce, il faut savoir gré à un des moindres soldats échappés de sa défaite de se consacrer à détourner du vice, à ramener vers la vertu, même par des motifs intéressés. Qui ne l'en remercierait comme Voltaire? Qui ne lui dirait, s'il savait aussi bien dire :

> . . . .
> Avec toi l'on apprend à souffrir l'indigence
> A jouir sagement d'une honnête opulence,
> A vivre avec soi-même, à servir ses amis,
> A se moquer un peu de ses sots ennemis,
> A sortir d'une vie ou triste ou fortunée,
> En rendant grâce aux dieux de nous l'avoir donnée [1].

Vous traitez d'égoïste la morale d'Horace. Fort bien, si vous ne donnez à ce mot que son sens philosophique, si vous n'en flétrissez pas le caractère d'un poëte qui n'avait rien de la sécheresse de sa doctrine, dont les convictions étaient si honnêtes, si aimables, si heureusement persuasives. Après cela, je conviendrai volontiers avec vous, pour achever mon parallèle, qu'il y a un plus grand détachement de soi-même, un amour plus tendre de l'humanité,

Épître à Horace.

plus de larmes sur ses souffrances, chez celui qui s'est comme caractérisé lui-même par cet admirable vers :

> Sunt lacrimæ rerum et mentem mortalia tangunt[1].

On a remarqué quelquefois que Virgile, par un pressentiment confus de la ruine de ce monde ancien dont il célébrait l'éternelle durée; qu'Horace, par le dégoût de ses vices, dont la contagion arrivait pourtant jusqu'à lui; que tous deux, par une curiosité nouvelle à fouiller dans les replis du cœur, dans les entrailles de la société, par les procédés d'un art plus poli, plus achevé, plus régulier que celui qu'ils imitaient, ont été, dans l'antiquité, presque des modernes. Je vous invite donc à une étude, la plus rapprochée de nous qu'il me soit possible, et qui touchera même quelquefois aux questions dont de hardies tentatives préoccupent depuis quelques années les esprits. J'aurai à compléter, à résumer ce que j'ai déjà dit de Virgile; j'aurai tout à dire d'Horace, sujet principal de ce cours, et qui suffira probablement à le remplir. Horace s'est exercé, avec souplesse et variété, dans plusieurs genres, dont nous devrons étudier l'histoire, afin d'y marquer sa place : il se rattache à une situation politique, à un ordre social, à des écoles philosophiques, à un système de morale, à des principes de goût et de style qui nous le feront regarder sous bien des aspects. Ses écrits, où nous avons comme ses mémoires, ses confessions morales et littéraires, bien plus, comme une histoire des mœurs et des lettres romaines, nous seront d'un grand secours pour le comprendre et l'expliquer. J'en ai fait l'épreuve aujourd'hui même, où je n'ai pu vous parler de lui et de son compagnon de génie et de gloire sans me servir le plus souvent de ses propres paroles; heureux si, pour vous les rendre, j'avais eu le don de cette langue élégamment familière, si française et si antique, qu'Horace parle avec Virgile, dans ces entretiens de l'Élysée, surpris, on le croirait, et traduits par Fénelon[2] !

1. Virg., *Æn.*, I, 462.
2. *Dialogues des Morts*, dial. XLIX°.

XIII

COUP D'ŒIL GÉNÉRAL SUR HORACE ET SES ŒUVRES

(Cours de 1844-1845, leçon d'ouverture)

Messieurs,

J'ai fait déjà plus d'un cours sur Horace et je dois dire d'abord comment j'ai encore à en parler. De là la nécessité d'un résumé et d'un programme, que je voudrais complets, que vous souhaiterez courts, et qu'il m'a paru convenable d'écrire, pour qu'ils eussent plus de chances d'être l'un et l'autre.

Amené par le sujet général que je traite depuis quelques années dans cette chaire, l'histoire de la poésie latine, à ses deux plus illustres représentants, à Virgile premièrement, et, après lui, à Horace, j'ai dû remarquer, avec les caractères qui leur sont communs, et qui les montrent contemporains autant par le génie, par le goût, par les procédés de l'art, que par la date, la différence fondamentale qui les sépare.

Virgile et Horace, ces chefs reconnus, ces rois de la pensée poétique de leur temps, se sont partagé les deux directions que suit toute poésie.

Il y a des poëtes qui sortent d'eux-mêmes, se répandent au dehors, se confondent avec ce qu'ils peignent, la nature et la société. C'est ce qu'a fait Virgile, tout en laissant paraître la sensibilité, la tristesse mélancolique de son âme ; c'est ce qu'il a fait dans les petites scènes de ses *Églogues,* dans les tableaux de ses *Géorgiques,* dans les récits de son *Énéide :* l'épopée, le drame, le poëme didactique et descriptif sont les formes principales de cette poésie où s'absorbe en quelque sorte la personnalité du poëte.

La poésie n'est pas toujours aussi désintéressée. Il y a des poëtes qui se renferment en eux-mêmes, ne sortent pas d'eux-mêmes, se prennent eux-mêmes pour leur sujet, y ramènent toutes les choses du dehors ; tel est Horace : soit qu'il célèbre les souvenirs de gloire et de vertu de la république, ou les grandeurs de l'empire, les beautés et les charmes de la nature sensible, l'amour et les plaisirs, le bonheur des jouissances faciles et modérées, les avantages d'une condition médiocre, soit qu'il se rie des vices et des ridicules de ses contemporains, soit qu'il enseigne les règles d'une conduite raisonnable et les principes du goût, il ne fait jamais qu'exprimer ses sentiments propres, intimes, sous quelques-unes des formes qui appartiennent à cette poésie personnelle, celle de l'ode, de la satire, de l'épître. Il ne lui manque pour les avoir essayées toutes que d'avoir fait des épigrammes, des élégies, et il existe certains témoignages[1], de peu d'autorité il est vrai, desquels on pourrait s'appuyer pour l'adjoindre à la liste des poëtes élégiaques.

Ce qui donc a dû me frapper, lorsque, arrivé, d'époque en époque, au siècle d'Auguste, j'ai passé de Virgile à Horace, c'est non-seulement leur identité à certains égards, l'élévation du génie, la perfection du goût et de l'art, non-seulement les différences que mettent entre eux la variété des genres où ils se sont exercés, et les tons divers qu'ils y ont pris, mais cette différence de direction générale qui a fait d'Horace un poëte *égoïste,* en prenant ce mot dans un sens inoffensif, car jamais égoïsme ne fut plus aimable.

Cela posé, que devais-je chercher avant tout dans ce re-

---

1. Suet., *Horat. Vit.*

cueil qui offre à l'étude une matière au premier abord confuse? Ce qu'Horace a voulu y mettre, ou y a mis sans le vouloir, c'est-à-dire Horace lui-même, avec son caractère, son humeur, ses qualités morales et ses défauts, sa manière d'être dans le monde, sa morale pratique, sa philosophie, sa politique, sa littérature; j'y devais chercher en même temps, ce qui s'y trouve aussi, sa biographie.

Dans les ouvrages de Virgile se voit sans doute la trace des malheurs de sa jeunesse, du paisible et poétique loisir de son âge mûr; on y rencontre les noms du Mincius, de Mantoue, de Parthénope, prononcés avec passion, avec amour. Mais, chez Horace, ce sont de perpétuels détails sur les circonstances de sa vie, qui le rendent, non pas seulement le plus ancien, mais le plus exact, le plus complet, surtout le plus intéressant de ses biographes.

J'ai employé de fort nombreuses leçons à retracer l'histoire d'Horace avec ses propres vers, à la lui faire raconter à lui-même.

C'est lui qui a entretenu mes auditeurs de tout ce qui se rattache à la date et au lieu de sa naissance, à son nom, à la condition de ses parents, à l'éducation qu'il reçut de son père ou par ses soins, à Vénuse, à Rome, à Athènes, de ses services militaires sous Brutus, de sa vie administrative dans les bureaux de la questure, après le désastre de Philippes, de son changement de parti politique, enfin et surtout, ce qu'il est si intéressant d'étudier, de sa situation auprès de Mécène et d'Auguste.

Voilà pour la première moitié de sa vie. La seconde comprend une trentaine d'années, sans autre événement qu'un grand loisir consacré au monde, à l'amitié, aux lettres, plein de bien-être et aussi de gloire : c'est encore Horace qui l'a fait connaître à ceux qui voulaient bien alors suivre mes leçons. C'est lui qui leur a raconté l'emploi de ses heureuses journées et à Rome, et dans sa *villa*, tant aimée, de la Sabine, et dans les divers lieux de plaisance tour à tour visités par lui. Ces lieux, nous y avons voyagé sur ses pas, pour y recueillir tous les genres d'inspiration qu'il y avait trouvés. Un autre voyage, voyage intellectuel, nous a conduits, à sa suite, dans des pays que la lecture lui rendait familiers et dont le séjour assidu eut sur le développement de son génie une influence qu'il fallait apprécier; c'étaient ceux de la poésie grecque, de la poésie latine. Les lectures d'Horace, auxquelles il consacrait tant d'heures, suivies de réflexions qui le menaient souvent à des vers, n'étaient pas seulement littéraires; les philosophes y avaient place. Nous avons recherché, toujours dans les écrits d'Horace, par quel éclectisme ce poëte philosophe a emprunté aux divers systèmes les principes de la morale pratique qui fait le fond de ses ouvrages.

Ces prolégomènes [1], que l'intérêt du sujet, et des questions accessoires qui s'y rattachent, m'a fait prolonger, je l'avoue et ne crois pas devoir m'en excuser, le plus qu'il m'a été possible, nous avaient appris ce qui avait été la préparation, l'aliment du génie d'Horace, l'occasion de ses vers, nous avaient fait connaître, pour ainsi dire *à priori*, ce que contiennent ses œuvres diverses. Nous n'avions plus qu'à nous occuper de leur forme, qu'à considérer l'auteur successivement comme poëte lyrique, poëte satirique, poëte didactique : tel fut l'objet de leçons nouvelles, interrompues pendant deux ans, il importe peu de dire par quelles raisons, pour d'autres sujets d'étude, et dont j'ai repris la suite dans le cours qui a précédé celui-ci.

Je me suis demandé d'abord à quelles époques de la vie d'Horace se rapporte plus particulièrement la culture des divers genres entre lesquels s'est partagé son génie poétique; et des considérations que je ne dois point reproduire en détail m'ont porté à établir qu'après ces exercices d'enfance, ces vers grecs, composés à Athènes, que Romulus lui-même, nous dit-il [2], vint lui interdire, son début véritable avait été la satire, la satire sous une double forme, et dans ces ïambes, modelés sur les exemples d'Archiloque, qui portent dans son recueil le titre général d'*Épodes* (c'est une espèce de satire lyrique), et dans ces pièces qu'il inti-

---

1. Ils ont été reproduits par moi dans l'*Étude sur la vie et les ouvrages d'Horace*, dont j'ai fait précéder la traduction que j'ai donnée, en 1860, des œuvres du poëte. — 2. *Sat.*, I, x, 31 sqq.

tula modestement *Sermones*, lesquelles appartiennent à la satire proprement dite. J'ai montré que, tout en poursuivant sa carrière ïambique et satirique, le poëte n'avait pas tardé à se consacrer de préférence à la composition de ses *odes*, jusqu'à ce que, l'âge le rendant moins propre à bien des choses, lui ravissant, entre autres, lui dérobant l'inspiration lyrique, *tendunt extorquere poemata*[1], jusqu'à ce que, son humeur refroidie le détournant de la censure vers la correction des mœurs, le portant à plus d'indulgence pour autrui, à plus de zèle pour faire profiter les autres de son expérience, il en vint à écrire des ouvrages, peu différents de ses satires, appelés de même par lui *Sermones*, ses *épîtres*, qui ne sont point sans malice, mais où domine l'enseignement moral.

Je fis remarquer que parmi ces *épîtres*, quelques-unes, les deux du second livre, et l'*Épître aux Pisons*, sont moins morales que littéraires, qu'elles contiennent une sorte d'histoire de la poésie latine, une poétique; qu'elles paraissent être d'un temps où le poëte fatigué se retirait dans la critique :

..... fungar vice cotis, acutum
Reddere quæ ferrum valet, exsors ipsa secandi[2]

Ainsi je divisai, recommandant toutefois de ne pas prendre à la rigueur cette division, la vie poétique d'Horace en quatre époques où il a fait, non pas exclusivement, mais surtout :

1° Des *satires* et des odes satiriques, ses ïambes, ses *Épodes*;

2° Des *odes* de toutes sortes ;

3° Des *épîtres* morales ;

4° Des *épîtres*, et même une sorte de poëme didactique, dont le sujet était surtout la littérature.

Cette classification m'autorisait à suivre, dans la revue que je devais faire des œuvres diverses d'Horace, l'ordre habituel des recueils, à un changement près cependant;

1. *Epist.*, II, II, 55 sqq. — 2. *De arte poet.*, 304 sqq.

car s'il était convenable de commencer par les *odes*, il ne l'était pas moins d'aller d'abord au cinquième livre formé, soit par Horace lui-même, soit par un éditeur posthume (on discute là-dessus, et j'ai moi-même pris part à la querelle[1]), formé de ces compositions ïambiques par lesquelles, en même temps que par ses premières *satires*, s'était révélé le poëte.

J'ai donc avant tout appelé l'attention de mes auditeurs sur les *Épodes*, ces pièces singulières dans lesquelles, cédant à l'emportement de la jeunesse, prenant le premier, a-t-il dit[2] (ce qui n'est pas complétement exact, Furius Bibaculus, Calvus, Catulle, l'avaient fait avant lui), prenant des mains furieuses d'Archiloque[3], pour en armer les siennes, le trait terrible de l'ïambe,

> Me quoque pectoris
> Tentavit in dulci juventa
> Fervor et in celeres iambos
> Misit furentem.....[4]

Horace avait donné cours à des colères de toutes sortes, politiques, morales, littéraires, amoureuses.

Nous avons parcouru curieusement ces monuments d'un genre renouvelé chez nous avec éclat, avant quelques poëtes de notre temps, par celui qui s'écriait, plein d'une vertueuse rage, à une bien triste époque :

> S'il est écrit aux cieux que jamais une épée
>   N'étincellera dans mes mains,
> Dans l'encre et l'amertume une autre arme trempée
>   Peut encor servir les humains.
> . . . .
>   Mourir sans vider mon carquois !
> Sans percer, sans fouler, sans pétrir dans leur fange,
>   Ces bourreaux barbouilleurs de lois,

---

1. Voyez *Journal des Savants*, février 1842, p. 86 sqq., et les morceaux placés sous le titre d'*Appendice* à la suite de ma traduction d'Horace.
2. *Epist.*, I, xix, 21 sqq. — 3. *De arte poet.* 79.
4. *Od.*, I, xvi, 24 sqq.

> Ces tyrans effrontés de la France asservie,
>   Égorgée!... ô mon cher trésor,
> O ma plume! fiel, bile, horreur, dieux de ma vie,
>   Par vous seuls je respire encor....[1]

Ces vers d'André Chénier nous ont offert une bien frappante définition du genre, et par l'entrelacement de mesures inégales, par une verve emportée et furieuse, ils nous ont paru reproduire heureusement quelque chose des ïambes d'Archiloque et des *Épodes* d'Horace. Nous n'avons pas jugé toutefois que la reproduction fût complète, initiés par le poëte latin à l'esprit de cette poésie étrange que caractérisait chez les anciens, plus que chez nous, l'union d'une passion violente et emportée, d'images d'une familiarité grossière, d'une crudité cynique, avec l'extrême précision, l'exquise élégance de la forme.

A d'autres inspirations appartiennent les quatre livres d'*odes*, que nous avons ensuite commencé à étudier.

Ici encore se présentait une question chronologique : à quelles époques, plus ou moins certaines, ces compositions, qui ont chacune leur date, curieusement cherchée, ardemment discutée par la critique, ont-elles paru sous forme de recueils? Cette question, nous nous sommes appliqué à la résoudre, autant que la chose est aujourd'hui possible, et ce qu'elle avait d'aride a disparu dans l'intérêt de quelques-unes des pièces justificatives dont nous avions à faire usage; je veux dire ces morceaux si pleins d'enthousiasme, d'orgueil poétique qui, au début et à la fin des livres, en offrent le plus souvent comme la préface et l'épilogue.

Nous avions, d'après Horace lui-même, placé ses *Épodes* en quelque sorte sous l'invocation d'Archiloque. Nous avons dû rechercher quels autres grands noms de la poésie grecque servaient de décoration, de recommandation, d'inspiration à ses *odes*, et nous avons formé pour ainsi dire une galerie des portraits tracés par lui de ces lyriques, qu'il reconnaissait comme ses modèles, à qui il se proclamait si

---

[1] André Chénier, *Iambes*, III.

redevable, d'Alcée et de Sapho avant tous, de Simonide, d'Anacréon, de Pindare.

Leurs œuvres sont en grande partie perdues, il n'en reste le plus souvent que des ruines, que des débris informes; de là l'extrême difficulté d'apprécier l'étendue des obligations qu'Horace leur pouvait avoir, de faire chez lui la part de l'originalité et de l'imitation, de marquer le caractère, de décrire les procédés de cette imitation.

Nous n'avons cependant point décliné cette tâche préliminaire, et, décomposant le recueil d'Horace, nous y avons distingué quelques pièces qu'on sait avoir été directement traduites, ou du moins imitées des lyriques grecs ; d'autres, un peu plus nombreuses, dont ces lyriques n'ont fourni que le point de départ, que le cadre; enfin un très-grand nombre qui leur doivent certains ornements de détail. De cette espèce de statistique a résulté pour nous, avec évidence, la conclusion, qu'Horace, peu favorable aux imitateurs, qui a maudit ou bafoué, selon l'occasion, leur *servum pecus*, leur *sot bétail*, comme a traduit la Fontaine, n'a pas mérité d'y être lui-même confondu, qu'il a su conserver dans l'imitation les libres allures d'un poëte original.

Une autre conclusion à laquelle nous avons été amenés, c'est que de ces lyriques grecs, dont il s'est si librement inspiré, nul précisément ne lui a plus profité que Pindare, avec lequel il jugeait bien téméraire, bien périlleux, d'entrer en lutte.

> Pindarum quisquis studet æmulari
> Iule, ceratis ope dædalea
> Nititur pennis, vitreo daturus
>   Nomina ponto[1].

Non-seulement, comme cette diligente abeille, à laquelle dans cette ode même il se compare, il butine abondamment dans le champ même de Pindare et lui emprunte force détails ; mais il lui doit visiblement quelque chose de la précision, de la hardiesse figurée de son style, bien que

---

1. *Od.*, IV, I, 1 sqq.

se tenant prudemment dans des limites plus discrètes. Il va même jusqu'à lui emprunter cette marche extraordinaire qu'il compare à celle d'un torrent débordé, et qu'on a qualifiée de pindarique.

En quoi consiste-t-elle? J'ai cherché à la définir, à la montrer chez Pindare, à la retrouver chez Horace, et je suis arrivé à conclure qu'elle ne lui était pas autant donnée qu'à son modèle par la situation du poëte, qu'elle devient chez lui *un effet de l'art*, comme a dit Boileau, que, malgré la beauté incontestable des pièces qu'elle a produites, elle y offre quelque chose d'artificiel, que notre imitation a encore beaucoup outré.

De l'ordonnance générale des *odes* d'Horace, la suite naturelle des idées m'a conduit aux divers éléments qui sont entrés dans la composition de ces morceaux célèbres.

La rhétorique des anciens, dénombrant et rangeant les ressources de l'argumentation oratoire, les avait distribuées dans des *lieux*, c'est son expression, où il était loisible à chacun d'aller les prendre. On pourrait croire que la poésie, la poésie lyrique particulièrement, avait aussi ses lieux communs, tant intrinsèques qu'extrinsèques, d'où elle tirait, au besoin, les ornements dont elle se parait. Bien que chez Horace la trace d'un tel travail soit comme effacée par la perfection de l'art et la facilité du génie, il est cependant possible de la retrouver, et nous n'avons cru ni sans utilité ni sans intérêt de remonter jusqu'aux sources, alors moins visitées du vulgaire, moins profanées, moins troublées par ses indiscrets emprunts, où a puisé notre poëte :

Juvat integros accedere fontes
Atque haurire [1].

La plus féconde sans aucun doute, on le conçoit facilement, c'est la mythologie. Sujet spécial de deux ou trois de ses poëmes lyriques [2], elle a fourni à plusieurs [3] des épisodes

---

1. Lucr., *De Nat. rer.*, IV, 2.
2. *Od.*, I, x, xv; II, xix, etc.
3. *Ibid*, 1, vii; III, xi, xvii, etc. Cf. *Epod.*, xiii.

d'une étendue considérable, et à toutes, en fort grand nombre, des allusions, des images, des expressions. Nous avons fait comme l'inventaire de tout ce qu'Horace lui a emprunté ; nous avons cherché à pénétrer dans les secrets de l'art ingénieux et délicat qui présidait à ces emprunts; mais nous avons dû remarquer qu'au temps où écrivait, disons mieux, où chantait Horace, dans un temps marqué par le déclin des croyances, la mythologie ne pouvait plus être pour lui ce qu'elle avait été pour ses modèles grecs, l'expression vivante, non-seulement des souvenirs nationaux, mais de la foi religieuse. Devenue déjà chez les Alexandrins une sorte de langue littéraire propre à prêter sa forme tantôt aux systèmes de la science, tantôt au sentiment, elle ne fut point autrement considérée par cette société d'élite, société aussi sceptique qu'élégante, à laquelle, dans la dévote Rome, s'adressait surtout la muse latine. Oui, ce n'était plus qu'une langue littéraire, mais une langue entendue de tous, à l'intelligence de laquelle les splendides cérémonies du culte public, les chefs-d'œuvre des arts apportés par la victoire, l'étude des poëtes grecs, la lecture de leurs imitateurs latins, enfin et surtout les représentations du théâtre, disposaient les esprits, qu'on ne pouvait guère se dispenser alors de leur parler, qu'on leur parlait en toute occasion, même quand il aurait été plus naturel de choisir de préférence un langage plus direct pour l'expression des affections intimes de l'âme. La situation d'Horace nous a été expliquée par celle de nos lyriques, qui ont fait longtemps, sans une égale nécessité, et avec bien moins de succès, la même chose, chez qui est aussi intervenue à tout propos la mythologie, mais souvent comme un hôte imprévu et incommode, comme une sorte de fâcheux, dont on a fini par réclamer l'exclusion. Les dieux de la Grèce et de Rome, les dieux d'Horace, compromis par les hommages traditionnels de Malherbe, de J. B. Rousseau, de ce Lebrun qu'on a dit[1] être

Hardi comme Pindare et plus mythologique,

1. M. Émile Deschamps.

on les a renvoyés à leur antique Olympe. Cet exil avait sa raison sans doute, mais il a été prononcé avec un excès de rigueur, contre lequel ont protesté, en beaux vers, autrefois Corneille et Boileau ; et, dans une circonstance récente[1], dont le souvenir m'est précieux, un aimable poëte, qu'il est naturel de citer en cette enceinte si longtemps animée par sa parole éloquente. Plaidant avec esprit et avec grâce la cause perdue de ces divinités poétiques que sa jeunesse avait adorées chez Horace et même chez ses imitateurs, M. Lacretelle disait à leurs intraitables adversaires :

. . . .
La science sévère est moins que vous craintive ;
Des astres dont son œil vient d'enrichir nos cieux,
Elle aime à compléter la famille des dieux.
L'aimable botanique, en courant vers l'aurore,
Fait de notre heureux globe un théâtre de Flore,
Et vous la bannissez même de vos chansons.
Tous les arts ont frémi de vos dures leçons.
Contemplez d'Apollon le divin simulacre ;
Il a pu triompher du marteau d'Odoacre.
Quand Rome et l'univers rentraient dans le chaos,
Le Tibre l'a mille ans protégé sous ses flots ;
Il rayonne toujours de sa splendeur première ;
De l'empire du beau c'est toujours la lumière ;
Son regard, enflammé d'un sublime courroux,
Semble nous dire encor : Profanes, à genoux !
. . . .

Les *odes* d'Horace, marquées par le temps où elles se sont produites d'un caractère, je ne dirai pas si religieux, mais si mythologique, sont de ces monuments qui ne vieillissent pas avec les idées qu'ils expriment, et dont l'inaltérable beauté résiste même aux révolutions par lesquelles est renouvelée l'imagination humaine.

Une autre sorte d'ornements poétiques qu'Horace a fort prodiguée n'a pas été moins décriée par l'usage peu judicieux, peu discret, qu'en ont fait les poëtes dont se moque Boileau dans ces vers de sa neuvième satire :

[1]. Séance publique de l'Académie française, le 5 février 1843.

Irai-je dans une ode, en style de Malherbe,
Troubler dans ses roseaux le Danube superbe,
Délivrer de Sion le peuple gémissant,
Faire trembler Memphis ou pâlir le croissant,
Et passant du Jourdain les ondes alarmées,
Cueillir mal à propos les palmes idumées?

Je veux parler de cette géographie qui a partout sa place avec la mythologie dans les vers d'Horace, qui fait partie ainsi qu'elle de sa composition et de son style, qui ne contribue pas moins qu'elle à les animer, à les colorer.

La nouveauté du monde, mal exploré, peu connu, tout plein, comme l'a dit Horace des rives de l'Hydaspe, *fabulosus Hydaspes*, de perspectives merveilleuses, faisait, pour les anciens, de la géographie une chose poétique. Les Grecs en avaient rempli leurs compositions de toutes sortes, celles-là même quelquefois auxquelles semble le moins convenir ce genre d'agrément, les compositions du théâtre[1]; et cela bien avant qu'Alexandrie en eût fait un des thèmes favoris de ses doctes poëmes. Naturellement ce goût passa aux poëtes latins, chez un peuple guerrier, conquérant, conduit par ses continuelles expéditions vers toutes les extrémités du globe, qui faisait de la géographie à la manière d'Alexandre et de ses successeurs. C'est ainsi qu'Horace reçut d'une double tradition, grecque et latine tout ensemble, l'usage particulier aux anciens, et de ces épithètes locales qui donnent en quelque sorte une patrie à tout objet, quel qu'il soit, appartenant à la nature ou à l'industrie humaine, dont parle le poëte, et de ces énumérations grossies des noms de tant de villes et de contrées diverses qui égarent l'imagination en de lointains voyages. Les unes et les autres sont très-fréquentes dans les *odes* d'Horace, dont elles élargissent singulièrement l'horizon. Cette géographie n'est pas un vain placage, comme dans les banalités hyperboliques justement censurées par Boileau. Toujours elle a sa raison dans la nature des idées qui l'amènent, des sentiments qui s'y mêlent; elle a même

---

1. Voyez mes *Études sur les tragiques grecs*, livre I, chap. III et IV, notamment aux pages 228, 257, 275 et suivantes de la première édition, 237, 277, 297 de la seconde et de la troisième.

toujours quelque chose de passionné. C'est l'expression d'un souvenir personnel et vif des lieux, qu'il s'agisse de l'Italie, ou même de la Grèce et de l'Asie, autrefois visitées par le poëte; l'expression du bien-être qu'il goûte dans quelques résidences préférées, Tarente, Baies, Préneste, Tibur, la Sabine; de l'attachement qu'il a conservé pour son pays natal, l'Apulie; enfin et surtout l'expression du patriotique orgueil que lui donne la grandeur d'un empire dont la capitale est Rome, et la frontière les extrémités du monde connu. Cette frontière immense, sur laquelle Auguste a incessamment les yeux attachés, que ses armes protégent partout à la fois contre les populations inquiètes prêtes à la franchir, Horace en fait en cent endroits mesurer l'étendue. On peut, nous y avons consacré un assez grand nombre de leçons, en dresser la carte avec ses vers.

Ce n'est pas seulement à la mythologie, à la géographie, qu'Horace emprunte les détails, constante parure de ses *odes*; c'est encore à une science dont les lyriques modernes ont aussi fait usage à son exemple, toujours bien moins naturellement, bien moins heureusement, l'astronomie.

L'astronomie, chez nous, est devenue par le progrès des connaissances un domaine tout scientifique, abandonné du vulgaire: le nom, la place, la marche, l'influence des diverses constellations, tout cela est bien moins familier au grand nombre que dans le temps où les astres, décorés du nom des dieux, liés aux traditions religieuses et poétiques dont tous les esprits étaient pleins, réglaient pour tout le monde le cours de l'année, présidaient à la succession des divers travaux. Le calendrier, l'almanach ont remplacé très-prosaïquement cette astronomie, liée d'une part à la religion, de l'autre à l'industrie humaine, qui, chez les Grecs d'abord, ensuite chez les Romains, avait trouvé sa place naturelle dans la poésie comme dans le langage ordinaire, était familière à tout le monde, et, aujourd'hui qu'elle ne nous gouverne plus si directement, est devenue assez obscure.

Les lecteurs de Rousseau entendent-ils autrement que par l'érudition, par le souvenir classique d'Horace ou de

Virgile, ce qu'il veut dire quand il parle si souvent des Hyades, des Pléiades, d'Orion? Il n'en était pas de même pour les anciens ; l'astronomie, dans certaines limites, était pour eux une langue aussi usuelle, d'un usage aussi facile et aussi naturel que la mythologie à laquelle elle tenait étroitement.

Comme la mythologie, elle avait eu en Grèce deux âges : elle avait été naïve chez Hésiode, scientifique chez Aratus.

Dans les poëmes du premier, en effet, c'est encore une sorte d'Olympe habité par des dieux en qui on a foi; c'est le calendrier du cultivateur qui y lit l'annonce des saisons et le signal de ses travaux. Vous voyez là, selon une expression célèbre et souvent citée, « l'aimable simplicité du monde naissant ».

L'astronomie n'a plus ce caractère naïf chez l'alexandrin Aratus, qui traduit en vers la science d'Eudoxe, et est, d'autre part, comme les poëtes de ce temps, archéologue dans sa mythologie. C'est de la science en vers, mais en vers fort élégants, fort harmonieux, fort agréables, qui charmèrent les Romains à tel point que, traduits par Cicéron, ils le furent de nouveau par Germanicus et par d'autres, et qu'à la fin du siècle d'Auguste ils inspirèrent le poëme de Manilius.

On comprend, et je me suis appliqué à le démontrer, que des détails astronomiques aient, au même titre que la mythologie, que la géographie, trouvé leur place chez Virgile et chez Horace.

Virgile, dans ses *Géorgiques*, a mêlé habilement la naïveté d'Hésiode et la science d'Aratus : il a l'expérience vulgaire du paysan qui sait prendre conseil du ciel et de la nature, il a les connaissances d'un homme instruit qui a appris le ciel dans les écoles; mais il en use avec discrétion, uniquement pour varier sa matière, pour donner un horizon de plus à ses tableaux champêtres, pour les encadrer non-seulement dans ce que découvrent tous les regards, même les plus simples, mais encore dans ce que voient, au delà, des yeux plus savants.

Horace aussi, ç'a été le sujet de quelques-unes de nos leçons, a profité avec sobriété de ce que lui fournissait de périphrases heureuses pour parler des heures du jour, des époques de l'année, des travaux, des occupations qu'elles ramènent, une science encore usuelle, encore quelque peu mêlée à la religion, par conséquent encore poétique, et que lui apportait aussi, de concert, la tradition des poëtes grecs et romains.

L'astronomie, je n'ai pas dû négliger d'en faire la remarque, a quelquefois, chez Horace, un caractère astrologique; le poëte n'y lit pas seulement l'annonce des saisons, le signal des travaux de l'homme, mais, comme l'enseignait à cette époque une science alexandrine et chaldéenne, déjà ancienne dans le monde et fort en crédit à Rome, comme devait bientôt le professer en beaux vers Manilius, les oracles de la destinée. La raison d'Horace était-elle donc, ainsi qu'on l'a dit, dupe de cette science chimérique? Pas plus, je pense, que celle de Boileau quand il écrivait:

> S'il ne sent point du ciel l'influence secrète,
> Si son astre en naissant ne l'a formé poëte.

Comme Boileau, Horace faisait simplement appel à la croyance vulgaire; l'astrologie n'était pour lui qu'une langue de plus, langue littéraire, langue poétique dont il lui plaisait quelquefois de revêtir sa pensée. On l'a pu voir par les passages mêmes [1] où sa poésie est le plus astrologique, et où, indifférent et sceptique astrologue, il paraît même ne pas savoir sous quel astre il est né, où il hésite entre plusieurs, laissant à d'autres le choix, où il dit implicitement ce qu'a traduit Perse:

> Il est un astre, je ne sais lequel, mais il en est un, qui confond mon existence avec la tienne.

> Nescio quod, certe est, quod me tibi temperat astrum [2]

Il me reste à rappeler ce que j'ai dû dire d'une qua-

---

1. *Od.*, II, XVII, 1 sqq. — 2. *Sat.*, V, 51.

trième et dernière classe d'ornements qui occupe, chez Horace, plus de place encore que les trois autres.

Horace ne parle pas si souvent, dans ses *odes*, des constellations du ciel, des phénomènes, des saisons, des travaux, des destinées auxquelles elles président; il n'y transporte pas à tout instant ses lecteurs dans des lieux divers; il n'y introduit pas sans cesse la foule des dieux de la fable sans que ces détails mythologiques, géographiques, astronomiques, revêtent sous sa plume une image sensible. sans qu'il nous les fasse voir. La description s'y trouve toujours mêlée, et, lorsqu'ils manquent, les remplace. C'est l'ornement le plus habituel, le plus continuel des *odes* d'Horace, qui ne cesse jamais de peindre; c'est celui qui nous y attire le plus.

Notre imagination n'est plus maintenant assez païenne pour se plaire beaucoup, malgré l'exquise beauté de la forme, à la mythologie d'Horace.

Nous ne sommes point des Romains, pour être transportés de cette géographie patriotique par laquelle il faisait parcourir à ses lecteurs la frontière de l'empire, mesurer sa grandeur.

Son astronomie n'a plus pour nous de sens religieux, d'application usuelle; nous ne la comprenons plus que par l'érudition, nous n'en sommes que médiocrement charmés.

Son astrologie, qui n'était pas sérieuse, a perdu plus encore de sa valeur, depuis que cette prétendue science a perdu tout crédit sur l'esprit humain.

Mais il n'en est pas de même de ces traits descriptifs dont se composent en grande partie ses *odes*, et qui n'ont pas plus vieilli que la nature, leur modèle, que l'attrait inépuisable qui nous appelle au spectacle de ses accidents divers, de ses phénomènes.

Le recueil d'Horace est bien peu considérable, mais combien il a paru s'agrandir à nos yeux, lorsque nous l'avons considéré sous ce rapport! Nous y avons trouvé la nature sensible exprimée, çà et là, tout entière, sous tous ses grands aspects, avec toutes ses magnificences et toutes ses grâces.

Ce n'est pas, nous l'avons vu, qu'Horace soit descriptif à la manière des modernes. Jamais il ne décrit pour décrire ; il n'est jamais long, il s'en faut de tout, minutieux dans ses descriptions. Sa manière est celle de Virgile, celle que l'un et l'autre avaient empruntée au goût des Grecs, et qui remontait, par la tradition, au maître commun de tous, le grand Homère. Le plus souvent une épithète caractérisque, d'autres fois un petit nombre de circonstances, choisies parmi les plus frappantes, rangées dans l'ordre qui les découvre à une observation rapide, groupées de telle sorte qu'elles révèlent l'idée de l'ensemble, et que le tableau, largement ébauché par le poëte, s'achève dans l'esprit du lecteur, voilà la vraie, la grande description de Virgile et d'Horace. Cette description est chez Horace, où nous l'avons plus particulièrement étudiée, toute passionnée, animée par un sentiment vif des scènes qu'elle reproduit, par l'amour de quelques lieux préférés, par le goût de la nature champêtre et de la vie rustique.

Tels sont, Messieurs, les aspects généraux sous lesquels, dans les leçons qui ont terminé le cours précédent, j'ai considéré les *odes* d'Horace. Ces leçons étaient elles-mêmes des prolégomènes destinés à expliquer d'avance les procédés de composition du grand lyrique, pour ainsi dire son dessin et sa couleur.

Que reste-t-il à faire, sinon de substituer à cette analyse une vue plus synthétique des ouvrages eux-mêmes, de les aborder plus directement, plus complétement, de contempler chacun d'eux dans cet harmonieux ensemble, que détruit en l'étudiant, par la préoccupation de beautés partielles, de mérites isolés, la curiosité de la critique ?

Mais ces ouvrages sont nombreux ; si l'on écarte les *Épodes*, sur lesquelles il ne sera pas souvent nécessaire de revenir, si on se réduit aux *Odes*, il n'y en a pas moins de cent vingt et un. Comment s'occuper de tous, et, d'autre part, comment se résoudre à en négliger une partie ? Ce n'est pas dans le livre d'Horace qu'on peut choisir.

Nous concilierons, je pense, et la nécessité de renfermer notre sujet dans des limites de temps assez étroites, et la convenance de l'embrasser dans toute son étendue, en ne nous astreignant point à l'ordre capricieux, ou, pour mieux dire, au désordre prémédité que présente le recueil lyrique d'Horace, disposé uniquement dans la vue de faire ressortir la souplesse du génie du poëte et la variété de ses compositions; en y introduisant cette distribution méthodique, qu'il s'est précisément appliqué à éviter; en rapprochant, en rassemblant sous un même point de vue les pièces qui se ressemblent par la nature des sujets; en les classant en quelque sorte par genres et par espèces.

Quel sera le principe de cette classification? Il nous sera indiqué par Horace lui-même, et par son habile traducteur, Boileau. Tous deux, dans les belles définitions qu'ils ont données de l'ode, ont établi deux classes principales de poëmes lyriques, distingué la haute vocation du genre, celle de célébrer, au nom de tous, les dieux, les héros de la patrie, la patrie elle-même, d'une vocation plus familière qui le rend l'interprète des affections privées et intimes du poëte, jusqu'aux moins sérieuses, jusqu'aux plus folâtres.

D'après cette division, je chercherai d'abord dans le recueil d'Horace les *odes* du premier genre, ses *odes* religieuses, ses *odes* politiques, pour redescendre de là à celles où s'expriment ses amitiés et ses haines, ses amours, son goût pour le plaisir, les principes, les convictions de sa morale épicurienne.

Les premières nous frapperont par l'élévation de la pensée, la hardiesse des mouvements et des images, la précision éclatante du style; mais nous en pourrons dire, sans sacrilége, comme Fénelon des harangues du grand orateur romain, que l'art y est merveilleux, mais qu'on l'entrevoit; que le poëte, dans son transport, se souvient visiblement de Pindare; qu'il se souvient aussi d'Auguste, réglant non moins visiblement les écarts de sa muse sur les volontés, les intérêts du prince.

Arrivés à la partie en quelque sorte privée du recueil, il ne s'offrira plus à nous de traces d'une théorie littéraire empruntée à l'imitation sur les allures qui conviennent à l'ode; plus de traces non plus d'une inspiration conseillée, commandée par le pouvoir. Tout nous y paraîtra spontané, libre, original. Nous y verrons, je puis l'annoncer d'avance, et contredire dès aujourd'hui l'opinion commune qui ne règle pas toujours ainsi les rangs, ce qu'il y a chez Horace de plus véritablement lyrique.

Si ces pièces sont telles, c'est qu'elles traduisent, qu'elles expriment les sentiments mêmes du poëte, qu'elles font entendre comme le cri involontaire de son âme. Or, ce caractère les rapproche d'autres morceaux, de genres bien différents il est vrai, auxquels elles nous conduiront. Je veux parler, chacun le comprend, de ceux où Horace, dans des vers très-poétiques encore, mais qui affectent avec grâce la familiarité, l'abandon du langage ordinaire et même la négligence de la versification, dans des vers qui ont reçu de leur auteur même le nom de causerie, s'entretient avec son lecteur de la nature humaine et de la société, des vices, des travers de l'une et de l'autre, de ce que doit fuir le sage, de ce qu'il doit rechercher, de ce que l'expérience lui conseille pour arriver par des voies honnêtes à l'aisance, à la considération,

... decus et pretium recte petet experiens vir[1];

et, si le sort contraire, ou plutôt favorable, ne lui a fait échoir qu'une condition médiocre, pour savoir l'accepter de bonne grâce, s'en contenter, s'y trouver heureux, sans ajourner imprudemment le bonheur, sans le chercher, le poursuivre follement où il est rare qu'il se trouve.

Quod satis est cui contingit, nihil amplius optet[2].
Tu quamcunque deus tibi fortunaverit horam,
Grata sume manu, nec dulcia differ in annum[3].

Les leçons de morale, si sensées, si spirituelles, si pleines de charme, dont Horace a su animer, a su varier la forme, par des artifices de composition et de style fort nombreux, qu'il serait long de compter en ce moment, mais sur lesquels nous reviendrons plus à loisir, ces le-

---

1. *Epist.*, I, xvii, 42. — 2. *Ibid.*, I, ii, 46. — 3. *Ibid.*, I, xi, 22 sq.

çons, il les a elles-mêmes, comme ses *odes*, jetées assez confusément dans ses livres de *satires* et d'*épîtres*. Nous devrons leur rendre leur ordre naturel, celui que leur assignent à la fois et la chronologie probable de cette portion des œuvres du poëte, et le perfectionnement continu de son caractère, le progrès constant de sa raison.

Il dit quelque part à un ami :

T'aperçois-tu que le cours des années, l'approche de la vieillesse, te rendent et plus doux et meilleur ?

Lenior et melior fis accedente senectâ[1] ?

C'est que lui-même, grâce à la lecture assidue des maîtres dans l'art de vivre, à l'observation attentive du monde, à l'étude sérieuse de son propre cœur, au désir sincère du bien, à un effort persévérant pour l'atteindre, sentait s'accomplir en lui, plus lentement, il est vrai, qu'il n'eût voulu, cette heureuse révolution. Eh bien ! dans ce changement insensible est le passage que nous devrons chercher et qu'il ne sera pas difficile de trouver, d'une satire âpre, mordante, à la manière de Lucilius, par laquelle commença Horace, à une autre qui suivit bientôt, plus enjouée, plumaligne que cruelle, amusant de son innocente raillerie ceux-là mêmes auxquels elle s'attaquait, pénétrant, en se jouant, comme par surprise, sans qu'on songeât à lui en interdire l'entrée, dans le secret de l'âme humaine, en touchant doucement, délicatement, les plaies cachées.

Secuit Lucilius urbem,
Te, Lupe, te, Muti; et genuinum fregit in illis :
Omne vafer vitium ridenti Flaccus amico
Tangit, et admissus circum præcordia ludit[2].

Ce développement moral d'Horace auquel a exactement correspondu celui de son talent d'écrivain moraliste, nous le montrera ensuite, qui, se retirant de la satire et se reposant dans l'épître, renonce à la correction du ridicule et du

---

1. Hor., *Épist*, II, II, 211. — 2. Pers., *Sat.*, I, 114 sqq.

vice, devenue trop pénible pour la douceur croissante de ses mœurs, et se consacre désormais, non pourtant sans quelques retours passagers de verve malicieuse, à enseigner le secret trouvé par lui d'une vie paisible, honnête, heureuse, à ramener ses amis fourvoyés vers ce but désiré et méconnu; aveugle, dit-il modestement, pour ne pas se donner des airs de pédagogue, aveugle qui s'avise de montrer aux autres leur chemin :

> Disce, docendus adhuc, quæ censet amiculus; ut si
> Cæcus iter monstrare velit[1].

Dans les *satires* et les *épîtres* d'Horace nous verrons se succéder, absolument de même, un autre ordre de censures, un autre ordre d'enseignements. Horace, en sa qualité de grand poëte, fut abondamment pourvu, surtout au début de sa carrière, d'envieux et de détracteurs; il n'endura pas patiemment leurs atteintes, et leur fit de son côté une rude guerre, perçant de traits acérés la foule des mauvais écrivains et des faux connaisseurs, les coteries complaisantes, les cabales ennemies. Plus tard, car, s'il était irritable, il se calmait facilement, c'est lui-même qui l'a dit :

> Irasci celerem, tamen ut placabilis essem[2];

plus tard, il se résigna davantage aux désagréments inévitables de la vie littéraire, dédaigna les basses pratiques de la médiocrité humiliée, oublia pour l'art lui-même les artistes qui le déshonoraient; et quand il lui convint de parler en vers de la poésie, il ne songea plus qu'à en retracer l'histoire chez les Grecs et chez les Romains, à en débattre les principes en quelques points contestés, à en proclamer les règles. Tel est, sauf quelques épigrammes encore, où se retrouve, par moments, le satirique, le sujet de ces grandes et belles *Épîtres* par lesquelles se termine son volume, et qu'il faut probablement rapporter à la dernière époque de sa vie, qui offrent comme le testament de l'excellent poëte, et en même temps de l'excellent critique.

---

1. *Epist.*, I, XVII, 3. — 2. *Ibid.*, I, XX, 25.

Nous finirons par elles, et la dernière, la plus considérable, qui a échangé contre le titre d'*Art poétique* le titre plus modeste que lui avait donné l'auteur, d'*Épître aux Pisons*, nous permettra de considérer Horace, déjà si grand dans l'ode, dans la satire, dans cette sorte d'épître qui est la poésie gnomique des Romains, comme l'un des maîtres du poëme didactique, comme celui qui, en transportant le premier, ou peu s'en faut, dans les matières de goût, cette propriété piquante, cette énergique concision de style, si propres aux préceptes, dont il avait usé si utilement pour l'enseignement de la morale, a fait en son temps l'une des plus heureuses applications qu'il fût possible de la forme didactique.

C'est ainsi qu'après des prolégomènes qui ont rempli précédemment plusieurs cours, il sera encore donné à celui-ci de suivre, dans la variété des œuvres d'Horace, tout le développement de son génie, d'en retracer une image complète.

Ce sera l'image de Rome elle-même à l'époque où vivait Horace. Ce poëte, qui ne voulut guère parler que de lui, a pourtant donné place dans ses vers à une multitude de faits et de personnages contemporains. Bien plus, les traits dont il se peignait complaisamment, il en a peint, sans y penser, sinon tous les hommes de cet âge, les plus distingués du moins et les meilleurs. Cette société vieillie dans la guerre civile, qui se laisse tomber, de lassitude, entre les mains d'Auguste; qui s'attache par désespoir au pouvoir absolu; qui remplace le sentiment de la liberté par le dévouement à la grandeur de l'État et à la gloire du prince; qui exclue presque entièrement de la vie publique, se distrait, se console par les délices d'une vie sensuelle, élégante, noblement passionnée pour les arts; qui ne voit plus dans le culte antique des dieux de la patrie qu'une magnifique décoration propre à imposer au vulgaire et à charmer les imaginations d'élite, qu'un ressort de gouvernement, qu'un thème poétique; qui, pour toute règle de vie, quand elle songe à se régler, n'a que la morale peu relevée de l'intérêt bien entendu, les maximes qui conseillent la fuite des excès, l'usage modéré des plaisirs, la recherche honnête du bien-être ; cette société, Horace en représente la portion la plus estimable ; il nous en offrira dans ses œuvres, où se réfléchit sa vie, la vivante expression.

Mais c'est là un sujet d'études morales, et c'est surtout d'études littéraires que nous sommes appelés à nous occuper ici. Les œuvres d'Horace nous fourniront une favorable occasion de repasser en grande partie cette histoire de la poésie latine, notre objet principal. Horace, en effet, a renouvelé avec originalité des genres à l'origine desquels nous devrons remonter de nouveau, dont il nous faudra rappeler encore le développement depuis les poëtes grecs qui les ont fondés jusqu'aux premiers imitateurs latins de ces génies créateurs, et depuis ceux-ci jusqu'à notre poëte.

J'ai exposé l'année dernière, assez complétement pour n'avoir guère à y revenir, comment, après les ébauches lyriques, originales, mais barbares, dont les Romains, durant les cinq premiers siècles de leur histoire, empruntèrent le sujet à leurs travaux rustiques, à leurs sentiments religieux, à leur esprit militaire, à leur amour pour la patrie et pour la gloire ; comment après les odes, bien grossières encore, que produisirent de temps à autre, dans les deux siècles suivants, sous la discipline des Grecs, une imagination longtemps sèche et pauvre, comme celle d'hommes absorbés dans les travaux de la vie pratique, une langue, une versification bien difficilement polies, Horace reçut enfin de Catulle, déjà montée, pour ainsi dire, déjà savamment touchée, cette lyre latine qu'il ne devait point transmettre à d'autres, à laquelle il devait faire rendre tous ses accords.

J'aurai cette année à retracer une histoire semblable, d'autres genres de poésie qu'Horace a de même amenés à leur perfection, et d'abord de la satire.

Elle était plus ancienne assurément que ne le disaient les Romains ; elle avait dans la malignité naturelle à l'esprit humain, et dans la gaieté railleuse de la muse grecque, de lointaines origines dont ils ne convenaient point assez ; mais enfin ils lui donnèrent, on ne peut le contester, la forme particulière qu'elle a toujours gardée. Cette forme, vous la verrez s'assembler pièce à pièce sous la main hardie, mais rude, d'Ennius, de Lucilius surtout, et après un intervalle marqué par les impuissantes tentatives de Varron d'Atax[1] et les succès en un genre analogue de l'autre Varron, recevoir d'Horace son entier achèvement.

Lucilius nous est assez connu par les nombreux témoignages de l'antiquité, et même par le petit nombre de débris qui sont restés de ses ouvrages, pour qu'il nous soit possible de comparer avec sa manière de composer et d'écrire, pleine d'une verve indignée et moqueuse, abondant en traits énergiques, en saillies spirituelles, mais déparée par tous les vices de la précipitation, diffuse, négligée, dure, grossière, la raillerie doucement tempérée d'Horace, ses grâces délicates, son élégance, sa pureté.

Une chose nous frappera: c'est que Lucilius, regardé en son siècle et longtemps après comme le modèle accompli de la plaisanterie romaine, Lucilius que Cicéron, qui s'y connaissait, appelait encore *perurbanus*, ne satisfaisait plus à cet égard les connaisseurs de l'âge d'Horace, qu'Horace du moins était presque tenté de l'appeler, comme il ne craignait pas d'appeler Plaute[2], *inurbanus*. Qu'était-ce donc que cette urbanité, dont quelques années avaient ainsi changé le caractère? Nous aurons à nous le demander.

En tout pays, dans les lieux qui sont considérés comme le centre d'une forte civilisation, se rencontre une certaine fleur de politesse, d'esprit, de langage, qui leur est particulière; c'est l'atticisme des Grecs, l'urbanité des Romains; c'est, chez nous, cette différence plus ou moins réelle qui sépare ou qui séparait Paris de la province, le Français de France du Français de Bruxelles et de Genève. La révocation de l'édit de Nantes a dispersé en Europe bon nombre de nos compatriotes qui ont continué, eux et leurs fils, d'y parler, d'y écrire en leur langue avec esprit, avec talent quelquefois, mais d'un style qui a en quelque sorte perdu

---

1. Horat., *Sat.*, I, x, 46. Cf. Acr. Porphyr. *schol.*
2. *De arte poet.*, 273.

son droit de cité, et qu'on qualifie de style réfugié. Quand J. B. Rousseau se retira dans les Pays-Bas, il cessa, rien que par le voyage, d'être un des grands écrivains français, et Voltaire put lui dire avec peu de générosité, mais non de sens littéraire :

> Faites tous vos vers à Paris
> Et n'allez point en Allemagne.

Quand Gresset, après de longues années passées à Amiens, sa ville natale, revint à Paris présider l'Académie française, on ne reconnut plus le goût exquis, la délicatesse, la grâce de l'auteur de La Chartreuse, et d'une voix unanime le public le renvoya présider l'académie d'Amiens.

Rome était le Paris de l'Italie et du monde entier. *On ne vit qu'à Paris et l'on végète ailleurs*, selon Gresset qui l'éprouva. *Urbem, Urbem cole*, s'écrie Cicéron, *et in hac luce vive*[1].... *Adspectus videlicet Urbis tibi tuam pristinam urbanitatem reddidit*[2].... La grande ville, c'est pour lui, il le répète partout et sous toutes les formes, le séjour unique d'une sorte de grâce et d'élégance suprêmes, d'un agrément singulier auxquels ne peuvent atteindre tout l'esprit, tout le talent des provinces.

Cette urbanité, pour l'appeler par son nom, que Cicéron admirait chez Lucilius et chez d'autres antiques railleurs, dont la tradition avait conservé les bons mots, en quoi la faisait-il consister? A ce qu'il semble, d'après ses définitions et sa pratique, dans un certain franc parler, spirituel, facétieux, plein de sens comme de saillies, dont les traits les plus hasardés étaient autorisés par ce qui pouvait subsister de l'ancienne simplicité, de l'ancienne rudesse des mœurs romaines, par la liberté républicaine. Cicéron ne savait pas, ne pouvait pas savoir, que bientôt des bienséances plus sévères, une élégance plus raffinée, introduites par l'établissement de l'empire, par les habitudes d'une cour, feraient reléguer cette urbanité d'un autre âge parmi les choses surannées, qu'on la taxerait dédaigneusement de

---

1. *Fam.*, II, 12. — 2. *Ibid.*, III, .

rusticité. Lui-même l'éprouva presque, et plus encore Lucilius, comme on le voit chez Horace. Assurément Horace a su dignement apprécier et louer ses rares mérites de poëte satirique, il en fait surtout l'éloge en l'imitant; toutefois c'est par concession, par grâce, pour ne pas trop choquer l'opinion reçue qu'il dit de lui : *fuerit comis et urbanus*[1]. Dans la même pièce, il retire cette expression, définissant ainsi le ton, le style de la satire :

> Ce n'est pas assez, selon moi, de provoquer le rire, quoique ce soit quelque chose. Il faut un tour rapide et bref, qui dégage, précipite la pensée et dispense l'oreille d'une vaine surcharge de mots. Il faut un langage quelquefois sérieux, souvent enjoué, où paraisse tantôt l'orateur, le poëte, tantôt aussi l'homme du monde, qui n'use point de toutes ses forces, qui sait même en sacrifier une partie. Mieux vaut souvent, pour trancher les plus grandes difficultés, une saillie qu'un discours âcre et véhément.

> Ergo non satis est risu diducere rictum
> Auditoris; et est quædam tamen hic quoque virtus.
> Est brevitate opus, ut currat sententia, neu se
> Impediat verbis lassas onerantibus aures.
> Et sermone opus est modo tristi, sæpe jocoso,
> Defendente vicem modo rhetoris atque poetæ,
> Interdum URBANI, parcentis viribus, atque
> Extenuantis eas consulto. Ridiculum acri
> Fortius et melius magnas plerumque secat res[2].

Ces vers, où Horace a si bien dit ce que n'était pas assez la satire de Lucilius, expriment en même temps, on ne peut mieux, ce qu'était la sienne. Il faut toutefois, nous ne l'oublierons pas, dans le développement de son talent satirique, distinguer une époque première, où le jeune poëte, à l'âge où l'on imite tout de ses modèles, tout jusqu'à leurs défauts, s'est permis de certains traits, trop peu fins, trop peu délicats, qu'il n'eût pas, un peu plus tard, pardonnés à Lucilius.

Le goût n'a rien à reprendre dans ses *épîtres*, productions de sa maturité, chefs-d'œuvre accomplis de raison et

---

1. *Sat.*, I, x, 64. — 2. *Ibid.*, 7 sqq.

d'agrément. Plus qu'ailleurs peut-être il y paraît créateur, bien que ce genre se rattachât à la poésie gnomique des Grecs et que, dans une ville où longtemps, selon Horace, les vieillards s'étaient plu à enseigner, et les jeunes gens à apprendre d'eux comment on pouvait accroître son patrimoine, vertu romaine par excellence, et retrancher de ses passions ruineuses,

> Per quæ
> Crescere res posset, minui damnosa libido[1],

les poëtes eussent dû s'aviser de bonne heure de rédiger en vers les conseils utiles à la vie. Nous rechercherons si l'on ne pourrait pas faire remonter, par une sorte de généalogie, les *Épîtres* d'Horace aux *Præcepta*, aux *Protreptica*, du reste bien peu connus, d'Ennius, et, dans des époques encore plus reculées, à ce poëme vénérable d'Appius Claudius Cæcus, que Cicéron qualifie de pythagorique[2], à ces maximes du devin Marcius[3], qui devaient être dans les premiers siècles de Rome ce que furent pour nos aïeux, selon un personnage de Molière,

> Les quatrains de Pibrac et les doctes sentences
> Du conseiller Mathieu.

Horace n'avait pas prétendu aux honneurs de la poésie didactique proprement dite; c'est la postérité qui l'y a appelé, je l'ai déjà dit, en décorant son *Épître aux Pisons* du titre d'*Art poétique :* je ne contredirai pas ce jugement; je m'en autoriserai au contraire pour retracer rapidement l'histoire d'un genre qui devait plaire à l'esprit pratique des Romains; qui se produisit à Rome sous les trois formes, gnomique, scientifique, descriptive, qu'il avait successivement affectées chez les Grecs; qui enrichit la littérature latine, après une longue suite de productions plus

---

1. *Epist.*, II, I, 106.
2. *Tusc.*, IV, 2; Cf. Sallust., *De Rep. ord.*; Fest. Non. Priscian., etc.
3. Flav. Mall. Theodorus, *De metris*, ed. Heuzinger, 1755, in-4°, p. 95. — Cf. G. Hermann, *Element. doctr. metr.* III, IX, p. 338.

ou moins estimables, peu épargnées par le temps, de quelques chefs-d'œuvre destinés à toujours vivre. Ce n'est pas seulement dans l'*Epicharmus* d'Ennius, dans la *Chorographia*, dans les *Libri navales* de Varron d'Atax, dans les *Phénomènes*, les *Pronostics* de Cicéron, dans ce qui effaça ces ouvrages et tant d'autres, dans le poëme *De la Nature* et les *Géorgiques*, qu'il faut chercher les antécédents de l'*Art poétique* d'Horace. Horace, je le ferai voir, n'était pas le premier des poëtes romains qui eût songé à exprimer en vers des idées appartenant à la littérature elle-même. Mais nul avant lui ne l'avait fait avec autant de suite, dans un ouvrage de telles proportions et de si grande portée par la valeur des préceptes et l'autorité d'une expression qui est toute seule une leçon vivante de goût. Horace n'avait été devancé par personne dans l'art, qu'il a si bien défini, de cette brièveté pénétrante qui fait arriver à l'instant le précepte à l'intelligence et l'y grave en traits ineffaçables, qui la rend docile à comprendre et fidèle à retenir :

> Quidquid præcipies, esto brevis, ut cito dicta
> Percipiant animi dociles teneantque fideles[1].

Horace n'avait non plus appris de personne et il a enseigné à bien peu comment on peut énoncer, non-seulement avec clarté, mais avec intérêt, animer d'une sorte de vie les notions les plus abstraites, les prescriptions les plus sèches de la poétique.

On le voit, à l'histoire particulière des poëmes d'Horace se liera naturellement l'histoire générale de la poésie latine elle-même. Il suffirait d'ailleurs pour nous y ramener des passages nombreux dans lesquels l'auteur des *Satires*, des *Épîtres*, de l'*Art poétique*, en a caractérisé les différents âges et les principaux représentants. Plusieurs de ces jugements seront à discuter, peut-être à contester. Il a quelquefois traité ses prédécesseurs, Lucilius d'abord, et ensuite la plupart des anciens poëtes de Rome, avec cette justice rigoureuse dont on peut dire : *Summum jus*,

---

1. *De arte poet.*, 335.

summa injuria. Comment s'est-il laissé emporter à cette partialité passionnée ? C'est une question curieuse, dont il sera convenable de chercher la solution.

Horace, non-seulement par l'éclat importun de sa faveur, non-seulement par la supériorité de son génie, mais par son éloignement pour les coteries et le charlatanisme littéraires, par son application constante à s'en séparer, s'était fait, comme aussi Virgile, une place à part, en dehors de la littérature poétique de son temps. On comprend qu'il ait eu dans le *genus irritabile vatum* des ennemis à qui son jugement tranchant et dur sur Lucilius, encore admiré, a paru une occasion favorable pour l'attaquer, pour établir des parallèles malveillants entre lui et son vieux prédécesseur, entre la poésie nouvelle et celle qu'elle aspirait à effacer, à remplacer. On conçoit que, poussé à bout, Horace se soit permis, contre ce qu'on lui opposait, des récriminations, sinon injustes au fond, du moins d'une expression trop peu modérée. Il avait à défendre et lui-même et la cause qui avait en lui, en lui presque seul depuis la mort de Virgile, son principal soutien.

Cette cause, c'était celle d'une versification plus régulière, plus coulante, d'un style plus travaillé, plus châtié, plus précis, plus continûment élégant, noble, harmonieux, que la versification, que le style, dont jusqu'alors avait fait usage la poésie latine. Il la soutint constamment par ses leçons et par ses exemples et en face d'une opposition qu réclamait avec persévérance la liberté négligée de l'ancien temps.

Il se trouva dans la situation où ont été, chez nous, Malherbe combattant l'école de Ronsard, Boileau les derniers restes de tous les vices de composition et de style attaqués déjà par Malherbe; tous deux fort mal venus auprès de leurs adversaires, tous deux poussés par la chaleur de la dispute à quelque injustice, et n'estimant certes pas à sa valeur, on l'a fort savamment, fort ingénieusement montré dans ces derniers temps, la littérature du seizième siècle.

Horace n'a pas été seulement l'historien fort instruit, mais quelque peu partial, des âges précédents de la poésie latine; nous devrons encore le considérer comme un peintre aussi instructif que piquant de la poésie contemporaine. Il a dit de Lucilius : *Arripuit... populum... tributim*[1]. Ainsi a-t-il fait lui-même des poëtes de son temps. Il y avait en effet à Rome plusieurs tribus poétiques : il y avait l'innombrable foule des amateurs, au travail rapide, facile, prolixe, négligé; il y avait les poëtes aux habitudes bachiques, pour qui le vin était une Hippocrène, ivres dès le matin, sous prétexte qu'Ennius avait aimé le vin, qu'Homère était soupçonné de l'avoir aimé, que Cratinus pensait qu'on ne pouvait sans le vin rien faire de bon en poésie, que Bacchus admettait les poëtes dans son cortége parmi les satyres et les faunes; il y avait enfin les poëtes moroses, maniaques, hérissés, échevelés, pour contrefaire l'inspiration. Toutes ces tribus, nous en trouverons dans les vers d'Horace la peinture fort plaisante; nous y apprendrons même quelquefois les noms de leurs principaux chefs sauvés de l'oubli, condamnés à l'immortalité par une gaieté vengeresse. D'autre part, il nous redira, avec l'expression d'une admiration éclairée, que l'amitié n'emporte pas au delà du vrai, les noms des rares poëtes qui, avec lui, se détachaient de la foule, et devaient seuls représenter ce grand siècle littéraire auprès de la postérité.

A cette histoire, que nous feront repasser les vers du poëte, de la poésie latine tout entière, de la bonne et aussi de la mauvaise, aux temps qui ont précédé le siècle d'Auguste comme dans ce siècle même, répond l'ouvrage capital dont j'ai plus d'une fois parlé, où Horace, disciple d'Aristote et précurseur de Boileau, d'une part a signalé les écarts du goût, de l'autre en a marqué les règles. C'est par là que probablement il a fini; c'est par là que nous finirons, recherchant si ce code si digne de respect a gouverné aussi longtemps qu'on l'eût dû croire les poëtes de Rome; s'il n'a pas plus tard été contredit en certains points par l'expérience des modernes; sur quelle autorité, résultant ou des principes fondamentaux de l'art, ou des décisions

---

1. *Sat.*, II, I, 70.

de ses plus imposants législateurs, se fondent celles de ses lois qu'il est permis de regarder comme éternelles.

Voilà, messieurs, dans ce vieux sujet sur lequel je vous arrête encore cette année, voilà, indépendamment des questions, des rapprochements épisodiques qui pourront sé rencontrer et que je ne dois pas prévoir, quelle variéte d'œuvres et de points de vue appellera votre attention ; j'oserai dire, comptant sur mon auteur et non pas sur son trop faible interprète, votre intérêt.

XIV

D'HORACE CONSIDÉRÉ PRINCIPALEMENT COMME POËTE DIDACTIQUE.

(Cours de 1845-1846, leçon d'ouverture)

Messieurs,

L'histoire de la poésie latine nous ayant amenés, d'époque en époque, à la plus considérable et à la plus éclatante, le siècle d'Auguste, et, dans ce siècle, à l'un de ses deux plus grands représentants poétiques, Horace, nous avons d'abord étudié ses *odes* dans leurs rapports :

Avec les accidents de sa vie et les événements de son temps;

Avec la variété de ses études, de ses lectures philosophiques et littéraires;

Avec le génie de ses modèles grecs;

Avec les efforts plus ou moins heureux de ses prédécesseurs latins.

Nous avons soumis à l'analyse, d'une manière générale, les procédés de sa composition et de son style.

Après ces prolégomènes, il fallait aborder les ouvrages eux-mêmes plus directement, en faire l'objet d'un examen plus particulier, en les classant d'après les formes diverses, lyrique, satirique, didactique, que le poëte leur a données, d'après la diversité des sujets qu'il y a traités. De là une revue méthodique de ce que contient, un peu confusément, le recueil d'Horace, revue dont il faut rappeler le commencement avant d'en annoncer la suite.

Nous réglant sur le développement du génie d'Horace, et non sur la disposition de son recueil, qui le contredit quelquefois, nous avons rencontré d'abord ses *Épodes*, satires lyriques composées à l'imitation d'Archiloque, dans les premières années de sa jeunesse ; pièces remplies des passions emportées de cet âge, où, selon le génie du genre, alliant à des images d'une familiarité grossière, à des expressions d'une crudité cynique l'extrême précision, l'élégance exquise de la forme, il a donné un libre cours à des colères de toute sorte, politiques, morales, littéraires, amoureuses.

Les *Épodes* sont en petit nombre. Le poëte, qui abandonna de bonne heure la muse furieuse d'Archiloque, ne compléta pas sans peine le livre qui les devait contenir, et il le publia tardivement, si même il le publia lui-même, ce dont quelques critiques ont douté. Il n'en est pas ainsi des *Odes* auxquelles, après ses premiers essais ïambiques et satiriques, s'appliqua, sans renoncer toutefois à la satire, le génie du poëte, jusqu'au temps où l'âge menaça de lui enlever, a-t-il dit, l'inspiration, la verve lyrique, *tendunt extorquere poemata*, et où il fit retraite dans l'épître et le poëme didactique. Dans ces pièces, aussi nombreuses que variées, et qui ne forment pas moins de quatre livres, Horace a pris tous les tons depuis le plus sublime jusqu'au plus folâtre et au plus familier.

Nous l'avons d'abord et surtout considéré dans cette partie de son recueil lyrique, qui nous en a semblé la partie publique, et dans laquelle il a parlé au nom de tous aussi bien qu'en son propre nom, où il a prêté une voix et une voix bien éloquente aux sentiments de la patrie. Telles sont un grand nombre de pièces que l'on peut distinguer des autres par l'appellation générale d'odes religieuses d'odes politiques.

L'histoire de la vie d'Horace nous a appris ce qu'il fallait entendre par ce mot de religieuses appliqué à ses *odes*. Horace, dans sa jeunesse, est un franc épicurien qui, s'il croit à des dieux, les regarde, avec Épicure et Lucrèce, comme absents du monde, indifférents à ce qui se passe :

> Namque deos didici securum agere ævum,
> Nec, si quid miri faciat natura, deos id
> Tristes ex alto cœli demittere tecto [1].

Plus tard, la vue de certains phénomènes physiques, la considération de certaines révolutions politiques semblent l'amener à reconnaître que la divinité n'est pas si étrangère à notre globe, et qu'elle s'en occupe davantage :

> Nunc retrorsum
> Vela dare, atque iterare cursus
> Cogor relictos [2].

Il y a loin cependant de ce déisme passager à la dévotion polythéiste qu'on a quelquefois supposée au poëte, et à laquelle certains passages de ses *odes* pourraient faire croire; celui, par exemple, où il attribue à la négligence du peuple romain pour le culte des dieux les malheurs de la patrie :

> Delicta majorum immeritus lues,
> Romane, donec templa refeceris..... [3]

Mais cette *ode* elle-même, composée pour servir les desseins politiques d'Auguste auxquels importait le rétablissement des mœurs et de la religion, n'a rien que de politique.

Qu'est-ce donc que la religion dans les *odes* d'Horace, puisqu'il n'y faut pas chercher un véritable acte de foi et d'adoration? Ce qu'elle était alors pour la haute société romaine, quelque chose de littéraire, de social, de politique. C'est l'emploi littéraire d'une forme consacrée en poésie; c'est une marque de déférence donnée aux convenances sociales, qui ordonnent de respecter l'objet des adorations de la foule et du culte officiel; c'est l'expression du dévouement au gouvernement à la fois monarchique et théocratique d'Auguste.

1. *Sat.*, I, v, 100.
2. *Od.*, I, xxxiv, 3. — 3. *Ibid.*, III, vi, 1

Telle nous a paru cette poésie qu'on a quelquefois trop complaisamment acceptée comme religieuse; telle nous l'avons trouvée même dans cette grande pièce où Horace, en 737, lors de la célébration des jeux séculaires, eut la mission d'être, envers les dieux de l'empire et surtout de l'empereur, l'interprète de la pensée publique.

Ce caractère que nous ne pouvions méconnaître dans les *odes* religieuses d'Horace, nous conduisait naturellement à ses *odes* politiques. Ces *odes* sont de dates très-diverses, et nous nous sommes appliqué à en fixer la chronologie, non par une vaine curiosité, mais parce que, indépendamment de leur beauté propre, elles empruntent un grand intérêt des circonstances qui les ont vues naître, qui les ont produites, dont elles offrent l'expression. Il y en a qui se rapportent à un temps où Horace, échappé au champ de bataille de Philippes et y ayant laissé, avec son bouclier, ses passions, ses illusions républicaines, maudit énergiquement la guerre civile et ses fauteurs, quels qu'ils soient, sans distinguer ni vaincus ni vainqueurs. Viennent d'autres où on le voit se rapprocher du parti qui a triomphé, qui va s'établir, duquel sortira un gouvernement; de l'homme qui semble appelé à vaincre l'anarchie, à réparer les maux de l'État, à rétablir l'ordre, la paix, la sécurité, à fonder solidement la grandeur et la prospérité publiques. Horace y parle déjà en ami de Mécène, en partisan dévoué d'Auguste. Un grand nombre de pièces du même genre, éparses dans le recueil, permettent d'y suivre l'établissement progressif du pouvoir impérial, l'envahissement habile, sous le nom modeste de prince, de toutes les magistratures républicaines par l'homme qui met fin à la république et ramène les Romains à la monarchie. On y suit également la trace de ces grands faits militaires, accomplis sous les auspices d'Auguste plutôt que par son bras, qui lui donnent le monde, qui assurent, qui étendent indéfiniment la vaste frontière de son empire; on y passe en revue et la victoire d'Actium, et la prise d'Alexandrie, et les guerres décisives soutenues contre les Cantabres, les Vindéliciens, les Rhétiens, les expéditions, moins heureuses, dirigées contre l'Arabie et la Germanie, l'humiliation volontaire des Bretons, des Parthes, des nations les plus lointaines de l'Asie et de l'Afrique. Auguste y paraît partout, vainqueur en tous lieux, et par lui-même et par d'habiles lieutenants, général unique, unique triomphateur des Romains.

Sa gloire civile n'est point oubliée. De belles pièces sont consacrées à célébrer ses efforts pour restaurer par les lois, malgré la résistance des mœurs, les antiques vertus, l'antique religion de Rome. L'état prospère de la ville et des provinces, sous une administration vigilante et tutélaire, y est exprimé avec un sincère enthousiasme, une joie patriotique et dans des termes où l'exagération permise à la poésie ne fait guère que traduire le langage officiel des actes publics, et devancer les dépositions de l'histoire.

Le terme de cet éclatant panégyrique, continué pendant de longues années et distribué dans tout ce recueil où nous en avons recherché les traits épars, c'est l'apothéose. Auguste, fondateur d'un gouvernement monarchique, et en même temps, on peut le dire, théocratique, ne semble pas seulement au poëte un mortel choisi entre tous pour gouverner la terre sous l'autorité des dieux : c'est encore un fils des dieux, destiné à aller les rejoindre et à partager avec eux les honneurs du ciel, quand il aura accompli ici-bas sa tâche mortelle ; ou bien encore, c'est un dieu descendu sur la terre qui, cachant sous la figure d'un homme les traits de sa divinité, daigne s'occuper, durant quelques années, de gouverner le monde. Par de telles hyperboles, où Virgile est de moitié avec Horace, le poëte ne fait encore que traduire en son langage les actes publics qui ont officiellement fait d'Auguste un dieu. Cette apothéose a été décrétée avant d'être chantée. Il ne la faut pas juger par l'étonnement profond qu'elle nous cause. Les esprits y étaient depuis longtemps préparés. Bien des éléments grecs, orientaux, étrusques, latins, romains, avaient concouru à la production, jugée alors toute naturelle, d'un fait qui nous paraît si bizarre et si monstrueux. Ici s'efface la distinction précédemment établie entre les *odes* religieuses et les *odes* politiques d'Horace. La religion, en effet, y aboutit à la politique quand, parmi les dieux de l'État, le poëte rencontre si souvent l'empereur; et, d'autre part, la politique s'y termine à la religion, quand il couronne toutes ses louanges par l'apothéose du pouvoir suprême.

Tel est l'ensemble que présentent les *odes* religieuses et les *odes* politiques d'Horace. Il n'est pas étonnant qu'elles nous aient longtemps occupés. Considérées au seul point de vue littéraire, les rares mérites qui y brillent, l'art consommé de la composition, la vivacité et l'aisance des mouvements, l'élévation des pensées, l'éclat des images, la précision élégante et la hardiesse heureuse du style méritaient une longue étude. Mais ces pièces devaient être encore considérées comme des monuments historiques du règne d'Auguste qui s'y trouve exprimé tout entier. Cela agrandissait singulièrement, avec l'intérêt de notre sujet, l'étendue de notre tâche.

Cette histoire du règne d'Auguste, que nous avons lue dans les vers lyriques d'Horace, nous l'avons rencontrée de nouveau dans un autre ordre de pièces d'une inspiration moitié publique, moitié privée : dans celles dont lui ont fourni le sujet les illustres amitiés qui l'unissaient à tous les grands personnages de cette époque. Son recueil est ainsi devenu pour nous une sorte de galerie historique où nous avons cherché avec curiosité les figures de Mécène et d'Agrippa, de Messala et de Pollion, et dans un rang secondaire, de Plancus, de Dellius, de Muréna, de Salluste, de Fabius Maximus, de Censorinus, de Lollius. La biographie de tous ces hommes, diversement célèbres, a été pour nous le cadre où nous avons placé, pour les voir dans leur jour, les beaux vers par lesquels Horace les a célébrés et quelquefois aussi consolés. Plusieurs, en effet, avaient besoin de consolation. Les guerres civiles laissent après elles, chez leurs plus heureux héritiers, bien des souvenirs importuns. Le crime a d'avance mêlé un poison secret aux prospérités, aux grandeurs, devenues sa récompense. Cette situation, qui fut celle de quelques-uns des illustres amis d'Horace, nous a paru prêter un touchant et mélancolique intérêt aux vers dans lesquels il les exhorte à conserver, dans l'une et l'autre fortune, l'égalité de l'âme, à égayer de quelque joie les inévitables soucis d'une vie si courte.

De ces *odes*, si le temps l'eût permis, nous eussions passé à d'autres d'une inspiration plus privée, où éclate avec vivacité le sentiment de l'amitié à l'égard de quelques camarades de jeunesse, de quelques compagnons d'armes, comme Pompeius Grosphus, Plotius Numida, Sestius; ou bien encore de grands poëtes, ses émules et ses intimes, Virgile et Tibulle par exemple. Ces pièces nous eussent conduits à celles où, avec tant de charme et d'agrément, il a célébré ses amours, chanté son goût pour les plaisirs, à ses *odes* galantes et bachiques. Enfin, une transition naturelle nous eût amenés à ses *odes* morales, à celles qu'il a surtout remplies des maximes de sa philosophie pratique, où il a enseigné l'éloignement des excès, la modération dans les désirs, l'oubli du lendemain, l'art de jouir raisonnablement de l'heure présente et sitôt écoulée.

Nous aurions regretté vivement de ne pouvoir étudier à part ces diverses classes d'*odes*, si déjà, dans la revue qui nous avait si longuement occupés, des *odes* de tous ces caractères n'avaient passé sous nos yeux et ne nous avaient montré à la fois, chez Horace, le poëte folâtre et le poëte moraliste.

C'est désormais sous ce dernier aspect que nous aurons à le considérer, mais dans des ouvrages d'une tout autre nature, de forme moins musicale, moins rhythmique, d'inspiration moins haute, moins hardie, simples quelquefois jusqu'à la familiarité, où le poëte n'épanche plus les affections de son âme, mais expose ses idées pour les faire servir à l'enseignement d'autrui, en un mot, dans des compositions, non plus lyriques, mais *didactiques*.

Didactique vient de διδάσκειν, qui veut dire enseigner. Enseigner, à certaines époques et en certains sujets, est une des plus hautes missions du poëte. Dans les sociétés primitives, c'est le poëte qui conserve dans ses vers le dépôt des connaissances acquises, au même titre qu'il perpétue la mémoire des choses passées; comme il est épique, il est aussi didactique. Plus tard, quand la réflexion commence à se porter sur les mystères de la nature, c'est encore le poëte, naturellement, légitimement didactique, qui propage par ses vers les découvertes ou les conjectures de la science naissante. Mais quand, à l'avénement de la prose, devant les historiens ont disparu les poëtes épiques, alors aussi devant les philosophes et les savants, ajoutons, devant ceux qui professent officiellement, régulièrement les divers arts de l'industrie humaine, disparaissent les poëtes didactiques. La poésie alors perd le droit d'enseigner; elle n'enseigne plus, ou, si elle enseigne, c'est par convention, par fiction. On feint de recevoir ses leçons, comme elle feint d'en donner. De part et d'autre, l'enseignement n'est plus qu'un prétexte à l'application, devenue difficile, de l'art des vers; il ne sert plus qu'à introduire la description, qui est la grande affaire. On se dit encore didactique, on n'est que descriptif.

Il est une chose cependant que la poésie ne perd jamais le droit d'enseigner, dont elle peut même s'inspirer heureusement à ces époques avancées où les autres sujets, vers lesquels s'était d'abord portée l'ardeur de l'imagination, menacent de lui manquer. Ce sont ces secrets de l'âme humaine et de la société dont l'observation et la connaissance forment la science des moralistes; ce sont encore, mine moins féconde et plus rarement exploitée, ces secrets du goût qu'approfondissent les critiques.

Voilà l'histoire de la poésie didactique, mais son histoire abstraite; il y faut maintenant mettre les noms.

Ces poëtes des anciens âges, gardiens naturels des connaissances acquises, c'est l'auteur de la Théogonie, du poëme sur les Travaux et les Jours; ce sont, avec Hésiode, les poëtes gnomiques, Pythagore, Théognis et Phocylide.

Ces poëtes, précurseurs des philosophes et philosophes eux-mêmes, précurseurs des philosophes comme d'autres des historiens, c'est Xénophane, Parménide, Empédocle.

Ces poëtes descriptifs, qui se disent encore didactiques, c'est Aratus, Nicandre, Ératosthène, les versificateurs érudits, ingénieux, élégants de l'école alexandrine.

A la littérature latine n'ont point manqué ces diverses

classes de compositions didactiques; mais elles ne s'y sont point succédé dans l'ordre nécessaire amené chez les Grecs par la nature même des choses; elles s'y sont produites plus confusément selon le caprice d'imitateurs qui s'attaquaient à la fois aux monuments de tout âge d'une littérature dont les destinées étaient achevées.

Rome, dans ses premiers siècles, a eu elle-même sa poésie gnomique, les maximes du devin Marcius, le poëme pythagorique, selon l'expression de Cicéron, d'Appius Claudius Cæcus, et au début de sa littérature classique, les *Præcepta*, les *Protreptica* d'Ennius.

Elle a eu sa poésie philosophique et scientifique dans l'*Épicharme* du vieil Ennius, l'*Empédocle* d'un certain Salluste, nommé sans honneur par Cicéron à côté de Lucrèce, enfin dans cet admirable poëme *De la Nature* où Lucrèce a lutté avec tant de génie contre la triste philosophie d'Épicure et les grands exemples d'Empédocle.

Elle a eu enfin sa poésie descriptive dans les rudes imitations données par Cicéron des *Phénomènes* et des *Pronostics* d'Aratus, et, au même temps, dans ces poëmes où Varron d'Atax, imitateur aussi des Alexandrins, dépeignait d'après eux le ciel, la terre et les mers, dans sa *Cosmographia*, sa *Chorographia*, ses *Libri navales*.

Je ne rappelle point ici ce qui est postérieur au siècle d'Auguste. Un chef-d'œuvre de cette époque se rapporte heureusement à ces trois classes de compositions didactiques, par l'utilité pratique des leçons, par l'emploi discret de la science, par le génie descriptif: je veux parler de ces merveilleuses *Géorgiques* où Virgile a mêlé si heureusement Hésiode et Aratus, la simplicité, la naïveté homériques, l'élégance et la science alexandrines; où il a su trouver un langage propre à instruire les esprits les plus vulgaires, à emprunte ses sujets aux observations des moralistes; soit que, dans la satire, on enseigne la morale, d'une manière en quelque sorte négative, par la peinture enjouée ou chagrine de nos vices, de nos travers, de nos ridicules; soit que, dans l'épître, on disserte sur la nature de l'homme, sur ses penchants, ses devoirs, son rôle dans la société, ses destinées ultérieures, qu'on y donne les règles de la vie honnête et raisonnable, qu'on y expose la science du bonheur. Ce qui fait le fond d'un tel genre se rencontre sans doute çà et là dans les ouvrages des Grecs; mais la double forme qui lui est propre, c'est des Romains qu'il la tient; on a eu le droit de prétendre qu'il était tout romain. Quintilien le disait de la satire; cela est encore plus vrai de l'épître. C'est au siècle d'Auguste surtout que la poésie didactique des anciens se complète par la satire et l'épître latines. Horace, en même temps qu'il amène l'une à sa perfection, est le créateur de l'autre. C'est un grand honneur pour l'écrivain original à qui Rome devait déjà ce qu'elle avait longtemps et vainement cherché, ce que Catulle n'avait pas suffi à lui donner, la poésie lyrique.

J'aurai à montrer comment des dialogues railleurs dans lesquels s'égayait la licence fescennine aux premiers temps de Rome, comment des ébauches dramatiques par lesquelles commença son théâtre, sortit, sous un nom emprunté à ces drames informes, cette forme nouvelle de la satire qu'Ennius son inventeur, et plus tard Lucilius, qui ajouta tant à l'invention, semblèrent préparer pour l'usage d'Horace. J'ai déjà touché ce sujet auquel je ne pourrais revenir sans rencontrer bien tristement, parmi d'autres traces savantes, celle d'un jeune homme enlevé, il a deux mois à peine, par la mort la plus prématurée et la plus imprévue, aux espérances légitimes que fondaient sur lui, sur son ardeur pour l'étude, sur l'étendue toujours croissante de ses connaissances, sur la curiosité et la sagacité de son esprit, l'enseignement public et l'art de la critique. Chacun nomme avec moi M. Charles Labitte, qui depuis quelques années, dans une chaire correspondant à celle-ci, dans la chaire de poésie latine du Collége de France, suppléait dignement un judicieux et éloquent interprète des anciens et plus particulièrement de Virgile. L'histoire assez obscure des premiers développements de la satire latine avait attiré l'attention de M. Charles Labitte. Il l'avait éclaircie par d'intéressantes leçons, devenues depuis, dans un de nos recueils, d'excellents morceaux de littérature. Je serai heureux de rendre hommage aux travaux trop tôt interrompus de mon jeune et malheureux ami, en les mettant à profit pour mon instruction et la vôtre[1].

Horace, dans l'épître, nous paraîtra plus franchement, plus complétement original, bien cependant que des idées morales isolées aient été avant lui rendues en vers par ceux que j'appelais tout à l'heure les gnomiques latins; bien même que, chez son prédécesseur Lucrèce, dans quelques développements du poëme *De la Nature*, se rencontre admirablement exprimé le fond de la philosophie dont notre poëte a, sous tant de formes diverses, recommandé la pratique à ses concitoyens.

Cette philosophie, la philosophie du bonheur, qui le place dans le repos d'une condition particulière, dans la sécurité d'une fortune médiocre, dans le silence des passions cupides et violentes, dans la recherche des biens naturels, dans l'étude contemplative de la sagesse, tous deux, Lucrèce et Horace lui-même, malgré son prudent éclectisme, la tenaient d'Épicure. Elle était, à certains égards, bien peu romaine, bien éloignée de cette vertu active que conseille Cicéron, par exemple, dans son traité des Devoirs. Mais elle était appropriée aux temps où les deux poëtes s'en rendaient les interprètes: Lucrèce, en présence des crimes et des misères de la guerre civile, contre lesquels les âmes honnêtes imploraient un refuge; Horace, dans ce port trop paisible du pouvoir absolu où l'État, si longtemps ballotté, respirait enfin des orages de la vie publique. Ainsi s'explique leur rencontre dans les mêmes principes de conduite morale.

1. Voyez le recueil posthume publié en 1846 sous ce titre : *Études littéraires par Charles Labitte*, avec une notice de M. Sainte-Beuve, Paris, 2 vol. in-8°. Voyez aussi l'article que j'ai consacré à ce recueil dans le *Journal des Savants*, cahier d'avril, 1847, p. 203.

Lucrèce est un précurseur d'Horace dans ces vers célèbres où il se peint contemplant du haut de son observatoire philosophique les folles agitations, les luttes insensées des hommes, se récriant de pitié au spectacle de leur aveuglement, leur montrant, avec la nature, où est le bonheur qu'ils cherchent. Il a encore pris l'avance sur Horace dans d'autres passages, où il oppose à la poursuite inquiète et périlleuse des honneurs, le contentement, la sécurité, le calme que procure la modération des désirs[1]. Ces rapprochements offrent un intérêt qui nous y ramènera. Mais ils ne retireront rien pour nous à l'originalité d'Horace, qui reste entière, malgré ses rencontres fréquentes avec les idées déjà si bien rendues par son prédécesseur. Ces idées, il se les est rendues propres par un tour qui est à lui, et il a de plus le mérite d'avoir fait de ce qui n'était qu'épisodique dans le poëme *De la Nature* un genre à part, un genre nouveau.

Après avoir ainsi assigné à Horace sa place dans l'histoire générale de la poésie didactique chez les anciens; après avoir déterminé ce qui lui appartient dans le perfectionnement, dans la création de la satire et de l'épître latines, nous chercherons dans son recueil les pièces que l'on distingue par ces deux noms, et qui, à certains égards, se confondent. Comment reprendre le vice et le ridicule, sans leur opposer les règles de la vertu, les maximes du bon sens, sans arriver de la satire à l'épître? D'autre part, comment parler la morale sans en venir aux exemples, aux mauvais comme aux bons, sans retomber de l'épître dans la satire? Dans l'une comme dans l'autre, les mêmes éléments se rencontrent, mais avec des proportions différentes. Là, c'est le blâme ironique ou amer qui domine; ici, c'est le conseil bienveillant. Nous aurons donc le droit, dont nous userons, de ne pas toujours séparer ce que rapproche la nature des choses, de considérer ensemble, sous certains aspects généraux, deux sortes d'ouvrages qui, chez Horace, pour le fond comme pour la forme, sont à peu près identiques.

---

1. *De Nat. rer.* II, I sqq.; V, 1115-1132, etc. Plusieurs de ces passages se trouvent déjà cités et commentés dans ces *Études*. Voyez plus haut, p. 53, 92, 107 et suiv.

Le fond, c'est ce que le poëte avait appris par la lecture des philosophes, par le commerce du monde, par ses réflexions propres sur l'homme, la société, la science de la vie. Ce sera un intéressant sujet d'études que de rechercher quelle place occupait, dans l'ensemble des habitudes de la vie romaine, la spéculation philosophique; dans quel esprit de choix, de conciliation, d'application usuelle, les Romains prenaient connaissance des systèmes si divers de la philosophie grecque; comment Horace hérita naturellement de l'éclectisme de Cicéron, et, malgré son penchant pour Épicure, emprunta souvent au Portique et à l'Académie, se composant, au milieu de la contradiction et des excès opposés de toutes les écoles, une doctrine mitoyenne à son usage, et, s'il était possible (il y tâcha constamment par son enseignement poétique), à l'usage de tout le monde; comment enfin l'expérience de la vie, à une époque si féconde en avertissements moraux de toutes sortes, le confirma dans des principes auxquels l'amenaient de concert ses études, ses méditations et ses goûts.

Du fond nous passerons à la forme sans séparer davantage, dans ce nouvel ordre de recherches et d'analyses, les *Satires* et les *Épîtres*. Nous ferons en cela comme le poëte lui-même, qui les confondait sous l'appellation générale de *Sermones;* comme son biographe latin qui a désigné les *Épîtres* par ce même mot appliqué plus ordinairement aux *Satires;* comme quelques-uns de ses anciens copistes, de ses anciens scoliastes, de ses commentateurs, de ses éditeurs, qui ont donné aux unes et aux autres le titre général d'*Eclogæ*. L'art, en effet, comme la doctrine, est absolument le même dans ces deux sortes d'ouvrages. Le poëte a voulu qu'ils ne fussent que des entretiens, *Sermones*, relevant également d'une muse modeste et familière, *Musa pedestris*. Il y a affecté partout le caprice irrégulier d'une conversation, cachant, sous ce désordre apparent, à l'exemple de Platon dans ses Dialogues, l'ordre toujours logique de ses idées. C'est le ton de la conversation qu'il y a pris; mais un poëte qui converse, quelle que soit l'humilité de son point de départ, s'échappe quelquefois et rencontre involontairement la poésie. Ces rencontres sont très-fréquentes dans les *Satires* et dans les *Épîtres* d'Horace, et de plus, elles y sont très-volontaires. Le poëte a cherché et su trouver sans effort ce perpétuel mélange d'une causerie familière avec les emportements, les éclats les plus poétiques. Une des règles de la conversation, c'est de ne point abuser de la parole, et aussi de savoir en user, de s'étendre, de se resserrer à propos. Cette règle, Horace l'a pratiquée habilement avec l'interlocuteur muet qu'il se donnait dans ses *Sermones*, pièces toujours très-courtes, du tour le plus concis, mais semées çà et là d'heureux développements.

Une analyse curieuse, comme il convient quand il s'agit de telles œuvres, nous découvrira ces procédés secrets du poëte, et bien d'autres encore; car, avec leur air de négligence, les *Satires* et les *Épîtres* sont le produit d'un art très-savant, d'un très-patient travail. Horace a animé, varié ses leçons par une multitude d'artifices de composition qu'il nous faudra dénombrer. Nous disions, l'année dernière, que, sous la perfection de son art et la facilité de son génie, le regard de la critique pouvait découvrir, dans ses *Odes*, l'emploi habile de lieux communs, pour ainsi dire, intrinsèques, extrinsèques, assez semblables à ceux de l'ancienne rhétorique, et ces lieux communs, nous en dressions curieusement la liste. On peut faire le même travail sur les *Satires* et les *Épîtres*, et en rapporter l'agrément à des sources de diverses sortes, bien connues du poëte, et où il est allé puiser :

Débuts tirés de loin et amenant, d'une manière imprévue, au sujet ;

Conclusions subites, au contraire, mais également inattendues ;

Art de toujours surprendre, soit par l'introduction d'un nom propre jeté à l'improviste ; soit par une contre-vérité piquante où le blâme se tourne en louange et la louange en blâme ; soit par l'attente spirituellement trompée d'un mot que semblait appeler l'idée et que remplace l'expression contraire ;

Ressources épisodiques de toutes sortes, car, comme les autres genres, la satire, l'épître ont leurs épisodes;
Digressions;
Parenthèses;
Allusions historiques ou littéraires;
Anecdotes et traits de mœurs;
Allégories, fables, comparaisons;
Maximes et proverbes;
toutes formes par l'emploi desquelles le poëte évite la sécheresse d'un tour trop directement, trop continûment didactique. Horace n'a jamais l'apparence fâcheuse d'un pédagogue qui régente la société; il y échappe par des moyens ingénieux. Ainsi le tort qu'il relève, le conseil qu'il donne, il ne manque jamais d'en prendre lui-même sa part; ainsi on ne le voit guère garder constamment la parole; le plus souvent il se donne un interlocuteur ou fait même disserter en sa place quelque personnage fictif. Dans cet inventaire rapide, on peut apercevoir à combien de chapitres spéciaux pourra donner lieu l'analyse générale des procédés de composition communs aux *Satires* et aux *Épîtres*.

La matière et l'artifice de ces ouvrages ainsi étudiés d'avance, d'une manière générale, nous nous occuperons en particulier, sinon de tous, du moins des principaux. Le choix que nous en ferons, l'ordre que nous leur donnerons, ne seront point arbitraires: l'un et l'autre auront pour règle le développement même du goût et de la raison d'Horace. Horace n'a pas été, dès ses débuts, en possession de toute la délicatesse de son esprit; il n'a pas tout d'abord consacré ses vers à l'amélioration morale de ses concitoyens; c'est par une progression constante, où nous nous appliquerons à le suivre, qu'il s'est élevé des jeux quelquefois trop peu réglés d'une muse maligne et colère à la censure sans emportement et sans amertume, aux enseignements sans dogmatisme, au sens droit, à l'agrément exquis, à la beauté poétique de celles de ses *Satires* et surtout de ses *Épîtres* qu'on peut regarder comme l'expression la plus achevée de sa raison et de son art. Au nombre de ces morceaux d'élite, sont les trois grandes *épîtres* à Auguste, à Julius Florus, aux Pisons, dans lesquelles Horace, s'emparant avec son habileté ordinaire d'une idée dont ses devanciers avaient tiré peu de parti, a fait de la littérature elle-même l'objet de la poésie didactique. Ces *épîtres* terminent son recueil; elles paraissent avoir été le couronnement de sa carrière poétique; c'est par elles que nous devrons clore ces études. Horace s'y produira devant nous avec de nouveaux caractères, comme historien savant des lettres antiques, comme juge suprême des productions contemporaines, comme législateur éternel de l'art.

En résumé, marquer la place d'Horace dans l'histoire générale de la poésie didactique chez les anciens; apprécier ce qu'il a fait pour le perfectionnement ou la création de la satire et de l'épître latines; étudier, d'une manière générale, le fond et la forme, la matière et l'artifice de ses *Satires* et de ses *Épîtres;* y suivre le développement de son goût et de sa raison; arriver, pour dernier terme, à ces grandes compositions didactiques, où notre poëte, historien des lettres, juge des travaux de l'esprit, apparaît comme un arbitre suprême des choses de goût, comme le législateur éternel de l'art: tel est le programme de ce nouveau cours. Dans ce plan trouveront place les observations de détail, les analyses, les rapprochements qu'on ne peut ni prévoir ni annoncer. La matière est riche et intéressante. C'est, à une époque fameuse de lassitude politique et de corruption polie, la sagesse antique dans son expression la plus élégante et la plus aimable.

XV

LA POÉSIE DIDACTIQUE A SES DIFFÉRENTS AGES
PARTICULIÈREMENT CHEZ LES ROMAINS

(Cours de 1848-1849, leçon d'ouverture)

Messieurs,

La poésie peut-elle enseigner? Sans aucun doute, mais non toute chose ni en tout temps. Ce qui est encore imparfait, incomplet, ce qui est encore nouveau, inconnu, ce qui, par un mystère à moitié révélé, sollicite la curiosité, l'étonnement, l'admiration ou de l'ignorance, ou du demi-savoir, voilà la matière, la matière unique de son enseignement. Quand on arrive à la science positive, aux traités réguliers, aux leçons en forme, le temps d'un tel enseignement est passé. Il n'existe plus, ou n'existe du moins que par une sorte de convention. De là, dans l'histoire de la poésie didactique, deux époques distinctes, et qu'on ne distingue point assez : l'une où elle se produit naturellement, l'autre où elle n'offre qu'une production artificielle.

Il en est de cette poésie comme d'autres genres. Il y a une épopée essentiellement merveilleuse, qui naît partout, aux âges primitifs, non-seulement du besoin de fixer la tradition, mais du premier mouvement de l'imagination en présence des scènes toutes nouvelles de la nature et de la société, lesquelles semblent autant de merveilles. Il y en a une autre, dont les auteurs, longtemps après, au milieu du raffinement social, cherchent par un effort savant, rarement heureux, à se replacer dans une situation devenue impossible, à retrouver l'inspiration naïve des premiers âges. Telle est l'épopée de Virgile, bien belle, mais autrement que celle d'Homère.

Il y a une ode où, primitivement aussi, s'expriment par le chant et la danse, avec un emportement hardi, les affections publiques et les sentiments intimes de l'âme. Il y en a une autre, venue beaucoup plus tard, qui ne chante plus que par métaphore, dont les hardiesses, les transports, les écarts, le désordre, sont *un effet de l'art*. Telle est l'ode d'Horace, belle d'une autre beauté assurément que celle de ses maîtres Alcée, Sapho, Anacréon, Pindare.

On peut faire une distinction pareille pour la poésie didactique. Il y en a une qui, à certaines époques, dans certains sujets, est vraiment l'institutrice des hommes; il y en a une autre qui n'enseigne, ne veut rien enseigner à personne, dont les leçons, toutes fictives, sont un prétexte aux jeux de l'imagination, à l'application de l'art des vers. A la première conviendrait le nom de poésie didactique naturelle, à la seconde celui de poésie didactique artificielle.

Cela n'est point une théorie arbitraire; c'est la formule d'une histoire dont les poëtes se sont chargés, comme il leur convenait, de raconter les temps fabuleux.

Les hommes, errant dans les forêts, apprirent d'un fils, d'un interprète des dieux, à s'abstenir du meurtre, à renoncer aux habitudes d'une vie grossière. Voilà pourquoi on a dit qu'Orphée savait apprivoiser les tigres et les lions. On a dit aussi d'Amphion, le fondateur de Thèbes, qu'il faisait mouvoir les pierres au son de sa lyre, et par ses douces paroles les menait où il voulait. Ce fut, en ces temps reculés, l'œuvre de la sagesse de distinguer le bien public de l'intérêt privé, le sacré du profane, d'interdire les unions brutales, d'établir le mariage, d'entourer les villes de remparts, de graver sur le bois les premiers codes. Par là tant d'honneur et de gloire s'attacha au nom des chantres divins et à leurs vers.

Ainsi parle Horace[1], et Boileau, on le sait, l'a répété en beaux vers[2]. L'un et l'autre, si nous continuons de les citer, nous amèneront jusqu'à l'âge historique du genre dont nous recherchons l'origine, dont nous voulons suivre les développements divers.

Il se produit presque en même temps que le genre épique, que le genre lyrique, et pour caractériser son rôle, Horace se sert d'une expression remarquable qu'un grand poëte, son prédécesseur et son maître, avait créée. Lucrèce avait dit, plein de pitié, des hommes vainement fourvoyés à la poursuite du bonheur : « Ils errent, ils cherchent çà et là la route de la vie. »

Errare, atque viam palantes quærere vitæ[3].

Horace, reprenant l'expression de Lucrèce, dit de la poésie didactique du premier âge, qu'il lui fut donné d'enseigner cette route :

Vinrent Homère et Tyrtée qui, par des vers aussi, animèrent aux combats les courages. C'est en vers que se rendirent les oracles, que s'enseigna la route de la vie.

Et vitæ monstrata via est[4].

A cet énoncé général, Boileau, dans son imitation, ajoute le grand nom d'Hésiode, principal représentant de cette poésie didactique, institutrice des hommes aux anciens jours.

Hésiode à son tour, par d'utiles leçons,
Des champs trop paresseux vint hâter les moissons.
En mille écrits fameux la sagesse tracée
Fut à l'aide des vers aux mortels annoncée[5].

L'histoire dont ces beaux vers d'Horace et de Boileau sont comme l'introduction, se divise, chez les Grecs, en

---

1. *De arte poet.*, 391-401 : Silvestres homines etc.
2. *Art poétique*, ch. IV : Avant que la raison etc.
3. *De Nat. rer.*, II, 10. — 4. Hor., *De arte poet.*, 401-404.
5. Boileau, *Art poétique*, ch. IV.

trois époques, qui correspondent à des états divers de la société, et que nous retrouverons reproduites par des causes pareilles dans d'autres littératures.

Viennent d'abord les poëmes gnomiques, espèces de recueils qui conservent, sans grand artifice de composition, par morceaux, par maximes, par vers détachés, avec une naïveté pleine souvent de charme poétique, les acquisitions de l'expérience en toutes choses, les notions premières des arts utiles à la vie, et particulièrement de l'art de vivre. La poésie est alors, même dans d'autres genres, dans l'épopée par exemple, cette histoire, cette encyclopédie des vieux âges, véritablement didactique ; elle tient de la simplicité d'une société ignorante, de la nouveauté et de l'imperfection des connaissances, la mission d'enseigner, et elle enseigne tout à la fois. C'est que tout se confond encore, que le temps des sciences spéciales et des professions distinctes n'est pas venu, que chacun a plus d'un métier et a besoin de plus d'une leçon. Celui qu'instruit Hésiode, dans les Travaux et les Jours, ressemble un peu à l'Ulysse d'Homère, à qui rien n'est étranger, qui ne se borne pas à savoir gouverner, parler dans les conseils et combattre, mais qui, pour quoi que ce soit, n'a recours à un autre homme ; qui peut faire la besogne de ses plus humbles serviteurs, labourer son champ, cultiver son jardin, conduire son troupeau, préparer son repas, qui a lui-même bâti sa maison et construit sa couche, qui au besoin se fabrique un vaisseau et n'est point embarrassé de la manœuvre. Moins universel, le disciple d'Hésiode est toutefois ouvrier et commerçant en même temps qu'agriculteur ; il n'est point attaché à la glèbe, il voyage, il navigue, il distingue dans le ciel des astres qui lui donnent le signal du labourage, de la moisson, de tous les travaux des champs, ou guident son navire sur la mer ; il sait régir sa maison, vivre avec ses voisins, traiter avec les autres hommes, concitoyens ou étrangers ; il connaît surtout la grande loi du travail, les règles de la vie honnête, la reconnaissance, le respect, le culte dus aux dieux. Il apprend tout cela dans un poëme complexe et confus, sans autre unité que l'intention qui l'a dicté, sans ordre bien apparent, espèce de manuel qui suffit, en quelques vers, à l'éducation complète d'un homme de l'ancien temps, qui est tout ensemble agronomique, économique, astronomique même, mais surtout moral et religieux. Les Sentences de Théognis, redisant, ce sont ses expressions [1], à de plus jeunes que lui « ce qu'il apprit, enfant, des hommes de bien, » celles de Phocylide, de Solon, celles qui portent le nom de Pythagore, ont, avec un dessein moins général, quoique bien vague encore, ces formes indécises et incohérentes, mais non sans agrément et sans grâce, qui caractérisent la poésie didactique à ses débuts, les poëmes gnomiques.

Le progrès des mœurs et des idées devait conduire à des poëmes d'une autre sorte. Les connaissances se sont complétées, ordonnées, classées, séparées; une révolution naturelle produit des compositions plus distinctes et plus régulières, substitue aux anciens recueils de préceptes des expositions de systèmes. Dans ces poëmes nouveaux, philosophiques et non plus gnomiques, le sujet, encore bien vaste, n'est plus illimité ; il embrasse, il est vrai, l'universalité des êtres, mais ramenée par les explications d'une spéculation hardie, que sa témérité ne rend que plus poétique, à l'unité. La Nature, voilà le titre commun de productions en vers, en style homériques, où l'ancien rapsode Xénophane, où Parménide, Empédocle, semblent conter l'épopée de la science. On a médit, même dans l'antiquité, de cette sorte d'épopée sans autres fictions, pour l'ordinaire, que les conceptions aventureuses de l'esprit d'hypothèse et de système. On en a renvoyé les auteurs aux savants, aux philosophes, les retranchant du nombre de poëtes [2]; on a dit que leur muse, toute prosaïque, n'avait de la poésie que le mètre, sorte de char emprunté qui lui sauvait la disgrâce d'aller à pied [3]. Contre ces ingénieux mépris protestent soit la grâce, soit la grandeur, véritable-

---

1. *Sentent.*, v. 27. — 2. Aristot., *Poet.*, I.
3. Plutarch., *de Aud. poet.*, III.

ment poétiques, de quelques beaux fragments de Xénophane et d'Empédocle, et plus encore, car c'est comme une réponse faite d'avance au sarcasme de Plutarque que je rappelais tout à l'heure, le magnifique début, heureusement conservé[1], du poëme de Parménide. Le poëte qui, dans d'autres vers que nous avons aussi, a exprimé avec gravité, avec précision, mais non sans sécheresse, la notion abstraite de l'être, représente ici, sous la figure d'un sublime voyage, l'essor de son esprit, loin des apparences sensibles, vers la suprême vérité.

Les coursiers qui m'emportent m'ont fait arriver aussi loin que s'élançait l'ardeur de mon esprit; par une route glorieuse, ils m'ont conduit à la divinité, qui introduit dans les secrets des choses le mortel qu'elle instruit. Là je tendais et là aussi m'ont transporté les coursiers renommés qui entraînaient mon char. Des vierges le conduisaient, des vierges filles du Soleil, quittant le séjour de la nuit pour aller vers la lumière, et de leurs mains écartant le voile étendu sur leur front. Dans le double cercle, ouvrage de l'art, où s'enfermaient ses extrémités, sifflait l'essieu brûlant pendant ce rapide voyage.

Il est des portes placées à l'entrée des chemins et de la nuit et du jour; entre un linteau et un seuil de pierre roulent, au milieu de l'éther, leurs immenses battants; la sévère Justice a la garde des clefs qui les ferment et les ouvrent. C'est à elle que s'adressèrent les vierges; elles surent en obtenir, par de douces paroles, qu'elle retirât sans délai le verrou à forme de gland qui retenait les portes; une large ouverture se fit entre leurs battants, qui s'écartaient d'un vol agile, tandis que roulaient dans les écrous les gonds d'airain solidement attachés. Par ce passage les vierges précipitèrent dans le chemin devenu libre le char et les coursiers.

La déesse m'accueillit favorablement, et, ma main droite dans la sienne, m'adressa ces paroles:

Jeune homme, dont le char est guidé par d'immortelles conductrices et que tes coursiers ont amené dans ma demeure, réjouis-toi. Ce n'est pas un sort contraire qui t'a poussé dans une route si éloignée de la voie ordinaire des hommes; c'est la loi suprême, la justice. Tu es destiné à tout connaître, et ce que recèle de certain le cœur de la persuasive vérité et ce qui n'est qu'opinion humaine, où ne se rencontre pas la foi, mais bien l'erreur. Tu apprendras par quelles pensées tu dois sonder le mystère du grand tout, pénétrer toutes choses.

---

1. Sext. Empir., *Adv. Math.*, VII, III.

POÉSIE LATINE

La philosophie, non plus que l'histoire, ne peuvent longtemps parler en vers. Un moment arrive en Grèce où l'une et l'autre passent à la prose, l'histoire d'abord, ensuite la philosophie. Le poëme didactique cède tout à fait la place à des genres d'une inspiration plus vive, plus animée, qui captivent plus puissamment la curiosité et l'intérêt, qui exercent plus d'empire sur les esprits, au genre dramatique surtout, dans lequel semble se concentrer tout entière la faculté poétique des Grecs. Quand, après un long temps, finit son règne exclusif, et que de la poésie, qu'il a comme épuisée, il ne reste plus que la versification, l'école alexandrine en applique industrieusement les formes à la science, dans de nouveaux poëmes didactiques, qui sont comme la dernière ressource d'une littérature en détresse : poëmes dont l'érudition, l'archéologie, les connaissances géographiques, physiques, astronomiques, la médecine, l'histoire naturelle, fournissent la matière, mais où l'instruction n'est qu'un prétexte, où le but véritable, c'est l'exercice, trop peu involontaire, de l'art inoccupé des vers, la recherche plus curieuse qu'inspirée d'agréables détails, par-dessus tout le travail ingénieux, mais froid, de la description. C'étaient, on peut le croire, des compositions presque entièrement descriptives que les poëmes savants d'Ératosthène, de Nicandre, de Callimaque, d'Apollonius. Nous le savons par Aratus, dont le poëme venu jusqu'à nous, et dans son texte élégant et dans les traductions quelquefois d'une rudesse énergique, quelquefois d'une élégance effacée, qu'en firent à l'envi les Romains, nous représente seul toute cette littérature artificiellement didactique. D'Aratus à Oppien, écrivain autant romain que grec, qui écrit sous Septime Sévère, sous Caracalla, souvent à l'imitation des poëtes latins, ses poëmes de la Chasse et de la Pêche, le poëme didactique devient une production tout à fait factice, qui ne donne plus guère ni instruction, ni plaisir, qui demeure également étrangère à la poésie et à la science, et offre tout au plus le mérite d'une expression ingénieuse et l'intérêt de la difficulté vaincue. Les sujets les plus prosaïques et les plus futiles lui conviendront désormais, pour peu qu'ils se prêtent à ces procédés descriptifs qui ont remplacé le grand art de peindre.

Cette succession des poëmes gnomiques, des poëmes philosophiques et scientifiques, des poëmes purement descriptifs, que je viens de signaler rapidement dans l'histoire générale de la poésie didactique chez les Grecs, a quelque chose de nécessaire qui se retrouve partout. Elle n'a pas manqué, par exemple, à notre littérature.

Nous avons eu, au seizième siècle, des livres de morale rédigés en vers, sous forme de maximes détachées. Ils exposaient sous cette forme brève, favorable à la mémoire, pour l'enfance, la jeunesse, et même l'âge mûr, la science de la vie. Ce sont nos poëmes gnomiques.

Tels sont les Mimes de J. A. de Baïf, le meilleur de ses ouvrages, renfermant seize cent soixante sixains d'une bonne morale pratique, et quelquefois, dans leur tour, d'une forme poétique agréable. En voici un échantillon :

> Ce n'est pas moy, mais c'est mon livre,
> Si tu veux, qui t'apprend à vivre.
> Mon livre est plus savant que moy.
> Bien souvent mon livre m'enseigne,
> Et son conseil je ne dédaigne,
> Qui m'a souvent tiré d'émoy.

Tels sont encore les Quatrains de Pibrac[1], cités et vantés par Montaigne[2]; ceux du président Favre, le père du grammairien Vaugelas[3]; ceux de P. Matthieu, conseiller historiographe de Henri IV[4], appelés aussi ses Tablettes. Ces trois recueils, qui eurent un grand succès, ont été quelquefois réunis en un seul. C'était un manuel de morale qui servait à l'éducation, comme chez les Grecs les vers d'Hésiode ou de Théognis. Il y a de cela un témoi-

---

1. *Cinquante quatrains contenant preceptes et enseignements utiles pour la vie de l'homme, composés à l'imitation de Phocilides, Epicharmus et autres poëtes grecs.* Paris, 1554, in-4º.
2. *Essais*, III, 9.
3. *Centuries de quatrains moraux*, 1601.
4. *Quatrains de la vanité du monde, ou Tablettes de la vie et de la mort.*

gnage piquant dans une pièce de Molière, son Sganarelle, donnée en 1660. Un bourgeois, qui tient pour les anciennes mœurs, y dit à sa fille, qu'il trouve peu docile et dont il attribue la résistance à de mauvaises lectures :

> Voilà, voilà le fruit de ces empressements
> Qu'on y voit nuit et jour à lire vos romans ;
> De quolibets d'amour votre tête est remplie,
> Et vous parle de Dieu bien moins que de Clélie.
> Jetez-moi dans le feu tous ces méchants écrits
> Qui gâtent tous les jours tant de jeunes esprits ;
> Lisez-moi, comme il faut, au lieu de ces sornettes,
> Les Quatrains de Pibrac et les doctes Tablettes
> Du conseiller Matthieu ; l'ouvrage est de valeur,
> Et plein de beaux dictons à réciter par cœur.

La poésie philosophique et scientifique, second âge du genre didactique, n'arrive guère, chez nous, qu'au dix-huitième siècle. Le dix-septième est tout entier à la poésie dramatique, qui ne souffre guère de partage. La Fontaine seul est quelquefois tenté de prêter à la philosophie, à la science, la parure des vers ; il discute poétiquement, pour Mme de La Sablière, certaines opinions de Descartes ; il dit à la duchesse de Bouillon, au début d'un poëme commandé par elle, le Quinquina :

> C'est pour vous obéir, et non point par mon choix,
> Qu'à des sujets profonds j'occupe mon génie,
> Disciple de Lucrèce une seconde fois.

Il s'écrie, traduisant Virgile :

> Quand pourront les neuf sœurs, loin des cours et des villes,
> M'occuper tout entier et m'apprendre des cieux
> Les divers mouvements inconnus à nos yeux,
> Les noms et les vertus de ces clartés errantes,
> Par qui sont nos destins et nos mœurs différentes ?
> Que si je ne suis né pour de si grands projets,
> Du moins que les ruisseaux m'offrent de doux objets,
> Que je peigne en mes vers quelque rive fleurie[1] !

---

1. Voyez *Fables*, X, 1 ; XI, 4.

Ce que La Fontaine ne faisait que rêver, qu'effleurer en passant, se développe au dix-huitième siècle dans les poëmes religieux de L. Racine, la Grâce, la Religion, dans les poëmes empruntés par Voltaire à un autre ordre d'idées, la Loi naturelle, le Désastre de Lisbonne, les Discours sur l'homme. Là sont exposées, quelquefois bien heureusement, en vers pleins de poésie, des idées philosophiques, des notions scientifiques. La science, traduite dans certains passages de L. Racine avec une élégante et énergique précision, trouve surtout dans Voltaire un interprète enthousiaste. Il rapporte d'Angleterre les découvertes de Newton, il les explique dans sa prose, il les chante dans ses vers. Thompson, un peu auparavant, les avait célébrées dans un poëme destiné à animer les funérailles d'une magnificence royale décernées par l'Angleterre au roi de la science [1]. Le même genre d'inspiration anime Voltaire lorsqu'il célèbre à son tour les grandes découvertes de Newton. Il en fait, vers 1723, comme le merveilleux de sa Henriade :

> Dans le centre éclatant de ces orbes immenses,
> Qui n'ont pu nous cacher leur marche et leurs distances,
> Luit cet astre du jour, par Dieu même allumé,
> Qui tourne autour de soi sur son axe enflammé.
> De lui partent sans fin des torrents de lumière ;
> Il donne en se montrant la vie à la matière,
> Et dispense les jours, les saisons et les ans
> A des mondes divers autour de lui flottants ;
> Ces astres asservis à la loi qui les presse
> S'attirent dans leur course et s'évitent sans cesse,
> Et, servant l'un à l'autre et de règle et d'appui,
> Se prêtent les clartés qu'ils reçoivent de lui.
> Au delà de leur cours, et loin dans cet espace
> Où la matière nage et que Dieu seul embrasse,
> Sont des soleils sans nombre et des mondes sans fin.
> Dans cet abîme immense il leur ouvre un chemin.
> Par delà tous ces cieux le Dieu des cieux réside.

Ces vers magnifiques n'ont point épuisé l'enthousiasme

---

[1]. M. Villemain, dans son *Tableau du dix-huitième siècle*, VIIe leçon, a redit, de cette belle et haute production, quelques passages frappants.

de Voltaire. Quelques années plus tard, en 1738[1], sa poésie s'échauffe encore, s'illumine au contact de la science :

>   Dieu parle, et le chaos se dissipe à sa voix :
>   Vers un centre commun tout gravite à la fois.
>   Ce ressort si puissant, l'âme de la nature,
>   Était enseveli dans une nuit obscure :
>   Le compas de Newton, mesurant l'univers,
>   Lève enfin ce grand voile, et les cieux sont ouverts [2].
>
>   Il découvre à mes yeux, par une main savante,
>   De l'astre des saisons la robe étincelante :
>   L'émeraude, l'azur, le pourpre, le rubis,
>   Sont l'immortel tissu dont brillent ses habits.
>   Chacun de ses rayons, dans sa substance pure,
>   Porte en soi les couleurs dont se peint la nature ;
>   Et, confondus ensemble, ils éclairent nos yeux,
>   Ils animent le monde, ils emplissent les cieux.
>
>   Confidents du Très-Haut, substances éternelles,
>   Qui brûlez de ses feux, qui couvrez de vos ailes
>   Le trône où votre maître est assis parmi vous,
>   Parlez : du grand Newton n'étiez-vous pas jaloux ?
>
>   La mer entend sa voix. Je vois l'humide empire
>   S'élever, s'avancer vers le ciel qui l'attire ;
>   Mais un pouvoir central arrête ses efforts :
>   La mer tombe, s'affaisse et roule sur ses bords.
>
>   Comètes que l'on craint à l'égal du tonnerre,
>   Cessez d'épouvanter les peuples de la terre.
>   Dans une ellipse immense achevez votre cours ;
>   Remontez, descendez près de l'astre des jours ;
>   Lancez vos feux, volez, et, revenant sans cesse,
>   Des mondes épuisés ranimez la vieillesse.
>
>   Et toi, sœur du soleil, astre qui dans les cieux
>   Des sages éblouis trompais les faibles yeux,
>   Newton de ta carrière a marqué les limites ;
>   Marche, éclaire les nuits, tes bornes sont prescrites.

---

1. Voltaire, *Épître XLIII, à madame la marquise du Châtelet, sur la philosophie de Newton*.

2. Quod sic natura, tua vi
Tam manifesta patens, ex omni parte retecta est.
Lucret., *De Nat. rer.*, III, 29 sq.

> Que ces objets sont beaux ! que notre âme épurée
> Vole à ces vérités dont elle est éclairée!
> Oui, dans le sein de Dieu, loin de ce corps mortel,
> L'esprit semble écouter la voix de l'Éternel[1].

Ces beaux passages font comprendre que la nouveauté des révélations de la science peut être pour la poésie une inspiration puissante, féconde, lui offrir un autre merveilleux qui la transporte. Ils contribuèrent sans doute puissamment, avec le mouvement même des découvertes, à éveiller chez beaucoup d'imaginations poétiques l'ambition de donner à la France quelque grand poëme dont les merveilles de la science fussent le sujet.

Vers la fin du siècle, Fontanes, André Chénier, Lebrun, se mettent ensemble à l'œuvre. Fontanes commence un poëme sur La Nature et l'Homme ; André Chénier un autre qui doit s'appeler Hermès ; Lebrun, qui disait magnifiquement de lui-même :

> Élève du second Racine,
> Ami de l'immortel Buffon,
> J'osai sur la double colline
> Allier Lucrèce à Newton,

Lebrun commence aussi son poëme de la Nature, où la science tiendra une grande place. Ils commencent, mais n'achèvent point. Sans doute ils ont compris que la science, devenue toute positive, partout enseignée, partout apprise, dont les secrets sont révélés à tout le monde, a perdu le mystère qui la rendait poétique ; qu'elle vit désormais dans les mémoires, les traités, les histoires des savants ; qu'elle appartient à la prose. Elle a pour légitime interprète Buffon, bien propre à décourager les poëtes, alors même qu'ils invoquent son nom. Aussi de ces tentatives il ne reste que de beaux fragments, échos de ces accents d'enthousiasme que la première vue des merveilles enseignées par Newton avait arrachés à Voltaire. Tel est, par exemple, ce passage de l'Hermès d'André Chénier:

---

1. His ibi me rebus quædam divina voluptas
   Percipit atque horror.   Lucret. *ibid.*, 28

> Souvent mon vol, armé des ailes de Buffon,
> Franchit avec Lucrèce, au flambeau de Newton,
> La ceinture d'azur sur le globe étendue.
> Je vois l'être et la vie et leur source inconnue,
> Dans les fleuves d'éther tous les mondes roulants.
> Je poursuis la comète aux crins étincelants,
> Les astres et leurs poids, leurs formes, leurs distances;
> Je voyage avec eux dans leurs cercles immenses.
> Comme eux, astre soudain, je m'entoure de feux,
> Dans l'éternel concert je me place avec eux :
> En moi leurs doubles lois agissent et respirent;
> Je sens tendre vers eux mon globe qu'ils attirent.
> Sur moi qui les attire, ils pèsent à leur tour.
> Les éléments divers, leur haine, leur amour,
> Les causes, l'infini s'ouvre à mon œil avide.
> Bientôt redescendu sur notre fange humide,
> J'y rapporte des vers de nature enflammés,
> Aux purs rayons des dieux dans ma course allumés.

A l'illusion qui avait fait entreprendre à la fois tous ces poëmes sur la nature, avait participé Lemercier, que nous avons vu y persévérer avec plus de hardiesse et d'opiniâtreté que de succès. Il n'a pu, malgré sa verve et son talent, faire accepter la mythologie bizarre par laquelle dans son Atlantiade il avait personnifié les forces de la nature. Empédocle lui-même, dans un temps plus propice aux créations mythologiques, n'y avait point réussi. Au fond, la poésie de la science n'est pas dans de pareilles créations : elle est dans la nouveauté des doctrines, dans l'émotion première qui suit leur apparition ; mais cette nouveauté, cette émotion, n'ont qu'un temps, passé lequel le moindre traité efface, non-seulement en exactitude, mais en intérêt véritable, tous les poëmes scientifiques.

Ces poëmes, du reste, au temps dont nous parlons, s'étaient déjà confondus avec un genre par lequel, on l'a vu, a fini chez les Grecs, par lequel finit partout la poésie didactique : avec le genre descriptif. Delille, qui y a dépensé tant d'esprit, d'agrément, d'élégance, d'art ingénieux et délicat, dont on ne lui tient guère compte aujourd'hui, Delille en fait l'aveu, avec une naïveté piquante, dans la préface de ses Trois Règnes. « Ce poëme, dit-il, ne peut se disculper d'appartenir au genre descriptif. » Tout y appartenait alors, la science, les arts, les métiers même. On versifiait toutes choses, et dans ce travail, comme au temps d'Aratus et d'Oppien chez les Grecs, tout se tournait en descriptions.

Ce qui s'est passé chez nous et autrefois chez les Grecs, on peut le montrer s'accomplissant chez les Romains, nos maîtres et leurs disciples, absolument de même. Ce n'est pas que dans leur littérature, improvisée tout à coup par l'imitation, et où souvent se reproduisirent ensemble, un peu confusément, les âges divers de la littérature grecque, certains ouvrages ne paraissent, à certaines dates, offrir une sorte d'anachronisme ; mais, à part ces hasards de l'imitation, ces accidents littéraires, la force des choses reproduisit chez eux la succession nécessaire des poëmes gnomiques, des poëmes philosophiques et scientifiques, des poëmes descriptifs.

Aux vers gnomiques d'Hésiode (on peut, je l'ai montré, sans lui faire tort, leur donner ce nom), à ceux de Théognis, de Phocylide, de Solon, de Pythagore, à ces simples recueils, compositions d'une époque où, en Grèce, les connaissances étaient encore éparses et sans lien, répondent à Rome, dans les premiers temps de sa littérature originale et barbare, et même de sa littérature latino-grecque, ces enseignements à peu près métriques sur l'agriculture, sur la conduite de la vie, dont quelques-uns sont, a-t-on cru, du vieux devin Marcius[1] ; un poëme pythagoricien que, d'après Panétius, Cicéron[2] attribuait à Appius Claudius Cæcus, ce sénateur qui opina si fièrement contre Pyrrhus; enfin, les *Protreptica*, les *Præcepta* d'Ennius, dont le titre indique assez le caractère.

Les expositions de systèmes qu'une science plus complète et mieux ordonnée substitua, dans la poésie didactique des Xénophane, des Parménide, des Empédocle, aux

---

1. Flav. Mall. Theodorus, *de Metris*. éd. Heusinger, 1755, in-4°, p. 95.
2. *Tusc.*, IV, 2; Cf. Sallust. *de Rep. ord.*, II, 1; Prisc., Fest., Non., *passim*.

productions décousues des gnomiques, leurs prédécesseurs, tous leurs poëmes Sur la Nature, c'en était le titre ordinaire, ont été comme représentés par l'*Épicharme* du même Ennius, et après un long intervalle, que remplissent ainsi qu'ailleurs les succès du théâtre, par le *De Natura rerum* de Lucrèce. La philosophie, une des principales inspirations de la muse latine dès le temps d'Ennius, le redevint, avec un éclat singulier, au temps de Lucrèce.

Les Romains n'ont point été proprement des philosophes, mais des amateurs en philosophie; ils se sont plu à philosopher à l'exemple et avec les doctrines des Grecs, et cela de fort bonne heure. On se rappelle les succès obtenus dans la société romaine, au temps de Caton l'ancien, par les députés de la Grèce, députés philosophes, représentant l'ensemble de la philosophie grecque, Diogène, Critolaüs et Carnéade. On se rappelle les décrets rendus dans l'intérêt des vieilles mœurs contre la philosophie; décrets impuissants! La philosophie, expulsée de Rome, y rentrait avec les jeunes Romains qui étaient allés achever leurs études à Athènes, avec les Grecs familiers des grandes maisons, comme était Panétius chez Scipion Émilien, avec les livres grecs rapportés par la conquête dans le butin de Paul-Émile et de Sylla, et que de nobles Romains, comme Lucullus, livraient, dans leurs bibliothèques, à la curiosité publique, à l'étude. On s'enquérait avec ardeur des doctrines diverses débattues dans les écoles grecques; on les agitait de nouveau dans de graves conversations; on y cherchait, selon l'inclination des Romains, quelque chose pour la pratique. Ces entretiens que suppose Cicéron dans ses traités, n'étaient pas assurément sans modèles dans la société. Alors aussi on écrivit, et beaucoup, sur les matières philosophiques; on les traita en prose, on les traita en vers. Les vers, à cette époque d'ignorance, de curiosité, d'admiration, étaient l'instrument naturel de cette sorte d'initiation de la société romaine à la culture intellectuelle de la Grèce. De là sans doute bien des poëmes[1] d'une inspiration philosophique, que l'œuvre de

1. Voyez Cicéron, *ad Quint. fr.* II, 11.

Lucrèce, pour employer une de ses magnifiques expressions, a comme éteints dans sa lumière :

. . . . omnes
Restinxit, stellas exortus uti ætherius sol[1].

Les contemporains de Lucrèce n'ont pas seulement imité ces poëmes où les plus anciens philosophes de la Grèce avaient exprimé leurs idées en vers ; ils ont reproduit concurremment ces autres poëmes, d'une date plus récente, dans lesquels les habiles versificateurs de l'école alexandrine avaient eux-mêmes ingénieusement, quelquefois même poétiquement, traduit les systèmes des savants. Les compositions scientifiquement descriptives des Ératosthène, des Nicandre, des Callimaque, des Apollonius, des Aratus, ont excité l'émulation de plus d'un poëte latin, et, par exemple, inspiré assez heureusement le talent encore rude de Cicéron, l'art plus poli, mais plus froid, de Varron d'Atax.

Cicéron, qui fit de la poésie l'exercice de son jeune âge et la consolation des chagrins politiques de sa vieillesse, a donné, on le sait, des *Phénomènes* et des *Pronostics* d'Aratus une traduction qu'on peut rapporter à ces deux époques de sa vie littéraire, et qui n'est pas tout à fait indigne de l'estime qu'il avait pour elle. Il n'y paraît pas toujours trop inférieur à son élégant modèle, ni trop différent de lui-même. Il était réellement, dans un temps qui allait produire Lucrèce, le premier poëte aussi bien que le premier orateur de Rome : c'est Plutarque[2] qui l'a dit hardiment, sans tenir compte des plaisanteries impertinentes de Juvénal, de Martial, ingrats héritiers d'un art que Cicéron, après tout, avait des premiers contribué à former.

Son frère Quintus, son second en toutes choses, poëte amateur aussi, qui faisait quatre tragédies en quinze jours, comme Marcus cinq cents vers en une nuit, s'était, de son côté, exercé dans le genre didactique. On peut regretter

---

1. *De Nat. rer.*, III, 1057. — 2. *Vie de Cicéron*.

pour sa mémoire poétique que son *Zodiaque*, du reste ort dégradé par le temps, ne se soit pas perdu avec son *Érigone* sur les routes de la Gaule, si sûres, disait plaisamment Cicéron, sous le gouvernement de César, excepté toutefois pour les tragédies[1].

Les vers, meilleurs assurément, du savant Varron sur la sphère de Ptolémée, que nos anthologies ont retirés des débris de ses *Satires Ménippées*, appartiennent au même genre d'inspiration. Il y faut encore rapporter les principaux ouvrages de l'autre Varron, Varron d'Atax, l'un des poëtes qui marquent la transition des lettres latines à ce qu'on appelle le siècle d'Auguste. C'était moins un poëte qu'un versificateur; il inventait peu, il traduisait beaucoup; *interpres operis alieni*, a dit de lui Quintilien. Au reste, si, comme l'atteste Horace, il avait peu réussi dans la satire, on estimait son *Jason*, imité des Argonautiques d'Apollonius de Rhodes, et l'ouvrage, où il voyageait en personne et sur la terre et dans le ciel, que les anciens désignent par les titres divers de *Cosmographia, Chorographia, Orthographia, Varronis Iter*, ou encore par des noms empruntés à quelqu'une de ses parties, *Varronis Europa, Asia*, etc. On a pensé qu'il l'avait composé d'après le grand traité d'Ératosthène, et aussi d'après le poëme intitulé Hermès, où ce même savant introduisait Mercure assistant au spectacle du monde et le décrivant. Quelques-uns des vers peu nombreux qui ont survécu à l'ouvrage de Varron d'Atax semblent se rapporter à cette imitation. Il y est de même question d'un observateur des phénomènes célestes, qui pourrait bien être Pythagore, car le poëte lui fait entendre cette harmonie des sphères, cette *lyre des cieux*, comme dit Lamartine, que Pythagore avait imaginée, que lui avait empruntée Platon, et dont, au temps de notre poëte, l'académicien Cicéron avait, dans sa République, enchanté en songe les oreilles de Scipion.

Il ne paraît pas, au reste, que Varron ait répandu beaucoup de clarté sur les obscurités de la cosmographie pytha-

---

1. *Epist. ad Quint.* fr., III, 1, 6, 9.

goricienne, qu'il ait eu le droit de dire, comme Lucrèce : *Obscura de re lucida pango carmina.* Les ténèbres ou les lueurs douteuses de son exposition désespéraient encore, au quatrième siècle de notre ère, Licentius, qui écrivait lui-même assez obscurément à son ami Augustin, déjà évêque en Afrique :

> Quand je veux pénétrer dans les mystérieuses profondeurs du livre où voyage Varron, la vue de mon esprit est comme émoussée, il recule plein d'effroi devant la lumière qui le frappe. Faut-il s'en étonner ? Chez moi languit l'ardeur de l'étude, quand tu ne lui tends pas la main; elle n'ose seule prendre l'essor. A peine un savant désir m'a-t-il poussé à parcourir la suite difficile des démonstrations d'un si grand homme, à en chercher, à travers leurs saints voiles, le sens caché, à apprendre de lui quels tons composent l'harmonie qui règle le chœur des astres et charment l'oreille du dieu de la foudre, que la grandeur de ces objets accable mon intelligence et l'enveloppe comme d'un nuage. Alors, tout hors de moi, j'ai recours aux figures que l'on trace sur le sable et rencontre encore d'épaisses ténèbres; je veux dire, en somme, la cause des lumineuses révolutions de ces astres, qu'il nous montre à travers les nuages comme perdus dans l'espace[1].

Les autres vers de Varron nous sont connus, pour la plupart, ou par Virgile, qui leur a fait grand honneur en les copiant, ou par ses scoliastes, Servius et autres, qui nous ont dénoncé son larcin. On y remarque, fort élégamment exprimés, quelques-uns de ces *pronostics* qui, avant d'arriver à Virgile par Varron, étaient venus à ce dernier, par Cicéron, d'Aratus, leur premier interprète, si toutefois c'est bien Aratus qui, pour en orner ses vers, les a le premier tirés des ouvrages météorologiques d'Aristote et de Théophraste. Varron les avait-il insérés dans sa *Chorographia ?* Cela est douteux. Ces *pronostics* semblent mieux convenir à ses *Libri navales*, navigation poétique, de mers en mers, d'îles en îles, sur tous les rivages, qui lui avait probablement mérité de la part d'Ovide le titre de *velivoli*

---

[1] Licent. *Carm. ad Augustinum*, 1 sqq. Voy. Wernsdorf, *Poet. lat. minor.*

maris vates, et où nous savons qu'il avait décrit les signes de la tempête.

Ainsi, dans le septième siècle de Rome, où finissaient sa tragédie et sa comédie, laissant la place aux autres genres longtemps supprimés par leurs succès et particulièrement au genre didactique, la navigation et les voyages, la description de la terre et du ciel, les sciences géographiques, physiques, astronomiques, étaient une des préoccupations habituelles de la poésie. Cela tenait à l'influence des modèles alexandrins, les plus voisins par la date, et dont il était plus facile aussi d'enlever l'artificielle élégance. Cela tenait de plus à la mystérieuse nouveauté de ces connaissances, pour l'ignorance romaine du moins, qu'elles séduisaient par un charme encore poétique. On comprend comment plus tard Virgile se sentait de même attiré vers elles et y touchait, en passant, avec discrétion, mais avec amour.

Chose remarquable, qui tient à l'inégalité des deux sociétés auxquelles s'adressaient tour à tour, et dans leur propre langue, et dans des traductions, les poëtes alexandrins : en passant des Grecs aux Romains, moins polis, moins savants, ils devenaient, par cela même, moins exclusivement descriptifs, plus didactiques. Ils étaient, comme avaient été les poëtes philosophes, des révélateurs de la science, des initiateurs de l'ignorance à ses merveilleux secrets.

D'autres poésies didactiques de la même époque, qui avaient la littérature pour objet, et témoignaient, par cela même, du progrès de l'esprit littéraire à Rome : — un poëme où Porcius Licinius écrivait bien prématurément l'histoire de la poésie latine encore à son berceau ; — les inscriptions souvent versifiées, des images recueillies par Varron dans ses *Hebdomades*, et dont bon nombre représentaient des écrivains et des poëtes ; — celles du même genre, dont Atticus avait décoré son *Amaltheum*, c'est-à-dire sa bibliothèque[1] ; — le Λειμών, sorte de guirlande

---

1. Cic. *ad Attic.*, 1, 16; Cf. *ibid.* II, I.

poétique, où Cicéron avait encadré l'éloge de Térence, principale préoccupation d'un temps qui ne comptait guère d'autre grand poëte ;— l'épigramme dans laquelle César, semblant répondre à Cicéron, refuse à Térence la force comique ;—enfin le catalogue, en vers techniques, où Volcatius Sedigitus, que rien n'empêche de rapporter à ce siècle, a rangé, un peu arbitrairement, ce semble, les poëtes de la *fabula palliata*; — tous ces morceaux, de mérite inégal, mais de sujet pareil, conduisent par une autre voie jusqu'à cette partie des œuvres d'Horace qui en semble la continuation, et où il développe, il applique en critique les règles du goût. Les grands poëtes, si originaux qu'ils soient, ne procèdent pas seulement de leur génie. Ils ont toujours, même dans les œuvres qui leur semblent le plus propres, des prédécesseurs auxquels les rattache une sorte de généalogie. L'histoire qui vient d'être retracée détruit, on l'a vu, cette espèce d'isolement glorieux où le temps, qui ne laisse guère subsister que les chefs-d'œuvre, a placé, avec le poëme *De la Nature*, *les Géorgiques* et *l'Art poétique*.

Virgile, au temps de sa jeunesse, lorsqu'il cherchait encore sa voie, avait été fort préoccupé de la gloire de Lucrèce, fort tenté de la grandeur d'un poëme où il aurait à son tour développé les phénomènes, les merveilles de la nature. Il y a de cette vocation passagère des traces frappantes dans ses *Géorgiques*, où, tout en parlant avec charme du sujet auquel il s'est restreint, il ne laisse pas de regretter éloquemment celui qu'il a quitté et ne néglige pas l'occasion de s'en rapprocher un instant, où il associe aux connaissances pratiques du simple cultivateur quelques notions savantes, magnifiquement exprimées. On se rappelle les vers dont nous montrions tout à l'heure l'imitation chez La Fontaine, et que Delille a ainsi traduits :

> O vous à qui j'offris mes premiers sacrifices,
> Muses, soyez toujours mes plus chères délices!
> Dites-moi quelle cause éclipse dans leur cours
> Le clair flambeau des nuits, l'astre pompeux des jours;
> Pourquoi la terre tremble et pourquoi la mer gronde;
> Quel pouvoir fait enfler, fait décroître son onde;

> Comment de nos soleils l'inégale clarté
> S'abrége dans l'hiver, se prolonge en été,
> Comment roulent les cieux, et quel puissant génie
> Des sphères dans leur cours entretient l'harmonie.
> Mais, dans mon corps glacé, si mon sang refroidi
> Me défend de tenter un effort si hardi,
> C'est vous que j'aimerai, prés fleuris, onde pure,
> J'irai dans les forêts couler ma vie obscure[1].

Ainsi donc les *Géorgiques* tiennent par certains côtés à ces compositions scientifiques imitées, à la fin du siècle précédent, de l'érudite Alexandrie. Elles se rattachent, d'autre part, par des rapports plus lointains, à ces poëmes où, dans les premiers âges, se déposaient, se conservaient les notions pratiques acquises par l'expérience. Elles s'y rattachent, mais, cela était inévitable, un peu artificiellement. Au temps où écrivait Virgile, le rôle d'Hésiode, comme celui d'Homère auquel il passa ensuite, n'était plus possible que par une sorte de supposition, de convention littéraire. Après les traités de Caton et de Varron, que suivra bientôt celui de Columelle, il n'y a plus place véritablement pour l'enseignement de la vie rustique par la poésie. Cet enseignement est fictif ; il s'adresse à ceux qui n'en profiteront pas, pour l'appliquer du moins. Les *Géorgiques* sont un prétexte à des peintures, pleines de vérité et de charme, de la nature et des travaux de la campagne.

Ce poëme toutefois, plus heureux que les poëmes de Delille, peut *se disculper d'appartenir au genre*, toujours quelque peu frappé de froideur, que l'on appelle *descriptif*. La description qui le remplit y est animée par un intérêt tout présent, intérêt patriotique, intérêt social. L'agriculture, ce travail de Rome naissante, d'où sont sorties ses fortes vertus et sa gloire, est impuissante même à nourrir sa décadence. Bien des causes en ont précipité le déclin : l'étendue toujours croissante des possessions, la substitution du travail des esclaves au travail des hommes libres,

---

[1]. Me vero primum dulces ante omnia musæ, etc.
(Virgil., *Georg.*, II, 475-486.)

la transformation des terres labourables en pâturages, des fermes en maisons de plaisance, en parcs, en jardins ; les dévastations de la guerre civile, la dépossession violente des anciens propriétaires remplacés par les vétérans de Sylla, de César, d'Octave, cultivateurs négligents et malhabiles. L'agriculture n'existe donc plus en Italie ; il faut la remettre en honneur, la faire revivre. Virgile, qui a plaidé dans ses *églogues* la cause des habitants de la campagne, plaide ici celle de la campagne elle-même, de la campagne abandonnée, devenue déserte, stérile :

Squalent abductis arva colonis[1].

Il a reçu cette mission de son génie, qui y est si propre :

Molle atque facetum
Virgilio annuerunt gaudentes rure Camœnæ[2];

A Virgile les muses rustiques ont accordé le don des grâces touchantes, de l'exquise élégance.

Il l'a reçue du prince qui a entrepris la tâche, impossible à la politique aussi bien qu'à la poésie, de faire revivre les mœurs primitives, les vieilles vertus. Il l'a reçue de son temps, d'une société fatiguée de guerres, de politique, de discordes, que l'ennui des jouissances du luxe précipite, en imagination du moins, vers la simplicité des champs, la vie rustique, la nature. Quel à-propos ! quelle source féconde d'intérêt !

Il n'y en a pas moins, mais d'une autre sorte, dans *l'Art poétique* d'Horace et dans les belles *épîtres* à Auguste, à Florus, qu'il y faut associer. On doit y voir autre chose que l'industrie d'un écrivain habile, qui enferme dans des vers précis, élégants, pleins de sens et d'énergie, des idées jusque-là rebelles à l'expression poétique. Ces idées répondent aux préoccupations d'un public métromane et critique, qui compose et qui juge, qui compare avec passion les

---

1. Virg., *Georg.*, I, 507.
2. Hor., *Sat.*, I, x, 44.

vieux poëtes et les nouveaux, comme au temps de notre guerre des anciens et des modernes, qui se partage entre les lois pures et sévères de l'art et les procédés expéditifs du métier, qui déjà met en question les principes, les règles, et applaudira bientôt aux recherches frivoles, aux excès monstrueux du mauvais goût.

On les voit poindre dans *l'Art poétique*. Quand Horace dit :

Tel, pour relever par des merveilles ce qui lui paraît trop simple, peint un dauphin dans les bois, un sanglier dans les flots,

>   Qui variare cupit rem prodigialiter unam,
>   Delphinum silvis appingit, fluctibus aprum [1],

il semble qu'il prévoie la description du déluge par Ovide. Quand il dit :

Ce n'est pas devant le public que Médée doit tuer ses enfants, l'exécrable Atrée faire cuire des entrailles humaines,

>   Ne coram populo pueros Medea trucidet,
>   Aut humana palam coquat exta nefarius Atreus [2],

ne semble-t-il pas qu'il analyse d'avance le théâtre de Sénèque ?

Un poëme tel que l'*Art poétique* ne pouvait appartenir qu'à une époque de culture littéraire très-avancée, comme était le siècle d'Auguste, et, dans cette époque même, au moment précis qui le vit apparaître. Il faut que l'art ait épuisé les inspirations diverses qu'il reçoit de la nature sensible et de l'humanité pour chercher ainsi en lui-même une sorte de modèle abstrait, et ce modèle, pour qu'on puisse le reproduire, doit avoir été assemblé pièce à pièce par la longue pratique de la composition, le sentiment longtemps réfléchi de la vérité, de la beauté. Ajoutons que les idées dont il se compose n'ont chance d'intéresser l'imagination qu'à deux conditions seulement : d'une part, si

1. *De arte poet.*, 29.
2. *Ibid.*, 185.

le faux goût les conteste déjà et leur donne de l'à-propos; d'autre part, si, bien que fondées sur l'autorité du temps et de l'expérience, elles n'ont pas été encore trop popularisées, trop vulgarisées par la critique.

L'Art poétique avait donc, comme *les Géorgiques*, sa raison d'être, son opportunité, son intérêt présent et populaire, un caractère tout opposé à celui de ces productions artificielles que suscitent seuls, dans les littératures vieillies, le caprice, la vocation incertaine des poëtes. J'en dirai autant d'un ouvrage moitié épique, car il est rempli de récits, moitié didactique, car on n'y raconte que pour instruire, comme dans la Théogonie d'Hésiode : *les Fastes* d'Ovide.

Quand Rome vieillie aimait à se reporter vers son jeune âge, à s'entretenir de ses lointaines et fabuleuses origines, un poëme qui les expliquait savamment, ingénieusement, élégamment, était un ouvrage de circonstance appelé par le vœu du public. Aussi l'idée en vint-elle à plus d'un écrivain. Properce l'avait commencé ; c'est des débris de cette œuvre que se compose en grande partie son quatrième livre. Il en donne le programme dans ce vers :

Sacra diesque canam et cognomina prisca locorum[1].

Après lui, Sabinus avait entrepris de faire la même chose, mais n'avait pu la mener à fin.

..... Imperfectumque dierum
Deseruit celeri morte Sabinus opus[2],

a dit Ovide, qui ne fut pas plus heureux, à qui ses malheurs ne permirent pas d'achever une œuvre si propre à intéresser le patriotisme rétroactif, la piété officielle de l'empire, son goût d'archéologie nationale.

Il y a le poëme didactique badin, comme il y a l'épopée badine. Ennius, dans un temps où l'intempérance romaine avait déjà commencé, Ennius, ami lui-même du vin et de

1. *Eleg.*, IV, 1, 69.
2. Ovid., *Ex Pont.*, IV, XVI, 15.

la table, avait pu, en face de Caton, imiter avec convenance et intérêt la Gastronomie d'Archestrate, écrire ses *Phagetica*. De même Ovide, au sein de ce loisir sensuel que le pouvoir absolu faisait aux Romains, ces anciens cultivateurs, ces politiques, ces guerriers, devenus hommes de plaisir et coureurs d'aventures galantes, Ovide écrivait aussi, sous la dictée du public, son *Art d'aimer*, ses *Remèdes d'amour*.

En dehors de ces productions animées d'une vie véritable, on ne rencontre plus que l'œuvre morte d'un art industrieux qui s'applique assez indifféremment à toutes choses, leur demande sans fin le sujet d'élégantes, d'agréables, mais froides descriptions. C'est pour décrire qu'Ovide traite de la pêche, Gratius de la chasse, Macer des abeilles, des oiseaux, des venins de certains animaux et de leurs remèdes, des plantes médicinales; Pedo Albinovanus, qu'Ovide appelle *sidereus*[1], peut-être de l'astronomie; Manilius de l'astrologie; plus tard, Columelle, trompé par un regret de Virgile, des jardins, et un autre contemporain de Sénèque, qui était en même temps son ami, son correspondant, Lucilius, de l'Etna, que Virgile semblait avoir suffisamment décrit, et dont devaient s'occuper tant de poëtes après lui.

Omne genus rerum doctæ cecinere sorores,

Il n'est rien que n'aient chanté les doctes sœurs,

s'écriait Manilius, ce qui peut s'interpréter ainsi : « Il n'est rien que nous n'ayons décrit. » Le même Manilius rappelait avec enthousiasme les productions descriptives de Gratius et de Macer :

Tel chante les oiseaux au plumage bigarré, la guerre portée chez les bêtes sauvages; tel les serpents venimeux, les plantes malfaisantes, les simples qui rendent la vie.

Ecce alius pictas volucres et bella ferarum,
Ille venenatos angues, hic nata per herbas

---

1. *Ex Pont.*, IV, XVI, 6.

Fata refert, vitamque sua radice ferentes[1].

Nous avons quelques-uns de ces ouvrages, sauvés par certains mérites de composition et de style, qui ne sont pas indignes d'attention et d'estime; mais combien le temps nous en a ravi ou épargné d'autres, fruits de cette intempérance descriptive qui se déclara dès le temps d'Ovide et dont Ovide s'est fait l'historien dans quelques vers, qu'on croirait vraiment contemporains de l'école d'Oppien ou de celle de Delille !

Delille, dans son Homme des champs, qui n'est point celui de Virgile, qui n'habite point une ferme, mais un château, qui y vit au sein d'un loisir seigneurial, peint les jeux de la veillée, les cartes, le billard, le trictrac, les dames, les échecs, tout cela curieusement, avec une dextérité de style et de versification à laquelle nous sommes devenus fort insensibles, mais qui charmait alors. Chaque époque a ses modes, même en littérature. Il n'y avait pas longtemps que le jésuite Cerutti avait fait tout un poëme sur les échecs, et défini ainsi, je crois, la marche des pions, dans un vers fort admiré :

Ils avancent de front et frappent de côté.

Eh bien ! au temps d'Ovide, qui avait vu Virgile et avait entendu Horace, il se trouvait déjà des poëtes, et en grand nombre, qui abusaient absolument du même talent de versifier et de celui de décrire. Ovide cite leurs traités poétiques sur les arts les plus futiles, pour se justifier lui-même d'avoir écrit *l'Art d'aimer*[2].

D'autres ont enseigné dans leurs vers les règles des jeux de hasard, de ces jeux auxquels ne pardonnait guère la sévérité de nos aïeux. Ils ont dit quelle est la valeur des dés, par quel mouvement du cornet on peut composer le coup divers de Vénus, éviter le coup fatal du chien ;

Combien de points portent les tessères; comment, à l'appel du

---

1. *Astron.*, II, 43.
2. *Trist.*, II, 471 sqq. : *Sunt aliis scriptæ*, etc.

chiffre le plus fort, il faut les lancer sur la table; dans quel ordre, les ramassant, il faut les remettre à son adversaire [1];

Comment on doit faire avancer en ligne droite ses soldats colorés, prendre garde qu'ils se hasardent entre deux ennemis et périssent dans la rencontre, les soutenir à propos, les retirer au besoin, assurer par un prudent concours leur retraite ;

Ovide avait lui-même plus d'une fois décrit ce jeu stratégique dans *l'Art d'aimer*, où ces sortes de divertissements jouent leur rôle [2].

Comment, sur le damier, où sont disposées trois à trois de petites pierres polies, on fait arriver jusqu'au fond, sans interruption dans leur marche, les pièces de son jeu.

Enfin, pour achever ce détail, ils ont enseigné tous ces jeux où nous perdons le bien le plus précieux, notre temps.

L'énumération de toutes ces compositions didactiques si peu sérieuses n'est point terminée.

---

1. Ainsi est entendu par Burmann ce passage très-obscur. Selon son interprétation, ces poëtes didactiques auraient donné une de ces leçons malhonnêtes que promet, dans *le Joueur* de Regnard, M. Toutabas, le professeur de trictrac :

> En suivant mes leçons, on court peu de hasard.
> Je sais, quand il le faut, par un peu d'artifice,
> Du sort injurieux corriger la malice ;
> Je sais, dans un trictrac, quand il faut un sonnez,
> Glisser des dés heureux ou chargés ou pipés ;
> Et quand mon plein est fait, gardant mes avantages,
> J'en substitue aussi d'autres prudents et sages,
> Qui, n'offrant à mon gré que des as à tous coups,
> Me font en un instant enfiler douze trous.

2. *De arte amandi*, II, 207 ; III, 357. — Cf Senec., *Epist.*, 117; *De tranquillitate animi*, 14; Martial., *Epigr.*, VII, 71 ; XIV, 20 ; Plin., *Hist. nat.*. XXXVI, 26, etc. — Les vers d'Ovide rappellent ceux de Delille sur les échecs, dans *l'Homme des champs*.

> Plus loin, dans ses calculs gravement enfoncé,
> Un couple sérieux qu'avec fureur possède
> L'amour du jeu rêveur qu'inventa Palamède,
> Sur des carrés égaux, différents de couleur,
> Combattant sans danger, mais non pas sans chaleur,
> Par cent détours savants conduit à la victoire
> Ses bataillons d'ébène et ses soldats d'ivoire.

Un autre dit les formes diverses de la balle et comment on la lance, un autre l'art de la nage, un autre celui du cerceau.

Il en est qui ont appris à composer les couleurs de son visage.

Ovide n'était pas non plus tout à fait innocent à cet égard, lui qui avait écrit ses *Medicamina faciei* (nous en avons quelque chose), et qui en avait parlé si magnifiquement :

J'ai moi-même traité des préparations qui entretiennent votre beauté dans un livre bien petit, sans doute, mais de grande importance [1].

Mais il est temps de clore avec lui cette longue revue :

Tel a écrit le code de l'hospitalité, des repas ; tel a traité de l'argile dont se fait la poterie, de la pâte la plus propre à conserver le vin frais.

On s'égaye volontiers par de telles compositions aux jours fumeux de décembre, et jamais elles n'ont causé la perte de personne.

Ces vers sont vraiment caractéristiques ; ils révèlent à quels excès descriptifs était arrivée, dès le temps d'Auguste, chez les Romains comme chez les Grecs, comme chez nous, la poésie didactique. Là aussi, après avoir, d'abord dans des poëmes gnomiques, ensuite dans des poëmes philosophiques et scientifiques, tantôt recueilli avec un art naïf, pour l'éducation d'une société naissante, les notions éparses de l'expérience, tantôt initié plus régulièrement une société plus polie aux systèmes des penseurs et des savants, le genre didactique aboutissait inévitablement à l'ingénieux et élégant mensonge de leçons sans disciples, simples thèmes de style et de versification pour des talents désœuvrés, frivoles et froids amusements d'une curiosité blasée.

---

1. *De arte amandi*, III, 205.

XVI

DE LA POÉSIE SATIRIQUE ET DE LA SATIRE LATINE

(Cours de 1857-1858, leçon d'ouverture)

MESSIEURS,

Parvenu à la troisième année du cours triennal qui nous est prescrit, appelé, en conséquence, à vous entretenir de la poésie latine après le siècle d'Auguste, j'ai choisi pour sujet d'étude, dans cette dernière époque, ce qu'elle offre assurément de plus frappant, de plus considérable, les satires de Perse et de Juvénal. Mais comment séparer ces deux grands satiriques d'Horace, qu'ils ont, il est vrai, renouvelé avec originalité, mais qu'enfin ils ont suivi? Comment, d'autre part, parler d'Horace sans remonter à son maître Lucilius, le véritable créateur du genre, et même à ceux qui, comme Pacuvius, comme Ennius, ont, avant lui, dans de premiers essais, préparé les éléments de cette création? Ce cours sera donc, ce qu'il était difficile qu'il ne fût pas, une histoire générale de la satire latine, dans laquelle une grande place sera ménagée, et d'avance, par des rapprochements partiels, et en finissant, par une étude plus directe et plus complète, aux deux derniers grands représentants du genre, à Perse et à Juvénal.

Cette histoire nous promet un double intérêt; c'est l'histoire même des mœurs et du goût des Romains.

Il y a eu à Rome un moment où l'antique austérité, l'antique simplicité commencèrent à s'altérer, où les esprits s'adoucirent, se polirent quelque peu au contact de la Grèce. Cette double révolution, morale et littéraire, est marquée en traits fort vifs dans les *satires* de Lucilius, ou du moins dans ce qui en reste, et qui permet d'en reconstruire, d'en restituer quelque chose.

Un siècle plus tard, sous l'influence du régime monarchique introduit par César et par Auguste, les Romains plus contenus parèrent leurs vices d'élégance et arrivèrent, dans leur manière de sentir, de penser, de s'exprimer, à ce qu'il y a de plus délicat. Or les *satires* d'Horace, et ses *épîtres* qu'on n'en peut guère distinguer, ces chefs-d'œuvre d'une philosophie si pratique, si aimable, si spirituellement enjouée, offrent tout ensemble et le tableau de cette corruption élégante et l'expression de cette délicatesse.

Vinrent ensuite, et bientôt, avec les saturnales dissolues et sanglantes de la tyrannie, les monstrueux développements de la bassesse et de la dépravation romaine, et, par contre-coup, dans les réclamations, éloquentes quelquefois jusqu'au sublime, d'une philosophie généreuse ou d'une honnêteté indignée, quelque chose d'excessif, de forcé, de déclamatoire, qui ne pouvait pas plus manquer aux *satires* de Perse et de Juvénal qu'aux *tragédies* contemporaines de Sénèque.

A ces causes générales d'intérêt s'en ajoutera, pour nous, une plus particulière. Ce genre si intimement lié, dans son développement, à l'histoire morale et à l'histoire littéraire de Rome, est précisément celui dont les Romains ont cru pouvoir, par exception, se dire les inventeurs. En tout le reste, ils sont, de leur propre aveu, les disciples des Grecs. Ici ils n'ont, pensent-ils, point de modèles.

Cette prétention est-elle fondée? et dans quelle mesure l'est-elle? C'est là une question qui se présente d'abord et dont il faut avant tout s'occuper. Il suffit, je crois, pour la résoudre d'une distinction très-simple entre la poésie satirique et la satire proprement dite.

La poésie satirique n'est pas romaine d'origine, elle est aussi vieille que le monde et, à aucune époque, n'a pu manquer. Elle relève de plusieurs dispositions de la nature humaine qui en font un genre nécessaire et universel :

De la malignité qui nous porte à rire de nos semblables et à les censurer;

Du sentiment de la justice, qui nous fait souhaiter que ce qui échappe à la répression des lois, ce qu'épargne quelquefois le blâme de la société, ce qui surprend même ses complaisances, ses suffrages, ne reste pas sans punition;

D'un désir d'amélioration morale qui nous fait chercher, pour nous et pour les autres, dans le spectacle du mal, une sorte d'enseignement détourné du bien.

Ainsi la poésie satirique existe nécessairement, et universellement à ce triple titre : comme satisfaction donnée aux penchants malins de notre nature, comme châtiment infligé au vice et au ridicule, comme leçon morale.

De ces trois inspirations de la poésie satirique les plus hautes sont assurément celles qui se rapportent à la vengeance de la vertu, du bon sens et du goût, et surtout à l'enseignement de la morale. C'est même par ce dernier caractère que la poésie satirique peut être, grand honneur pour elle! rattachée à la poésie didactique.

Ainsi l'avait comprise Horace, sous son point de vue le plus élevé.

Sans doute, il n'était pas exempt de cette malignité qui pousse aux vers satiriques, qui y cherche un plaisir :

Mon plaisir, à moi, c'est d'enfermer des paroles dans la mesure d'un vers, à la façon de Lucilius.

> Me pedibus delectat claudere verba
> Lucili ritu [1].

C'était son plaisir et aussi sa défense contre ses ennemis :

---

1. *Sat.*, II, 1, 28.

Mais à qui me provoque, je crie qu'il aurait mieux fait de ne se point attaquer à moi; bientôt il en pleurera, devenu tristement célèbre, chansonné par toute la ville.

> Ille
> Qui me commorit (melius non tangere clamo)
> Flebit, et insignis tota cantabitur urbe [1].

Sans doute aussi il était animé aux vers satiriques par la pensée de faire pour la société la guerre au vice, guerre vertueuse que Damasippe lui reproche d'abandonner par timidité :

Penses-tu, par hasard, à désarmer l'envie, en renonçant à la vertu?

Invidiam placare paras virtute relicta [2].

Mais ce qui surtout l'invite à contempler et à décrire le spectacle des vices et des ridicules, c'est l'envie louable de s'en garder et d'en préserver les autres. Il tenait cette disposition de son éducation première : son père l'éloignait du vice par l'exemple des vicieux, l'invitait à l'honnêteté par l'exemple des gens honnêtes. Il a continué cette éducation morale, « travaillant sans cesse à son âme, » comme dit Mme de Sévigné, et dans ses moments de loisir a mis en vers ses observations, ses réflexions; de là ses *satires* et aussi ses *épîtres*, productions nées d'une inspiration commune qui, à ce point de vue, se confondent.

Il faut, à ce sujet, l'entendre lui-même :

Si parfois je m'exprime avec trop de liberté, si je m'égaye plus qu'il ne convient, il faut me l'accorder, me le passer. Je tiens cette habitude de mon excellent père, de remarquer, pour les fuir, les mauvais exemples. Quand il m'exhortait à vivre avec économie, frugalité, content de ce qu'il m'avait lui-même amassé : Ne vois-tu pas, me disait-il, comme le fils d'Albius a de la peine à vivre, quelle est la détresse de Barrus, grande leçon pour ceux qui seraient tentés de dissiper leur patrimoine? Pour me détourner de sales et mercenaires amours, il me disait : Prends garde de ressembler à Sectanius. Pour me faire

---

1. *Sat.*, II, 1, 45. — 2. *Ibid.* II, III, 13.

peur de l'adultère, me réduire aux plaisirs permis : Vois Trébonius, pris sur le fait, les belles choses qu'on en raconte ! Un philosophe, ajoutait-il, te fera comprendre par quelles raisons telle chose est à éviter, telle autre à rechercher. Qu'il me suffise de me conformer aux traditions du temps passé, et tandis qu'il te faut encore un gouverneur, de préserver, s'il est possible, tes mœurs et ta réputation. Quand l'âge avec le corps t'aura fortifié l'âme, tu nageras seul et sans aide. Voilà par quels discours il formait ma jeunesse. Me donnait-il un conseil ? Tu ne manques pas d'autorités pour te conduire de la sorte ; ainsi se conduit l'un de nos plus respectables juges. Me faisait-il une défense ? Pourrais-tu douter que cela ne soit déshonnête, qu'il ne faille s'en abstenir, quand de si mauvais bruits courent sur celui-ci, sur celui-là ? L'enterrement d'un voisin fait défaillir le malade intempérant, et, par crainte de la mort, le force à se ménager. Ainsi la honte d'autrui peut détourner du vice de jeunes esprits. C'est ce qui m'a sauvé de la contagion de tant d'excès pernicieux. J'ai mes défauts, mais médiocres, pardonnables, et peut-être en perdrai-je une bonne part, à la longue, grâce aux progrès de l'âge, aux libres conseils de mes amis, à mes propres réflexions. Ne croyez pas que sur le lit de repos ou sous le portique ma pensée reste oisive et me fasse faute. —
« Ceci serait mieux ; de cette sorte je vivrai plus sagement, plus heureusement, je me rendrai plus cher à mes amis ; cet homme n'a pas bien agi ; me laisserai-je jamais aller à rien faire de semblable ? » — Voilà ce que je roule en mon esprit, ce que je murmure entre mes dents, et, quand je suis de loisir, je m'amuse à le mettre sur le papier... »

> Liberius si
> Dixero quid, si forte jocosius, etc.[1]

La poésie satirique n'a pas été considérée autrement par les successeurs d'Horace. Pas plus qu'Horace, sans doute, ils ne se sont refusé le plaisir peu charitable de renfermer dans la mesure d'un vers, comme Lucilius, une personnalité maligne, et souvent plus que maligne. Ce plaisir, Perse ne le donnerait pas, dit-il, pour une Iliade.

> Hoc ridere meum, tam nil, nulla tibi vendo
> Iliade[2].

Une Iliade ! C'est beaucoup dire ; mais il est probable

---

1. *Sat.*, I, IV, 103-139. — 2. *Sat.*, I, 122.

qu'il entend non pas celle d'Homère, mais celle de son plat traducteur Attius Labeon[1]. C'est de Perse, au même endroit, et s'attaquant à Néron lui-même, que Boileau a imité ces vers :

> Ma bile alors s'échauffe, et je brûle d'écrire;
> Et, s'il ne m'est permis de le dire au papier,
> J'irai creuser la terre, et, comme ce barbier,
> Faire dire aux roseaux, par un nouvel organe :
> Midas, le roi Midas a des oreilles d'âne[2].

Auriculas asini Mida rex habet....[3]

Juvénal se fait violence pour ne pas attacher des noms, des noms de son temps, à ces monstruosités morales, qui affligent, blessent ses regards, et dont il retrace de si affreuses, de si terribles images. Mais ces noms, la terreur les protége et il lui en faut chercher d'autres, moins inviolables, dans la génération précédente.

Voyons, j'en veux faire l'épreuve, ce qu'on nous permet contre ceux dont la voie Flaminienne, la voie Latine, cachent les cendres.

> Experiar quid concedatur in illos
> Quorum Flaminia tegitur cinis atque Latina[4].

Perse et Juvénal ont donc eux-mêmes leur part, et une forte part, de la malignité souvent reprochée au genre. Mais ce qui domine chez eux, ce sont ses passions généreuses, l'horreur du mal, l'amour du bien, l'ardeur à flétrir l'un, à exalter l'autre. Les spectacles auxquels assiste, depuis tant d'années, le vieux Juvénal, ne lui permettent plus le sommeil; il se sent pressé de rallumer la lampe du poëte de Vénuse et de jeter dans des pages vengeresses les vers que lui dicte l'indignation :

> Facit indignatio versum[5].

---

1. *Sat.*, I, 50. — 2. *Sat*, IX. — 3. *Sat.*, I, 120; schol.
4. *Sat.*, I, 169. — 5. *Ibid.*, 51, 77, 79.

Perse échappa à la roideur habituelle de sa poésie, laborieusement concise, énergique, figurée, pour rappeler avec amour ses douces études dans la science de la sagesse, sous la discipline d'un sage; pour célébrer la vraie liberté, celle de l'âme soustraite au joug des passions[1]; pour vanter les charmes de la vertu, charmes si puissants que, cherchant un supplice pour les tyrans, il n'en peut imaginer de plus cruel que de les forcer à contempler la vertu et à sécher du regret de l'avoir quittée.

Virtutem videant intabescantque relicta[2].

L'imitateur, le successeur français d'Horace, de Perse, de Juvénal, s'est pénétré de leurs sentiments, s'est souvenu de leurs exemples, lorsqu'il a écrit :

L'ardeur de se montrer et non pas de médire
Arma la vérité du vers de la satire[3].

Par cette définition il reléguait dans un rang inférieur la poésie satirique, qui n'est que médisante; il plaçait bien au-dessus celle qui est l'expression de la vérité, d'une vérité vengeresse ou tournée en leçon.

A ces diverses inspirations de la poésie satirique répondent ses caractères généraux.

Comme maligne et médisante, comme exécutrice des vengeances publiques, elle est personnelle; elle s'attaque aux personnes mêmes, les désigne et les nomme sans ménagement.

Comme chargée d'enseigner la morale, elle est plutôt générale dans ses censures ; elle épargne ou néglige les personnes ; elle s'occupe plutôt des diverses classes qu'établissent parmi les hommes les vices et les ridicules; de ces vices et de ces ridicules eux-mêmes dont elle parle d'une manière abstraite, ou qu'elle exprime par des personnages fictifs.

Il est bien vrai qu'il n'y a pas de poëte satirique chez qui

---

1. *Sat.*, V. — 2. *Ibid.*, III, 38. — 3. *Art poétique*, ch. II.

ces deux manières ne soient mêlées; mais chez les uns cependant domine la personnalité, chez les autres la censure générale.

Cette différence, qui sert encore à classer les poëtes satiriques, tient à la diversité des caractères, plus ou moins doux ou indulgents, et à la différence des temps, de mœurs plus ou moins rudes. La douceur croissante des mœurs, le progrès de l'ordre public, amènent par degrés, dans les productions satiriques, quelque chose de moins direct et de moins blessant. La liberté, l'âpreté des mœurs républicaines, a pu permettre à Lucilius de s'attaquer en face aux personnes, de les traîner elles-mêmes au tribunal du public, comme faisait au forum, dans une cause politique, un accusateur; de les dégrader du rang avili, profané par elles, comme faisait le censeur; mais dans Rome *pacifiée* par Auguste, de telles violences ne seraient plus permises à l'honnêteté, d'ailleurs plus accommodante, à l'indignation plus tempérée d'Horace.

Une autre différence est dans le ton, plus enjoué, ou plus amer et plus véhément. Cela dépend encore du génie divers et particulier des poëtes, et aussi de la nature diverse des sujets. Le vice indigne, le ridicule égaye; il y a une corruption, une dégradation, dont on serait comme complice en se bornant à en rire. Juvénal, sous Domitien, ne pouvait se jouer, ainsi qu'Horace, *circum præcordia*[1]; il était comme condamné à l'emportement.

Cela nous conduit à un dernier caractère de la poésie satirique. A quelque inspiration qu'elle appartienne, un peu d'exagération lui est permis dans l'intérêt du plaisir malin qu'elle donne, de la vengeance qu'elle exerce, de la leçon qu'elle veut rendre profitable. L'hyperbole est un de ses moyens. Boileau ne reproche point à Juvénal l'hyperbole elle-même, mais l'excès de l'hyperbole.

> Juvénal, élevé dans les cris de l'école,
> Poussa jusqu'à l'excès sa mordante hyperbole[2].

1. Pers., *Sat.*, I, 117. — 2. *Art poétique*, ch. II.

La poésie satirique, avec ces caractères généraux, qui lui appartiennent, quelque forme qu'elle prenne, n'a pu manquer à aucune littérature, et n'a certainement pas manqué, il s'en faut, à la littérature grecque. A toutes les époques de cette littérature, on la rencontre.

Aristote[1] remarque que, dès l'origine, la poésie se partagea en deux genres principaux, dont l'un s'occupait du beau et du bon, des grands hommes, des héros; l'autre, du mal, des méchants, des vicieux; produisant, le premier, des éloges, des hymnes, il pouvait ajouter des récits héroïques; le second, des pièces consacrées au blâme, ψόγους. Comme exemple de ce dernier genre, il cite un poëme attribué à Homère, le Margitès, composition satirique contre un personnage ridicule « qui savait bien des choses, mais toutes choses mal, »

Πολλ' ἠπίστατο ἔργα, κακῶς δ' ἠπίστατο πάντα[2],

« que les dieux n'avaient fait propre, ni à fouir, ni à labourer la terre, habile en quoi que ce fût : qui n'avait aucune industrie. »

Τὸν δ' οὔτ' ἄρ σκαπτῆρα θεοὶ θέσαν, οὔτ' ἀροτῆρα,
Οὔτ' ἄλλως τι σοφόν · πάσης δ' ἡμάρτανε τέχνης[3].

Dans l'Iliade[4] même se rencontre, on l'a souvent remarqué, parmi les dieux et les héros, un personnage dont le portrait semble inspiré par la muse satirique, Thersite, type de la laideur physique et morale, aux traits difformes, à l'âme basse, jalouse et méchante, démagogue de bas étage, à l'humiliation duquel applaudissent les Grecs, amusés cependant par ses invectives contre les chefs.

Quand Hésiode[5], adressant ses enseignements à son frère Persée, lui recommandant surtout le travail, le repré-

---

1. *Poet.*, IV, 2, 3.
2. Plat., *Alcib.*, II. — 3. Clem. Alex., *Strom.*, I.
4. II, 212. — 5. *Op. et dies.*

sente comme un fainéant qui préfère s'enrichir par d'injustes procès ; quand au portrait des mauvais plaideurs il ajoute celui des mauvais juges ; quand il s'élève avec rudesse contre les défauts de caractère des femmes, grand obstacle, dit-il, à la prospérité des maisons, Hésiode aussi fait de la poésie satirique.

Si ce genre de poésie s'est montré dans l'âge épique et didactique de l'antique poésie grecque, il n'a pas manqué non plus à son âge lyrique.

Alcée, lorsqu'il attaquait Pittacus et les tyrans, était dans l'ode un satirique.

L'ïambe, qui, selon les grammairiens, alternait avec l'hexamètre, dans le Margitès, ce dont ne déposent pas les fragments de ce poëme, l'ïambe, invention d'Archiloque[1] selon d'autres, *Archilochum proprio rabies armavit iambo*[1] devint pour certains lyriques une arme redoutable. Archiloque, Hipponax surtout, le manièrent avec une cruelle habileté. Ils furent les créateurs d'un genre, la poésie ïambique, qui participe de l'ode et de la satire, et qu'Horace renouvela dans ses *Épodes*, son début, contemporaines de ses premières *satires*.

A ce genre appartient le poëme contre les femmes, dans lequel Simonide d'Amorgos, comme avait déjà fait Hésiode, se montra le lointain précurseur de Juvénal et de Boileau.

A l'âge épique et didactique, à l'âge lyrique, succède chez les Grecs l'âge dramatique, où l'esprit satirique ne manque pas encore de se produire, et même dans la tragédie.

Après Hésiode, après Simonide, Euripide y lance à son tour, par la bouche d'Hippolyte, des traits mordants et amers contre les femmes ; ailleurs il se complaît à peindre les vices des démagogues et de la démocratie, cachant sous des noms anciens des peintures contemporaines. Il ne se refuse pas même le plaisir de critiquer, de parodier ses rivaux dans l'art de la tragédie, Eschyle

---

1. Hor., *De arte poet.*, 79.

particulièrement, qu'on lui opposait, dans des parallèles malveillants.

Mais, à cette époque, la poésie satirique a un genre qui lui appartient en propre, la comédie, celle qu'on a désignée par le nom d'Ancienne comédie.

Apportée de Mégare par Susarion, d'abord dans les bourgs de l'Attique, ensuite dans Athènes même, elle y était devenue, à l'exemple de la comédie mégarienne, espèce de bouffonnerie insolente contre les grands, l'instrument de la liberté et même de la licence démocratique. Son objet était la satire de la vie publique, satire personnelle dans ses attaques, qui n'épargnait aucun vice, aucun ridicule, quelquefois aucune vertu, on peut ajouter aucune supériorité sociale ; c'était une justice et souvent une vengeance démocratique, et sous le niveau auquel elle soumettait toutes choses passaient même les dieux de l'État, obligés, comme les citoyens, d'entendre la plaisanterie.

Dans ces personnalités n'étaient pas oubliés les poëtes, surtout les poëtes tragiques. Venue après la tragédie, la comédie affectait d'en parodier les formes générales et les scènes les plus célèbres, à divers titres, par leur beauté ou par leur ridicule.

Quelquefois cette comédie, satire démocratique, fut tournée courageusement contre les flatteurs du peuple et contre le peuple lui-même, qu'Aristophane a si énergiquement représenté comme un vieillard imbécile mené par ses valets.

Ce genre était attaché à la fortune de la démocratie ; il devait se modifier, passer avec elle. Chaque réforme sociale, dans un sens aristocratique, oligarchique, lui enleva quelque chose, par exemple le droit de nommer ceux qu'elle attaquait; le droit de les faire reconnaître par le masque; la personnalité. De là, après une comédie de transition, moitié personnelle, moitié générale, la Comédie moyenne, une troisième, la Comédie nouvelle, imitation de la vie privée, n'offrant plus, sous des personnages fictifs, que des peintures abstraites, la vraie comédie et l'analogue dramatique d'une des formes les plus élevées de la satire.

La Comédie nouvelle nous conduit au temps de la poésie alexandrine, où Timon de Phlionte, philosophe et poëte, s'illustre dans un genre de poésie satirique appelé Silles[1].

On dispute beaucoup sur l'étymologie de ce mot, s'accordant sur le sens, qui en fait un synonyme du mot Satire.

Quant au genre, on le fait remonter, par extension, à des poëtes qui ont été satiriques, et que, pour cela, on appelle, mais probablement à tort, sillographes, par exemple Xénophane de Colophon, qui attaqua dans des vers satiriques Homère et Hésiode sur leurs opinions à l'égard des dieux. On a été même jusqu'à appeler Homère, à cause du portrait de Thersite et de passages analogues, un sillographe. Il n'y a de sillographe, d'écrivain qui ait composé un ouvrage spécial du nom de Silles, que Timon de Phlionte. Ses Silles avaient pour sujet la philosophie ou plutôt les philosophes, dont il raillait les systèmes et les disputes. Cet ouvrage, assez étendu, — il comprenait trois livres, — était de formes variées, mêlé de récits, de dialogues; il était écrit, sur le ton de la parodie surtout, dans le mètre homérique; des vers d'Homère y étaient introduits avec changements ou pour la forme ou pour le sens, et appliqués plaisamment, avec leur dignité épique, à la guerre des philosophes.

Qui les poussa à ces discordes, à ces combats funestes? Le trouble, qui marche avec le bruit; c'est lui qui, par la haine du silence, envoya aux hommes le bavardage, fléau funeste, dont beaucoup moururent[2].

Quelles querelles, quelles misérables disputes vous égarent, mortels insensés, outres gonflées de pensées vaines[3]?

.... Platon.... l'harmonieux orateur, semblable aux cigales, qui, posées sur les arbres du bosquet d'Académus, font entendre leur douce voix[4].

Timon n'épargnait que son maître Pyrrhon et les pyrrho-

1. Sur les *Silles*, voyez Fr. Paul, *De Sillis Græcorum*, Berlin, 1821.
2. Fr. Paul, 4ᵉ fragm. — 3. *Ibid.*, 5ᵉ fragm. — 4. *Ibid.*, 23ᵉ fragm.

niens; tous les autres étaient traités sans ménagement et fort plaisamment tournés en ridicule.

Reçu par Ptolémée Philadelphe, le poëte sillographe n'épargna pas davantage les savants, les philosophes, les littérateurs du Musée, oiseaux savants qu'il représentait gaiement comme enfermés dans la volière des Muses.

L'Égypte aux nombreuses tribus nourrit un grand nombre de savants copistes se disputant sans fin dans la volière des Muses[1].

De tels fragments et d'autres encore sont propres à faire regretter la perte de ce poëme célèbre, qui devait être fort divertissant, et dont nous pouvons nous former quelque idée en réunissant à la verve moqueuse de Voltaire, dans sa pièce des Systèmes, les formes héroï-comiques de Boileau dans le Lutrin.

Un des habitants de la volière des Muses, c'était le fameux Callimaque, qui composa, contre un disciple ingrat, Apollonius de Rhodes, un poëme satirique intitulé, comme une pièce d'Ovide qui en était probablement imitée, *Ibis*. Ajoutons-le donc à cette liste si nombreuse des poëtes grecs, qui, à toutes les époques, ont fait de la poésie satirique.

Dans cette énumération, nous ne comprenons pas, comme on a fait quelquefois, par exemple Le Batteux, le drame satyrique, drame de nature mixte, dans lequel reparaissaient les personnages habituels de la tragédie, ses dieux et ses héros, avec la dignité de leurs noms et de leur langage, mais un peu compromis cependant, un peu rabaissés par la familiarité de l'intrigue, par le commerce de personnages d'ordre subalterne, quelquefois risiblement effrayants, centaures, cyclopes, brigands, tyrans fameux et autres; enfin par la pétulante gaieté d'un chœur, témoin consacré de ce genre d'actions, qui donnait à la composition, plus que toute autre chose, sa forme et son caractère, qui lui imposa son nom, d'un chœur de satyres. Le drame

---

1. *Ibid.*, 2ᵉ fragm.

satyrique, c'était, selon l'expression d'un ancien rhéteur, Démétrius[1], la tragédie en belle humeur, παίζουσα τραγῳδία. Horace, qui en a tracé la poétique à l'usage des imitateurs romains, ne le regarde que comme appartenant au genre dramatique. Si les moqueries de ces satyres, qu'il appelle *risores, dicaces*, eussent eu quelque rapport avec la poésie satirique, avec la satire proprement dite, il n'eût pas manqué de le dire, lui qui rapproche, non pas pour la forme, mais pour l'esprit de la composition, Lucilius des poëtes de l'Ancienne comédie :

Eupolis, Cratinus, Aristophane, tous les poëtes de l'ancienne comédie, lorsqu'il s'offrait à leurs pinceaux un fourbe, un voleur, un adultère, un assassin, quelque homme infâme et décrié, n'hésitaient point à le flétrir sans ménagement. C'est là tout Lucilius. Voilà ceux qu'il a suivis en vers d'autre mesure seulement.... »

Eupolis, atque Cratinus, Aristophanesque poetæ, etc.[2].

Le même Horace dit quelque part que les Grecs n'avaient pas touché au genre de la satire :

Et Græcis intacti carminis auctor[3].

et, après lui, Quintilien a écrit : *Satira tota nostra est*[4].

On peut, d'après ce qui a été dit, apprécier la valeur de cette assertion par trop nationale, et la restreindre dans de justes limites. Ce qui appartient aux Romains, c'est uniquement cette forme de discours suivi, en hexamètres le plus souvent, sous laquelle se montre la satire chez Lucilius, Horace, Perse, Juvénal, et, depuis, chez tous les satiriques. Et cette forme encore, on a pu voir que Callimaque, que Timon n'étaient pas loin de l'avoir rencontrée. Il y a des critiques qui ne font point de différence[5] ou qui en font peu[6] entre les Silles grecs et les satires.

1. *De Elocut.*, § 169. — 2. *Sat.*, I, IV, 1-7.
3. *Sat.*, I, x, 66. — 4. *Inst. orat.*, X, I, 93.
5. Dan. Heinsius, *Præfat. ad Horat.*
6. Casaubon, *De sat. poes. Græc. et Rom.*

L'originalité de la satire latine ainsi réduite à sa juste mesure, il faut chercher comment les Romains sont arrivés à ce genre, dont ils revendiquent avec quelque orgueil l'invention.

Mais c'est là une question nouvelle, dans laquelle je ne veux pas, je ne dois pas m'engager aujourd'hui. Elle est obscure, comme toutes les questions d'origine ; elle a été fort débattue, et les disputes de la critique n'ont pas contribué à l'éclaircir ; elle a du reste son importance et même son intérêt, pour ceux du moins qui, comme nous, veulent faire de l'histoire de la satire latine une étude particulière. Avec ce dessein, il ne peut être indifférent de savoir quel a été le point de départ incertain et confus d'un genre auquel le génie divers de Lucilius, d'Horace, de Perse, de Juvénal a donné des formes distinctes, précises, arrêtées, des formes durables, en dehors desquelles les imaginations modernes les plus heureuses, les plus originales, n'ont pu se produire. Cette question, au reste, nous n'y insisterons pas plus que de raison, et nous nous hâterons d'arriver à ces œuvres, notre objet principal, où la censure, tantôt rude, âpre, mordante, tantôt indulgente, discrète, délicate, enjouée, tantôt grave et austère, tantôt véhémente et emportée des vices et des ridicules contemporains, a servi comme de cadre à des peintures de la nature humaine d'une éternelle vérité, à d'immortelles expressions du beau moral et du beau littéraire.

DEUXIÈME PARTIE

ÉTUDES SUR LES ANCIENS POËTES LATINS [1].

I

LIVIUS ANDRONICUS ET NÉVIUS

(JOURNAL DES SAVANTS, cahiers de janvier, mars, mai, 1862, p. 37, 172, 286.— cahier d'août 1859, p. 457.)

DE NÆVII POETÆ VITA ET SCRIPTIS. *Disseruit Maximilianus Josephus Berchem, D^r phil. Monasterii, typis et sumptibus librariæ Coppenrath*, 1861, in-8 de 111 pages.

I

Névius qui a sa place, et une place importante, dans tous les recueils où l'on a rassemblé les débris de l'antiquité latine, dans toutes les histoires où l'on a retracé les origines de la poésie des Romains, a été aussi le sujet de quelques dissertations spéciales, comme celles que lui ont consacrées, en 1841 et 1843, MM. Schütte[2] et Kluss-

---

1. Comme je l'ai déjà annoncé dans ma préface, je comprends sous ce nom, avec les poëtes anonymes des cinq premiers siècles de Rome, ceux qui, au sixième et au septième, de Livius Andronicus à Cicéron, par des productions de toutes formes, bien rudes encore, mais où l'art se polissait par degrés, où se marquaient aussi, chez ces imitateurs des Grecs, certains progrès d'originalité, ont préparé l'ère classique de la poésie latine, l'avènement des Lucrèce et des Catulle, des Virgile et des Horace.
2. *De Cn. Nævio poeta particula prima.* Herbipoli, 1841.

mann[1]. C'est à ces deux ouvrages, et surtout au second, que se rattache la dissertation nouvelle de M. Berchem. L'auteur y discute, en les amendant, en les complétant, quelquefois aussi en les combattant, avec érudition et sagacité, les idées de ses deux devanciers, et à l'occasion de beaucoup d'autres critiques allemands, sur les circonstances restées obscures de la biographie de Névius, sur le genre, le nombre, les modèles, les sujets, les mérites de ses diverses compositions, tragiques, comiques, épiques, sur le rôle qu'il a joué dans l'avénement tardif des arts de l'esprit chez les Romains.

Les cinq premiers siècles de leur histoire nous montrent un peuple continuellement occupé, aux champs de labourage, à la ville d'affaires contentieuses; auquel d'ailleurs les troubles civils et la guerre ne laissaient aucun loisir, pour qui l'activité était la vertu suprême, le mot *industrius*, dont il usait tant, le plus grand des éloges, *iners*, le blâme le plus sévère; qui, par conséquent, devait estimer médiocrement les poëtes, y voyait des oisifs, des fainéants, des parasites, ou, s'il lui convenait d'en juger, d'en parler plus honorablement, des rédacteurs de certaines formules nécessaires à la vie publique, des scribes, *scribæ*, dont le travail s'appelait *scriptura*.

Un tel peuple semble d'abord bien prosaïque. La poésie lui a-t-elle donc manqué? Non; mais elle était pour lui surtout dans les choses, dans l'impression qu'il recevait directement des choses, sans l'intermédiaire de la parole.

Ce peuple travaillait avec ardeur à une histoire admirable, à laquelle la croyance populaire donnait pour point de départ des origines merveilleuses; à laquelle, d'autre part, l'ambition nationale assignait un terme des plus magnifiques, la conquête du monde. Cette histoire recelait une épopée que les poëtes n'en dégageaient point encore, mais qui, dans l'action même, agissait sur les acteurs, à la ma-

---

[1]. *Cn. Nævii poetæ Romani vitam descripsit, carminum relliquias collegit, poesis rationem exposuit Ern. K.... Osnabrugensis.* Jenæ, 1843.

nière de la poésie épique, et en tenait la place. Ces premiers siècles n'en ont point connu d'autre.

La poésie était alors dans les spectacles dont la religion animait la vie agricole et la vie civile, dans les fêtes sans nombre, riantes ou majestueuses, que les poëtes devaient plus tard expliquer, raconter, décrire avec amour ; elle était, au barreau même, dans cette pantomime symbolique, accompagnement des formules consacrées de la procédure, qui des affaires courantes, des procès de chaque jour faisaient des espèces de drames ; elle était dans les scènes analogues qui prêtaient un intérêt dramatique aux rapports internationaux, aux conclusions de traités, aux déclarations de guerre : elle était surtout dans ces grandes représentations patriotiques des triomphes et des funérailles, glorifications, apothéoses visibles des grands citoyens, des grandes familles, de l'État lui-même.

Voilà quelle fut surtout la poésie dans les premiers siècles de Rome, poésie muette, qui n'avait de voix que dans les cœurs émus.

Cette autre poésie cependant, qui s'explique par la parole et par le mètre, qui agit par l'harmonie, par l'image, par le sentiment, n'était pas absente. Elle existait, mais bien timide, bien inexpérimentée, bien pauvre encore ; capable cependant, si des circonstances favorables survenaient, de croître, de grandir.

Il semble qu'elle répondait, par le double aspect sous lequel on peut la considérer, au grand fait intérieur de l'histoire de Rome, la division des ordres, qu'elle se partageait d'elle-même en poésie démocratique et poésie aristocratique.

La poésie démocratique, c'était, pour l'appeler de son nom littéraire, la poésie fescennine, ce dialogue facétieux, licencieux, insolent, né aux champs, transporté dans la ville, mêlé à certains usages de la vie domestique et de la vie publique, osant se faire entendre, avec effronterie, dans la gravité des noces et même dans la majesté des triomphes, où, à la suite du char patricien, il se montrait le libre interprète de la gaieté maligne, et quelquefois de la malveillance, de la rancune plébéienne.

De cette source sortirent, d'abord, un peu confusément, le drame; plus tard la satire; plus tard encore une des formes de l'églogue, le *carmen amœbœum*.

A la poésie aristocratique appartient tout le reste. Par les patriciens, chefs suprêmes de la religion, de la justice, du gouvernement, par eux, ou sous leurs ordres, étaient rédigés les prières, les hymnes d'un rituel invariable; les oracles par lesquels les dieux intervenaient dans la politique, et même dans l'administration; les sentences morales, les préceptes agronomiques, espèce d'enseignement public; les formules législatives et judiciaires qu'on appelait, du nom des vers, *carmina*; les chants commémoratifs de la gloire et de la vertu patriciennes, dans certains banquets solennels, dans les triomphes, et dans les funérailles; enfin les inscriptions triomphales, les inscriptions funèbres.

Ce fut là comme une autre source qui produisit le poëme didactique, le plus approprié qu'il y eut à l'esprit tout positif, tout pratique des anciens Romains; le poëme lyrique, qui n'a jamais pu manquer, même dans la simplicité indigente de leur berceau littéraire, à l'expression du sentiment religieux et du sentiment patriotique.

Voilà donc des genres, déjà assez distincts, qui commencent à se détacher par quelques linéaments du fond un peu confus de cette littérature primitive. Mais ils sont encore bien imparfaits et bien incomplets. Qui donnera à ceux dont on s'est avisé une forme plus achevée? Qui y ajoutera ceux dont on n'a pas encore l'idée? Qui corrigera l'âpreté, la grossièreté de la poésie démocratique, et, quant à la poésie aristocratique, si grave, si mâle, si énergique, mais qui n'est pas, il s'en faut, sans sécheresse et sans raideur, qui l'initiera au libre mouvement de l'imagination, à la variété, à l'intérêt, à l'harmonie, à l'élégance, aux grâces poétiques? Ce sera la muse grecque, quand elle se sera fait connaître aux Romains, quand elle les aura charmés et subjugués, quand se sera accomplie la conquête intellectuelle des vainqueurs par les vaincus.

Cette conquête se trouve poétiquement exprimée chez les

poëtes romains eux-mêmes, qui n'ont pas fait difficulté de rendre hommage à leurs conquérants, et d'abord par Porcius Licinius, auteur, à la fin du sixième siècle de Rome, ou au commencement du septième, comme on le conjecture, d'un ouvrage en vers, où il traitait, bien prématurément, des poëtes, *De poetis*.

C'est, a-t-il dit, vers le temps de la seconde guerre punique, que la Muse, d'un pied ailé, d'un essor belliqueux, se porta à la conquête du peuple farouche de Romulus.

> Pœnico bello secundo Musa pinnato gradu
> Intulit se bellicosam in Romuli gentem feram [1].

Ces vers, d'un beau caractère poétique, ont peut-être inspiré le passage célèbre d'Horace :

La Grèce, subjuguée, à son tour subjuga son farouche vainqueur; elle amena les arts dans le sauvage Latium : ainsi passa l'affreux vers saturnien, ainsi son âpreté s'adoucit, s'effaça par le progrès de l'élégance. Il resta toutefois longtemps et il reste encore dans notre poésie des traces de la rusticité première. C'est assez tard, en effet, que le vainqueur des Grecs porta son attention sur leurs écrits; c'est après les guerres puniques seulement, quand il fut enfin tranquille, qu'il en vint à s'inquiéter de ce qu'il pouvait y avoir de bon chez Sophocle, Thespis, Eschyle. Lui-même, se risquant à leur suite, essaya s'il ne pouvait pas les rendre d'une manière convenable, et fut assez content des premiers fruits de son génie naturellement élevé et ardent; car le souffle tragique, l'heureuse hardiesse ne lui manquent pas; seulement, dans son ignorance, les ratures lui semblent chose honteuse, et il en a peur.

> Græcia capta ferum victorem cepit, et artes
> Intulit agresti Latio : sic horridus ille
> Defluxit numerus Saturnius, et grave virus
> Munditiæ pepulere; sed in longum tamen ævum
> Manserunt, hodieque manent vestigia ruris.
> Serus enim græcis admovit acumina chartis,
> Et, post punica bella quietus, quærere cœpit
> Quid Sophocles, et Thespis, et Æschylus utile ferrent.
> Tentavit quoque rem, si digne vertere posset,

---

1. A. Gell. *Noct. att.* XVII, 21.

> Et placuit sibi, natura sublimis et acer :
> Nam spirat tragicum satis, et feliciter audet,
> Sed turpem putat inscite metuitque lituram [1].

Quel charmant chapitre d'histoire littéraire! Avec combien de justesse, de vivacité, d'esprit, de poésie sont rendus, dans ces vers, l'indifférence première des Romains pour ces papiers rapportés dans leur butin; leur regard, d'abord distrait et dédaigneux, puis qui cherche s'il n'y aurait pas là quelque chose d'utile à recueillir, préoccupation naturelle d'un peuple tout pratique; l'éveil de leur émulation, qui ne va d'abord, dans cette aventure, qu'à la simple traduction, leur succès relatif et leur contentement facile !

Ovide, à son tour, a répété Horace, non sans se souvenir quelque peu de Virgile [2]?

Alors n'avait pas encore transmis à ses vainqueurs ses arts vaincus la Grèce, cette patrie de l'éloquence, mais aussi d'une race peu virile. Qui avait bien combattu était habile dans l'art des Romains; qui pouvait lancer le javelot était assez éloquent.

> Nondum tradiderat victas victoribus artes
> Græcia, facundum, sed male forte genus.
> Qui bene pugnarat romanam noverat artem,
> Mittere qui poterat tela disertus erat [3].

Ces divers passages embrassent d'une manière générale l'époque où s'accomplit la révolution qui fit passer Rome victorieuse sous la domination intellectuelle de la Grèce vaincue; vaincue d'abord dans l'Italie méridionale, puis dans la Sicile, enfin en Grèce même. La prise de Tarente est de l'année 478 de Rome; celle de Syracuse, de 542; celle de Corinthe, de 608. C'est en 514, la première guerre punique achevée, que commence par Livius Andronicus l'imitation des lettres grecques; elle se continue avec ardeur, vers le temps de la seconde, par Névius, que suivront de près Plaute et Ennius.

---

1. *Epist.*, II, I, 156. — 2. *Æneid.* VI, 847. — 3. *Fast.*, III, 101.

De telles révolutions ne commencent pas à un jour déterminé; elles sont préparées, amenées de loin par des causes qui les rendent inévitables. Pour qu'un peuple passe sous la domination poétique d'un autre peuple, il faut qu'il y ait dans sa poésie, dans la langue, dans le mètre qu'elle emploie, dans le fond sur lequel elle travaille, quelque chose qui soit à la fois et inférieur et analogue à la poésie dont il va subir le joug. Or, c'est précisément la situation où se trouvait à l'égard de la poésie grecque la poésie latine. Elle était (cela serait facile à établir, mais exigerait des développements que ne comporte point cette exposition rapide), elle était, quant à la langue, quant au mètre, et quant au fond poétique, c'est-à-dire à la fable, comme fatalement destinée à s'assimiler à la poésie grecque, à s'y absorber. La langue, le mètre, la fable envahis et conquis comme des places avancées, la conquête de la poésie suivait d'elle-même. Livius Andronicus et Névius n'eurent véritablement qu'à l'achever.

Du reste, la civilisation grecque investissait de toutes parts la barbarie romaine.

Les lois, les *carmina* des douze tables, passaient pour s'être inspirées des lois grecques, et une statue dans le comice avait été élevée à l'Éphésien Hermodore, conseil des décemvirs[1].

La philosophie de Pythagore, née et établie dans l'Italie méridionale, avait gagné, de proche en proche, jusqu'aux Romains. Nous en avons un témoignage dans l'anachronisme accepté par Ovide, à la fin des *Métamorphoses*[2], qui fait de Numa, chronologiquement antérieur à Pythagore, le disciple du philosophe. Un autre témoignage, c'est ce poëme d'Appius Claudius Cæcus, que Cicéron qualifie de pythagorique[3] et qui était probablement une traduction, une imitation des vers dorés de Pythagore.

1. Plin., *Hist. nat.*, XXXIV, II, 2. Cf. *Digest.* I, tit. II, *De Origin. juris* § 4, *De Legg. XII Tabb.*
2. *Métam.* XV, 1 sqq.
3. Cic. *Tusc.*, IV, 2. Cf. Sallust. *De republ. ordinanda*, Epist. II, 1; Quintilian. *Inst. orat*, XII, 9; Priscian. VIII, Putsch., p. 792; Non. v v. *Stuprum, rabula*, etc.

Au temps d'Appius Claudius Cæcus, la guerre de Pyrrhus mettait les Romains en rapport avec les Grecs, les initiait à la connaissance des choses de la Grèce. Fabricius, Curius, Coruncanius, ces représentants des mœurs austères et fortes de l'ancienne Rome, apprenaient avec étonnement de Cynéas, à la table de Pyrrhus, qu'il y avait à Athènes un philosophe qui enseignait l'indifférence des dieux à l'égard des hommes, la mortalité de l'âme, la recherche de la volupté, la fuite des devoirs de la vie publique, dans l'intérêt du bonheur. Fabricius souhaitait qu'une telle doctrine pût être celle de Pyrrhus et des ennemis de Rome [1]. Les convives de Pyrrhus ne se doutaient pas que cette philosophie, qui scandalisait leur vertu, serait, dans un avenir peu éloigné, celle de Rome elle-même, et compterait parmi les causes les plus actives de sa décadence.

Un peu auparavant, les ambassadeurs romains reçus à Tarente, dans le magnifique théâtre vanté par Florus [2] où les Tarentins tenaient leurs assemblées, ne se doutaient pas non plus que de cette scène sur laquelle s'étaient jouées les comédies de Rhinton, et, entre autres, son Amphitryon, il leur viendrait quelques-uns des modèles de cette comédie, dont ils devaient sous peu faire leurs délices. Ils ne se doutaient pas que de ce peuple, qui insultait à leur mauvais grec [3], sortirait dans quelques années leur premier instituteur littéraire, le fondateur de leur langue poétique, de leur poésie dramatique, épique, lyrique, ce Tarentin donné à Rome par la conquête, et, sans qu'on pût le soupçonner, la meilleure part du butin, Livius Andronicus.

Tels sont, en effet, les divers aspects sous lesquels le prédécesseur de Névius, son prédécesseur immédiat, qui l'eut pour contemporain et pour émule, nous apparaît dans les souvenirs de la critique. On l'y voit enseignant les lettres grecques non-seulement aux enfants du maître

---

1. Cic. *de Senect.*, XIII; Plutarch. *Vit. Pyrrhi*, XXIV.
2. *Epit. rer. Romanarum.* I, 18.
3. Appian., *De reb. Samniticis*, IX.

romain, M. Livius Salinator, qui lui donna, en l'affranchissant, son nom de Livius, mais à la haute société romaine[1]; faisant dans sa nouvelle patrie l'éducation de la langue et de la littérature elles-mêmes, par des ouvrages de formes diverses, où il se montre universel, parce qu'il n'est que traducteur, imitateur; inaugurant, comme poëte, par quelques comédies, par un plus grand nombre de tragédies, le théâtre régulier[2], et y introduisant comme acteur, par la séparation de la parole et du geste[3], des usages qui ne seront pas sans influence sur les destinées ultérieures de l'art dramatique; amenant, par sa traduction de l'*Odyssée*[4], la venue si longtemps retardée de la poésie épique; passant de la traduction, de l'imitation à des inspirations plus libres, plus personnelles, lorsque, dans une grande circonstance, une cérémonie expiatoire, pour détourner l'effet de prodiges effrayants[5], il se rend par ses vers l'interprète des sentiments publics, et fait connaître aux Romains, à peu près le premier, ce dont leurs anciens hymnes religieux, leurs anciens chants patriotiques leur avaient donné seulement une faible idée, la poésie lyrique; enfin, à ces divers titres, objet pour les Romains d'honneurs extraordinaires de caractère presque religieux[6].

Livius Andronicus a dû avoir et a eu, tout aussitôt, des successeurs. Tite-Live en nomme un[7], P. Licinius Tegula, qui, en 552, remplit le même rôle qu'avait rempli en 545 Livius Andronicus, celui de poëte lyrique chargé de prêter une voix aux sentiments de tous.

Mais son plus prochain, son véritable successeur, c'est Névius. Névius l'a continué avec un progrès sensible pour l'art de la versification et l'art du style, pour la précision, l'élégance, l'harmonie, le talent poétique, le mouvement

---

1. Sueton., *De illustr. grammaticis*, c. 1. Cf. Hieronym. in Euseb. *Chronico*.
2. Cic., *Brut.*, XVIII; *Tusc.* I, 1.
3. Tit.-Liv. *Hist.* VII 2; Val. Max. II, 4.
4. Cic. *Brut.* XVIII; Horat. *Epist.* II, 1, 69.
5. Tit.-Liv., *Hist.* XXVII, 37.
   Fest. v. *Scribæ*.
   Hist. XXX, 12.

original de la pensée; il l'a continué, non pas dans l'ode, mais dans la comédie, la tragédie, l'épopée. Il a eu, comme lui, cette universalité un peu trompeuse des poëtes qui fondent par l'imitation une littérature. Comme lui aussi et plus que lui, il n'est pas resté simple traducteur, simple imitateur; il a connu la liberté des inspirations personnelles, soit dans ses imitations de la Moyenne et de la Nouvelle comédie athénienne, où, sous le *pallium* de la *fabula palliata*, il paraît s'être attaqué quelquefois aux choses romaines, et même, avec une hardiesse agressive qui relevait à la fois et de l'antique poésie fescennine, et des exemples d'Aristophane, en poëte animé de passions démocratiques (l'aristocratie le lui a fait payer cher), à quelques grands, à quelques puissants personnages de Rome; soit surtout dans des ouvrages plus complétement originaux dont Rome lui a fourni le sujet même, des tragédies où, pour la première fois, l'acteur parut revêtu de la prétexte, des *fabulæ prætextæ;* un grand poëme où l'humble soldat de la première guerre punique s'en rendit au retour, sinon l'Homère, c'est un titre qui n'a été décerné qu'à l'auteur des *Annales*, à Ennius, du moins le poétique historien. Névius est le premier en date de ceux dont Horace a pu dire :

Il n'est rien que n'aient tenté nos poëtes et ils ne se sont pas fait peu d'honneur, lorsqu'ils ont osé quitter la trace des Grecs et traiter des sujets nationaux, dans la tragédie, dans la comédie, habillant leurs acteurs de la prétexte ou de la toge.

> Nil intentatum nostri liquere poetæ,
> Nec minimum meruere decus, vestigia græca
> Ausi deserere et celebrare domestica facta,
> Vel qui prætextas, vel qui docuere togatas [1].

On conçoit qu'un poëte de qui la poésie latine, à sa naissance, avait reçu une si heureuse impulsion, ait obtenu des Romains un long souvenir; que Cicéron l'ait compris souvent au nombre de ces vieux auteurs dont il vantait et citait volontiers les ouvrages, avec une sorte de patrio-

---

1. *De arte poet.*, v. 285.

tisme littéraire [1]; qu'il ait eu ses lecteurs persévérants, ses admirateurs enthousiastes dans le siècle même d'Auguste, en dépit des grands poëtes du temps, que blessait cette passion affectée pour les œuvres du passé, comme en témoigne la piquante réclamation d'Horace :

Névius n'est-il pas dans toutes les mains, présent à tous les esprits, presque comme un contemporain, tant semble vénérable un vieux poëme quel qu'il soit.

> Nævius in manibus non est, et mentibus hæret
> Pæne recens? adeo sanctum est vetus omne poema [2].

qu'enfin, bien plus tard encore, il ait tenu tant de place dans les préoccupations archaïques de Fronton et de son impérial élève Marc-Aurèle; celui-ci écrivant à son maître que sa lettre l'a rempli, comme dit Névius, d'un amour à mort, *amore capitali;* l'autre plaçant Névius parmi ceux des vieux auteurs romains qui ont excellé dans le choix des mots, *qui se in eum laborem studiumque et periculum verba industriosius quærendi sese commisere;* de ces mots qu'il appelle inattendus, inopinés, *insperatum atque inopinatum verbum.... quod præter spem atque opinionem audientium aut legentium promitur;* mots vieillis, à la portée seulement des chercheurs opiniâtres, des érudits patients, *quæ non nisi cum studio, atque cura, atque vigilia, atque multa veterum carminum memoria indagantur* [3].

Fronton reproche à Cicéron, si savant dans la vieille langue des Romains, si disposé à en citer partout avec complaisance les monuments, mais qui pour son usage se contentait judicieusement de la langue de son temps, de n'avoir pas eu ce genre de curiosité. C'est celui des grammairiens qui ont tenu note des expressions de Névius et ont ainsi conservé accidentellement la mémoire de ses

---

1. Cic., *De Senect.* c. XIV; *Brut.* c. XV, XIX; *De Orat.* III, 12 etc.
2. *Epist.* II, 1, 53.
3. *Marci Aurelii et M. C. Frontonis epistolæ,* II, 5; IV, 3. Voyez, dans la traduction qu'a donnée en 1830, de ces lettres récemment retrouvées et publiées par le cardinal Mai, feu Armand Cassan, t. I, p. 107, 229, 231.

ouvrages; non sans donner lieu à des doutes sur l'exactitude de ces textes que leurs copistes nous ont transmis bien altérés, et même sur leur provenance, en raison de la confusion facile du nom de Névius avec ceux d'autres poëtes latins, tels que Livius, Novius, Lévius et même Ennius. De là, comme aussi de la rareté et de l'insuffisance des témoignages, des obscurités qui n'ont fait qu'exciter le zèle et aiguiser la pénétration des restaurateurs modernes du vieux poëte. On me permettra de revenir dans un second article sur les résultats de leurs travaux et sur ce qu'y ont ajouté les recherches nouvelles de M. Berchem.

II

Le second en date des poëtes latins était-il, ainsi que le premier, né hors de Rome? M. Berchem[1] aborde, après beaucoup d'autres critiques, cette question, et penche pour ceux qui ne se croient pas suffisamment autorisés à regarder Névius comme Campanien d'origine, par ce qu'a dit Aulu-Gelle[2], de la *superbe campanienne* avec laquelle il a parlé de lui-même, ou avec laquelle on l'en a fait parler, dans cette épitaphe, en effet bien orgueilleuse :

S'il convenait à des immortels de pleurer des mortels, les divines Muses pleureraient le poëte Névius. Une fois qu'il eut passé dans le trésor de Pluton, on ne sut plus à Rome parler la langue latine.

> Immortales mortales si foret fas flere,
> Flerent divæ Camenæ Nævium poetam.
> Itaque postquam est Orci traditus thesauro,
> Obliti sunt latina Romæ loquier lingua[3].

1. P. 2 et suiv. — 2. *Noct. att.* I, 24.
3. Texte préféré par M. Berchem, p. 3. Voyez, sur les très-diverses manières dont on a lu ces vers, Klussmann, p. 201.

Il est permis de croire d'après des passages analogues[1] que, dans la phrase d'Aulu-Gelle, cette expression : *Epigramma Nævii plenum superbiæ Campanæ* n'a qu'une valeur proverbiale sans rapport avec la patrie du poëte.

Écartant les argumentations subtiles par lesquelles son prédécesseur, M. Klussmann[2], a cherché à établir que cette patrie n'était autre que Rome, M. Berchem, qui se range pourtant à cette opinion, comme à la plus vraisemblable, n'adopte, comme propres à l'appuyer, que les considérations suivantes. Dans la Chronique d'Eusèbe, où le lieu de naissance des poëtes latins est généralement indiqué, cette indication manque pour Névius, ce qui semble faire entendre, sans que le chroniqueur le dise expressément, qu'il était Romain. Il y avait à Rome, bien antérieurement au poëte, une porte et des bois voisins de cette porte qui portaient le nom de Névius, *porta Nævia, nemora Nævia*[3], et qui peut-être le tenaient de quelque ancien membre de sa famille. On rencontre dans l'histoire, et dès le temps du poëte, plusieurs romains du nom de Névius, un entre autres, dit M. Berchem[4], je ne sais d'après quelle autorité, qui se distingua, en l'an de Rome 543, dans une expédition contre Capoue. Peut-être eût-on dû rappeler ici le tribun M. Névius, que quelques témoignages historiques[5] mettent au nombre des accusateurs du premier Africain, en 565, et dont le grand homme indigné se vengea par un bon mot qu'a rapporté Cicéron[6] : *Quid hoc Nævio ignavius?* Il n'y avait pas bien longtemps que le poëte Névius avait lui-même accusé Scipion, mais, selon sa mesure, littérairement, dans des vers de comédie[7], sur lesquels nous aurons à revenir. Cette communauté de sentiments et d'actes hostiles à l'égard de Scipion chez deux de ses contemporains qui précisément ont porté le même

---

1. Cic., *De Leg. agraria*, I, 7 ; II, 33. — 2. P. 5 et suiv.
3. Varron., *de Ling. latina*, ed. C. O. Müller, V, 163; Fest. *De verb, significatione*, fragm. Cf. T. Liv. *Hist.* II, 11.
4. P. 4, 17.
5. T. Liv. *Hist.* XXXVIII, 56; Val. Max. III, vii, 1; A. Gell. *Noct. att.* IV, 18, etc.
6. *De Orat.*, II, 61. — 7. A. Gell. *Noct. att.* VI, 8.

nom, n'invite-t-elle pas à les croire de la même famille, famille plébéienne, et, comme tels, animés contre le patriciat et son illustre représentant de la même passion démocratique?

Un passage de Cicéron[1], avec lequel s'accorde la Chronique d'Eusèbe, fait mourir Névius en l'an de Rome 550 et M. Berchem[2] ne voit pas pourquoi on ne s'en tiendrait pas à cette date. Cicéron la donne d'après d'anciens documents, *ut in veteribus commentariis scriptum est*, sans s'arrêter au dissentiment de Varron, qui, tout exact antiquaire qu'il était, *diligentissimus investigator antiquitatis*, prolongeait un peu la vie de Névius, par une raison bien arbitraire, à ce qu'il semble : pour qu'elle pût concorder davantage avec celle de son contemporain Plaute, mort en 570. Quelques modernes, il est vrai, ont dit à l'appui de Varron qu'avant l'année 552, où Scipion remporta la victoire de Zama, Névius n'aurait pu, dans les vers[3] rappelés plus haut, et que nous citerons par la suite, opposer les légèretés de sa jeunesse aux actes glorieux qui les ont suivies. Mais M. Berchem répond fort bien qu'il suffit des premiers succès de Scipion par lesquels il fut désigné de si bonne heure comme le futur vainqueur d'Annibal, le futur libérateur de Rome, pour justifier les paroles du poëte.

Cicéron, par un autre passage[4], a mis les critiques, et avec eux M. Berchem, sur la voie d'une autre date. Appeler Névius, à une époque voisine de l'année 550, de ce nom de vieillard, *senex*, qui suppose, d'après les habitudes latines, soixante ans d'âge, c'était dire implicitement qu'il n'était pas né plus tard qu'en 490, et peut-être aussi un certain nombre d'années plus tôt.

Reste une date plus difficile à établir. En quelle année Névius a-t-il donné sa première pièce? En 519, dit Aulu-Gelle[5], dans l'année qui vit à Rome le premier divorce. Mais, ce divorce fameux, il le place, dans un autre passage[6],

---

1. *Brut.* XV, 60.
2. P. 4 et suiv. — 3. A. Gell. *Noct. att.* VI, 8.
4. *De Senect.* XIV, 50. — 5. *Noct. att.* XVII, 21.
6. *Ibid.* IV, 3.

sous des consuls qui sont, selon lui, de 523, mais, en réalité, de 527. De là, et d'autres passages encore, particulièrement de Denys d'Halicarnasse[1], une grande incertitude. Après de savantes discussions, dans lesquelles il serait trop long de les suivre et auxquelles il vaut mieux renvoyer, M. Klussmann et M. Berchem se prononcent, le premier pour 523, le second pour 527. Quelle que soit celle de ces dates diverses à laquelle on donne la préférence, le début dramatique de Névius aura suivi d'assez près celui par lequel Livius Andronicus, en 514, inaugura la poésie latine proprement dite, et il y a lieu d'admirer quels progrès rapides elle a fait d'un poëte à l'autre, dans un si petit nombre d'années.

Cette date indécise fait de la vie de Névius deux parts à peu près égales, mais bien diverses, vouées, l'une aux devoirs du service militaire, l'autre à la culture des lettres. Soldat de la première guerre punique dans ses jeunes années[2], Névius la célébra en vers épiques dans sa vieillesse[3], après s'être illustré au théâtre par des compositions de toutes sortes, comiques et tragiques, de sujets grecs ou de sujets romains. Telle devait être aussi, un peu plus tard, la vie d'Ennius, de ce centurion poëte, qui, après ses longues campagnes dans les troupes auxiliaires fournies aux armées romaines par l'Italie méridionale, sa patrie, vint, âgé déjà de quarante ans, se fixer à Rome qu'il charma, pendant trente autres années, par ses vers; à laquelle il donna toute une littérature poétique, des tragédies, des comédies, des satires, des poëmes didactiques, et, second Homère, comme on l'appelait, une épopée! Mais, dans des carrières si semblables, quelles fortunes différentes! Ennius, admiré du peuple, n'en fut pas moins aimé des grands, d'un Fulvius Nobilior, qui fit de l'homme de Rudies un citoyen romain:

Nos sumu' Romani, qui fuvimus ante Rudini[4];

1. *Ant. Rom.* II, 25. — 2. A. Gell. *Noct. att.* XVII, 21.
3. Cic., *De Senect.* XIV, 50.
4. Cic. *De Orat.*, III, 42. Voy. Vahlen, *Ennianæ poeseos reliquiæ*, 1854, p. 66.

de Caton et du premier Africain tout ensemble, malgré leurs inimitiés ; de l'un qui l'avait amené à Rome, de l'autre qui lui destina une place dans le tombeau même des Scipions. Névius, au contraire, nous savons par Aulu-Gelle[1] sa douloureuse histoire, Névius, cédant imprudemment aux malignes inspirations de sa muse plébéienne, osa entrer, avec une aristocratie orgueilleuse, impatiente, armée, contre les licences de la satire, de lois redoutables, dans une lutte où il devait inévitablement succomber. Vengeant les injures des Métellus et des Scipions, ces magistrats de police qu'on appelait triumvirs le jetèrent dans une prison, où Plaute, par une allusion imprévue, au milieu d'une scène bouffonne qui retraçait les attitudes d'un homme d'intrigue méditant une fourberie, l'a représenté, la tête tristement appuyée sur sa main, et avec deux gardiens, c'est-à-dire, dans ce style comique, deux chaînes, qui ne le quittent point.

.... Eh mais! il bâtit; le voilà qui étaye son menton d'un arc-boutant. Fi! je n'aime pas cette manière de bâtir! Car il y a, m'a-t-on dit, un poëte latin qui a le col arc-bouté, tandis que deux gardiens se tiennent en sentinelle couchés incessamment auprès de lui[2].

Ecce autem ædificat; columnam mento subfulsit suo.
Apage! non placet profecto mi illa inædificatio.
Nam os columnatum poetæ esse inaudivi barbaro,
Quoi bini custodes semper totis horis adcubant[3].

Plaute a-t-il voulu, dans ces vers, insulter lâchement à la disgrâce d'un confrère, d'un émule? Il ne faudrait pas le conclure de l'épithète *barbarus* qu'il s'applique quelquefois à lui-même, et par laquelle il fait entendre un traducteur étranger, un traducteur latin de la poésie grecque :

Demophilus scripsit, Marcus vortit barbare.

Philemo scripsit, Plautus vortit barbare[4].

1. *Noct. attic.* III, 3.
2. Trad. de M. Naudet. — 3. Plaut. *Mil. glor.* II, II, 56.
4. Id. *Asin.* prol. v, 11; *Trinum.* prol., v, 19.

Ce que voulait Plaute, j'aime à le penser, c'était plutôt appeler sur cette disgrâce l'attention du peuple et des pouvoirs populaires. Son appel fut entendu ; les tribuns s'en émurent et, après avoir fait écrire au poëte captif, comme réparation de ses délits dramatiques, deux nouvelles comédies, cette fois inoffensives, ils le tirèrent de sa prison. Mais Névius ne jouit pas longtemps de ce retour à la liberté. L'inimitié persévérante des grands le força bientôt de quitter Rome pour aller mourir à Utique. C'est ce que nous apprend la Chronique d'Eusèbe:

Olympiade CXLIV Nævius comicus Uticæ moritur, pulsus Roma factione nobilium ac præcipue Metelli.

On ne doit pas entendre par là, comme on l'a fait[1], que Névius a été exilé à Utique. D'abord, la phrase ne parle pas d'exil; ensuite, il n'était pas d'usage d'assigner aux exilés une résidence déterminée. Il y aurait, d'autre part, quelque inconvénient à entendre que Névius s'était volontairement retiré à Utique, dans une ville qui tenait pour les Carthaginois et que les Romains assiégeaient cette année même où on l'y fait mourir[2]. Un tel choix eût été bien étrange de la part du soldat et du chantre de la première guerre punique, qui faisait, des souvenirs de sa vie militaire et de la composition de son poëme, la consolation et le charme de sa vieillesse[3]. M. Berchem conjecture[4] ingénieusement qu'il avait cherché dans le camp même de Scipion (comptant apparemment sur l'oubli généreux de ses anciennes épigrammes contre le général, ou peut-être, ce qui arrive, les ayant lui-même oubliées) un asile plus digne de lui.

Mais la dignité du soldat des légions romaines, du citoyen de Rome, n'est-elle pas quelque peu compromise par cette autre supposition de M. Berchem, au moyen de laquelle, selon lui, s'expliqueraient mieux le scandale et la

---

1. Voyez Klussmann, p. 22 et suiv.
2. T. Liv. *Hist.* XXIX, 35.
3. Cic., *de Senect.* XIV, 50. — 4. Pag. 5, 13.

répression des attaques personnelles de Névius contre les grands, la supposition que, comme son prédécesseur Livius Andronicus, il a été acteur dans ses pièces? Il est bien vrai que Tite-Live, qui le dit[1] de Livius Andronicus, ajoute qu'il en était ainsi de tous les autres : *Idem scilicet, id quod omnes tum erant, suorum carminum actor*. Mais je vois dans le même chapitre qu'après l'introduction des pièces régulières par Livius Andronicus, la jeunesse romaine abandonna le soin de les jouer aux acteurs de profession, à ceux que, d'un mot étrusque, on appelait histrions, se réservant seulement l'antique *satire*, confondue avec le genre, nouvellement emprunté aux Osques, de l'*atellane*, parce que sa participation à la représentation de ces ouvrages ne lui faisait pas courir le risque d'être retranchée de la tribu et de la légion. Or, en admettant que Névius, une fois quitte du service militaire, n'ait pas eu à craindre la seconde de ces exclusions, il restait toujours sous le coup de la première, et, pour prétendre qu'il n'en a pas tenu compte, il faudrait l'autorité de témoignages qui n'existent point.

C'est comme poëte comique, spécialement, que Névius est rappelé, à sa date, dans la Chronique d'Eusèbe. C'est, à ce qu'il semble, comme s'étant distingué dans ce genre de comédie, imité des Grecs, que les Romains appelaient *fabula palliata*, qu'il a une place dans la liste de Volcatius Sedigitus[2], et une bien belle place. Il y est mis immédiatement après Cécilius et Plaute, le troisième, par conséquent, bien avant Térence, nommé seulement le sixième.

Dein Naevius, qui fervet, pretio in tertio est.

In sexto sequitur hos loco Terentius.

En quelque estime que le grammairien poëte, ou plutôt versificateur, soit auprès de Pline l'Ancien, qui l'appelle *illustris in poetica*, on n'est pas forcé de s'en tenir absolument à son autorité sur des rangs que le jugement des siè-

---

1. *Hist.* VII, 2. Cf. Val. Max. II, 4, 4.
2. A. Gell. *Noct. att.* XV, 24. Cf. Plin. *Hist. nat.* II, 43.

cles a réglés de tout autre manière. Ce qui ressort incontestablement de son témoignage, c'est que Névius s'était fait une grande et durable renommée par ses comédies.

Elles paraissent avoir été assez nombreuses, même selon les calculs les plus modérés. M. Bothe[1] en a compté trente-sept, depuis réduites à trente-quatre par M. O. Ribbeck[2], et que M. Berchem, à son tour, usant d'une critique encore plus sévère dans l'appréciation des témoignages et des vraisemblances, a ramenées au chiffre de vingt-quatre[3]. La revue qu'il en a faite ne sera pas d'une médiocre utilité pour l'étude de ce vieux théâtre, si l'on peut appeler théâtre un certain nombre de titres qui ne sont pas tous d'une authenticité certaine, et de très-brefs fragments.

Il suffit néanmoins quelquefois de faibles indices que fournissent les uns et les autres, pour faire connaître, non pas le sujet, la fable des comédies de Névius, mais leur origine, leur caractère moral.

Comme tous les représentants de la *fabula palliata*, Névius a imité, imité librement, jusqu'à mêler dans une pièce divers modèles, *contaminare fabulas græcas*, selon l'expression de Térence[4], la Moyenne et la Nouvelle comédie du théâtre athénien ; celle par exemple, M. Berchem l'établit après d'autres, d'Antiphane et d'Alexis, celle de Diphile, de Philémon, de Ménandre.

C'est nécessité qu'un mortel endure bien des maux;

Pati necesse est multa mortalem mala ;

a dit Névius dans un vers, conservé par saint Jérôme[5], placé, dans les recueils, au nombre des fragments tragi-

---

1. *Poet. Latii scenic. fragm.* 1823, t. V, pars post. p. 10 sqq.
2. *Comic. Latin. reliq.* 1855, p. 5 sqq.
3. *Acontizomenos-Projectus; Agitatoria,* ; *Agrypnuntes* ; *Appella*: *Colax*; *Corollaria*; *Demetrius*; *Dolus*; *Figulus*; *Gemini*; *Glaucoma*; *Gymnasticus*; *Hariolus*; *Lampadio*; *Leon*; *Ludus*; *Macedo*: *Nautæ* (?); *Pellex*; *Personata*; *Stalagmonissa*; *Stigmatias*; *Tabellaria*; *Tarentilla*; *Technicus*; *Testicularia*; *Tribacelus*; *Triphallus*; *Tunicularia*.
4. *Andr.* prol. v. 15; *Heaut.* prol. v. 17.
5. *Epist.* III, ad Heliodor.

ques, mais qui offre la fidèle et élégante traduction de ce vers de Philémon :

Τὸν ζῶντ' ἀνάγχη πόλλ' ἔχειν χαχά [1].

Nous apprenons de Térence[2] que *le Flatteur*, le *Colax* de Ménandre, avait été imité par Névius et par Plaute, avant de l'être pareillement par lui-même. Le passage est curieux et instructif; deux sortes d'imitations y sont soigneusement distinguées : Térence, en empruntant au *Colax* de Ménandre, pour les introduire dans *l'Eunuque* du même poëte, les rôles du militaire fanfaron et du parasite, se défend de les avoir pris, comme un envieux le lui reprochait, à l'un ou à l'autre de ses deux devanciers latins. Cette dernière imitation eût été une sorte de plagiat; l'autre était une conquête sur une littérature étrangère, et la littérature latine a presque toujours placé dans des conquêtes de ce genre son originalité.

Tout le personnel de la Moyenne et de la Nouvelle comédie athénienne, tel qu'il nous a été reproduit et qu'il nous est connu par Plaute et par Térence, apparaît dans les fragments comiques de Névius, et particulièrement dans ceux de sa *Tarentilla*, les plus nombreux de tous. C'est à cette pièce, peut-être imitée des Ταραντῖνοι d'Alexis, que l'on rapporte aujourd'hui ce que l'on a longtemps, d'après les témoignages de Festus[3] et d'Isidore de Séville[4], partagé entre elle et une comédie d'Ennius, le portrait de cette Célimène antique, si habile à conduire à la fois tous ses commerces amoureux.

Comme une balle, dans un jeu, elle court de main en main et, tour à tour, est à tous les joueurs; elle adresse à l'un un signe de tête, à l'autre un clin d'yeux; aime l'un, occupe l'autre; à l'un laisse prendre sa main, à l'autre presse le pied, à un autre montre son anneau, à un autre parle des lèvres, avec un autre chante, et ne laisse pas de se servir pour un autre encore du muet langage des doigts.

1. Philem. *Fragm. incert.* XLV.
2. *Eunuch.* Prolog. v. 19 sqq. — 3. *De signific. verb.*, I.
4. *Origin.* I, 25.

> Quasi pila
> In choro ludens datatim dat se et communem facit;
> Alii adnutat, alii adnictat, alium amat, alium tenet,
> Alibi manus est occupata, alii percellit pedem,
> Anulum alii dat spectandum, a labris alium invocat,
> Cum alio cantat, at tamen alii suo dat digito literas[1].

Là aussi étaient peints ces jeunes gens, follement épris de courtisanes et dissipant avec elles, quelquefois en pays étranger, le fruit du labeur des pères, *bene parta patrum*, comme a dit Lucrèce[2] après Névius :

> .... Ubi isti duo adulescentes habent
> Qui hic anteparta patria peregre prodigunt[3];

ces pères, accueillant avec colère, comme le Chrémès, qui, selon Horace, *tumido delitigat ore*[4], leurs fils coupables :

> Etiam se audent me coram apparere!

les rappelant sévèrement au sentiment du bien, à la fuite du désordre et de la honte, à une vie honnête au sein de la patrie, près du foyer paternel :

> Primum ad virtutem ut redeatis, abeatis ab ignavia,
> Domo patres, patriam ut colatis potius quam peregri probra[5].

Ces rôles se complètent par des passages extraits d'autres comédies. Ici, c'est un de ces fils contrariés dans leurs passions, qui, selon l'expression de notre Molière, *comptent les jours des pères :*

> Deos quæso ut adimant et patrem et matrem meos[6]!

parole dénaturée, corrigée par Térence dans ses *Adelphes*[7], comme l'a remarqué Donat, mais rendue, par le Don Juan de Molière et quelques-uns des plus gais personnages de

---

1. Texte donné par O. Ribbeck, *Ibid.*, p. 17.
2. *De Nat. rer.*, IV, 1126. — 3. O. Ribbeck, *ibid.*, p. 18.
4. *De arte poet.*, 94 — 5. O. Ribbeck, *ibid.*, p. 18, 19.
6. *Tribacelus*. Voy. O. Ribbeck, *ibid.*, p. 20. — 7. IV, I, 5.

Regnard, à son affreuse crudité. Là, c'est encore le père irrité et, devant lui, l'esclave complice des débordements du fils, qu'il gourmande et qu'il menace :

> Si j'apprends jamais que, pour ses amours, mon fils emprunte de l'argent, je te mettrai en lieu où tu n'auras pas le loisir de cracher.

> .... Si unquam quicquam filium roscivero
> Argentum amoris causa sumpsisse mutuum,
> Extemplo te illo ducam ubi non despuas [1].

Ce lieu redoutable, dont il parle avec un mélange de colère et de raillerie, c'est l'*ergastulum*, sur les supplices duquel, comme sur les autres misères de l'esclavage, s'égayait inhumainement la comédie antique. Ce grand bruit de meules tournantes et de chaînes secouées qu'on y entendait, est pour Névius, non moins que trop souvent pour Plaute, un sujet de plaisanterie dans cet autre vers :

> Tantum ibi molæ crepitum faciebant, tintinnabant compedes [2].

Un autre complaisant des vices de la jeunesse, le parasite, et ce personnage dont il était, sur le théâtre antique, l'acolyte ordinaire, le militaire fanfaron, ne manquaient pas davantage à la troupe comique de Névius. Térence ne nous l'aurait pas dit, que nous pourrions encore le conclure de plus d'un de ces précieux débris.

Ce dont surtout ils portent témoignage, c'est, on l'a pu voir par les citations qui précèdent, de la précision élégante, de la vivacité spirituelle, auxquelles, si peu de temps après Livius Andronicus, Névius avait amené le style de la comédie; j'ajouterai, d'après Fronton, dont j'ai déjà rapporté les paroles [3], de cet emploi inattendu des mots qui leur prêtait une valeur nouvelle et piquante, et devait, par la surprise, provoquer les éclats de la gaieté. J'en trouve un exemple, fort agréable, à mon sens, dans ce dialogue :

---

1. *Triphallus*. Voy. O. Ribbeck, *ibid.*, p. 20.
2. *Fragm. incert.*, VII; *ibid.*, p. 22. — 3. P. 337.

Lequel vaut mieux, d'épouser une vierge ou une veuve? — Une vierge, si c'est du vin nouveau.

Utrum est melius virginemne an viduam uxorem ducere?
— Virginem, si musta est[1].

Névius, qui, par les grâces de son style, semble avoir, non pas seulement effacé Livius Andronicus, mais rivalisé avec Plaute, y a mêlé, comme Plaute (certains de ses titres, de ses fragments, le donnent à penser[2]), des traits d'une gaieté moins délicate à l'adresse de la portion la plus grossière de son public. Le poëte comique qui s'adresse à tous, est bien obligé de faire, dans ses œuvres, la part de tous. Horace n'a pas assez tenu compte de cette situation, quand, au nom de l'urbanité de son temps, il a fait le procès à la plaisanterie peu choisie, il est vrai, de Plaute[3]; Boileau l'oubliait lui-même quand il disait de Molière qu'il alliait Tabarin à Térence[4]. Térence a pu se repentir d'avoir recherché trop exclusivement des suffrages aristocratiques.

Un des principaux agréments de la comédie de Plaute, c'est qu'à l'abri du manteau grec, du *pallium*, elle se permettait quelquefois de toucher aux choses romaines. On a des raisons de croire que la comédie de Névius en usait, à cet égard, plus librement encore; et peut-être est-ce à cette hardiesse satirique qu'a trait l'expression singulière du grammairien Volcatius Sedigitus, *Nævius qui fervet*[5]. Les mots de liberté, de servitude reviennent souvent dans ses vers[6] et paraissent y avoir eu une portée plus grande que celle qu'ils pouvaient recevoir du sujet particulier de la comédie. Souvent aussi on y rencontre, en quelque sorte dépaysé par son application à des personnages grecs, ce nom

---

1. *Gymnasticus.* Voy. O. Ribbeck, *ibid.*, p. 13.
2. *Testicularia*; *Triphallus*; fragm. Appell., 1, 2; **Fragm. incert.**, XX. Voyez, O. Ribbeck, p. 24.
3. *De arte poet.* 270 sqq. — 4. *Art poétique*, III.
5. Voyez plus haut, p. 344.
6. *Agitatoria*, fragm., III; *Tarentilla*, fragm. I; **Fragm. incert.** V. Voy. O. Ribbeck, p. 6, 16, 22.

de rois[1] dont on usait volontiers à Rome, par rancune à l'égard de la monarchie, par mauvais vouloir à l'égard de l'aristocratie, pour désigner les grands et les riches. Mais voici qui, prêtant à des allusions plus personnelles, a dû certainement émouvoir la passion politique : c'est ce dialogue que Cicéron fait citer[2], dans un temps bien voisin de Névius, par un homme d'État qui a pu y trouver, à une certaine époque, l'expression de ses sentiments, par l'adversaire du jeune Scipion, par le vieux Caton :

> Dites-moi, je vous prie, comment avez-vous laissé périr si vite votre république, un État si puissant?
> — Il nous était venu force orateurs nouveaux, de peu de sens, et bien jeunes.

> Cedo qui vestram rem publicam tantam amisistis tam cito?
> — Proveniebant oratores novi, stulti adulescentuli[3].

Ces appels de la comédie de Névius, en dehors de l'intérêt dramatique, à des préoccupations d'une autre nature, devaient amener l'imitation, non pas de l'Ancienne comédie d'Athènes, qui, toute en allusions politiques et littéraires, ne pouvait intéresser que des Athéniens, mais de son esprit d'agression personnelle[4]. Des attaques contre les personnes trouvaient place, probablement, dans ces prologues dont les fragments de Névius ont conservé la trace[5] et dont nous pouvons nous former quelque idée par les morceaux de ce genre qui ouvrent les comédies de Plaute et de Térence. C'est chez l'un et chez l'autre une sorte de préface qui fait connaître l'origine grecque, le titre, le sujet, quelquefois même le plan de la pièce, préface mêlée,

---

1. *Tarentilla*, fragm. I. *Fragm. incert.*, IV. Voy. O. Ribbeck. p. 16, 22.
2. *De senect.*, VI.
3. Voy. O. Ribbeck, *ibid.*, p. 14. De ces mots de Cicéron : *In Nævii poetæ ludo*, que plusieurs ont traduit par : Dans une pièce de Névius, M. Ribbeck, comme avant lui M. Klussmann, p. 158, et après, M. Berchem, p. 91, tire ce titre de comédie, d'ailleurs difficile à expliquer, et diversement interprété, *Ludus*.
4. A. Gell. *Noct. att.*, III, 3.
5. *Acontizomenos*, fragm. I, II, III ; *Hariolus*, fragm. I. Voy. O. Ribbeck, p. 5, 7.

chez Térence, de récriminations chagrines contre un confrère malveillant, et animée chez Plaute, par les éclats d'une gaieté communicative, qui, triomphant du tumulte, doit par degrés obtenir au poëte le silence, l'attention, la faveur. Plaute y prend certainement de grandes libertés avec son public; il le raille autant qu'il le flatte, mais sans passer certaines bornes prescrites par la prudence dans une république où un poëte plébéien est bien peu de chose et l'aristocratie quelque chose de bien puissant. Des deux parts que fait dans les hardiesses d'un grand satirique, émancipé par son rang de chevalier, dans les hardiesses de Lucilius, ce vers d'Horace :

Primores populi arripuit, populumque tributim [1].

la seconde est à l'usage de Plaute, distribuant volontiers en plaisantes catégories ce grand peuple qui l'écoute, et leur adressant, sous le couvert de sa gaieté, de bonnes épigrammes qu'elles lui passent, comme on en passait à Aristophane dans le théâtre de l'indulgente Athènes. Quant à la première, il a grand soin de s'en garder, instruit précisément par la disgrâce de Névius, à qui il en a coûté cher pour s'être donné le plaisir de porter la main sur les grands et de les traduire, par des désignations trop claires, sur sa scène comique.

C'est ce qu'il se permit envers le premier citoyen de Rome, Scipion; il osait démentir, selon la supposition de M. Berchem [2], peut-être au moment même où l'on s'en entretenait avec le plus d'admiration, le trait de continence par lequel passait pour s'être honoré le vainqueur de Carthagène, continence du reste révoquée en doute par un vieil historien, Valérius d'Antium [3] et présentée par Polybe [4] comme une dérogation toute politique aux habitudes connues et avouées de l'illustre général. Quoi qu'il en soit, le peuple, accoutumé à plus de réserve, n'entendit pas, on doit le croire, sans étonnement, et la noblesse sans colère,

1. *Sat.*, II, I, 69. — 2. P. 12.
3. A. Gell. *Noct. att.*, VI, 8. — 4. *Hist.*, IX, 19.

cette satire des mœurs relâchées de Scipion, comme aussi (le mot *pallium*, dont se sert le poëte, le donne à penser) de sa grécomanie :

Cet homme, qui a accompli tant de grandes choses, qui s'est acquis tant de gloire, dont les hauts faits vivent maintenant dans tous les esprits, qui seul est admiré des nations, celui-là même, son père l'emmena un jour de chez son amie, légèrement vêtu ; il n'avait qu'un manteau.

Etiam qui res magnas manu sæpe gessit gloriose,
Cujus facta viva nunc vigent, qui apud gentes solus præstat,
Eum suus pater cum pallio uno ab amica abduxit [1].

Si dans ces vers on ne peut méconnaître Scipion, du moins n'y est-il pas nommé. Névius a-t-il poussé plus loin l'audace, et est-ce un vers de comédie que celui où il a livré au ridicule, et à un ridicule qui devint proverbial [2], le nom de Métellus ? On est là-dessus très-partagé ; le vers, admis dans les fragments comiques par M. Bothe, en est retranché par M. Ribbeck, et la même opposition se remarque entre les opinions de M. Klussmann [3] et de M. Berchem [4]. Ce qu'on peut dire, et ce qu'on a dit [5], c'est que la mesure de ce vers n'est pas, comme le prétend M. Berchem, et comme l'a pensé sans doute M. Ribbeck, un obstacle à ce qu'on y voie un fragment de comédie, puisque c'est un vers ïambique. Il n'y a de saturnien, et de cité comme tel par les grammairiens anciens [6], que le vers par lequel répliquèrent les Métellus. Le poëte avait dit, à l'occasion, probablement, de l'avénement au consulat, ou illégal, ou mal justifié, d'un Métellus (peut-être Q. Cécilius Métellus, consul en 548 [7]), il avait dit, jouant sur le mot

---

1. A. Gell. *Noct. att.*, VI, 8 ; O. Ribbeck, *ibid*, p. 21.
2. Cic., *In Verr. act.*, I, c. x ; Ascon. Pedian : « Nam hoc Verrem dicere aiebant, te non *fato*, ut ceteros ex vestra familia, sed opera sua, *consulem factum*. » Cf. Vell. Patercul. *Hist.* I, xi : « Mortui (Q. Metelli Macedonici) lectum pro rostris sustulerunt quatuor filii ; unus consularis et censorius, alter consularis, tertius consul, quartus candidatus consulatus, quem honorem adeptus est.... »
3. P. 18, 196. — 4. P. 14. — 5. Klussman, p. 17.
6. Terentianus Maurus, Attilius Fortunatianus.
7. Voyez Klussmann, p. 17, 18 ; Berchem, p. 16.

fatum, qui peut signifier ou destinée, en général, ou destinée fâcheuse (cela est impossible à traduire) :

> Fato Metelli Romæ fiunt consules.

Il lui fut répliqué :

> Dabunt Metelli malum Nævio poetæ ;

ce qui n'est guère plus traduisible. Qu'on se rappelle les plaisanteries métriques, ou à peu près métriques, qu'improvisait, sous forme de dialogue, la poésie fescennine, entre autres dans les triomphes, par la bouche des soldats, et l'on ne s'étonnera point de la réponse improvisée de Métellus ; elle a tout à fait le même caractère. Mais ici c'est l'aristocratie qui a la réplique et une réplique menaçante. *Malum*, par une sorte d'euphémisme moqueur, désignait la peine du bâton, une peine servile. On rencontre souvent cette expression dans la comédie quand il y est question, ce qui revient à tout instant, du châtiment des esclaves[1]. On la rencontre même dans les récits de l'histoire[2]. L'an 340 de Rome, un de ces tribuns militaires qui exercèrent quelque temps le pouvoir consulaire, M. Posthumius Regillensis osait s'en servir, en plein Forum, parlant de ses soldats : *Malum quidem militibus meis, nisi quieverint;* et un tribun du peuple, L. Sextius s'écriait, avec une indignation partagée par tous les ordres de l'État, et, un peu plus tard, par l'armée, à la nouvelle de cette insolence : *Auditis, Quirites, sicut servis, malum minitantem militibus !* Je ne doute guère que Métellus, dans sa menace à Névius, n'entende par *malum* cette peine capitale prononcée par la législation des Douze Tables contre les auteurs de vers infamants[3], peine qui n'était point la mort comme l'a pensé Montesquieu[4], mais le bâton. Nous le tenons d'Horace, qui en a parlé deux fois, tantôt s'en faisant plaisamment menacer,

---

1. Plaut. *Rudens*, IV, iv, 81 ; Terent. *Adelph.*, IV, iv, 45, etc.
2. T.-Liv., *Hist.*, IV, 49, 50.
3. Cic. *Tusc.*, IV, 2 ; *De Republ.*, IV, 10 ; Cf. D. Augustin. *Civ. Dei*, II, 9.
4. *Esprit des Lois*, VI, 15.

comme auteur de satires, et en style presque juridique, par le jurisconsulte Trébatius :

Si quelqu'un compose contre autrui des vers méchants, il y a lieu à poursuite, à jugement;

Si mala condiderit in quem quis carmina, jus est
Judiciumque [1];

tantôt racontant comment elle a réprimé la licence de la poésie fescennine :

Une loi fut portée, une peine prononcée contre quiconque attaquerait méchamment dans ses vers la réputation d'autrui. Il fallut changer de style, et, par crainte du bâton, se réduire à divertir désormais innocemment.

　　　　　　　　　　Quin etiam lex
Pœnaque lata, malo quæ nollet carmine quemquam
Describi. Vertere modum formidine fustis,
Ad bene dicendum delectandumque redacti [2].

Cette répression de la poésie fescennine, élément primitif de la comédie latine, s'étendit, je le crois, même à celle-ci, quand, en dehors du théâtre, dans une sorte de drame réel, s'engagea entre Névius et Métellus un si étrange dialogue, et que, l'effet suivant de près la menace, le poëte populaire alla expier en prison ses témérités démocratiques.

On serait curieux de savoir ce que c'étaient que ces deux comédies écrites durant sa réclusion, en réparation du délit qui lui était imputé [3]. On en a les titres *Hariolus*, *Leon*, qui ont prêté à d'assez vaines conjectures [4]. M. Ribbeck [5], dont M. Berchem adopte l'opinion, a pensé qu'un des fragments de la première faisait partie du prologue, et s'appliquait à la situation du poëte :

Si vous mettez un frein au lion à jeun.

Leoni si autem deprandi subdas oreas.

1. *Sat.*, II, 1, 82.
2. *Epist.*, II, 1, 145 sqq. — 3. A. Gell. *Noct. att.*, III, 3.
4. Klussmann, p. 155, 158; Berchem, p. 85.
5. *Ibid.*, p. 7, 8.

On entrevoit dans ces paroles, si on les entend du poëte lui-même, plutôt un esprit de révolte qu'un esprit de soumission ; on est même tenté d'y voir comme un présage de l'exil qui finit par le frapper, et dans lequel il emmena avec lui cette comédie, à la façon d'Aristophane, qu'avait supportée la démocratie d'Athènes, mais dont ne pouvait s'accommoder le régime aristocratique de Rome.

III

Névius n'a pas été seulement un poëte de parti, faisant, dans ses *fabulæ palliatæ*, de la comédie plébéienne contre les patriciens ; il a été un poëte romain, touché de la gloire nationale, et la célébrant avec originalité dans des œuvres propres à satisfaire tous les ordres de l'État ; dans ses *fabulæ prætextæ*, drames de création nouvelle, dont l'histoire de Rome, et même la plus récente, lui avait fourni les sujets ; dans son poëme sur la première guerre punique.

On a nié que Névius ait composé des tragédies, et, comme des témoignages formels lui en attribuent, on a été conduit à prétendre qu'il s'agit, dans ces témoignages, de pièces comme celles où le poëte de la Moyenne comédie d'Athènes, Alexis, a emprunté à la tragédie ses titres et ses sujets, pour la traduire, sur la scène comique, en parodie. Ce système, bien que mis en avant par des critiques de grande autorité[1], n'a pu cependant prévaloir ; il lui a été opposé, et, en dernier lieu, par M. Berchem[2], des raisons très-plausibles, à ce qu'il me semble. Des témoignages qui s'accordent, non-seulement chez un même auteur, mais, argument plus fort, chez plusieurs, à qualifier cer-

1. M. Welcker, surtout, souvent cité à ce sujet par O. Ribbeck, *Trag. lat. reliq.*, p. 245 et suiv. et par M. Berchem.

tains ouvrages de Névius de tragédies, méritent assurément d'être pris en sérieuse considération. Ils ne sont pas contredits par des fragments, quelquefois, sans doute, un peu familiers, ce qui ne doit pas étonner chez un poëte comique égaré dans la tragédie et à une époque où les limites des diverses sortes de style dramatique étaient encore indécises, mais qui laissent aussi apercevoir la trace d'une dignité, d'une élévation convenables au genre. Enfin, une parodie suppose des spectateurs fort au courant de ce qui est parodié. Or, le public romain n'en était pas là, il s'en fallait de beaucoup, avant que les nombreux ouvrages d'Ennius, de Pacuvius, d'Attius, lui eussent fait connaître les divers âges et l'immense répertoire du théâtre tragique des Grecs. C'est seulement cette éducation achevée que l'Atellane put, avec quelque chance d'être comprise et d'amuser, s'égayer, dans ses mascarades burlesques, aux dépens des héros d'Eschyle, de Sophocle, d'Euripide et de leurs imitateurs latins.

Admettons donc, ce qui est admis à peu près par tout le monde, que Névius, comme auparavant Livius Andronicus, comme après Ennius, comme ces zélés fondateurs du théâtre romain, qui semblent avoir tenu à honneur de le constituer tout entier et sur le champ, de l'improviser par l'imitation, a fait, non seulement des comédies, selon sa vocation spéciale, mais aussi des tragédies. Chez lui, par une proportion contraire, les tragédies sont en minorité : M. Bothe n'en a compté que neuf ; M. O. Ribbeck que six, et M. Berchem qui, ici encore, enchérit sur ses devanciers, seulement cinq[1]. Celles dont il reste le plus de fragments, et de fragments où s'entrevoit le mieux (c'est tout ce qu'on peut dire, malgré les divinations des critiques) le sujet et la marche de la pièce, sont le *Lycurgue* et la *Danaé*. Mais ces fragments paraissent tout à fait insuffisants pour résoudre des questions vivement débattues et même témérairement tranchées. Névius, dans son *Ly-*

---

1. *Danae, Equus Trojanus, Hector proficiscens, Hesiona, Lycurgus.*

curgue, avait-il imité une des trois tragédies de la Lycurgie d'Eschyle, ou même la trilogie entière? Y avait-il mêlé quelque chose des Bacchantes d'Euripide, par un éclectisme qui, plus tard, a été un des derniers progrès de l'originalité tragique des Romains? N'est-ce pas Euripide que, dans sa *Danaé* et dans d'autres ouvrages, il a particulièrement pris pour modèle, comme ont fait ses successeurs et comme il était naturel qu'ils fissent, Euripide étant, des tragiques grecs, le plus voisin par la date, le plus accessible à l'imitation par le caractère de ses beautés et de ses défauts, le plus en rapport avec le génie sentencieux des Romains? Ce serait aux fragments à nous répondre ; mais ils ne nous donnent de lumière, plusieurs du moins, que sur ce tour bref, vif et élégant, quelquefois même[1] d'une élégance un peu travaillée, que Névius avait porté dans cette nouvelle application de son talent. Certains traits de ses tragédies se conservèrent dans les mémoires d'élite ; en voici un de son *Hector*, Hector proficiscens, que Cicéron ne se lasse pas de citer[2] :

Je suis joyeux d'être loué par toi, ô mon père, par un homme tant loué.

Lætus sum laudari me abs te, pater, a laudato viro[3].

Peut-être Cicéron l'avait-il recueilli au théâtre même, où ces vieux ouvrages se remontraient de temps à autre ; où, selon l'expression d'Horace, les contemplait avec respect, se pressant dans une enceinte trop étroite, la puissante Rome :

         Arcto stipata theatro
Spectat Roma potens[4].

C'est ainsi qu'aux jeux par lesquels Pompée, l'an 698 de Rome, inaugura son théâtre, fut donné le *Cheval de Troie*,

---

1. Voyez particulièrement les fragments du *Lycurgue* ; O. Ribbeck, *ibid.*, p. 8, 245.
2. *Tusc.* IV, 31, 67 ; *ad Famil.* V, 12 ; XV, 6. Cf. Senec., *Epist.* XVII, 2 ; Symmach. *Epist.* I, 3.
3. O. Ribbeck, *ibid.*, p. 7. — 4. *Epist.*, II, 1, 60.

Equus Trojanus, pièce antique, selon les uns[1] de Livius Andronicus, selon les autres[2], auxquels se joint M. Berchem[3], de Névius ; on y donna en même temps une pièce de date plus récente, la *Clytemnestre* d'Attius. La simplicité de ces imitations de la Grèce y fut relevée, ou plutôt étouffée, par les magnificences extravagantes de cette mise en scène qui marque partout le déclin du véritable intérêt dramatique. Chez les Grecs eux-mêmes, à une certaine époque, n'avait-on pas fait précéder l'Oreste d'Euripide, par une sorte de triomphe d'Hélène, rapportant à Sparte les dépouilles de Troie[4] ? Dans la *Clytemnestre* latine, nous le savons par Cicéron, témoin, du reste, assez peu favorable et fort malin de ces jeux de Pompée[5], défilèrent six cents mulets, expression qu'il ne faut sans doute pas prendre à la rigueur ; et dans l'autre tragédie on vit trois mille cratères, ou si à *craterarum* on substitue *cetrarum*, trois mille boucliers. La foule, celle dont Horace allait bientôt dire que le plaisir avait passé de ses oreilles à ses yeux distraits et amusés de vains spectacles,

> Jam migravit ab aure voluptas
> Omnis ad incertos oculos et gaudia vana [6],

la foule s'ébahissait à ces merveilles ; mais le goût de Cicéron en était attristé ; il l'écrivait à son ami, M. Marius : *apparatus spectatio tollebat omnem hilaritatem*. *Hilaritas* est singulier en pareille circonstance ; c'est l'analogue de *divertir* dans les vers où Boileau a défini le plaisir donné par la tragédie :

> La tragédie en pleurs
> D'OEdipe tout sanglant fit parler les douleurs,
> D'Oreste parricide exprima les alarmes,
> Et pour nous *divertir* nous arracha des larmes [7].

1. Non., v. *Opitula*. — 2. Macrob. *Sat.* VI, 1. — 3. P. 81.
4. Schol. in Euripid. *Orest.*, v. 57.
5. *Ad famil.* VII, 1 : ad M. Marium.
6. *Epist.*, II, 1, 187. Cf. T.-Liv. *Hist.* VII, 2 : « Inter aliarum parva principia rerum, ludorum quoque prima origo ponenda visa est, ut appareret quam ab sano initio res in hanc vix opulentis regnis tolerabilem insaniam venerit. »
7. *Art poétique*, III.

Au temps de Névius l'art était plus simple ; il n'y avait pas même de théâtre, mais des échafauds temporairement élevés dans le Cirque, et qu'entouraient des spectateurs debout : spectateurs plus dociles, dans leur naïve ignorance, aux impressions, nouvelles pour eux, d'un art dramatique, bien nouveau lui-même, que le public blasé des jeux de Pompée. *Stantes plaudebant in re ficta*, dit Cicéron[1] du grand effet produit par le combat d'amitié d'Oreste et de Pylade, dans une scène de Pacuvius. L'émotion d'un tel auditoire dut être vive, elle se mêlait de patriotisme, quand Névius, le premier, il est permis de le croire, l'attribution d'un *Régulus* à Livius Andronicus n'étant rien moins qu'établie[2], quand Névius, dis-je, le disciple encore inexpérimenté des Grecs, eut l'idée hardie de transporter les formes si récemment empruntées de leur tragédie à des sujets domestiques, à des faits de l'histoire romaine, *domestica facta*[3]. On ne peut vraiment douter, quoi qu'il y ait eu à ce sujet bien des disputes[4], et M. Berchem, entre autres, ne doute pas que Névius n'ait traité sérieusement, non pas dans une *fabula togata*, mais dans ce genre de drame tragique, ou approchant de la tragédie, qu'on appelait *fabula prætexta*, le sujet indiqué par ce titre : *Alimonium Remi et Romuli*, La nourriture, L'éducation de Rémus et de Romulus. Dans les développements de cette pièce avait nécessairement sa place la louve tant célébrée depuis par l'épopée[5] et par l'histoire, et, selon un récit légendaire, que rapporte Donat[6], pendant une représentation, au moment même où il était question de la merveilleuse nourrice des enfants d'Ilia, un loup avait tout à coup paru sur la scène, incident qui avait donné lieu, pensait-

---

1. *De Amic.*, VII. Cf. *de Fin.* II, 24 ; V, 22.
2. Serv. in Virg. *Æn.*, IV, 37. Voyez ch. Magnin, *Origines du théâtre moderne.* Introduction, p. 325.
3. Hor., *De arte poet.* 287.
4. Voy. Berchem, p. 66, note 4.
5. Enn. *Annal.*, 1, fragm. XLIX, L (Vahlen, *Ennianæ poesis reliquiæ*, p. 13) ; Cic. *De suo consulatu*, II ; *de Divin.*, I, 11-13 ; Virg. *Æn.*, VIII, 630 ; Ovid. *Fast.*, II, 47, etc.
6. In Terent. *Adelph.*, IV, 1, 21.

on, au proverbe, d'ailleurs diversement expliqué, *Lupus in fabula*. De là la conjecture assez vraisemblable, et assez approuvée, qu'il s'agit de cette pièce dans certains passages où l'on attribue au poëte un *Lupus*, et qu'il ne faut pas grossir de ce titre la liste de ses comédies[1]. En est-il de même pour le *Romulus* que lui donnent aussi les auteurs? M. Berchem n'en convient pas et aime mieux y voir une autre *fable prétexte*, où se sera continuée l'histoire merveilleuse du fondateur de Rome.

Une grande hardiesse de Névius, et qui couronne en quelque sorte sa carrière dramatique, c'est d'avoir montré sur la scène de la *fabula prætexta* même des sujets contemporains. Il l'a fait dans une pièce intitulée *Clastidium*, du nom d'une ville de la Gaule cisalpine où s'étaient passés, quelques années auparavant, des événements bien divers. Une trahison l'avait fait tomber, avec les approvisionnements considérables qu'elle contenait, au pouvoir d'Annibal[2]. Une autre fois, elle avait vu Marcellus conquérir sur le chef gaulois Viridomare les troisièmes et dernières dépouilles opimes[3]. On convient aujourd'hui, et M. Berchem se range à cet avis, que, de ces faits, le second, si flatteur pour l'orgueil romain, a dû être celui dont s'est inspiré Névius, et l'on est confirmé dans cette opinion par un passage du grammairien Diomède[4], qui compte au nombre des héros de la *fabula prætexta* précisément Marcellus. Le double exemple donné par Névius devait être suivi. L'histoire des siècles précédents et celle du temps présent furent portées toutes deux sur la scène latine par Pacuvius et par Attius : par celui-ci dans son *Brutus*, dans son *Décius*; par l'autre, dans son *Paulus*, titre qui peut s'appliquer à deux personnages bien voisins du poëte, et l'un son contemporain, le Paul Émile, vaincu à Cannes, et le Paul Émile, vainqueur de Persée. Un exemple piquant de ces pièces qui prenaient si près d'elles leurs sujets, est

---

1. Voyez plus haut, p. 345, note 3.
2. T.-Liv., *Hist.*, XXI, 48.
3. Plutarch., *Vit. Marcelli*., VII sqq.
4. *De orat.*, III. Cf. Rhaban. Maur., *de art. gramm.*

celui qui nous est fourni par une lettre de Pollion à Cicéron[1]. Il l'écrit, en l'an de Rome 710, de la province espagnole où il commande, et il s'y égaye aux dépens de son questeur Balbus, grand partisan et imitateur ridicule de César, qui, dans des jeux donnés par lui à Gadès, avait fait jouer une pièce dont il était le héros, ému jusqu'aux larmes, dit le malicieux narrateur, par le souvenir de ses hauts faits : *et quidem, quum ageretur, flevit, memoria rerum gestarum commotus.*

Le passage est naturel de ce drame, où Névius paraît avoir célébré la gloire récente de Marcellus, au poëme où, par une autre innovation, ouvrant la carrière de l'épopée latine, s'inspirant d'événements récents eux-mêmes, il entreprit de raconter la première guerre punique ; à sa *Guerre punique,* comme il disait, *Bellum punicum:* c'est le titre qu'il donna à son œuvre ; M. Berchem l'établit par un relevé complet, un rapprochement attentif des témoignages[2]. On est conduit de l'un à l'autre ouvrage même par l'ordre chronologique, puisque, au rapport de Cicéron[3], que j'ai déjà cité, Névius fit de la composition du poëme la joie de sa vieillesse, peut-être même la consolation de son exil. On aime à penser que l'achevant sur cette terre d'Afrique où s'en était préparée la matière, il a trouvé l'inspiration poétique aux lieux où s'était signalée son ardeur guerrière.

Livius Andronicus, par sa traduction de l'*Odyssée,* avait appris aux Romains, qui, chose étrange et même unique, après cinq siècles d'existence, l'ignoraient encore, ce que c'était que la poésie épique. Névius, tout aussitôt, avec cette originalité d'esprit qui l'appelait à être autre chose qu'un simple traducteur des Grecs, en fit, ce qu'il avait voulu faire de la comédie, ce qu'il avait fait de la tragédie, le cadre d'une œuvre romaine et d'un intérêt présent : présent par le souvenir, toujours vivant, d'une longue et pénible guerre, glorieusement terminée ; présent aussi, et plus encore, par les épreuves de cette guerre renouvelée et s'avançant, elle-même, parmi bien des disgrâces, vers un

---

1. *Ad famil.*, X, 32. — 2. P. 20 et suiv. — 3. *De Senect.*, XIV.

dénoûment heureux. N'omettons pas ce que cet intérêt contenait de personnel au poëte, qui, dans ce qu'il devait raconter, avait été témoin et acteur, et ne négligea pas de le dire[1]. A quel endroit de son poëme, au début ou dans la conclusion ? On ne le sait pas ; on ne peut pas le savoir ; peu importe d'ailleurs : c'est une question que, comme tant d'autres soulevées à plaisir, une critique trop curieuse a subtilement discutée[2].

Chanter des choses que l'on a vues, auxquelles même on a pris part, est sans doute favorable à l'inspiration, mais présente aussi des inconvénients. Les faits n'ont pas encore reçu du temps ce lointain qui les agrandit ; le travail de l'imagination n'a pu y ajouter encore le merveilleux nécessaire à la poésie épique. Un poëme qui les retrace si près de leur date, ne peut guère être qu'une sorte d'histoire en vers, nécessairement exposée à suivre trop fidèlement l'ordre et le détail des événements, à se piquer de l'exactitude prosaïque des annales. Que fera l'annaliste poëte pour retrouver cette grandeur merveilleuse, cette liberté d'allure que repousse le caractère historique de son œuvre, et que réclame son caractère poétique ? Il remontera, par des récits rétroactifs, aux lointaines et légendaires origines. Ainsi ont procédé dans leurs compositions, début de l'épopée latine, Névius et Ennius. L'histoire et la fable, qu'ils avaient ainsi rapprochées, juxtaposées, se sont ensuite séparées dans deux séries de poëmes, les uns tout historiques, les autres tout fabuleux, jusqu'au moment où Virgile en a opéré l'heureuse conciliation dans son *Énéide*, poëme de sujet mythologique, mais qui, par des perspectives habilement ménagées, fait apparaître à tout instant le passé réel de Rome, et même son état présent. La querelle de Rome et de Carthage, par exemple, s'y agite déjà entre deux déesses rivales, Vénus et Junon ; elle se lie comme une conséquence lointaine aux malheureuses amours d'Énée et de Didon ; Annibal est même annoncé comme son futur

---

1. A. Gell., *Noct. att.*, XVII, 21.
2. Voy. Klussmann, p. 75; Berchem, p. 32, etc.

vengeur par Didon mourante, tandis que parmi ces grands hommes futurs de Rome qui sont montrés à Énée dans les Champs-Élysées, il aperçoit les Scipions, ces foudres de guerre. C'est un véritable titre de gloire pour Névius qu'on puisse lui attribuer quelque chose de cette conception. La tradition de l'origine troyenne de Rome, qui, depuis longtemps déjà, avait pris place dans ses croyances populaires, dans ses institutions religieuses, dans ses actes publics, Névius le premier, avant les poëtes, peut-être avant les historiens, en fit, bien des témoignages l'attestent, le point de départ de son œuvre épique. En regard, on peut le conclure de ce fait que dans ses vers étaient nommées Didon et sa sœur Anne[1], il rappela l'origine phénicienne de Carthage. Énée, qu'il représentait, nous le savons encore[2], comme s'échappant de Troie à la tête d'une troupe d'exilés, comme guidé dans ses courses aventureuses vers l'Italie par l'esprit prophétique de son père Anchise, comme protégé auprès de Jupiter par l'intercession de sa mère Vénus, comme battu par la tempête et s'occupant de consoler ses compagnons affligés, comme consultant la sibylle de Cumes, Énée, par une conformité plus complète avec le début de Virgile, relâchait-il au rivage africain et y était-il accueilli par Didon? On l'a pensé, Niebuhr[3] entre autres, d'après un vers où il semble en effet que la reine de Carthage demande au héros troyen le récit qui remplit les second et troisième livres de l'*Énéide* :

> Blande et docte percontat, Æneas quo pacto
> Troiam urbem liquerit....[4]

Mais c'est là une conjecture à laquelle on en oppose d'autres qui substituent à l'Afrique l'Italie, à Didon Évandre, Latinus, et même le roi d'Albe, Amulius. Quoi qu'il en soit, à ce préambule épique, où se développaient, on ne sait

---

1. Serv. in *Æn.*, IV, 9.
2. Serv. in *Æn.*, I, 170, 198; II, 797; III, 10; Prob. in *Eclog.*, VI, 31; Macrob., *Saturn.*, VI, 2; Lactant., *Div. institut.*, I, 6; etc.
3. *Hist. rom.*, I. — 4. Non. vv. *Perconto, Linquo.*

dans quelle mesure, les antiquités fabuleuses de Rome et de Carthage, Névius avait rattaché, plus ou moins étroitement, les souvenirs voisins, présents, personnels même au poëte, de la lutte des deux puissances rivales dans la première guerre punique ; les réalités tout historiques de cette longue guerre qui dura environ vingt-quatre ans, de l'an 490 de Rome à 514 ; qui occupa tant de consuls, de préteurs, de dictateurs, et parmi eux Régulus ; tant de généraux Carthaginois, y compris le père d'Annibal, le grand Hamilcar ; dont le théâtre fut si divers, en Sicile, en Sardaigne, en Corse, en Afrique, sur mer principalement ; dont le résultat, après les plus grandes vicissitudes, fut de faire de Rome une puissance maritime, de lui donner la Sicile, avec la Sardaigne et la Corse, de détruire au nord de la Méditerranée la puissance de Carthage, de la confiner en Afrique et en Espagne, où bientôt on irait la chercher.

Comment cette riche, cette trop riche matière était-elle distribuée dans les sept livres entre lesquels fut partagé le poëme de Névius par un de ces grammairiens qui, de bonne heure, l'éditèrent, le commentèrent[1], par Octavius Lampadion[2] ? Il y a là-dessus plusieurs systèmes, ceux surtout qu'ont savamment, ingénieusement exposés, en 1835, à la suite de son édition des *Annales* d'Ennius, M. Spangelberg ; en 1843, dans sa monographie sur Névius, M. Klussmann ; enfin, en 1861, l'auteur de cette dissertation, objet présent et principal de notre attention, M. Berchem. Il serait bien long et bien minutieux de discuter en détail ces systèmes, mais peut-être serait-ce aussi de peu d'utilité. Aucun n'est sans vraisemblance, mais aucun non plus n'offre de certitude, tant sont rares, brefs, altérés, peu significatifs par eux-mêmes, peu expliqués par les indications ou insuffisantes ou même trompeuses qui les accompagnent, la plupart des fragments sur lesquels on raisonne. C'est le sentiment de M. Vahlen, qui, en l'année 1854, où a paru son utile et excellent recueil des fragments d'Ennius[3], a publié, dans la

---

1. Varr., *De Ling. lat.*, VII, 39.
2. Sueton., *De illustr. gramm.*, II. Cf. Non. v. *Septemfariam.*
3. *Ennianæ poesis reliquiæ*, recensuit J. Vahlen, Lipsiæ, 1854.

même forme, une récension des fragments de Névius, de ceux du moins de la *Guerre punique*[1], s'abstenant, sauf pour un très-petit nombre de passages évidemment déplacés par les témoignages anciens, ou dont on peut sans eux indiquer la place avec certitude, de toute classification, de toute interprétation systématique, se bornant à établir la provenance des vers conservés par une transcription complète et exacte des passages où ils se sont trouvés, leur texte par la critique des leçons diverses, enfin leur disposition métrique, entreprise moins sûre et dont les hasards font dire à M. Berchem[2], de ces vers habilement restitués[3], qu'ils sont peut-être *magis Vahleniani quam Næviani*.

Donnons des exemples de l'obscurité de ces fragments et des lumières douteuses dont les éclairent leurs interprètes. Il y en a un qui représente « écrasant orgueilleusement, dédaigneusement les légions, » *superbiter, contemtim conterit legiones*, qui? Une tempête dont la flotte romaine fut assaillie dans la mer d'Afrique, dit M. Spangelberg[4]; non, dit M. Klussmann[5], les éléphants qui mirent en déroute les soldats de Métellus à la bataille de Panorme. Je n'ose en vérité choisir, et j'aime mieux, comme le grammairien ancien[6], auquel on doit la conservation du fragment, arrêter mon attention sur l'énergie de ces deux vieux adverbes, dont le second devait se perpétuer et reparaître, entre autres, avec éclat dans un admirable passage de Lucrèce[7], celui où l'on voit l'envie, la jalouse Némésis, qui, du faîte si péniblement atteint de la puissance, fait tomber les grands de ce monde; qui, comme par un coup de foudre, les précipite dédaigneusement dans le noir Tartare :

> Et tamen e summo, quasi fulmen, dejicit ictos
> Invidia interdum *contemtim* in Tartara tetra.

---

1. *Cn. Nævii de bello punico reliquiæ* ex recensione J. Vahlen, Lipsiæ, 1854.
2. P. 33.
3. Ils l'ont été fort diversement. Voy. entre autres God. Hermann, *Elementa doctrinæ metricæ*, lib. III, c. ix, p. 629 et suivantes.
4. P. 201. — 5. P. 72.
6. Non. vv. *Superbiter, Contemtim.* — 7. *De Nat. rer.*, V, 1124.

366   LES ANCIENS POËTES LATINS.

Il y a du plaisir à voir s'annoncer chez ces vieux auteurs certaines expressions appelées à une grande fortune poétique, à l'adoption d'un Lucrèce, d'un Virgile. Telle est, par exemple, l'épithète *arcitenens*[1], dans une énumération de dieux que Névius avait représentés au livre deuxième de son poëme, ou bien se partageant d'avance entre les deux peuples prêts à engager la guerre, c'est l'opinion de M. Klussmann[2], qui remarque, avec raison, qu'une telle intervention n'avait guère de place raisonnable dans la composition qu'avant les développements de caractère historique, dans son préambule fabuleux, merveilleux; ou bien, selon M. Spangelberg[3], figurant seulement par leurs images à la poupe des vaisseaux que construisent les Romains pour les opposer aux flottes de Carthage, et que commanderont Duillius et Lutatius Catulus. N'omettons pas d'ajouter que M. Berchem[4] aime mieux y voir l'analogue de ce beau passage du récit fait par Énée à Didon, dans le second livre de l'*Énéide*[5], où Vénus, écartant le nuage dont sont obscurcis les regards mortels de son fils, lui montre les dieux qui eux-mêmes prennent part à la destruction de Troie.

La fille de Cérès, Proserpine, marche la première, puis vient le dieu aux flèches redoutables, à l'arc tendu, le dieu vénérable de Delphes, Apollon Pythien.

Prima incedit Cereris Proserpina puer,

Dein pollens sagittis inclutus *arquitenens*[6]
Sanctus Delphis prognatus Pythius Apollo.

Ces deux passages cités isolément, le premier par Pris-

1. Virg. *Æn.*, III, 75. — 2. P. 52, 53. — 3. P 196. — 4. P. 30.
5. V. 602 sqq.
6. M. O. Ribbeck, *Trag. lat. reliq.*, p. 20, 247, lit ainsi ce vers:

Cum tuis sagittis arquitenens pollens dea,

et, le plaçant à la suite des fragments tragiques de Névius, sous le chiffre III, parmi les *incerti nominis reliquiæ*, il est tenté d'en tirer un argument pour établir l'existence de cette tragédie d'*Iphigénie*, que l'on conteste au poëte.

cien¹, le second par Macrobe², ont été ainsi rapprochés par la plupart des éditeurs, et en dernier lieu par MM. Vahlen³ et Berchem⁴, d'après lesquels ils sont ici transcrits, ainsi que ceux qui viendront ensuite. M. Spangelberg⁵ y a joint le suivant, bien que donné par Priscien⁶ comme appartenant au premier livre du poëme :

> Inerant signa expressa quo modo Titani,
> Bicorpores Gigantes, magnique Atlantes
> Rhuncus ac Purpureus, filii terras⁷.

Il a jugé bon de compléter, par ces figures de Titans, de Géants, d'Atlas, de Rhuncus, de Purpureus, c'est-à-dire, en grec, de Porphyrion, de ces fils de la terre, la décoration des vaisseaux équipés par les Romains. M. Klussmann⁸ tenant plus de compte de l'attribution du passage au premier livre du poëme, a songé de préférence aux vaisseaux d'Énée ; mais faisant sans doute réflexion que, si, dans l'*Énéide*, Énée a toute une flotte, il n'avait, dans le poëme de Névius (ce détail nous est connu⁹), qu'un seul vaisseau construit par Mercure, il a renoncé à cette idée et y a substitué celle d'un temple carthaginois, dont, comme chez Virgile¹⁰, Énée contemple les bas-reliefs, les peintures murales, en attendant Didon. Pour Niebuhr¹¹ et d'autres, ce qui était décrit c'était, encore comme chez Virgile¹², le bouclier d'Énée. On voit que, dans cette lutte du commentaire contre un texte d'intention obscure, le prix de l'imagination est pour les commentateurs.

Le style de Névius s'offre sous un double aspect dans les fragments de la *Guerre punique*. Il y en a, cela était inévitable, on l'a pu voir plus haut, et il ne faudrait pas en abuser contre lui¹³, qui rappellent la concision technique, mais non sans énergie, des anciennes inscriptions, qui sentent l'annaliste exact plus que le poëte et même que l'historien ; qui

---

1. VI, 8. — 2. *Saturn.*, VI, 5. — 3. P. 13 et 14. — 4. P. 24.
5. P. 195. — 6. VI. — 7. Gén. arch. de forme grecque pour *terræ*.
8. P. 52. — 9. Serv. *in Æn.*, I, 170.
10. *Æn.*, I, 446 sqq ; cf. VI, 20 sqq.
11. *Hist. Rom.*, I. — 12. *Æn.* VIII, 625 sqq.
13. Voyez les jugements rapportés par M. Berchem, p. 34.

pourraient appartenir à la prose contemporaine de Fabius Pictor : tels sont ceux-ci, par lesquels sont marqués le commencement et la fin de la guerre, ainsi que quelques époques intermédiaires :

> Marcus Valerius consul partem exerciti
> In expeditionem ducit.

> Transit Melitam Romanus, insulam integram omnem
> Urit, populatur, vastat, rem hostium concinnat.

> Septimum decimum annum ilico sedent.

> Id quoque paciscunt mœnia sint Lutatium quæ
> Reconcilient; captivos plurimos idem
> Sicilienses paciscit, obsides ut reddant[1].

Il y en a d'autres où ce prosaïsme s'anime du sentiment des grandes choses qui y sont rappelées, et devient éloquent :

> Ils aiment mieux périr en ces lieux mêmes que revenir avec honte près de leurs concitoyens.

> Seseque ei perire mavolunt ibidem,
> Quam cum stupro rebitere ad suos populares[2].

C'est encore là un de ces passages qui se prêtent à la diversité des conjectures. De qui est-il question? Est-ce, comme le veut M. Spangelberg[3], des compagnons de Régulus, prisonniers à Carthage, et acceptant d'avance l'esclavage, avant que Régulus le propose pour eux au Sénat? Est-ce, comme l'entend M. Klussmann[4], d'A. Attilius Calatinus et de son armée enfermés dans un défilé en Sicile ? Est-ce enfin, selon l'explication de M. Berchem[5], des soldats de Régulus qui répondent dans une circonstance critique aux exhortations de leur général? Au même éloge, et aussi aux mêmes doutes donne lieu un autre passage qui faisait

---

1. Vahlen, *ibid.*, p. 14, 15, 16, 17; Berchem, *ibid.*, p. 24 sqq.
2. Vahlen. *ibid.*, p. 14. — 3. P. 201. — 4. P. 62. — 5. P. 31.

partie, on le sait, du troisième livre, comme le précédent, et qui, en outre, s'en rapproche par le sens :

Les abandonner, eux les plus braves des hommes, ce serait un grand déshonneur pour le peuple romain aux yeux des nations.

Sin illos deserant fortissumos virorum,
Magnum stuprum populo fieri per gentes [1].

Cela est simple, austère, énergique; mais qui parle ainsi ? On ne le sait. Faut-il y voir, avec M. Berchem [2], une exhortation de Régulus à son armée; avec M. Spangelberg [3], une réponse faite à Régulus dans le sénat; enfin, avec M. Klussmann [4], le discours de cet héroïque tribun [5], qui sauva le consul Attilius Calatinus et son armée, en attirant sur lui-même et la vaillante troupe volontairement associée à son dévouement tout l'effort des ennemis? Si Névius l'avait célébré, comme on le conjecture, Caton, qui, dans ses Origines, l'a comparé à Léonidas, n'était pas tout à fait autorisé à se plaindre que le héros romain, moins heureux que le grec, n'eût obtenu de la reconnaissance de sa patrie ni monuments, ni éloges.

Les vers de la *Guerre punique* de Névius si voisins, même les meilleurs, du langage de la prose, d'une prose devenue en peu de temps archaïque, et écrits dans l'ancien mètre saturnien, étaient déjà surannés quand Ennius, arrivé au septième livre de ses *Annales*, et ayant à recommencer les récits du vieux poëte, disait avec un dédain contre lequel a réclamé Cicéron [6] :

D'autres ont écrit là-dessus de ces vers que chantaient au-

---

1. Vahlen, *ibid.*, p. 15. — 2. P. 31.
3. P. 201. — 4. P. 64.
5. A. Gell., *Noct. att.*, III, 7. Cf. T.-Liv. *Hist.* XXII, 60; Flor. *Hist.*, II, 2. On a varié sur le nom de ce tribun si digne de mémoire. Caton, cité par Aulu-Gelle, l'appelait Q. Cédicius; un autre ancien historien, Claudius Quadrigarius, dont parle aussi Aulu-Gelle, Labérius; enfin Tite-Live et Florus l'appellent Calpurnius Flamma.
6 *Brut.*, XVIII, XIX. Cf. *Orat.* XLVII, LI; *De Div.*, 1, 50; Varr. *de Ling. lat.*, VII, 36; Quintilien. *Inst. orat.*, IX, 4.

trefois les Faunes et les devins, quand nul n'avait encore franchi les sommets habités par les Muses et qu'on n'avait nul soin de l'art d'écrire.

> .... Scripsere alii rem
> Versibu' quos olim Fauni vatesque canebant,
> Cum neque Musarum scopulos quisquam superarat,
> Nec dicti studiosus erat....

Ces autres, dit Cicéron à Ennius, ont sans doute écrit d'un style moins poli que vous, mais non sans éclat; vous-même ne pouvez être d'un avis différent, puisque vous avez tant emprunté à Névius; emprunté, si vous en convenez; dérobé, si vous n'en convenez pas.... *Et luculente quidem scripserunt, etiamsi minus quam tu polite. Nec vero tibi aliter videri debet, qui a Nævio vel sumsisti multa, si fateris; vel, si negas, surripuisti.* Quoi qu'il faille penser de cet éclat, bien généreusement, je crois, attribué à Névius, et des obligations que son successeur épique pouvait lui avoir, Ennius, Cicéron le reconnaît [1], avait quelque droit de tenir un langage si superbe, non pas seulement pour avoir été l'introducteur, ou bien, car on dispute à ce sujet, pour avoir décidé par ses exemples l'introduction dans la poésie latine de ce qu'il appelait « les longs vers [2] », mais pour avoir, selon sa mesure, qui devait être bien dépassée, corrigé cette poésie de sa sécheresse, de sa raideur primitive, de sa rigidité en quelque sorte lapidaire, dans tout ce qui n'était pas la comédie; pour avoir commencé à lui donner les riches couleurs, les libres allures de l'imagination et du sentiment, l'éclat, le mouvement, la vie. Les fragments qui nous sont présentés comme ayant appartenu au septième livre des *Annales* et ceux qu'on y peut ajouter par conjecture, ces fragments eux-mêmes peu nombreux, la plupart peu étendus, et de sens peu complet, sont bien loin de pouvoir suppléer à tout ce qu'on souhaiterait trouver et qu'on cherche vainement dans ceux de la *Guerre punique*. Mais on y voit du moins « les pièces désunies, les membres

---

1. « Nec mentitur, in gloriando, » *Brut.*, XVIII.
2. Cic., *de Leg.*, II, 27; Isid. *Orig.*, I, 38.

dispersés du poëte » *disjecti membra poetæ*, comme a dit Horace [1], citant, pour exemple d'une poésie dont on peut rompre la mesure sans qu'elle cesse d'être poésie, ces vers du septième livre des *Annales*, précisément, ou du huitième, d'après lesquels Virgile [2] devait peindre Junon faisant tourner sur leurs verrous, forçant les portes de fer du temple de la guerre :

> Postquam Discordia tetra
> Belli ferratos postes, portasque refregit.

Quand, des fragments de la *Guerre punique*, on arrive à ceux du septième livre des *Annales*, il semble que, dans un musée rempli des débris de la statuaire antique on passe des immobiles représentations de l'Égypte aux mouvantes, aux vivantes figures de la Grèce, à ce que les Romains ont appelé *animosa signa, spirantia ora, vivos vultus* [3].

L'art grec lui-même, à son origine, a eu sa raideur, sa dureté, dont il s'est peu à peu dégagé. Cicéron, qui rappelle l'histoire de ces premiers progrès [4] en amateur d'un goût savant et délicat, ce qu'il se permettait d'être dans le secret de sa vie privée, dans les intimes confidences de ses lettres et de ses traités, mais non pas, il s'en gardait bien, dans son rôle officiel, dans ses discours devant le peuple et le sénat, Cicéron tire de cette histoire d'ingénieuses similitudes pour distinguer par des nuances, pour classer, dans cette antiquité, où ils semblent se confondre, Livius Andronicus et Névius : il compare l'*Odyssée* du premier à un ouvrage de Dédale, et dit de la *Guerre punique* du second qu'elle plaît, *delectat*, comme un ouvrage de Myron. Ce vieux monument, à moitié barbare, dont on peut presque dire avec le poëte : *etiam periere ruinæ*, est recommandé à notre respect par le plaisir qu'y prenait Cicéron, plaisir de littérateur érudit, dans un temps de suprême politesse, de rapide avancement vers la perfection du goût; par l'hon-

---

1. *Sat.*, I, IV, 60 sqq. — 2. *Æn.*, VII, 622.
3. Virg. *Æn.*, VI, 847, 848; Propert., *Eleg.* III, IX, 9.
4. *Brut.*, XVII, XVIII, XIX.

neur que lui a fait le génie éclectique de Virgile en y cherchant quelques inspirations; par l'attention persévérante des grammairiens et des critiques, jusqu'à Macrobe, qui l'avait encore sous les yeux, et, ne voulant pas tout dire, renvoyait ses lecteurs au texte même toujours subsistant.

Les critiques modernes ne pouvaient faire de même; mais, héritant d'un si légitime intérêt, ils se sont appliqués à recueillir, à expliquer ce qui s'est conservé de ce texte avec un zèle bien digne de notre reconnaissance. Une bonne part en est due à M. Berchem qui, dans sa courte mais substantielle dissertation, a touché à toutes les questions soulevées, en Allemagne particulièrement, au sujet de Névius et de ses ouvrages, a résumé, éclairci, complété les solutions très-nombreuses et très-diverses qu'elles y ont reçues dans ces dernières années, nous faisant en quelque sorte assister au spectacle homérique de cette mêlée savante autour de vénérables restes.

―――

... Il semble que l'ode, cette expression musicale et poétique des sentiments intimes du cœur, cette parole, cette voix prêtées à la religion, au culte de la patrie, de la liberté, de la gloire, de la vertu, à l'amour et à la haine, au plaisir et à la douleur, qu'un genre, en quelque sorte si nécessaire, a dû ne manquer à aucune littérature et même, dans toutes, se montrer le premier. Et, en effet, il n'en est point qui n'offre à son début quelque chose de lyrique, comme aussi, il en est peu chez qui cette inspiration primitive se soit traduite de bonne heure en œuvres dignes de la perpétuer, en monuments durables. C'est qu'il faut à l'ode un style souple et hardi, un mètre agile et varié qui la suivent dans tous ses mouvements; c'est qu'elle doit s'emparer de l'oreille en même temps que de l'âme par toutes les ressources de l'harmonie, et qu'un peuple, quelque heureuse organisation qu'on lui suppose, ne commence pas par là, qu'il lui faut, pour y arriver, une assez longue éducation. Voyez les Grecs : fut-il jamais un peuple placé, si on peut s'exprimer ainsi, dans des conditions lyriques plus favorables, et qui apportât à la production de l'ode de plus heureuses dispositions? Et cependant, avant qu'il y excellât comme il l'a fait sous tant de formes par les efforts de tant de génies divers, il a fallu que les longs développements de la poésie épique eussent d'abord préparé son imagination, formé sa langue et son oreille. Chez les Romains, c'est bien autre chose : l'ode se fait attendre pendant sept siècles entiers, et encore, si elle arrive et prend enfin son rang à la suite des autres genres, il semble que ce soit accidentellement et par l'heureux caprice, la vocation tout individuelle de Catulle ou d'Horace qui croit pouvoir se vanter d'être le premier poëte lyrique de Rome sans prévoir qu'il sera aussi le dernier. D'où vient cela? Est-ce donc que chez cette nation agricole, religieuse, guerrière, conquérante, il n'y avait rien qui pût, comme chez les Grecs, éveiller cette sorte d'inspiration? Est-ce même que les chants, que les vers, n'y ont jamais eu leur place, parmi les cérémonies du culte, dans les fêtes de la cité ou de la famille? Non sans doute. Dès l'origine, lorsqu'au retour du printemps, des prêtres couronnés d'épis, prêtres rustiques de la ville naissante de Romulus, qu'on appelait *fratres arvales*, promenaient autour de ses étroites limites la victime dont le sang répandu devait y appeler l'abondance, ce n'était pas sans des hymnes aux dieux amis des moissons. Lorsque, dans la ville de Numa, d'autres prêtres, au costume guerrier, les Saliens, bondissaient dans les rues avec l'épée, la lance et le bouclier sacré, ce n'était pas non plus sans des hymnes aux dieux protecteurs de l'État. Chaque cérémonie sainte, chaque collége de prêtres, avait de même ses chants consacrés, qui se sont perpétués, quelquefois jusqu'à nous, à travers les âges. A la table frugale des premiers patriciens, les convives, ou quelquefois un chœur modeste de jeunes garçons, chantaient, accompagnés par cette flûte grossière qu'Horace a décrite[1], les vertus et les hauts faits des ancêtres. Le même Horace, après Caton, Varron, Ci-

---

1. *De arte poet.*, 203.

céron, semble avoir quelque souvenir de cette poésie patriotique, lorsqu'il dit à Auguste :

> Et nous, aux jours de fête et aux jours qui les précèdent, parmi les dons du joyeux Bacchus, invoquant d'abord, avec nos enfants et nos femmes, selon les rites sacrés, les dieux immortels, nous chanterons, comme nos pères, dans des vers mêlés aux sons de la flûte lydienne, ces chefs illustres qui ont accompli les devoirs de la vertu, et Troie et Anchise et la postérité de la bienfaisante Vénus.

> Nosque et profestis lucibus et sacris,
> Inter jocosi munera Liberi,
>   Cum prole matronisque nostris
>   Rite deos prius apprecati,
>
> Virtute functos, more patrum, duces
> Lydis remixto carmine tibiis,
>   Trojamque et Anchisen et almæ
>   Progeniem Veneris canemus [1].

Il semble vouloir la reproduire dans cette autre ode[2] où de l'éloge des dieux antiques de l'État et de l'énumération des héros de la république, il arrive de même, par un long détour d'élève de Pindare et de courtisan, jusqu'à l'empereur. Aux funérailles se faisait entendre, non pas la plainte efféminée de ce *lessus* défendu par les Douze Tables[3], mais ce qu'elles permettaient, ce qu'elles ordonnaient, comme une juste récompense des bons citoyens, la mâle *nænia*, transcrite ensuite, on le croit, en inscriptions immortelles, sur les marbres des tombeaux. Enfin dans ces triomphes que ramenaient chaque année les conquêtes de Rome, la rude voix des soldats célébrait, derrière son char, le général victorieux qu'ils comparaient magnifiquement à ses illustres devanciers, à Romulus surtout, le premier des triomphateurs ; non cependant sans quelque mélange de gaieté satirique, pour lui rappeler, comme dit Bossuet, qu'il était homme ; non sans admettre parfois malignement au partage de ses louanges telle vertu subalterne qui avait travaillé obscurément à son succès et disparaissait

---

1. *Od.*, IV, xv, 25 *sqq.* — 2. *Od.*, I, xii. — 3. Cic., *de Leg.*, II, 24.

dans sa gloire. C'était là certainement de l'inspiration lyrique, avec ses caractères les plus élevés, religieuse, patriotique et guerrière. Mais qu'eut-elle longtemps pour interprètes? Une imagination pauvre et sèche, une langue rude et barbare, la grossièreté du mètre saturnien, ou tout au plus de ces vers d'abord si péniblement formés sur le patron grec par Livius Andronicus.

Livius Andronicus, en effet, n'a pas seulement inauguré, au commencement du sixième siècle de Rome, par sa traduction de l'*Odyssée*, l'épopée des Romains, par quelques drames également traduits ou imités du grec, leur tragédie et leur comédie; il a été encore, sans doute d'après les mêmes modèles, le fondateur proprement dit de leur poésie lyrique, tout ce qui avait précédé en ce genre, à une époque barbare, ne pouvant être considéré comme appartenant à l'art et étant resté anonyme.

Tite-Live raconte[1] qu'en l'an de Rome 547, certains prodiges effrayants firent recourir aux aruspices et, sur leur réponse, à des cérémonies expiatoires. Trois chœurs, composés chacun de neuf jeunes filles, parcoururent la ville, se rendant en grande pompe au temple de *Juno Regina*. Arrivées sur le Forum, elles s'arrêtèrent, et, les mains entrelacées, formant une sorte de chaîne, accompagnant des mouvements cadencés de leurs pieds les modulations de leurs voix, elles chantèrent un hymne, composé en l'honneur de la déesse par le poëte Livius; hymne, dit l'historien, qui pouvait plaire, en ce temps, à des esprits encore rudes, mais qui semblerait aujourd'hui, si je le rapportais, bien étranger à notre goût, bien grossier. *Illa tempestate forsan laudabile rudibus ingeniis, nunc abhorrens et inconditum, si referatur.* Nous devons bien regretter le scrupule qui nous a privés d'un morceau si curieux; il nous eût fait mesurer l'intervalle qui sépare l'auteur du *Carmen sæculare*, chargé, en 737, de prêter sa voix harmonieuse à l'expression des sentiments publics de Rome, et son lointain prédécesseur, remplissant

---

1. *Hist.*, XXVII, 27.

déjà, cent quatre-vingt-douze ans auparavant, grand honneur pour la poésie naissante, ce noble rôle. Il fit de lui un personnage presque divin. Tout scribe qu'il était, c'est ainsi que dans la Rome des premiers siècles on appelait un peu dédaigneusement les poëtes, il y avait des jours où les scribes, les poëtes ses confrères, et avec eux les comédiens de ce théâtre qu'il avait fondé, pouvaient aller déposer des offrandes en son honneur dans le temple de Minerve, situé sur le mont Aventin [1].

On rencontre un peu plus loin, dans l'histoire de Tite-Live [2], à la date de 582, un fait absolument semblable : même terreur publique, même prescription des aruspices, mêmes cérémonies expiatoires. Le chœur est composé d'un nombre pareil de jeunes Romaines, sainte troupe, à la fois gracieuse et pudique, *festis moveri jussa diebus. . . . . . paulum pudibunda*, comme dit Horace [3]. Mais l'hymne qu'elles font entendre est, cette fois, d'un poëte resté moins célèbre que Livius Andronicus, de P. Licinius Tegula, que l'on appelle ailleurs Licinius Imbrex. Ici s'arrête l'histoire de la poésie lyrique des Romains; il faut traverser cent cinquante ans et plus pour retrouver le chœur des jeunes romaines, *docilis modorum vatis Horati* [4], et, quelque temps auparavant, *vatis Catulli* [5]....

---

1. Festus, v. *Scribæ*. — 2. *Hist.*, XXXI, 12.
3. *De arte poet.*, 233-234. — 4. *Od.*, IV, vi, 43. — 5. *Carm.* xxxiv.

TABLE DES MATIÈRES

PREMIÈRE PARTIE.
DISCOURS SUR L'HISTOIRE GÉNÉRALE DE LA POÉSIE LATINE.

I.	De l'enseignement historique de la littérature et en particulier de la poésie latine............................	1
II.	Sur l'utilité des études classiques.........................	26
III.	Histoire abrégée de la poésie latine depuis son origine jusqu'au siècle d'Auguste...........................	35
IV.	La poésie latine au temps de César et d'Auguste.........	56
V.	Du renouvellement de la poésie latine par Lucrèce et par Catulle	76
VI.	Lucrèce et Catulle	100
VII.	Du poëme *De la Nature*. L'Antilucrèce chez Lucrèce.....	117
VIII.	Des écoles littéraires et des poëtes du siècle d'Auguste....	138
IX.	De l'épopée avant Virgile et de l'*Énéide*	157
X.	De la poésie épique chez les Romains au temps de César et d'Auguste	172
XI.	De l'épopée latine après Virgile et de l'*Énéide*...........	191
XII.	Virgile et Horace..	215
XIII.	Coup d'œil général sur Horace et ses œuvres.............	237
XIV.	D'Horace considéré principalement comme poëte didactique.	268
XV.	De la poésie didactique à ses différents âges, particulièrement chez les Romains	284
XVI.	De la poésie satirique et de la satire latine.............	312

DEUXIÈME PARTIE.

ÉTUDES SUR LES ANCIENS POËTES LATINS.

I. Livius Andronicus et Névius........................... 327

   oésie primitive des Romains. Imitation de la poésie grecque, p. 328. Livius Andronicus : premiers essais de pièces régulières; traduction de l'*Odyssée*, p. 334. Névius, p. 335 : sa biographie, p. 338 ; ses comédies, p. 344 ; ses tragédies, p. 355 ; son poëme de la *Guerre punique*, p. 361. Hymne composé par Livius Andronicus l'an de Rome 547, p. 372.

FIN DE LA TABLE.

PARIS. — TYPOGRAPHIE LAHURE
Rue de Fleurus, 9

www.ingramcontent.com/pod-product-compliance
Lightning Source LLC
Chambersburg PA
CBHW060558170426
43201CB00009B/822